上海市高校高原学科法学学科（监狱学方向）学术文库系列教材编委会

主 任　严　励　　张　晶　　刘庆林

委 员　（按姓氏笔画为序）

　　　　马臣文　王传敏　乔成杰　仲玉柱　刘方冰

　　　　宋　行　宋立军　胡素清　贾洛川　徐海琨

　　　　蔡一军

上海市高校高原学科法学学科（监狱学方向）建设项目资助

上海政法学院刑事法学文库

上海市高校高原学科法学学科（监狱学方向）学术文库系列教材

总主编　严　励　张　晶　刘庆林
副总主编　贾洛川　王传敏

监狱学概论

JIANYUXUE GAILUN

刘方冰　主编

化学工业出版社

·北京·

内容简介

《监狱学概论》基于"简明教程"定位来谋篇布局,力图简明扼要地阐述清楚什么是监狱,监狱的基本构成,以及监狱发展简史等,用通俗易懂的语言在有限篇幅里描出监狱肖像。在监狱类型分析中,不仅关注监狱开放与否的最显著特征,更着力于法治的基本价值如何在监狱立法与制度运行中得到彰显。在此基础上聚焦于监狱关系、监狱文化、监狱形态、监狱暴力、监狱人权、监狱情报、出狱保护等前沿论域,力图揭示监狱制度变迁的深层机理,聚焦当下狱治困境与出路,并特意研究了出狱服务、监狱比较等问题,以拓展本教材的研究深度与广度。

本书既可以作为本科院校和职业院校刑事执行、监所管理等专业的基础教材和监狱人民警察培训教材,也可供司法部门、法律工作者等在实际工作中参考和学习。

图书在版编目（CIP）数据

监狱学概论/刘方冰主编 . —北京：化学工业出版社，2022.1

（上海政法学院刑事法学文库）

上海市高校高原学科法学学科（监狱学方向）学术文库系列教材

ISBN 978-7-122-40147-2

Ⅰ.①监… Ⅱ.①刘… Ⅲ.①监狱-理论-高等学校-教材 Ⅳ.①D916.7

中国版本图书馆 CIP 数据核字（2021）第 214242 号

责任编辑：旷英姿　姜　磊　　　　　　　文字编辑：李　曦
责任校对：刘　颖　　　　　　　　　　　装帧设计：王晓宇

出版发行：化学工业出版社（北京市东城区青年湖南街 13 号　邮政编码 100011）
印　　装：涿州市般润文化传播有限公司
787mm×1092mm　1/16　印张 14½　字数 318 千字　2022 年 3 月北京第 1 版第 1 次印刷

购书咨询：010-64518888　　　　　　　　　售后服务：010-64518899
网　　址：http://www.cip.com.cn
凡购买本书，如有缺损质量问题，本社销售中心负责调换。

定　价：48.00 元　　　　　　　　　　　　　　　　　　　　版权所有　违者必究

《监狱学概论》编写人员

主　　编　刘方冰

编写人员　（以姓氏笔画为序）

王东亚　王苏红　乔　桥　刘方冰　李　田

李　成　杨　飞　吴　坤　张建钊　郑　曦

宫照军　顾　潇　密传银　彭元春　谭　晨

序

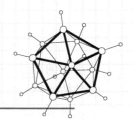

监狱学研究再出发

在一些理论研究者尤其是非法学背景的研究者眼中,监狱学似乎算不上一门学问,更谈不上是一门学科。事实上,监狱学非但有学问,而且是有大学问。问题是,我们该如何深刻揭示、诠释监狱学问,这本身就是有一个大有学问、大有门道的大问题。

监狱学属社会学范畴的科学

如果把人类的学问分成自然科学和社会科学(钱学森说还有思维科学),那监狱学无疑是社会科学。当我们真正认识监狱学的时候就会发现,监狱学与当下高等教育所设立的学科,有着密不可分的关系。哲学、经济学、法学、教育学、文学、历史学、理学、工学、农学、医学、军事学、管理学、艺术学,等等,无不多多少少与监狱学有着这样或那样的关系。它是一门重要的社会科学,属社会科学范畴。

监狱学是具有人文属性的科学

人文科学准确地讲应该是社会科学的人文学科,侧重于从整体的、综合的角度研究人类本身以及社会,主要涉及历史学、社会学、人类学、心理学等学科。狭义的社会科学是将人类社会各种活动和关系等具体分为各个方面、条块进行相关研究,如政治、经济、法律、管理等学科。由此而言,人们无论如何解释人文科学,监狱学都是其中的一个内容。至少有两个方面最重要的含义:一个是改造矫正本身对于囚犯作为人的人文意义;另一个是改造矫正者的人文情怀的人文意义。以上任何一个方面,如果不是在人文意义上的构建,就会颠覆人的本质和价值。

监狱学是实用领域的科学

监狱的职责是什么?囚犯为什么会犯罪?如何改造矫正囚犯?谁有资格改造矫正囚犯?囚犯为什么可以改造矫正……这些看似常识性的问题,都应该在科学意义上得到比较正确合理的解释。在现有的认知判断里,监狱是社会的有机构成:监狱不仅仅是监狱,还关联犯罪、刑罚,关联国家治理、国家政权、国家架构,甚至关联社会文化、民族精神。如当下的社会治理,人们很难设想,离开和没有监狱,这个社会该是什么样子。监狱其实是社会的一个有机构成。难怪李斯特曾言:"最好的社会政策就是最好的刑事政策。"以此而言,监狱学的研究,已经放大到了关于社会的运行规则、正义以及正义的实现上。

监狱学是一门独立学科的科学

监狱学当然要研究监狱,还要研究与监狱相关联的大大小小、林林总总的问题。它是研究监狱存在的理由、建设的原理、管理的规则、运行的规律以及关于监狱体制、制度、理念与器物的问题,并要以人文科学的"人"字为出发点和归宿。可以说,监狱学有其特有的研究对象和价值,自然也就决定了其是一门独立且独特的学科。而我们遇到的更大的困惑——监狱是由劳改队转身的。也就是说，监狱在不久前还不是监狱；过去监狱的改造，更多的称作镇压、威慑，在未来还要转型为矫正。这就给我们的研究带来了很多有趣而无奈的话题：监狱学的概念、范畴、体系、要素等都还是从劳改学转移过来的，用监狱学去替代劳改学，自然难以服众。因此，都需要在原理的基础上再研究。而这个再研究，无论是在理念上、价值判断上，还是在体系、要素以及方法、路径上，都不再是传统的监狱学。

正是基于这样的理解和判断，上海政法学院和江苏省司法警官高等职业学校合作，试图以全新的视角建构新监狱学。我们期待这个研究项目获得学科上的新突破。当然，要突破一个学科的固有知识结构、固有传统理念和固有门类构架，是困难而有风险的。但是唯有突破，才具有生命力和影响力。

本系列教材聚焦于监狱本身发展的规律和学科构建的通行规范，以我国学科门类划分为基础，以监狱学研究发展和监狱实践事实状况为依据，从不同维度充实监狱研究的建制化形貌。根据所研究的基本原理的学科归属和研究对象的独特属性，监狱学系列教程理应有不同的、纵横交错的具体子学科构成。本书着眼于监狱学科构建的基本轮廓和研究对象不同，将监狱学科大致分为监狱学概论、监狱法学和监狱管理学三个子学科。具体阐述如下：

《监狱学概论》。本书基于"简明教程"定位来谋篇布局，力图简洁扼要地回答清楚什么是监狱，其基本构成以及监狱发展简史等，用通俗易懂的语言在有限篇幅里描出监狱肖像。由画地为牢到实体监房，把"囚禁"不断具体化、显性化，既是人类文明的进步，也是刑罚施行的实际需要。在监狱类型分析中，我们不仅关注大陆法系、英美法系监狱的基本形态，更着力于监禁形态封闭与否的最显著的特征是什么；有限开放，开放的是什么；开放式监狱的价值何在；尤其关注法治的基本价值如何在监狱立法与制度运行中得到彰显。在此基础上我们聚焦于监狱关系、监狱文化、监狱生态、监狱暴力、监狱人权、监狱情报等前沿论域，力图揭示监狱制度变迁的深层机理，直面重刑主义倾向、高监禁率，以及安全导向行刑模式等问题带来的监狱治理困境与出路，并特意研究了出狱服务、监狱比较等问题，以拓展本课题的研究深度与广度。

《监狱法学》。监狱是刑罚走向文明过程中的产物，是现代国家刑事法律体系不可或缺的组成部分。监狱知识体系的庞杂性，催生着监狱学科研究的不断深化、细化。监狱法学就是以监狱法律制度和监狱行刑实践为专门研究对象的学科。无疑，在构建"法治国家"和实现国家治理能力与治理体系现代化的时代愿景下，监狱法学作为刑事法学、监狱学的分支学科，对于规范我国监狱刑罚执行、促进我国刑法目的实现具有重要的价值。《监狱法学》以国内外监狱法学、监狱制度的最新研究成果为基础，密切结合我国监狱的行刑实践，突破传统"注释法学"的研究模式，以监狱法律关系为主线，论述了监狱基本法理、监狱法律渊源、监狱法律关系构成、监狱监督、特定类型罪犯刑罚执行保护、出狱人回归保护、外国监狱制度以及我国监狱法律制度的发展与展望。

《监狱管理学》。监狱管理学立足于从原理和理论层面架构监狱管理的基本轮廓，并紧密结合当下我国监狱管理的现实问题，构建能够说明和解释当下中国监狱管理现状的理论体系。鉴于监狱管理的国家属性和法律特质，《监狱管理学》的构思和理论支撑主要来自行政管理学和公共管理学，在描述监狱管理自身独特性的同时，也尝试用行政管理和公共管理的理论，重构监狱这一带有行政性质和刑事司法性质属性的"组织体"的管理问题。

监狱学研究再出发，我们相信并期待，我们的努力是有意义的！

是为序！

上海政法学院原副院长、终身教授　严　励
江苏省司法警官高等职业学校党委书记、校长、研究员　张　晶

2018 年 1 月

前言

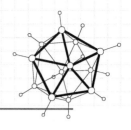

监狱学基础理论是研究监狱及其行刑的基本概念、基本规律和基本理论的知识体系，历来是监狱学教学与科研的重中之重。随着中国监狱法治建设与监狱现代化的新发展，一方面监狱制度建设与监狱学学科建设需要科学的监狱学基础理论予以指导，一方面大量的监狱行刑实践的新经验、新方法需要概括、提炼为新的理论，也就是说监狱行刑实践与科研领域都在呼唤监狱学基础理论的新教材的诞生，以彰显我们的理论自觉与理论自信。为此，我们组织编写《监狱学概论》。

本书把着力点放在对监狱基本问题的简明、精准与科学答疑上，并对监狱常见而较少被深究的若干问题予以专门论述，力求把监狱的热点问题找准，把监狱的日常难点说透，把监狱的制度哲理阐明。基于此，我们从什么是监狱这个问题落笔，梳理监狱发展简史，侧重在"文化流变"上做文章，使监狱的构成、类型演化、管理维度等常见问题呈现出历史的纵深感。而对监狱法治、监狱关系、监狱文化、监狱形态、监狱暴力、监狱人权、监狱情报、监狱变革、出狱保护等具有一定前沿性的问题，我们既借鉴国外监狱行刑理论新成就，更牢牢扎根于监狱行刑的"中国经验"进行论述，力图建构别具一格的、具有中国气派、体现新时代要求的监狱学基础理论新架构。

本书是上海政法学院与江苏省司法警官高等职业学校监狱发展研究院合作开发的"上海市高校高原学科法学学科（监狱学方向）学术文库系列教材"之一，参与本书撰写的都是监狱学理论与实践领域的中青年专家与教学骨干。本书可以作为院校刑事执行、监所管理等专业的基础教材和监狱人民警察的培训教材，也可供司法部门和法律工作者在工作和科研中学习与参考。

本书由刘方冰主编。各章节的分工为：刘方冰撰写前言、第一章；乔桥、李成撰写第二章；杨飞撰写第三章；宫照军撰写第四章、第十三章；彭元春撰写第五章；吴坤撰写第六章；顾潇、李成撰写第七章第一节，李田撰写第七章第二节，谭晨撰写第七章第三节；王东亚撰写第八章；密传银撰写第九章；张建钊撰写第十章；郑曦撰写第十一章；王苏红撰写第十二章；李成撰写第十四章。全书由刘方冰提出编写大纲和具体要求，并修改定稿。

本书编写过程中参考和引用了国内外学者的研究成果，上海市高校高原学科法学学科（监狱学方向）、江苏省司法警官高等职业学校监狱发展研究院给予了充分支持，并对本书提出了宝贵的修改意见，在此一并表示衷心感谢！

由于编者水平有限，书中难免有不足与疏漏之处，敬请广大读者批评指正。

编者

2021 年 7 月

目录

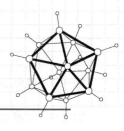

第一节　监狱的基本范畴　/　001

第二节　监狱学发展简史　/　007

第三节　简明监狱学文本　/　010

第一章
监狱之学

/ 001

第一节　刑罚　/　013

第二节　监房　/　016

第三节　囚犯　/　020

第四节　警察　/　026

第二章
监狱构成

/ 013

第一节　封闭式监狱　/　032

第二节　有限开放监狱　/　038

第三节　开放式监狱　/　041

第三章
监狱类型

/ 032

第四章 监狱法治 / 046

第一节　监狱法治思想　/ 046

第二节　监狱法律制度　/ 050

第三节　监狱依法行刑　/ 054

第四节　监狱执法监督　/ 056

第五章 监狱管理 / 063

第一节　刑务管理　/ 063

第二节　狱政管理　/ 071

第三节　教育矫正管理　/ 075

第四节　罪犯劳动管理　/ 077

第六章 监狱关系 / 081

第一节　警囚关系　/ 081

第二节　警务关系　/ 085

第三节　监社关系　/ 089

第七章 监狱文化 / 095

第一节　监狱理念　/ 095

第二节　监狱文学　/ 105

第三节　监狱艺术　/ 108

第八章 监狱形态 / 116

第一节　监狱布局　/ 116

第二节　监狱建筑　/ 120

第三节　监狱环保　/ 126

第九章 监狱暴力 / 129

第一节　监狱暴力类型　/ 129

第二节　监狱暴力影响因素　/ 136

第三节　监狱暴力遏制　/ 139

第十章 监狱人权 / 143

第一节　监狱人权概述　/ 143

第二节　囚犯人权保障　/ 149

第三节　监狱人民警察个人权利保障　/ 155

第十一章 监狱情报 / 158

第一节　监狱情报概述　/ 158

第二节　监狱情报源　/ 159

第三节　监狱情报分析、研判方法　/ 160

第四节　监狱舆情应对与处置　/ 166

第五节　大数据时代监狱情报集成　/ 170

第六节　监狱情报的应用模式　/ 172

第七节　监狱情报分析人员的素养　/ 174

第一节 人道化 / 175

第二节 社会化 / 180

第三节 非监禁化 / 183

第四节 智能化 / 185

第十二章
监狱变革
/ 175

第一节 出狱保护概述 / 188

第二节 国外出狱人保护制度简介 / 191

第三节 中国出狱人保护制度 / 195

第十三章
出狱保护
/ 188

第一节 中外狱制理念比较 / 207

第二节 中外矫正模式比较 / 209

第三节 中外行刑主体比较 / 211

第四节 中外监禁率比较 / 212

第五节 中外监狱比较的启示 / 213

第十四章
监狱比较
/ 207

参考文献

第一章 监狱之学

监狱学是一门研究监狱产生与发展规律的知识体系。作为"囚禁"之学问，它已存在数千年。可以说自有国家开始，它就存在了，甚至可以说，从监禁成为人类有意为之的行为时，它就存在了。但无论是古代西方还是古代中国，关于"囚禁"的见解和观点，都不是现代学科意义上的监狱理论，更谈不上是一门独立的学科。监狱学真正作为一门现代意义上的学科，不过百余年历史，在中国被纳入高校学科体系进行系统化、体制化建构，更是最近几十年的事。它是随着中国现代社会的学科分化，尤其是伴随改革开放以来哲学社会科学领域的学术反思与重构大潮而出现的"新学科建制"。

第一节 监狱的基本范畴

监狱作为一个学术关键词，是监狱理论的起点性问题，也是监狱学作为一门独立学科必须回答的最基本、最一般的问题。监狱学的基本性质和体系建构，都奠基于这一问题的逻辑自洽。

一、关于监狱的"知识考古"

任何一个学术概念的形成，都有其深厚的文化背景和漫长的内涵生成与演化过程，都需要来一番"知识考古"，以正其本、清其源，辨明来路与去途。"监狱"亦然。这里不妨历时态地借梳理中国古代监狱的几个代表性关键词来呈现一个"简明狱考"。

人类文明的发展需要社会安宁有序，而安宁有序的社会形态是"治理"的结果。治理最一般的手段就是治乱，即管控乱源，控制制造乱源的"人"。治乱需要各种手段，这些手段可能是和平的，也可能是非和平的；或者说可能是冲突的，也可能是合作的；或者说可能是暴力的，也可能是非暴力的。治乱的形式尽管多元，但都意在控制权力与利益。成功治理社会，也就是运用权力成功控制社会。而社会是由人及人与人的关系构成的，所以控制社会，说到底就是控制人。控制人可以用非暴力形式，如谈判、教育、规劝、歌谣等话语形式；但当话语无效时，暴力就会走向前台，把人囚起来之类的行为就成了控制人的最简便、也是相对"宽和"的暴力选择。囚人可以囚人的肉体，也可以囚人的思想。囚人的形态就是我们常说的"监狱"。[1]

"丛棘"恐怕是中国古代最原始的监狱形态了。自然界荆棘遍地，取用方便。把犯

---

[1] 刘方冰. 文化治理与监禁生态[M]. 南京：江苏凤凰文艺出版社，2016：5.

人用荆棘圈围起来，以防逃跑，是最便捷的囚禁方式之一。《易·坎卦·上六》记载："系用徽纆，寘于丛棘，三岁不得，凶。"有丛棘利刺的启发，后代的铁蒺藜丝网等设施逐渐演化出来，至今仍然为监禁等场所的基本防范屏障。不过能真正称为古代创造性监禁方式的，当推皋陶造的"狱"了。据史料记载，皋陶又叫咎陶、咎繇，是东夷部落的首领，舜帝时代任当时的最高司法官，夏禹时代助禹处理国事。皋陶造狱之说最早见于西汉史游所著的《急就章》："皋陶造狱法律存。"宋陈彭年等撰《重修广韵》中对"狱"字的注释是，"二犬所以守也，皋陶所造"。《周礼·秋官司寇》规定："以五刑纠万民⋯⋯以圜土聚教罢民，凡害人者，置之圜土而施职事焉，以明刑耻之。其能改者，反于中国，不齿三年。其不能改而出圜土者，杀。"宋谢维新撰《古今合璧事类备要》外集卷二十说："狱者，所以察究情伪者也。其始也，作于皋陶，盖舜之时理官也。自是以来历代所不废。今考其制为刑圜，象斗，墙曰圜墙，扉曰圜扉，总而名之曰圜土法。"也就是说皋陶所造之狱为圆形，名叫圜土。从中国古老的造狱史记中，不难发现"圆形监狱"始祖的身影。

堪与圜土齐名的狱名当数夏代的夏台。夏台又称钧台、古钧台，原在河南禹州市南三峰山的东峰，毗邻颍水。夏台本为夏启国典重地，到夏桀囚禁商汤于此时，方具有狱制身份。据《风俗通义》记载："周礼三王始有狱，夏曰夏台，言不害人，若游观之台，桀拘汤是也。"《史记·夏本纪》记载："桀不务德而武伤百姓，百姓弗堪。乃召汤而囚之夏台，已而释之。"❶古钧台现在位于河南禹州市古钧台街北口，系康熙十八年（1679年）禹州知州于国璧筹资重建，民国时期毁损，1991年重修。

商代闻名遐迩的监狱当是羑里。羑里又称牖里，商纣王囚禁周文王的地方，在今河南省汤阴县北。《史记·殷本纪》记载："西伯昌闻之，窃叹。崇侯虎知之，以告纣，纣囚西伯羑里。"《竹书纪年·帝辛》："二十三年囚西伯于羑里。"西伯、姬昌即周文王，是商末周族领袖，因广布仁德而为殷纣所忌，被纣囚于羑里七年。囚禁期间他将伏羲八卦推演为六十四卦，著成《周易》这部不朽著作，"文王拘而演《周易》"典故由此而来。《周易》是中国传统思想文化中自然哲学与人文实践的理论根源，是古代汉民族思想、智慧的结晶，被誉为"大道之源"。羑里囚禁之境成就了周文王及其《周易》之伟，耐人寻味。后人建于羑里城址上的文王庙，成为人们朝觐先贤周文王的圣地。羑里也是目前有文字记载的、现存最早的国家监狱遗址。

到了周代，囹圄则成为监狱的通称了。囹圄又作囹圉，是中国周代对监狱的统称，用来关押应处五刑罪犯的重刑犯。许慎《说文解字》云："囹，狱也，从囗令声。""圄，守之也，从囗吾声。"应劭《风俗通义》云："周曰囹圄。囹，令；圄，举也。言令人幽闭思愆，改恶为善，因原之也。"囹圄称狱沿用甚久，至春秋战国，再至秦、汉。史载"囹圄"甚多，如春秋时《管子·五辅》："仓廪实而囹圄空。"秦时《吕氏春秋》："是月也，命有司，修法制，缮囹圄，具桎梏，禁止奸，慎罪邪，务搏执。"《礼记·月令第六》："仲春之月⋯⋯命有司省囹圄，去桎梏，毋肆掠，止狱讼。"孔颖达疏引蔡邕的话："囹，牢也，圄，止也。所以止出入，皆罪人所舍也。"当然，西周的监狱还有个别称为

---

❶ 沈家本．历代刑法考［M］．北京：中华书局，1985：321．

灵台,影响也非常大。据《竹书纪年·帝辛》记载:"四十年,周作灵台。"灵台一说原为游乐场所,或曰观察天象之地,直到后来囚禁战俘时才有了监狱身份。《左传》记载:鲁僖公十五年,"十有一月,壬戌,晋侯及秦伯战于韩,获晋侯……乃舍诸灵台"。公元前645年,秦晋之战中秦穆公俘晋惠公,将其囚禁于灵台。久而久之,灵台就成为周代监狱的代称。

嘉石之制是古代最早体现统治者寄望囚犯"改悔"的狱制,是西周时期将犯有轻微罪过而不够五刑处罚的人置于嘉石之上示众促其反省并服劳役的刑罚制度。嘉石是一种放置在外朝门左边、有纹理的露天大石。《周礼·秋官司寇》贾公彦疏:"云'嘉石,文石也'者,以其言嘉,嘉善也。有文乃称嘉,故知文石也,欲使罢民思其文理,以改悔自修。"嘉石惩罚的对象以"害人"为标准,包括无业游民、言辞不恭、侮辱长老,以及有害于社会良善风俗、行为不良的人。惩罚的方式是让受罚的人坐在嘉石之上,身着桎梏,示众羞辱。羁押示众期满以后,改服劳役。示众羞辱的期限由主管地方教化的称为司救的官吏,根据受罚人的恶行,把期限定为十三天、九天、七天、五天、三天不等。改服劳役的期限根据其被拘坐的天数来决定,最重的要服劳役一年,然后依次为九个月、七个月、五个月、三个月不等。可见,嘉石之制是耻辱刑与强制服劳役相结合的刑罚制度。嘉石既是刑罚种类,也是实施刑罚的场所,因此后世将其作为监狱的代称。

从古至今,监狱都令人生畏,其代表性符号就是狴犴。传说狴犴是龙的九子之一,形似老虎,威猛无比,好诉讼,故古代狱门或官衙正堂两侧常立其形象,以彰显威严。狴犴又叫宪章,既是春秋时期监狱的代称,也是中国古代监狱的泛称。《说文》云:"狴,牢也。"犴的记载最早见于《诗经》,《小雅·小宛》云:"哀我填寡,宜岸宜狱。"朱熹注云:"岸,亦狱也,《韩诗》作'犴'。乡亭之系曰犴,朝廷曰狱。"这里的"岸"即"犴"。《荀子·宥坐篇》杨倞注:"犴,胡地野犬,亦善守,故狱谓之犴也。"后来,"狴犴"两字合用,两兽合成一兽,衍化为民间传说的怪兽。明代杨慎《升庵全集·龙生九子》云:"俗传龙生九子,不成龙,各有所好……四曰狴犴,形似虎,有威力,故立于狱门。"后世一直用狴犴代称监狱,看中的就是它的威猛狰狞、明辨是非的象征意义。

古今文脉较为贯通的狱名当数"牢"了。牢又称土牢、牢犴、监牢、牢房、牢城等。作为监狱形态的牢可以上溯到五帝时代。最初的牢是指关养牲畜的所在。《说文解字》释为:"牢,闲也,养牛马圈也。"由成语亡羊补牢一词也可一窥牢之本义。上古以牢指称监狱应是取其喻义,形态上都是"圈",内涵上将犯人作为贱类与牲畜一起关押。古有画地为牢之说,即画个圆圈叫犯人立于其中,禁止出来,以示惩戒。这在古代典籍中多有记载。后随时代变迁,牢虽衍化出牢狱、监牢、牢城等称谓,但一直作为监狱的俗称而沿用至今。如当今百姓仍习惯称入狱服刑为"坐牢"等。

追溯监狱名称之沿革,汉代始称囚禁犯人的场所为狱。东汉文学家蔡邕《独断》云:"汉曰狱。"东汉班固《汉书·刑法志》云:"天下狱二千余所。"汉代以降,诸朝代的囚禁之所基本都以狱相称,虽间或有配所、牢城等之谓,但大体上沿用狱的称谓。不过,到了明代,"监"开始出现。沈家本《历代刑法考·狱考》云:"古者狱无监名,称狱为监，盖自《明律》始。"❶ 清代沿用明制度，称囚禁之所为监，并逐渐演化为"监狱"之称。到了清末狱制改良时期，在《大清监狱律草案》里，囚禁之所有了监狱、习艺所、看守所之分，标志着监狱名称近代化的到来。

中国古代监狱还有一些诸如念室、动止、稽留、坎、石室、永巷、徒人城❷等称谓，因其影响较小，这里就不一一详解。由上述简约梳理不难看出，古代监狱的诞生与发展都深嵌于人类文字史、观念史、制度史，乃至文化史之中，是人类治理社会的产物。上述的这些监狱称谓，足以说明监狱名称的生成与演化轨迹，这也是我们没有在这里列举外国古代监狱名称的缘故。一言以蔽之，无论古今称谓为何，监狱皆指囚禁犯人的所在。物态上，通常是"圈"起来的，坚固、森严、可怖而不易破；功能上侧重于施禁、吓阻、促悔且以儆效尤，彰显的狱制思想不外乎控制与规训，以保社会安宁有序。

二、关于监狱的现代定义

我们梳理古代监狱的称谓，意在为研究现代语境下的监狱内涵提供一个参照系，在古今差异比较中深化对当下监狱的认知。我们不妨从中国与外国两个维度展开。

在中国，清末的狱制改良、民国的狱制建构，虽说有一定的监狱法制化的探索意义，但并非中国监狱现代化的前奏，最多算是监狱近代化的尝试。一直到新中国成立，随着中国社会现代化建设成为国家的目标追求，中国监狱才逐渐踏上现代化历程。尤其是社会主义制度在中国建成，以及建设中国特色社会主义道路确立后，中国监狱从制度到实践的法治努力才具有现代化的文本意义。

从法定层面上看，当下中国监狱的定义是明晰的。1994年的《中华人民共和国监狱法》（以下简称《监狱法》）第二条规定："监狱是国家的刑罚执行机关。……被判处死刑缓期二年执行、无期徒刑、有期徒刑的罪犯，在监狱内执行刑罚。"即学界所说的已决犯在监狱关押。需要注意的是，这部法律强调未成年犯要在未成年犯管教所（简称"未管所"）关押，这也是"未成年犯管教所"名称的由来。不过，它不是独立于"监狱"名称之外的刑罚执行机关（设施或场所），而是监狱的一种，是为保护未成年犯权益而专门设立的。当下中国真正区别于监狱的刑事设施或场所是看守所。1990年发布的《中华人民共和国看守所条例》第二条第一款规定："看守所是羁押依法被逮捕、刑事拘留的人犯的机关。"该条第二款规定："被判处有期徒刑一年以下，或者余刑在一年以下，不便送往劳动改造场所执行的罪犯，也可以由看守所监管。"《中华人民共和国刑事诉讼法》（以下简称《刑事诉讼法》）第二百五十三条第二款规定："对被判处有期徒刑的罪犯，在被交付执行刑罚前，剩余刑期在三个月以下的，由看守所代为执行。对被判处拘役的罪犯，由公安机关执行。"也就是说，看守所不仅关押未决犯，也"代为执行"特定的已决犯。从实际关押主体的层面上看，监狱关押的是纯粹的已决犯，看守所关押的多数是未决犯。二者在行政管辖层面上也有所区别，监狱归司法行政部门管，看守所归公安部门管。

新中国成立后、《监狱法》颁布施行前，中国的监狱还曾有一个"劳动改造管教支

---

❶ 沈家本. 历代刑法考 [M]. 北京：中华书局，1985：1190.
❷ 白焕然，等. 中国古代监狱制度 [M]. 北京：新华出版社，2007.

队"的名称，简称为"劳改队"。在这一特定的历史时期，劳改队也成为中国人特别深刻的历史记忆。劳改队的名称及其历史地位是由 1954 年 9 月 7 日颁布的《中华人民共和国劳动改造条例》（以下简称《劳动改造条例》）及 1982 年 2 月 18 日公安部颁发的《中华人民共和国监狱、劳改队管教工作细则》等法规性文件成就的，在 1954—1994 年这 40 年里，它的影响远远大于"监狱"这个名词本身。这期间，它就是监狱，监狱就是它，甚至可以说监狱是它的类型之一。它在刑罚文化层面上的影响更是非常惊人，以至于百姓口口相传几千年的"坐牢"这个俗语，在这一时期都被"劳改"遮蔽了。具体来说，《劳动改造条例》定义的"监狱"，是建立在城市和城市近郊的"监狱"，主要关押刑期长、罪行重、人身危险性较大、不适宜在监狱高墙外劳动的罪犯，监管设施较好，管理较严，从事制造业、建筑业等劳动。劳改队一般建立在城市之外的偏远地区，关押的主要是刑期较短、罪行较轻、人身危险性较小的罪犯，监管设施比较简陋，管理较松，通常从事农业、采掘业等劳动。当时未成年犯叫少年犯，关押少年犯的监狱（劳改队），叫少年犯管教所，简称"少管所"。需要说明的是，少年犯管教所这一名称一直沿用到 2003 年 3 月 28 日司法部发布《关于将少年（犯）管教所统一更名为未成年犯管教所的通知》止。

国外，尤其是西方发达国家，监狱的现代化起步比较早，迈向现代化的路径也多元，监狱的含义也相对复杂些。与中国监狱概念相仿的、通常被译为"监狱"的词是 Prison，这个词主要在欧美等西方国家使用。以美国为例，Prison 是指对已被确定犯有重罪并被判处 1 年以上拘禁刑的所谓"已决犯"执行刑罚的机关。不过 Prison 也会关押一些待审等未决犯。与 Prison 不同的 Jail，既关押犯有轻罪被判处 1 年以下拘禁刑的罪犯，也关押已被逮捕尚未宣判的犯罪嫌疑人及刑事被告人等，通常译为"短期监狱兼看守所"，与中国的看守所类似。此外还有一种被译为"惩治监"或"感化院"的 Penitentiary，是监狱的一种旧称。❶ 在英国，1779 年议会在监狱改革家约翰·霍华德等人推动下通过《感化院法》（Penitentiary Act），可以说是霍华德创造了"感化院"一词，这种刑罚执行机构体现了他倡导让罪犯悔罪的行刑理念。1954 年美国监狱协会（American Prison Association）更名为美国矫正协会（American Correctional Association），标志着"矫正机构（Correctional institution）"一词正式出现在刑事执行领域。当然，矫正机构与传统的监狱还是有所区别的，因为在实际使用过程中，它不仅指代已决犯监狱，也指向未决犯看守所，只不过更强调矫正（改造）的行刑理念。❷ 此外，日本的监狱概念也可以看作一个特例。1908 年日本就制定实施了监狱法，起初其监狱含义与其他国家监狱含义相近，但 2005 年 5 月 18 日，日本将监狱法更名为"刑事收容设施及被收容者处遇法"，即监狱已经不再称为"监狱"了，叫"刑事收容设施"。❸

无论中外监狱的名称及其法定含义有多少差异，都很注重监狱独自秉性的塑造。尽管高墙、电网等设施并非监狱独享的文化符号，也并不是所有的刑罚都在监狱执行，但绝大多数国家都把"自由刑"，尤其是中、长期"自由刑"放在监狱执行这一点，确实

---

❶ 王云海. 监狱行刑的法理 [M]. 北京：中国人民大学出版社，2010：2.
❷ 吴宗宪. 监狱学导论 [M]. 北京：法律出版社，2012：3-4.
❸ 王云海. 监狱行刑的法理 [M]. 北京：中国人民大学出版社，2010：3.

最能体现监狱的特性。换句话说，在现代性语境下，监狱是执行已决犯，尤其是"自由刑"的主要机构。

三、关于监狱的多元功能

上述关于监狱含义的阐述，都是基于刑罚学的定义，应属于狭义监狱观。在人类文化史这一更宽广的视域中，监狱远没有那么简单。惩罚、改造、矫正，固然是监狱的法定功能，但其价值指涉却是一直存有争议的。代表性观点有以下五个。

其一，拘禁。设立监狱的目的是"保安"，通过拘禁将罪犯与社会隔离开来，行刑的一切活动都以纪律与秩序为中心，实践中代表性的观点是"安全为天"。这种行刑价值取向往往导致行刑者与受刑者之间形成绝对的服从关系，受刑人只要"认罪服法""遵规守纪"，就被认定为改造或矫正表现好了。这样的认知在实践中往往造成以"安全"之名而对受刑人的自由实施超越必要性限度的剥夺或限制，一定程度上否定了受刑人的正当人权，无助于受刑人自我反省、自我改造和矫正。

其二，报应。监狱行刑是基于罪犯实施犯罪的正当代价或合理报复，而对罪犯实施的惩罚。监狱将罪犯置于围墙内，剥夺或限制他们的行动自由，强制他们服从监狱的纪律和秩序。如果说改造或矫正是基于功利原理实施刑罚，那么报应主义行刑则是基于罪犯过去的犯罪而对其实施合理报复，罪犯所受的惩罚和痛苦是理应得到的报应。报应原理讲究的是"均等"，罪与罚相当，犯有相同罪行的罪犯必须遭受同样的惩罚。

其三，预防。监禁的目的是通过将罪犯判刑关押，使一般社会和犯罪者本人能预知犯罪必然要被科刑惩处这样的可怕后果，从而因惧怕惩罚而不去实施犯罪。预防是以功利原理为前提，人们在权衡犯罪的得失后，再决定是否实施犯罪。预防分为一般预防和特殊预防。一般预防是让社会公众目睹犯罪而遭受的痛苦，感悟到犯罪得不偿失而不去犯罪，从而达到防止犯罪发生的目的。特殊预防是设法让犯罪者本人亲尝犯罪而遭到惩罚的苦果，感受到犯罪得不偿失而不再去犯罪，从而达到防止犯罪人再次犯罪的目的。要实现预防的目的，刑罚与监狱行刑必须严厉、确切、果断而迅速，最佳的效果是犯罪一旦发生，就必须有人承担刑责，遭受惩罚。这要求包括监狱行刑在内的刑事法律和刑事司法必须公开、透明，让公众和犯罪人都能深切感知。

其四，去犯罪能力化。这是指监狱行刑时，通过物理性措施直接剥夺罪犯再次犯罪的能力。这是一种最原始、简捷的让罪犯在客观上难以再犯罪的方式，古代以流刑、肢体切割等身体刑实施，近现代则通过高戒备度的严格管理、严厉处置来彻底清除罪犯在监内外实施犯罪的可能性。这种行刑观不去考虑罪犯的主观感受，以不容置疑的物理性措施在时间和空间维度上全面封杀罪犯的再犯罪能力，使其无论是否想犯罪都无能力、无办法实施。主张去犯罪能力化的，一般都认为刑罚及其实施越严越有效。

其五，复归社会。这是指监狱通过改造或矫正，使罪犯清除恶习，或犯罪病根，或犯罪倾向，重返社会后过上正常人的守法生活。这种观点是把"犯罪是病"作为前提，是病就可以"对症下药"地予以治疗，治好一个出院一个。这种行刑过程大量适用假释制度，普遍实行不定期刑，改造或矫正好一个，就出监一个。有些观点认为，复归社会也可以称为"再社会化"。但学界通常认为再社会化只是复归社会路径的一部分。

通说认为监狱的本质是惩罚，犯罪必须遭受报应（报复）、予以惩罚，行刑就是实施报应与惩罚的机制和过程。这种报应刑主义构成刑罚的基础，也决定了行刑的本质。但是当下的监狱行刑并不仅仅是报应与惩罚，普遍还追求预防或矫正犯罪的目的，可以说改造或矫正罪犯，使罪犯顺利复归社会是中外行刑的主流价值追求。中国的监狱法就开宗明义地规定，监狱以惩罚与改造相结合，以改造人为宗旨。这就说明，报应、惩罚、改造或矫正，都是罪犯无可回避的"处遇"。❶

第二节　监狱学发展简史

监狱学作为一门独立的知识体系，最早诞生于西方，萌芽期是在18世纪，比较成熟起来也就近百年的事。学界往往把监狱学溯源到1764年出版的贝卡利亚的《论犯罪与刑罚》，这本光辉著作的价值在于它深切反思和批判了报应主义的刑罚传统，提出了刑罚人道化问题，但这本著作并不代表监狱学的诞生。1777年，被誉为监狱改良运动鼻祖的英国慈善家约翰·霍华德在多年的亲身体验、司法实践和遍访欧洲诸多国家监狱的基础上出版了《英格兰及威尔士的监狱状况》（又名《监狱事情》）才正式宣告监狱学的诞生。霍华德主张刑罚与人道主义相结合，保障罪犯健康等人权，推行分类关押，实施宗教教诲感化罪犯，为后世监狱理论奠定了基础。1791年，英国思想家、法学家边沁出版了《监狱学》一书，这是目前学界公认的第一本以监狱学命名的著作，其"全景敞视监狱"理论对后世监狱学的发展影响深远。其后，欧美与日本等国家的监狱学逐渐走向兴盛，其基本理念对中国清末监狱改良、民国以来的监狱近代化和现代化，都产生重要影响，对中国监狱学的产生与发展也起到了一定的示范作用。

中国的监狱学是伴随清末监狱改良试验而萌生的。清末的陈腐狱制遭到西方列强的强烈批判，并成为列强强加于中国的关于领事裁判权等不平等条约的重要借口。在丧权辱国的惨痛代价下，清廷被迫启动监狱改良。1902年（光绪二十八年），山西巡抚赵尔巽经清廷准许，开了建设习艺所先河，将罪囚收入习艺所习艺，标志着监狱改良的肇始。1905年（光绪三十一年），清廷创办京师法律学堂，附设监狱专修课，标志着监狱理论走上了学校讲坛。其后，清廷受第八、十一届国际监狱会议的影响，开始在各省建立新式监狱。改良中，沈家本起到了关键作用。他代表清政府聘请日本人小河滋次郎为狱务顾问，于1908年起草《大清监狱律草案》，虽因清朝的覆灭未来得及颁布实施，却为中国监狱制度的改良开启了大门。

随着监狱改良的展开，西方的一些监狱学著作被译介进中国，主要有《日本监狱法》（佐藤信安著，中国国民丛书社译述，1903年）、《监狱学》（谷野格著，瞿世玖、刘昕译，1906年）、《狱务揽要》（小河滋次郎撰，文尊辉、曾遇贤编译，1906年）、《独逸监狱法》（小河滋次郎著，柳大谧编译，1907、1911、1913年）、《监狱学》（小河滋次郎著，明志学舍译，1909年）等。在此基础上，中国学者相继展开监狱学的编撰，代表论著有沈家本的《监狱访问录序》《与戴尚书论监狱书》《丁年考》《狱考》《奏进呈刑律草

---

❶ 王云海. 监狱行刑的法理[M]. 北京：中国人民大学出版社，2010：13-17.

案折》《奏实行改良监狱宜注意四事折》，刘蕃著《监狱学》（1905年）、廖维勋著《监狱学》（1907年）、韩兆蕃著《考察监狱记》（1907年）、监狱研究社编印《监狱学》（1908年）、湖北法政编译社编印《监狱学》（1908年）、王元增著《日本监狱实务》（1908年）、许世英徐谦合著《第八次万国监狱大会报告书》（1910年）、熊元翰著《监狱学》（1913年）、刘英山编著《监狱学》（1914年）等。这些论著尽管理论性相对弱一些，但因其开创性的身份而在中国监狱学术史上留有浓墨重彩的一笔。

民国时期的监狱改良分北洋政府和南京国民政府时期。北洋政府仅将《大清监狱律草案》简单翻版为《中华民国监狱规则》，于1913年12月颁布。不过其后也借鉴西方狱制经验出台了监狱处务、教诲、医药、作业、保释、假释等法规和细则，比清末监狱制度进步了不少。作为狱制改良成果，这一时期兴建的监狱以王元增任典狱长的京师模范监狱最具代表性。后来王元增编撰了《北京监狱纪实》，全面介绍了这所监狱的创办始末及其具体的改良实务。作为第一所学习西方狱制的监狱范本，这所监狱既为后续各地兴建监狱树立样板，也为后世研究当年的监狱改良运动提供了鲜活文本。南京国民政府时期，蒋介石政权的独裁、反动本质决定了监狱的法西斯性质。这一时期出台的诸如《危害民国紧急治罪法》《共产党问题处置办法》《反省院条例》等法规，炮制出大量特别监狱，如上饶集中营、息烽集中营等，成为残害共产党人、爱国进步人士以及底层百姓的人间地狱。1928年10月出台《中华民国监狱规则》，并且陆续修订完善了其他监狱法规和细则，对教育感化也作出了一些规定，但并没有真正实施，根本上还是专制性狱制。

但民国时期的监狱学研究可算是达到了近代学术研究的一个高峰，代表性学者有王元增、孙雄、李剑华、严景耀、赵琛、芮佳瑞等。王元增长期担任京师模范监狱典狱长和主政司法部监狱司，积累了丰富的狱制改良经验，并创作了丰富的监狱学学术成果，被后人誉为"中国的约翰·霍华德"，其所著《监狱学》（1917年成书，1924年正式出版）影响深远。孙雄的早期代表作《狱务大全》（商务印书馆1920年版），堪称中国第一本监狱实务工具全书。孙雄的《监狱学》（商务印书馆1937年版）介绍了中外监狱制度沿革及中国监狱改良过程，并研究了监狱制度与建筑形态，倡导行刑中的感化教育，对当时的狱制改良具有理论指导作用。李剑华的《监狱学》（中华书局1936年版）别开生面地从社会学视角切入监狱行刑问题，设立特别专章研究"犯人的性欲问题"，颇有几分"先锋"色彩。不过他反对设立单独宗教教诲活动，主张寓道德教诲于知识教育之中。而严景耀的《中国监狱问题》（1929年）和《北平监狱的教诲和教育》（1930年），胡逸民的《监狱学》（1930年），朱士斌的《监狱学》（1932年），芮佳瑞的《监狱法论》（1934年）及《监狱制度论》（1934年），康焕栋的《监狱学要义》（1934年），赵琛的《监狱学》（1935年），梁锦汉的《监狱学》（1935年）等著述都为监狱学的发展留下了浓墨重彩的一笔。

新中国成立后，监狱理论进入新的发展时期。在建设社会主义过程中，中国监狱也进入剧烈变革时期。在马克思主义指导下和苏联劳动改造行刑模式影响下，中国监狱诞生了"劳动改造理论"。有学者认为，"劳动改造是中国的'本土资源'或'传统'"，"从理论角度来说，劳动改造虽不是一种有关监狱行刑的专门性法律理论，但它却是有完备的哲学和政治学基础与完整体系的监狱行刑模式,与其他西方国家行刑模式一样,共同构成人类监狱行刑的理论财富"。❶ 可以将"劳动改造"归纳为"基于政治理念的改造模式",这种模式具有十分完备的理论体系,它以唯物论与辩证法作为哲学基础,以私有制和阶级的观念解释犯罪原因,将行刑视为劳动阶级负有的改造人类和改造社会的政治使命的一部分。从这种原因论与使命论出发,将"劳动"作为改造罪犯的基本手段和内容,通过劳动使受刑人认识和掌握劳动人民的阶级价值(劳动思想、意识、习惯和能力),从而将其改造成为劳动人民的一员。❷ 可以说上述观点找对了1994年以前中国监狱行刑实践所依据的哲学原理,即马克思主义经典作家所阐释的唯物论与辩证法,以及"劳动"哲理。而近二十多年来,伴随中国监狱的改革发展进程的正是中国监狱行刑理论的进步。指导中国监狱行刑实践的是中国特色社会主义法治理念,而不是单纯的"劳动"学说,虽然这个学说的影响仍然存在。在具体实践层面上,经过监狱法及其细化的制度的规制,劳动、教育、管理成为改造罪犯的三大手段,而"教育"的内涵也在不断地重构,文化、职业技能、心理咨询与测试、社会帮教、亲情会见、社区矫正、人权保障等都被纳入"大教育"范畴。在学术层面上,更是百花齐放、百家争鸣,西方主要的行刑理论与行刑模式都有人在研究、借鉴。这样的学术开放与实践多元的行刑进程造就了"中国特色社会主义行刑理论"。归纳起来,这一理论的主要论点为:一是惩罚与改造相结合,劳动与教育相结合,以改造人为宗旨;二是劳动、教育、管理都是改造手段;三是行刑法治化、科学化、社会化、规范化;四是安全为先,改造为本;五是以人为本,罪犯既是权利主体,也是改造(矫正)主体;六是公正文明执法,坚守执法底线;七是管理精细化;八是创建文明监狱、平安监狱、智慧监狱,服务和谐社会;九是加强监狱领导班子建设,从严治警,从优待警,科学用警等。在监狱学术思潮方面,法治行刑论、囚权论、人格改造论、恢复性行刑论、人文行刑论、心理矫治论等都对学术界与实践界产生一定影响,以监狱学会(协会)为主要研讨平台的学术机构也有望整合、发展为有区域性乃至国际性影响的学术共同体。可以说,中国监狱学已经初步形成了独立性与开放性兼具的理论体系,并对西方行刑理论怀抱学习、研究、借鉴热情,并以包容的态度、本土化的自觉,持续丰富、发展自己的理论体系,发展前景是光明的。❸

监狱学科建设层面,20世纪80年代以来也一直在稳步推进。中国由司法部和教育部在1981年11月联合组织了法学教材编辑部,其中专门组织学者编写了劳动改造教材,将其定名为《劳动改造法学》,这使监狱学(劳改学)在中国首次有了正式的学术身份。1984年,教育部把劳动改造法学作为一门法律专业课,列入《综合大学法律系法律专业四年制教学计划》,使监狱学学科建设又向前迈进了一大步。1985年7月,中国法学会正式成立了劳改法学研究会,标志着劳动改造法学作为一个独立的部门法学获得法学界的公认。这个时期劳改法学就几乎等同于监狱学(劳改学),这种局面到了80年代中期以后得以打破,监狱学又相继诞生了狱政管理学、教育改造学、罪犯劳动学等一

---

❶ 王云海. 监狱行刑的法理 [M]. 北京:中国人民大学出版社,2010:139.
❷ 王云海. 监狱行刑的法理 [M]. 北京:中国人民大学出版社,2010:77-78.
❸ 刘方冰. 文化治狱监禁生态 [M]. 南京:江苏凤凰文艺出版社,2016:204-205.

系列新的分支学科。监狱法颁布后，监狱学加快了发展步伐，分支学科已进一步发展、规范为监狱史学、监狱法学、狱政管理学、教育改造学（罪犯教育学）、刑罚执行学、罪犯劳动学、罪犯改造心理学、监狱经济管理学、监狱警察学、狱内侦查学、监管医学、回归社会学、矫正学等，使监狱学学科体系具备了"四梁八柱"，成长为获得学界广泛认同的一门独立学科。

第三节　简明监狱学文本

　　监狱学基础理论方面的专著已问世很多，但对监狱的基本问题给予简明答疑，并以问题为导向展开论述的专论并不是太多。本书着力建构的就是关于监狱学关键词的简明专论。基于这样的考虑，我们从什么是监狱这个问题落笔，梳理监狱发展简史，侧重在"文化流变"上做文章，尽量用通俗易懂的语言在有限篇幅里描绘出监狱肖像。

　　在监狱构成上，我们关注的是刑罚、监房、囚犯与警察四个向度，紧紧围绕监狱基本结构来谋篇。最直白的思路是：人类基于刑罚的施行，才要弄个监狱出来，所以首先探讨刑罚问题。可以说在人类文明史上没有刑罚就没有监狱。由画地为牢到监房，把"囚禁"不断具体化、显性化，既是人类文明的进步，也是刑罚施行的实际需要。现代大白话就是"人关哪儿呀"？我们要回答的就是"关这里"。这里用"囚犯"而不用"罪犯"，主要是强化一下"在场"感。概念、特征、分代等，都尽量说到。其中，将警察放在"狱治者"这个论域，由古及今、由国外到国内、由广义到狭义来论述透彻。在监狱类型上，我们干脆就瞄准当下很热的封闭式监狱、有限开放监狱和开放式监狱三个纬度来阐述，避开传统的监狱分类写法，从监狱物态、制度形态等方面切入分析，意在呈现监狱治理方面传统与现代的区别，以及发展趋势。国内外监狱的主要类型争取都尽量触及，如大陆法系、英美法系国家的监狱在这方面的形态。这一章的难点是封闭与否最显著的特征是什么？有限开放，开放的是什么？开放式监狱的价值何在？我们都将一一作答。

　　监狱法治无疑是必须重点阐述的问题，我们认为法治思想、法律制度、依法行刑和执法监督是监狱法治的基本架构。这一章采取"跳出来"写的方法，以浓烈的思辨色彩，剖析监狱法治的基本价值如正义、自由、人权等要义，把思想、制度、运行、保障等都融入其中。以法治为引领的监狱管理，必然要将狱政、改造、矫正、劳动、安全、生活、案件等管理都触及到，把监狱常态化的"行刑"活动交代清楚。应该说法治导向还是人治导向，对监狱管理的影响是本质性的。为避免与"监狱法治"章节重复，本章关于管理的法治思维尽量简论，论述的侧重点不在深入论述什么是监狱的法治管理上，而是放在了管理的法治表征上，强调管理的制度化、程序化、科学化、现代化。论述过程中对常识问题一带而过，对近年来新的制度创新、并已经成为常态的，则重点予以阐述。

　　监狱行刑关系是不可悬置的问题。在现代语境下，监狱的所有关系都源于法律、归于法律。因此，对于监狱行刑中产生的警囚关系、警务关系、监社关系等各类型关系都将紧紧围绕"法律关系"这个核心展开论述，将行刑活动的看、管、教、惩等诸种"硬关系"，融入基于长治久安的人权保障、正义守护的"软关系"营造中。所涉及的文化方略问题，我们通过监狱理念、监狱文学、监狱文艺等维度进行了颇具探索性的阐述，在广义文化语境下酝酿、思考，在中义文化范畴，即通常所说的"意识形态"范畴中实现逻辑自洽。尤其是理念一节，学界过往系统论述极少，我们努力将国内外共识归纳进来，并着力将当下国内的理念梳理清楚。

监狱形态、监狱暴力、监狱人权等专题因其深厚的行刑文化价值而使我们在论述时不敢有任何懈怠。人类社会的诸种形态是相互联系、相辅相成的。人们有意无意地将形态这一概念渗透到社会生活的各个领域，将其引申为政治、经济、文化、社会乃至法律的制度表征。监狱形态是行刑工作与监狱环境之间相互依存、相互联系、相互作用的平衡状态，它制约和影响监狱行刑的效果与质量。监狱行刑效果与质量不仅有赖于监狱制度的设计及监狱民警的素质与能力，而且深受监狱布局、监狱建筑、监狱环保等因素的影响。研究监狱形态，旨在系统地分析监狱布局、监狱建筑与监狱环保等基本向度所蕴含的监狱机体健康运行与稳定发展的规律。形态问题同样有广义、狭义之分，本章把布局、建筑、环保作为切入点主要是基于狭义的形态概念来落笔的，将落脚点放在监禁语境下"人与环境"的和谐上。论述过程中既直面目前单一城堡化的封闭式关押模式所带来的问题，也基于当下监狱实践点出形态问题的重要性、必要性与解决问题的路径。暴力是监狱永远在场的"幽灵"，它有它的合法性。监狱的本性就是暴力。如何看待暴力，何种暴力需要规制，何种暴力需要禁止，值得深入思考。本章截取身体暴力、精神暴力、犯罪暴力等断面，展示出监狱冷酷的一面及其存在的逻辑。而人权是大家高度认同的理念，也是监狱困惑不断的实践难题。人权由西方话语到中国认知，是个歧路丛生的旅程。中国语境下的监狱人权的应然性与实然性，值得不断思考。人权追求很重要，人权实现很艰难。人权问题永远在路上。本章立于"人"这个基本点来考虑问题，法定权益是保障重点，在宪法框架内阐述观点，力图将生命权、自由权、财产权、尊严权、获助权、公正权等权利在囚犯和民警两个主体上都有理性呈现。

将"监狱情报"作为一个命题来研究，可能是国内学界第一次。其实监狱情报工作是一直在做、并有系统的制度支撑的学问，如狱情分析制度、耳目、信息员制度等，耳目、信息员就是我们的情报"卧底"。警务战略靠的是情报先行，没有精准的情报收集、研判、决策，就不可能精确清除隐患，防范暴狱、脱逃等狱内重特大案件，维护监狱持久安全稳定。即使当下建构的应急指挥体系，也需要以情报工作为基础。在情报分类上，以严重程度为标准考察一般狱情、重大狱情，以当事主体为标准分析囚情、警情、民情，以呈现形态为标准研究押犯动态、社会治安形势、网络舆情等。在学界，公安情报学已经成型，我们若能在这里确立"监狱情报学"开创性的起点，对监狱学的发展是极具意义的。就这一点来说，我们不惮秀一下我们的学术"小目标"。

随着人类的文明进步，监狱的变革越来越常态化。尤其是中国特色社会主义建设进入新时代，中国的监狱要跟上新时代的步伐，变革更是刻不容缓。人道化、社会化、非监禁化、智能化等行刑策略不仅是监狱变革方向，也是监狱变革实在举措。监狱变革主要是着眼"制度创新"来说的。基于"制度依赖"原理，制度创新充满风险，也充满保守观念的阻碍。但是，当下中国刑法的重刑主义倾向，已决犯的较高监禁率，不计成本的安全导向的行刑模式，非法治的权力干预，不仅把监狱、也将社会带进了空前的治理困境。监狱制度再不创新，是要拖国家法治进程后腿的。当然，中国监狱的变革需要参照世界行刑经验与发展趋势，必须紧密结合我们的文化传统与主流价值观来确定监狱的变革路径与目标。这里只是点了几个切点，具体内容请细看执笔者的思考。

出狱服务越来越受到行刑理论关注，在监狱实践中释前教育、出狱引导、出狱保护、危机干预等服务项目也渐趋常态化。我们认为释前教育应尽量包括服刑期间利于囚犯出狱后安身立命的教育、培训，出狱引导相当于但不止于常规的出监教育，国外境外的出狱保护经验也值得参考、借鉴，而危机干预既要有科学的前瞻性，也要有现实可行性。客观地说，出狱服务在中国还处于起步阶段，而且说得较多，做得偏少，甚至在部分地区是缺乏保障条件的，系统化、制度化的出狱服务还是一个长期的愿景。

监狱比较是监狱学的常规课题，有比较才知优劣，有比较才有交流与共享，有比较才会激发争先激情。中外狱制理念、矫正模式、行刑主体、监禁率等都是我们的比较选项，比较的过程就是我们"延伸阅读"、躬身创造监狱学新境界的过程。

在研究方法上，基本遵循哲学人文社会科学研究一般的方法论，侧重于语义分析法、经验总结法、文献分析法、比较分析法、跨学科分析法等方法，让研究方法为本书的理论体系及其逻辑自洽服务。

第二章 监狱构成

刑罚、监房、囚犯和警察是构成监狱的四个重要维度。刑罚是一种法律制裁手段。刑罚的价值分析是对刑罚合法性、正当性的论证，主要体现在刑罚目的和刑罚功能上。监禁刑在刑罚体系中占有较大比重，中国现代意义上的监禁刑始自晚清，历经多种思潮的嬗变和模式的调整，为监狱的功能扩张奠定了基础。监房是监狱的物理单元。监房必须安全、坚固、适用和卫生。中国监房的建筑结构既有其合理性，也需要向其他国家借鉴改进。国际社会和中国颁布的监狱（房）建设专项标准为监狱（房）建设提供了指南。现代监狱建设要求中国监房构造要与行刑趋势相一致，要满足矫正的功能需要，应综合运用造型、色彩等表现手法。囚犯是罪犯自我改造的主体。中国及西方国家在对囚犯的政策及理念上经历了不同演变，形成了不同的模式。囚犯自入监起就享有一定的权利，同时应履行一定的义务。囚犯分类是分押分管的前提，中国囚犯分类主要包括根据基本情况分类、犯罪性质分类、在犯罪性质分类上的二次分类以及按照危险程度分类四种情况。警察是管理教育罪犯的主体。警察任务包括依法执行刑罚、维护监管安全、做好改造工作；警察纪律包括政治纪律、组织纪律、执法纪律、廉政纪律、保密纪律、警容风纪、生活纪律；警察保障包括执法保障、权利保障、经费保障和社会保障。

第一节 刑罚

所谓刑罚，即审判机关依据刑事法律对罪犯所施行的法律制裁。[1] 作为一种国家创设，刑罚的施行为监狱提供了行刑的对象，监狱可以作为一种场所及载体存在。可以说，刑罚构成了监狱的法理性前提及逻辑性基础，使得监狱具有了正当性的价值。

一、刑罚的历史流变

刑罚并不是一成不变的，随着朝代的变换，刑罚的种类及内容也处于不断变动之中。夏朝的刑罚由轻及重依次为墨刑、劓刑、膑刑、宫刑、大辟。墨刑即用刀在面颊或额头上刺字，再涂上墨；劓刑即割鼻子；膑刑即剔去膝盖骨；宫刑即毁坏生殖器；大辟即死刑。可见夏朝的刑罚均为肉刑。商朝全面继承了夏朝的五刑，另外还有炮烙、剖心、醢、脯等酷刑。及至周，除了五刑外还有流、赎、鞭、扑四种刑罚，合称"九刑"，但处罚的力度有所减弱。

---

[1] 中国社会科学院语言研究所词典编辑部. 现代汉语词典. 第5版 [M]. 北京：商务印书馆，2010：4522.

秦朝是中国历史上第一个大一统的专制主义中央集权王朝，其刑罚体系也较为庞杂，主要由死刑、肉刑、劳役刑、耻辱刑、身份刑等构成，例如仅死刑就有五刑、族诛、腰斩、车裂、磔刑、弃市、枭首七种。至汉朝，汉文帝十三年改革刑制，废除了肉刑，以笞、徒、死刑来取代，而汉景帝则进一步完善改制的内容，一方面两次减笞的数量，另一方面又命令制定律法，具体规定执行笞刑的刑具尺寸、重量、规格等。及至南北朝后期，以死、流、徒、鞭、杖为主刑的刑罚体系初具雏形，废除了宫刑。至唐朝，形成了笞、杖、徒、流、死的五刑，依次由轻至重，其中《名例律》还规定了老幼废疾减免、区分公罪与私罪、自首、同居相隐、更犯从重等原则。宋朝编纂了《宋建隆重详定刑统》（简称《宋刑统》），是中国古代社会第一部刻版印行的法典，并将凌迟作为法定刑。元朝于五刑之外，另设劓、黥等肉刑，另外还允许私刑的存在。明代仍以唐代的五刑为主，另外还有充军、凌迟、枷号、刺字等刑罚。清朝基本沿袭明朝的刑罚旧制，虽有调整但变化不大。

南京国民政府于1928年制定了《中华民国刑法》，并于1931年进行修改、1935年1月1日颁布，其中刑罚方面的变化主要体现在三点：一是主刑同《大清新刑律》相比虽然没有变化，但从刑更加完善；二是易科制度进一步完善，新增了易以训诫；三是增加了保安处分，以弥补刑罚的不足。

革命根据地时期，人民民主政权由于形势特殊未形成统一的刑法典，缺乏刑罚的统一规定，其中主刑主要有死刑、无期徒刑、有期徒刑、拘役、管制、罚金等，从刑主要有剥夺公权、没收财产。中华人民共和国成立后，基本延续了根据地时期对刑罚的规定，1979年制定了《中华人民共和国刑法》，后来历经多次修订，最终形成了"主刑＋附加刑"的刑罚体系，其中主刑包括管制、拘役、有期徒刑、无期徒刑、死刑五种，附加刑包括罚金、剥夺政治权利、没收财产以及对外国人适用的驱逐出境。

从刑罚的流变可以看出，中国的刑罚呈现出以下几个特点：一是虽然中间偶有反复，但整个刑罚演进由重到轻、由野蛮走向文明；二是刑罚体系逐渐丰富，逐渐形成主刑、附加刑并存，生命刑、监禁刑、财产刑等混合的刑罚结构，及其不同的功能及针对性；三是越来越规范。由起初的"口口相传"到成文法，由君主的"授意处置"到今天严格的行刑流程，刑罚越来越规范和科学。

二、刑罚的价值分析

哲学意义上的价值是指某个事物具有对主体有意义，可以满足主体的需要的功能和属性的概念。从这个层面分析，刑罚的价值在于它目的的指向性及功能的包容性。

（一）刑罚的目的

报应。这是从报应刑的理念来看的。报应刑理念认为，犯罪人必须受到惩罚，刑罚的轻重必须与其犯罪行为的社会危害性的严重程度相当，对犯罪人的刑罚的等价报应符合社会对公平、公正的预期，有利于实现社会的公平正义。如《中华人民共和国刑法》（以下简称《刑法》）第五条规定的"刑罚的轻重，应当与犯罪分子所犯罪行和承担的刑事责任相适应"就是其具体表现。虽然报应刑不认同教育刑理念，忽视对罪犯的教育改造，但它无论从思想流派还是行刑实践上看，仍有其积极意义，且在西方的行刑实践看来，由于教育刑的低效，报应刑在 20 世纪 70 年代重新复活，因此报应作为刑罚的目的仍有其合理性。

一般预防。所谓一般预防，是指通过对犯罪人适用一定的刑罚，来阻止社会上的其他人走向犯罪。它强调对社会的控制。正如意大利法理学家贝卡利亚所言："刑罚的政治目的是对其他人的威慑。当恶果已成为无可挽回的事实之后，只是为了不使他人产生犯罪不受惩罚的幻想，才能由政治社会对之科处刑罚。"[1]

特殊预防。特殊预防是指通过对犯罪人适用一定的刑罚，使之永久或一定时期内丧失再犯意识或能力。它落脚于犯罪个体。

必须指出的是，一般预防和特殊预防是目的刑之理念。所谓目的刑，即认为刑罚的目的不在于追求使犯罪人受到与其罪行相对应的刑罚，而在于保护社会的实际利益，因此刑罚应当由是否能达到维护社会利益的目的决定，而不是由犯罪人的罪行的程度来决定。

（二）刑罚的功能

威慑。威慑既是对社会人特别是潜在犯罪人的威慑，又是对犯罪人本人的威慑，最终使之消除犯罪或再犯的念头。它突出刑罚的必然性及严厉性。

剥夺。对犯罪分子权利及利益的剥夺，如死刑剥夺的是犯罪分子的生命；拘役、有期徒刑及无期徒刑剥夺的是犯罪分子的自由以及相依附的权利；对经济型犯罪和财产型犯罪，主要剥夺的是犯罪分子的财产（当然也包括自由）。剥夺功能，不仅是报应刑的体现，更是预防再犯的措施。

教育。刑罚的教育功能的依据是人思想的可塑性，人是可以改造的。罪犯之所以犯罪，不是天生犯罪人使然，而是成长的过程中人生观、价值观、世界观出现了偏差，通过对有期徒刑、无期徒刑的罪犯实施刑罚在相应的机构予以相应的教育矫正，能够促使其改变错误认知，达到合格的再社会化。

补偿。犯罪分子对受害人、社会造成了一定的伤害和损失，国家正是通过对犯罪分子实施刑罚，并采取罚金、赔偿损失等相应措施，对受害人、社会进行补偿，坚定他们对公平、公正的认识，维护社会的平安稳定。

三、监禁刑的演进

中国现代意义上的监禁刑始自清末的司法改良，自此之后监禁刑一直作为刑罚的一个重要部分存在。相较于封建时代的肉刑、流刑、徒刑等，监禁刑更契合现代社会对刑罚的期待，更能彰显刑罚价值及功能的实现。可以说，它是时代的选择。

清末，政府司法官员沈家本认为，监狱的首要任务应是感化，使犯人彻底改过自新，而不是"苦人辱人"。他的观点受到许多监狱改良家和司法官员的赞同，他们把这种理念融入司法改良中。1907 年，清政府通过一项监狱改良法令，对沈家本早期的奏折中提出的刑罚原则表示赞同，"除了奉天和湖北的模范监狱外，其他一些省份在 1908 年

---

[1] 贝卡利.论犯罪与刑罚[M].黄风，译.北京：中国大百科全书出版社，2002：31.

后陆续建成模范监狱……这里重视职业培训和基础教育,并为犯人开设了一个工厂,举办关于道德的演讲,鼓励他们'改过迁善'。"❶ 1911年,清政府颁布《大清新刑律》,将有期徒刑和拘役作为主刑加以规定。自此之后,监禁刑作为独立的刑种登上了历史舞台,已决犯和未决犯的混合羁押的状况得到改变。

民国时期,监禁刑得到进一步的发展,比如注重教育改造,将犯罪人的复归作为监禁的目标,如监狱里根据自身的情况,设置了一些课程,包括国文、数学、珠算和体育;注重劳动在监禁刑中的作用,"组织的劳动有三个截然不同的系统:①国家完全负责投资、管理和分配的官办公司;②允许外面公司组织生产和提供机器及原材料的委托业;③一部分运作或整个运作被以合同形式给予当地公司的承揽业"❷。较之于封建社会的刑罚,行刑出现人道化,罪犯的境遇得到一定改善;出现了独居监禁、假释、阶级奖赏等探索性的做法。

新中国成立后,中国的监禁刑被称为"劳动改造",其核心理念就是通过组织罪犯劳动来达到教育感化的目的。1954年,《劳动改造条例》正式颁布,提出了"惩罚管制与思想改造相结合、劳动生产与政治教育相结合",虽然未能完全改变"劳动改造"过于强势的地位,但这一时期罪犯收押、生活卫生、会见通信、考核奖惩、保外就医等制度得到初步改进和完善。1994年《监狱法》颁布后,提出"惩罚与改造相结合,以改造人为宗旨"的方针,提倡区别对待、严格管理与教育、感化、挽救相结合的行刑政策,并对监狱的性质、监狱警察和罪犯的权利与义务、刑罚执行制度、狱政管理制度及教育改造制度等都进行了专门规定,以上举措使得中国的监禁刑执行更加现代化和正规化。2010年之后,中国更是提出教育改造社会化协同、循证矫正、精细化治理理念,并于2016年在全国推行罪犯危险性评估,更加注重教育矫正的效率和效益,在对罪犯教育矫正、回归社会及再犯预防上更加科学化、规范化。

纵观中外,监禁刑都是刑罚的一个重要组成部分,它的羁押数量占整个刑罚体系容纳数量的绝大比重,对监禁刑的关注就是对整个刑罚成效的关注。从中国监禁刑的演变进程来看,它的功能已从单纯的隔离向教育转化,对罪犯的人道主义关怀越来越重视,监禁刑相关的制度建设越来越完善和体系化,一些先进的管理教育矫正技术也逐渐进入监禁刑领域,这更加有利于罪犯在监禁刑期间完成再社会化,从而实现复归社会的目标。

第二节　监房

监房,即关押罪犯的单元。关于监房,长期以来,形成了以下三种观点。一是监房即监狱,监狱内所有的建筑都可以看成监房。比如夏朝的夏台、商朝的圜土、周朝的囹圄,乃至明朝的"天牢"及厂狱、清朝的内监和外监等。监房自设立之日起就是一个纯粹具有关押功能的场所,虽然发展至今监狱具有了很多的功能分区,除了监禁外还具有教育、刑务、学习等多种功能,但监房即监狱的观点仍被很多人所接受。二是罪犯关押

---

❶ 冯客. 近代中国的犯罪惩罚与监狱 [M]. 徐有威,潘兴明,译. 南京:江苏人民出版社,2008:40-43.
❷ 冯客. 近代中国的犯罪惩罚与监狱 [M]. 徐有威,潘兴明,译. 南京:江苏人民出版社,2008:162-163.

（居住）的功能区，凡是在此区里的建筑群落都是监房，比如监舍楼、教学楼、会议室等。三是罪犯直接关押（居住）的独立单元。亦即我们所说的监舍的集合体，排除了功能区里的其他相关建筑。应该说，以上三种观点只是视角的不同，并不影响监房实际功能及监狱实际工作的开展。随着监狱工作社会化、规范化的推进，建筑技术的发展以及东西方监狱工作的不断交融，监狱将会被赋予越来越多的功能，建筑布局也会越来越精细，人们对监房的认识也将越来越多元和丰富。

一、监房的构成及特征

（一）监房的构成

监房可分成普通监房和隔离监房。普通监房包括监舍、多功能活动区、工作人员办公室及其他房间和设施。虽然各个监狱的建筑布局不尽相同，但一般来说多功能活动区包括教学楼、阅览室、心理咨询室、运动场、文体活动室、会议室、礼堂等；其他房间和设施包括医院或医务室、饮水间、储藏室、厕所、冲洗室、电话室等。隔离监房包括禁闭室（单人监舍）、听审室、咨询谈话室及其他必要场所及设施等。

另外在中国《监狱建设标准》里也规定：监舍楼包括寝室、冲洗室、厕所、物品储藏室、心理咨询室；学习用房包括图书阅览用房、教学用房等；文体活动用房包括文体活动室、礼堂等；其他服务用房包括理发室、浴室、晾衣房等。这为监房的建设提供了一个原则性的指导。

（二）监房的特征

安全。监房的选址、地基、用材要符合国家有关标准，达到防水、防火、防震的要求。

坚固。监房要较普通民用建筑更加牢固、可靠，要抗得住因罪犯实施的冲撞、挖凿等各种破坏行为，实现监禁的安全。

适用。适用指监房的建设既要与当地的经济、社会发展相适应，在确保安全、坚固的前提下不能贪大求洋，追求无上限的投入，造成使用上的浪费，同时在设计上又要符合监管安全和改造罪犯的需要，为之提供便利。

卫生。监房必须符合《监狱法》对监舍之"通风、透光、清洁、保暖"的要求，同时监狱的医疗机构还要定期对监房进行防疫消杀，以消除传染病的暴发流行，另外监房的垃圾、污水处理及烟尘排放等，必须符合国家有关规定。

二、监房建筑形态沿革

清末的司法改良中狱政改良是重要的一部分，时任修律大臣的沈家本就曾引用西方学者"觇其监狱之实况，可测其国程度之文野"一说作《奏议复实行改良监狱折》，大臣张之洞在《江楚会奏》中指出对监狱要大加改修，地面务必宽敞。屋宇务须整洁。1907年清政府通过一项监狱改良法令，法部要求各省会城市和通商口岸应至少建造一所模范监狱，按照扇形或十字形建造。例如位于沈阳的奉天模范监狱在其扇形楼里就有单人牢房和两个十字形的多人牢房，还有手工场所及病号、妇女的牢房。而京师第一模范监狱"建立一个双层的扇形的带有两个中心点的发散形的建筑，看守可以一览无余五排不同的监舍……单人监房和多人监房是混合的,但是女犯、少年犯、病犯与大部分犯人是分开关押的"❶。另外在江夏县署的东面,清政府建造一所新监,分四区:内监,关押已定罪人犯,百人;外监,关押未定罪人犯,三百人;女监,四十人;病监,五十人。在建筑样式上,内监仿东京监狱式,外监仿巢鸭监狱式。在内监设严禁监一所,共十间。另设接见室十间、独居室十六间。在中央瞭望塔楼中层设教诲楼以及衣物室、仓库等。

北洋政府时期,由于建筑技术及工艺的发展以及思想意识方面的觉醒,清末监狱改良的思想及做法得到进一步推进,监房的形态设计进一步科学,建筑水平和设计水平进一步提高。时任北京临时政府司法部部长的许世英在其提出的五年计划里,就把监狱建筑作为重要的内容,"拟选各县交通适中之地,合数县设监狱一所,较易集事……当有四百二十余所。""建监狱之法,容留 250 人以下者采用单十字形,容留 500 人者采用双十字形,经费固可节约,管理尤属便利。"❷ 1925 年全国能容纳 300 至 1000 人的新式监狱皆有单人房和双人房,比如北平第一、第二、第三监狱,及江西、浙江、河北等省份的第一监狱,超过 10 所以上。另有 40 多所新式监狱。"民国北京政府时期,全国成立新监狱达 80 处。"❸

南京政府时期,其司法行政部门颁布的《中华民国监狱规则》多承袭北洋政府的《监狱规划》,直至 1946 年制定新的《监狱行刑法》。此期间,监狱设计建造进一步发展,据资料显示,监房共有四种常见形态:①光线式。以五个或六个的监房翼连接集中者,容纳 1000 人左右。时湖南第一监狱、江苏第二监狱、上海特区监狱等皆采用此式。②菊花式。在光线式基础上发展而成,呈菊花或星光样式,时山西第一监狱就采用此式。③十字式。以直角形连接四翼房舍于中央点,四翼常为监房,另建事务室,整体呈十字形。时江苏第四监狱、安徽第二监狱采用此式。④扇面式。以四翼监房与一翼事务室连接中央集中者,呈扇形。时北京第一监狱、湖北第一监狱、天津监狱、奉天监狱、武昌监狱采用此式。

新中国成立后,中国的监狱建设进入一个突飞猛进的时期,建筑技术和监狱理念都较以往有了很大提升。在西方国家中,现代意义上的监房可分为直线形、电线杆形、格子形、三角形四种,"中国监房的结构大多数是直线形和电线杆形。这两种结构的主要优点是建筑费用较低,空间可以最大限度地利用;内部结构简单,技术要求低。但也存在一些不足,如不利于罪犯在监舍中的活动,监管安全系数相对低;电线杆形的监房在采光、通风上有一定的困难,尤其北侧的监舍日照时间较短。"❹

三、现代监房建设标准概述

1955 年通过的《联合国囚犯待遇最低限度标准规则》是国际上关于监狱和囚犯权利保障的最重要的规范性文件,是各国的重要的参考依据和标准指南。2015 年 12 月

---

❶ 冯客. 近代中国的犯罪惩罚与监狱 [M]. 徐有威,潘兴明,译. 南京:江苏人民出版社,2008:63、82.
❷ 冯客. 近代中国的犯罪惩罚与监狱 [M]. 徐有威,潘兴明,译. 南京:江苏人民出版社,2008:56.
❸ 吴宗璋,贾幸远. 监狱建筑概论 [M]. 深圳:群品股份有限公司,1994:56.
❹ 邵雷. 监狱建设研究 [J]. 监狱工作研究,2016 (4):28.

17日第70届联合国大会通过了对《联合国囚犯待遇最低限度标准规则》的修订，增加了人格尊严、医疗和保健服务、消除监禁弊端等内容。新规则为中国的监狱工作和监房设计提供了原则性的指南。例如规则第十二条规定：如就寝安排为单个囚室或单间，囚犯晚上应单独占用一间囚室或房间。除了由于特别原因，例如临时人多拥挤，中央监狱管理部门不得不对本项规则破例处理外，不宜让两名囚犯占用一间囚室或房间。所有供囚犯占用的房舍，尤其是所有住宿用的房舍，必须符合保健规定，同时应注意气候情况，尤其立方空气容量、最低限度的地板面积、灯光、暖气和通风等项。在囚犯必须居住或工作的所有地方，窗户的大小应以能让囚犯靠天然光线阅读和工作为准，在构造上无论有没有通风设备，应能让新鲜空气进入；应有充分灯光，使囚犯能够阅读和工作，不致损害眼睛。应当供给充分的沐盆或淋浴设备，便于囚犯沐浴或淋浴。

中国2003年颁布实施、2010修订的《监狱建设标准》，立足中国国情对监房标准进行了明确的规定。如监狱房屋建筑部分包括罪犯用房、民警用房、武警用房及其他附属用房等，并对各类用房进行了细化，为监房设计及建造提供了法定标准。

四、现代监狱视角下对监房设计的思考

现代监狱与传统监狱最大的区别就是刑罚理念及矫正技术的进步，它摒弃以惩罚及单纯监禁的做法，将教育改造上升为监狱的中心任务，以服刑人员复归社会为目标，并着力构建一个安全有序、行刑公正、矫正科学、形态完备、运行规范、素质精良的治理大格局。这必然影响到监房的功能性设计，并要求为现代监狱的整体配套提供支持。

从监房的设计理念上看，要与行刑趋势相一致。当前，中国施行的宽严相济刑事政策，表现在监狱系统，就是以罪犯危险性评估为抓手实行罪犯分类和监狱分级，将不同危险类型、危险程度的罪犯投放到不同戒备等级的监狱。简单来说就是罪犯的危险程度越小，监狱的戒备等级就越低，低戒备的监狱罪犯的自由度较高，高戒备的监狱对罪犯的监禁性就越强。鉴于此，监房设计就必须体现不同戒备等级的特征要求，在形态、内部设计、环境、设施、功能蕴含上有所区别，以满足不同的功能性要求。

从监房的功能层面上看，要满足矫正的功能需要。这主要是针对现有的监房设计而言的，当前的监狱戒备分级不明显，基本上为中度——中高或中低度——以矫正功能为主，单纯监禁的很少。在整体建筑上存在一个明显的特点，就是过于强调监禁功能，比如说往往强调门窗牢不牢、监控配备到不到位，能不能防止罪犯自杀、行凶或越狱等，但对促进罪犯改造、增强矫正效果却往往不到位。现代意义上的监房要求必须增强矫正功能的发挥，设计时要将监舍与心理咨询室、图书室、亲情电话室以及罪犯兴趣小组活动室等有机统合在一起，特别是集成单元式的监房更是如此，着力打造一个宽松、愉悦、自然的矫正环境，促使罪犯自觉改造。比如有的监狱在监舍内布置了书桌、书柜，配之以鲜花、格言谚语、画框等，形成一个读书区（学习区），较之以往罪犯在晚上无事可做就有了很大的提升，受到罪犯的喜爱。

从监房的形态美学上看，应综合运用造型、色彩等表现手法。现在的监狱外表多

以青、灰等色调为主，突出威严、肃穆的感觉，作为国家刑罚执行机关这无可厚非，但在监房内部出于矫正的需要可以运用色彩、造型、立面等进行点缀。因为人对色彩的感知浅层次上是造成人生理上的反映，进而深层次上影响人的情绪和精神状态。在青、绿色环境中可以消除疲劳和缓解精神紧张，黄、红、橙等色，使人富有活力，色彩明度与彩度越大对体弱多病的人越好，可以使其心情愉悦、乐于活动，这些都可以根据需要配置在不同的监房里。在功能区内，也可以配置不同造型的雕塑、道旗、假山等，单位式、双体式、联体式、平面式及自由式交互运用，使建筑风格丰富多彩，给人以美的感受。

第三节　囚犯

囚犯是一个历史的存在，是监狱一个重要的构成维度。无论是东方社会，还是西方社会，囚犯都面临着一个称谓上的转换和治囚政策思想的演变。从社会文明发展的进程上看，科学认识罪犯是行刑的大趋势，对矫正效果的重视及复归社会上的诸多探索努力奠定了监狱工作的合法性基础，也再次验证了监狱的价值。

一、囚犯的称谓转换及话语指向

在中国，对于因犯罪被监禁的人的称谓基本经历"囚犯—劳改犯—罪犯—服刑人员"的顺序（后一种称谓的兴起，并不代表前一种称谓的消失，很多情况下多个称谓可以混用）。囚犯是最早的称谓，使用比较久远，可以追溯到封建社会。如司马迁《报任安书》中的"韩非囚秦"，清朝方苞在《狱中杂记》中所写："余在刑部狱，见死而由窦出者日四三人……禁卒居中央，牖其前以通明，屋极有窗以达气。旁四室则无之，而系囚常二百余。"其中的"囚"指的就是囚犯的意思。在《说文解字》中，"囚"是一个象形字，指的是一个被关进笼子里的人。囚犯的称呼一直持续到1954年《劳动改造条例》的出台。囚犯主要存在于整个封建社会，一直处在当时社会的最底层，遭受肉刑、酷刑的非人折磨，毫无权利可言。从囚犯的形成看，无疑是封建阶级为了控制、统治的需要而施加的结果，在未达到剥夺生命刑的程度上通过囚禁及施加于肉体的酷刑，既是对犯罪人的报复以抚慰受害人及整个社会，又对潜在的犯罪人予以极大的震慑，从而使整个社会秩序始终处在一种动态的稳定平衡中，封建阶级的统治则可以一直延续下去。

1949年中华人民共和国成立后，新中国一个重要的任务就是如何改造大量的反革命分子和其他犯罪分子。1951年5月10日至16日，中共中央在北京召开第三次全国公安会议。会议指出，对于有血债或其他最严重的罪行非杀不足以平民愤者和最严重地损害国家利益者，必须坚决地判处死刑，并迅即执行。对于没有血债、民愤不大和虽然严重地损害国家利益但尚未达到最严重的程度，而又罪该处死者，应当采取判处死刑、缓期二年执行、强迫劳动、以观后效的政策。首次提出组织罪犯劳动改造。1954年8月26日，国家通过了《劳动改造条例》，其中第二条明确规定"中华人民共和国的劳动改造机关，是人民民主专政的工具之一，是对一切反革命犯和其他刑事犯实施惩罚和改造的机关"。从此，犯人便被习惯性地称为"劳改犯"，管理罪犯的警察被称为"劳改干部"。从以上可以看出，如果囚犯是指向社会控制的视角，那么劳改犯明显具有阶级专政的韵味，在20世纪50年代至1980年《刑法》《刑事诉讼法》颁布前的整个时间段里，劳改犯在社会评价体系里一直同"反革命分子""阶级敌人"画等号。而在1980年至1994年《监狱法》出台后的一段时间里，劳改犯虽然在官方的话语体系里不再指向"反革命分子""阶级敌人"，但民间却一直延续着这种思想认识，法治化的视角和认识还没有建立起来。

1994年12月29日《监狱法》正式颁布，用"罪犯"一词代替了"劳改犯"，用"监狱人民警察"代替了"劳改干部"，并规定了两者的权利和义务。在监狱工作实践中，也越来越强调对罪犯权利的保护，一切管理工作都不得突破法律法规的底线。由此可见，罪犯是一个法制视角下的划分，这代表中国的监狱工作走上了法制化的轨道。

2004年4月12日，司法部颁布了《监狱服刑人员行为规范》，正式将"罪犯"改为"服刑人员"。它将罪犯的法制视角拉回到社会管理的视角，对其人格、尊严的尊重及确定，同时也与保障罪犯权利的世界行刑趋势保持一致，这体现了中国对罪犯的宽容程度，折射出中国社会治理的高度。

二、对囚犯的政策及理念的演变

从中国及西方国家的监狱史来看，两者对囚犯的政策及理念经历了不同的流变。现代中国（以1949年新中国成立为界限）的演进路线是：

强制劳动。新中国成立初期，百废待兴，如何处理大批的国民党和日伪战犯、反动会道门头子、恶霸地主及刑事罪犯成为新中国亟待解决的一件大事。1951年5月第三次全国公安会议通过了《关于组织全国犯人劳动改造问题的决议》。该《决议》指出"大批应判徒刑的犯人，是一个很大的劳动力。为了改造他们，为了解决监狱的困难，为了不让判刑的反革命分子坐吃闲饭，必须立即着手组织劳动改造工作"。这是强制劳动的最初由来。同年9月全国第四次公安工作会议进一步提出"对罪犯实行强制劳动，是消灭反革命分子的一个重要手段，也是改造犯人的一项基本政策"。自此以后，强制罪犯劳动正式实施起来。

惩罚管制与思想改造相结合，劳动生产与政治教育相结合。1954年中华人民共和国政务院（1954年6月后改称国务院）公布了《劳动改造条例》，明确提出"惩罚管制与思想改造相结合，劳动生产与政治教育相结合"的劳改工作方针。针对其后出现的重生产、轻改造的偏离倾向，1964年全国第六次劳动改造罪犯的工作会议重申"改造第一，生产第二"的方针，对这种偏离倾向进行了拨乱反正。

阶级斗争与人道主义相结合。1956年全国管教工作座谈会指出，惩罚管制只是手段，而改造他们成为新人才是目的，虐待犯人是旧社会的产物，我们党是历来坚决制止的。要贯彻革命人道主义，这样才可能使罪犯知道我们是真正希望改造他们成为新人的，从而自愿接受改造。及至1962年《劳动改造管教工作细则》出台，对监狱工作各方面进行了条理化、系统化的改革，管教工作在此基础上得以稳定推进。

教育、感化和挽救。党的十一届三中全会后，"左倾"错误得到纠正。针对青少年罪犯增加的现象，国家强调对青少年罪犯要"教育、感化和挽救"。并在1981年中央召开的五大城市治安座谈会上明确提出"对罪犯实行教育、挽救、改造，加强政治、劳动、文化和技术教育，使他们真正感到国家是在关心他们、挽救他们"。同年，在全国第八次劳改工作会议上进一步提出监狱工作的目标，即"争取把绝大多数罪犯改造成为拥护社会主义的守法公民和对社会建设的有用之才"。这为此后的罪犯改造工作框定了方向及路径。

惩罚与改造相结合，以改造人为宗旨。1995年在国务院国发〔1995〕4号文件《国务院关于进一步加强监狱管理和劳动教养工作的通知》中，明确提出了监狱工作要坚持"惩罚与改造相结合，以改造人为宗旨"的方针，并在《监狱法》第三条内化为"惩罚与改造相结合、教育与劳动相结合，将罪犯改造成为守法公民"。相对于以前的部门规章，《监狱法》是由全国人大常委会制定的新中国第一部关于监狱工作的法律，这标志着中国的监狱工作进入了有法可依的局面，为监狱工作科学化、法制化提供了强有力的保障。此后，监狱工作及相关探索在全国迅猛开展起来。

在"惩罚与改造相结合，以改造人为宗旨"基础上的矫正理念的兴起。2014年司法部出台的《教育改造罪犯纲要》指出，教育改造罪犯的指导思想是"贯彻'惩罚与改造相结合，以改造人为宗旨'的监狱工作方针，紧紧围绕提高罪犯改造质量，坚持以人为本，充分发挥管理、教育、劳动改造手段的作用，发挥心理矫治的重要作用，推进教育改造罪犯的法治化、科学化、社会化，把罪犯改造成为守法公民"。在这一《纲要》中，我国首次提出了心理矫治手段，并在以后的监狱工作实践中着力探索矫治与矫正技术性手段的运用。如循证矫正在全国部分省份试点，罪犯危险性评估的实施，内观疗法的探索等。这都给中国的改造工作带来了新气象。

对于西方国家来说，经过中世纪的酷刑时代，监禁刑于16世纪开始萌芽并历经18世纪的监狱改革，逐渐形成以监禁刑为中心的现代化的刑罚种类及监狱工作模式及理念。

教育刑的代表人物李斯特认为"国家和受刑者之间应通力合作，治疗犯罪人的'犯罪病'，使得他们尽早地改过迁善"。"就李斯特看来，监狱不再是单纯的监禁犯人的场所，而是治疗各种疾病、增进身体健康的治疗设施。"❶ 随着教育刑思想的深入人心，一套以"病人"代替"犯人"的医疗模式开始兴起。与其他模式相比，医疗模式十分强调犯罪人自身的心理或心理问题，重视利用医学的以及心理学的方法加以治疗。治疗流程是：检查—诊断—矫治。发展到20世纪60年代，"医疗模式在美国占据了统治地位，监狱变成了矫治机构，管理人员变成了矫治人员，美国监狱协会于1954年更名为美国矫正协会。美国当时的司法部宣称'犯罪乃是因为疾病所致，监狱重点应是个别化处遇—矫正犯罪者恶习'"。❷

医疗模式在20世纪70年代遇到严峻的挑战，比如居高不下的犯罪率，社会治安问题严重，矫正主义的功能受到社会的质疑和批判，美国犯罪学家对矫正计划效果的一项调查报告震惊了整个矫正领域，宣告了矫正计划的破产。取而代之的是正义模式思潮的

---

❶ 张婧. 监狱矫正机能之观察与省思［M］. 北京：中国人民公安大学出版社，2010：39.
❷ 张婧. 监狱矫正机能之观察与省思［M］. 北京：中国人民公安大学出版社，2010：42.

兴起。正义模式提倡报应哲学，任何人触犯法律皆应被惩罚；犯罪矫治处遇不切实际，犯罪是个人自由选择的结果，而非生病或受外界影响因素支配，矫治被滥用并产生许多副作用；避免对犯罪人过度惩罚，并不必严厉，只要符合公平即可。正义模式带来了司法领域的许多改变，如缓刑、假释制度受到严格限制，加大对累犯的打击力度，对重刑犯提高监禁期限，恢复死刑等。当然，正义模式只是改变矫正过猛的现象，并不完全否定矫正的功能，所以保护观察、中途之家及罚金刑等措施一直正常使用。

虽然正义模式在纠正医疗模式上无可厚非，但由于立足监禁刑的隔离、报应主义，所以尚不足以缓解犯罪行为高发、监狱押犯爆满的状况，美国开始探索更加有效的非监禁刑及社区矫正。两极化矫正政策主张对于重大犯罪及危险犯施以严格对策之矫正政策，对轻微犯罪及可改善可能者施以宽松之矫正政策。❶ 在司法领域中推行设置高度安全管理监狱、延长监禁时间、开放式处遇及社区处理、强化少年处遇功能等措施。

20世纪90年代开始，新的正义观开始出现，即恢复性司法。恢复性司法认为：以社会冲突的观点来看待犯罪，处理犯罪最重要的考量是恢复损害，恢复和平，而非仅仅惩罚加害者；必须考虑犯罪所造成的伤害，其中被害者的宽恕意愿是最重要的影响因素；犯罪人为其犯罪行为负责，可以增强其人格真正的影响；恢复性原则将促进社区在控制和预防犯罪的作用。❷ 在司法实践中，比利时在30多个监狱中任命了一名恢复性司法顾问。美国将恢复性项目扩大到除严重暴力犯罪以外的几乎所有的犯罪人。并且英国、加拿大、挪威、丹麦、爱尔兰、德国等国家都在监狱领域开展了恢复性司法的活动，且取得了不菲的成效。

三、囚犯的权利与义务

自囚犯入监之日起，就享受一定的权利，承担一定的义务，并伴随着服刑改造的整个过程。权利与义务如同"一个硬币的两面"，对囚犯的角色进行生动的写照，赋予囚犯最本质的底色。

（一）关于权利

囚犯的权利就是法律所保护的囚犯应享有的利益。一直以来，对囚犯的权利有不同的分类和解读，具体内容也不相同。

在囚犯管理实务领域，江苏省监狱管理局对囚犯权利的分类比较有代表性，它以"列举＋兜底"的方式对囚犯的权利进行了明确，一共分为11种。分别是：①人格不受侮辱、人身安全、合法财产不受侵犯的权利；②辩护、申诉、控告和检举的权利；③维护身体健康，有病得到诊治的权利；④按规定通信、会见的权利；⑤依法获得行政和刑事奖励的权利；⑥依法获得按期释放的权利；⑦法定节日和休息日休息的权利；⑧对监狱的管理、教育、生产劳动、文化娱乐、生活卫生等工作提出合理化建议的权利；⑨接受教育的权利；⑩未被剥夺政治权利的罪犯有依法参加选举的权利；⑪法律未剥夺或限制的其他权利。

---

❶ 郭建安. 社区矫正通论 [M]. 北京：法律出版社，2004：25.
❷ 刘立霞，张晶. 论恢复性司法在监狱行刑中的运用 [J]. 中国矿业大学学报，2009（3）.

从上述内容可知，它比较贴切监狱管理实践，是对囚犯管理教育经验的总结，具有极强的可操作性，也易于囚犯权利的维护和实现。

另外，从权利的独占性上进行分类，也是一个常见的分法。它可以很明晰和准确地厘清囚犯权利的实际享有程度，条理清楚、脉络分明，便于把握、易于操作，有利于从囚犯的视角入手，符合中国社会发展的趋势，与保障囚犯权利的要求相适应。同时，也考虑到囚犯权利实现的现实情形和实然状态，是符合客观实际的一种逻辑安排。根据这种视角，它将囚犯权利分为以下几类。

一般权利。它的参照物是普通公民，系为囚犯所实际享有的权利。

特别享有的权利。特别享有的权利即作为囚犯所专门享受到的权利，即有排他性。一旦囚犯的身份消失，便不能再享受到这种权利。它包括：①辩护权；②申诉权；③控告权、检举权；④通信权；⑤会见权；⑥受教育权；⑦减刑权、假释权及暂予监外执行权；⑧休息权、文化娱乐权；⑨携带生活必需物品权与获得必要生活保障权；⑩劳动权；⑪获得国家赔偿权；⑫医疗权；⑬人格尊严权；⑭基于特殊身份的权利。如女囚、未成年犯、少数民族、老弱病残、外国籍囚犯所规定特别享有的权利。

尚存争议的权利。由于法治建设、社会观念、经济社会发展等不一致，对于囚犯享受的权利，系统内部或社会层面还存在争议，未能达成一致。它包括：①婚姻权；②著作权；③监督权；④隐私权。

伴随或依附权利。伴随或依附权利指囚犯在服刑期间无法享受，刑满后暂时失去或永远失去的权利。比如《公司法》规定，"因贪污、贿赂、侵占财产、挪用财产或破坏社会主义市场经济秩序，被判处刑罚，执行期满未逾五年，或者因犯罪被剥夺政治权利，执行期满未逾五年"的，"不得担任公司的董事、监事、高级管理人员"。因此，对于囚犯来说，担任公司董事、监事、高级管理人员的权利在服刑期间或刑释后五年内就不能享有。又如《中华人民共和国公务员法》(《中华人民共和国人民警察法》《中华人民共和国法官法》《中华人民共和国检察官法》）等规定，曾因犯罪受过刑事处罚的人员，不得担任公务员。这样，囚犯担任公务员的权利也就永远失去了。

（二）关于义务

囚犯的义务即法律所规定的囚犯应尽的责任。同对权利的分类和解读相似，对囚犯的义务也有不同的分类和解读。

普适视角下的义务。根据《宪法》的规定，囚犯享有以下通常意义上的义务。所谓通常意义上的义务，是指囚犯和其他公民所共同享有的义务，具有普适性。它包括：①劳动的义务；②受教育的义务；③不得损害国家的、社会的、集体的利益和其他公民的合法的自由和权利的义务；④维护国家统一和全国各民族团结的义务；⑤遵守宪法和法律，保守国家秘密，爱护公共财产，遵守劳动纪律，遵守公共秩序，尊重社会公德的义务；⑥维护国家的安全、荣誉和利益的义务；⑦依照法律服兵役和参加民兵组织的义务；⑧依照法律纳税的义务。

监狱管理实践视角下的义务。以江苏省监狱管理局为例，它将囚犯的义务分为以下9类：①遵守国家法律法规的义务；②遵守监规纪律的义务；③服从监狱人民警察依法管理的义务；④有劳动能力的罪犯，有参加劳动的义务；⑤接受思想、文化和技术教育的义务；⑥爱护国家财产、保护公共设施的义务；⑦维护正常改造秩序，自觉接受改造的义务；⑧检举违法犯罪活动的义务；⑨法律法规规定的其他义务。

与囚犯身份相关联的专有义务。根据中国监狱法及其他法规、规章、规范等，囚犯还必须履行以下义务：①接受监狱及监狱人民警察合法监督的义务；②遵守监规纪律的义务；③接受检查的义务。

四、囚犯的分类

对囚犯进行分类，是出于监狱管理改造的需要。西方发达国家在囚犯分类方面主要采取以下措施：一是设置了不同戒备等级的监狱，如高、中、低等戒备监狱，以监禁矫正不同危险程度的囚犯，以提高矫正质量及经济性。二是普遍建立了专门的分类机构，由专职人员将囚犯的少时经历、家庭背景、受教育情况、作案记录、心理特质等进行调查统计，并从监管等级、危险程度、矫正措施等方面提出建议。三是制定完善的分类标准，具有统一、标准化的分类工具及评定标准，将罪犯的危险程度作为最重要的测量要素，结合刑期长短、心理及人格特征等多种因素进行量化评估。四是分类和处遇管理动态化。在分类上设置了初次分类、重新分类等多阶段分类，注重处遇激励刺激，使分类形成一个动态的闭环体系，最后指向出狱人的社会回归。

在具体分类上面，比如英国将监狱分为A、B、C、D四个等级，囚犯也相应分为A、B、C、D四类，其中A类囚犯指有逃跑危险，会对公众、警察或国家安全造成极大威胁的囚犯；D类囚犯则是指危险程度很轻，适合在开放式监狱服刑的囚犯。B类和C类囚犯的危险程度介于两者之间，且依次递减。

自新中国成立后，中国十分注重囚犯分类工作，虽然经过不同的刑事政策及监狱工作方针理念的调整，但囚犯分类一直不断向前发展，并形成了富有中国特色的分类体系。从当前看，中国的囚犯分类主要有以下几种方式。

根据囚犯的基本情况分类。此种分类主要根据囚犯的性别、年龄、刑期、健康状况进行分类，是新中国成立后应用最早、最简单、可操作的分类。主要适用于对罪犯的初次分类及局限于条件下的粗线条的分类。①按照性别，可将囚犯分为男犯、女犯。②按照年龄，可将囚犯分为未成年犯、成年犯及老年犯。各国对年龄划分都不相同，在中国，未满18周岁的囚犯被认定为未成年犯，18周岁以上的被认定为成年犯，其中年满65周岁的则被认定为老年犯。③按照刑期，则分为长刑期犯、短刑期犯。短刑期犯一般为三年或五年以下；对长刑期犯，则认定不太一致，有的为三年以上，有的为五年以上，有的则为十年以上，当前监狱管理实践中十年以上较为常见。④按照健康状况，则分为病犯和残疾犯。病犯一般指患有重病、久治不愈，影响正常生活、学习、劳动的罪犯。残疾犯是指因身体有肢体（器官）残缺、功能不全或丧失功能，影响正常生活、学习、劳动的罪犯。

根据囚犯的犯罪性质分类。1991年，司法部印发了《对罪犯实施分押、分管、分教的试行意见》，将"横向分类、纵向分级，分级处遇、分类施教"确定为分类原则，并提出纯度的要求。据此，在对按性别、年龄、刑期、健康状况分类的基础上，将囚犯分为暴力型、财产型、性犯罪型和其他四大类。①暴力型囚犯。这是指犯抢劫、故意伤害、故意杀人、寻衅滋事、聚众斗殴、抢夺等侵犯公民人身权利犯罪的囚犯。②财产型囚犯。这是指犯贪污、受贿、盗窃、拐卖、诈骗等侵犯公民财产权利犯罪的囚犯。③性犯罪型囚犯。这是指犯强奸、奸淫幼女、猥亵妇女等侵犯女性性权利犯罪的囚犯。④其他囚犯。这是指暴力型、财产型、性犯罪型以外的囚犯。

在犯罪性质分类上的二次分类。比如"上海市监狱系统在1991年司法部分类的基础上进行再分类，有的监狱将性犯罪中的强奸犯罪单独分出来，有的监狱将暴力犯分为利欲型、性欲型、称霸型、激情型等"❶。也有的监狱将财产型犯罪中的贪污、受贿、挪用公款、玩忽职守等涉及国家公职人员犯罪的，统一归为职务型囚犯。

按照危险程度分类。司法部《对罪犯实施分押、分管、分教工作的实施意见》出台后，监狱系统逐渐形成"三级五等制"的分类方式。三级指严管、普管、宽管。五等指严管（C）、从严（BC）、普管（B）、从宽（AB）、宽管（A），危险性程度递减。简单来说，严管级24小时处于监控之下，没有自由；普管级有一定的活动空间和时间；宽管级在活动时间、活动空间、会见、亲情电话、发信件等方面享有较大自由度。2016年下半年，司法部在全国推行罪犯危险性评估，就是根据囚犯犯罪性质、犯罪经历、刑历、心理行为特征、现实表现及对公共安全影响等，经综合评估，划分为极高危险、高度危险、中度危险及低度危险四个等级，危险类型划分为脱逃、行凶、自杀、其他四种情形，其中低度危险囚犯可以不划分危险类别。对于评估为极高危险的囚犯，原则上到高度戒备等级监狱关押，或者说可以在中度戒备监狱关押但应认定为省级重点罪犯挂牌攻坚；对于高度危险的囚犯，可以认定为省级重点罪犯或监狱级重点罪犯。高度危险或极高危险的囚犯，刑释时必须列为"必接必送"对象。对于呈报假释的囚犯，必须评估为低度危险，中度及以上危险等级的不得呈报假释。

第四节　警察

中国《监狱法》第十二条第二款明确规定："监狱的管理人员是人民警察。"作为一名狱治者，警察被赋予法定的职责与使命，警察与囚犯一同构成了监狱管理中"人文"场域。对警察的研究和关注是推进监狱工作科学发展的重要一环。

一、监狱警察身份的流变

（一）奴隶社会

夏朝时，出现了专管刑狱的管员，叫"士"，具体职责包括刑侦及狱警两个方面。至西周，"司寇"专门执掌刑狱和纠察等事，"士"成了"司寇"的属官。据《周礼》记载，司寇以下，设士师四人，"掌国之五禁之法，以左右刑罚"。春秋战国时期，监狱管理人员的职能及人员构成有了进一步的发展，主要分成司厉、司隶、司圜、掌囚和掌戮。其中司厉掌管没收盗贼所用的兵器及财物；司隶掌握奴隶、俘虏，负责劳役，捕捉

---

❶ 张晶. 中外罪犯分类制度的比较与思考［DB/OL］. http://www.110.com/ziliao/article--5675.html, 2014-12-22.

盗贼；司圜管辖监狱中的不良之民；掌囚负责的是监守盗贼；掌戮负责死刑及刖、宫等酷刑的执行。从上面看，虽然人员构成上整体比较单一，制度建设上也比较粗糙，但也有了一套运作的体系，具有职能化的一些迹象。

（二）封建社会

秦朝，九卿中的廷尉负责审理皇帝交办的案件，当然也负责监狱的管理。对监狱管理人员一般称狱吏，狱吏下设狱卒。汉承秦制，对监狱管理人员除称为狱吏外，还称之为狱司空。至唐代，典狱成为专职防守在禁囚犯的官员。宋朝的监狱管吏有狱掾、推吏、典狱官等。明朝除了专职的司狱官吏外，还有厂卫狱，厂即东厂、西厂，卫即锦衣卫，直接隶属于皇帝掌握刑狱，由厂卫人员担任专职监狱管理人员。清朝管理监狱的专任人员是管狱官，包括京师的刑部司狱，地方的按司狱、府司狱、吏目、典狱等。封建朝代强调监狱管理人员对囚犯的严格控制，刑罚上残忍酷烈、囚犯动辄受辱，丝毫没有尊严可言；总的来说，监狱管理人员整体地位不高，由于法令严苛，低层管理人员如狱吏、狱卒本身也要承担极大的工作风险。如《大明律》规定："凡司狱官、狱卒教令罪囚反异变乱事情及与通传言语有所增减其罪者，以故出入人罪论。"清朝狱卒如果没有发觉罪囚跑了，其罪照逃跑囚犯罪减二等。

（三）民国时期

"北洋军阀政府时期，监狱管理人员由典狱长、看守人、候补看守人、教诲师、教师、医生、药剂师、技师、看守等组成。"❶ 南京国民政府时期，司法行政部设监狱司，统一全国监狱之事务。新式监狱设典狱长一人，下有看守；旧式监狱设管狱员，在县长的直接指挥下掌握监狱事务，下令医士、主任看守、男女看守、所丁长及男女所丁。除此之外还有军人监狱及反省院，管理人员分别由军队及国民党中央、各省党部人员直接担任。

（四）新中国成立后

1954年9月，中华人民共和国政务院公布实施了新中国第一部较为系统、完整的监狱法规——《中华人民共和国劳动改造条例》，该条例对囚犯实行劳动改造制度。在这一制度下，监狱管教、劳改队管教包括少管所管教等从业人员有了一个统一的称呼——劳改干部。改革开放后，中国的社会形势发生了很大的变化，囚犯年龄进一步年轻化，人员构成进一步复杂化，人数也持续增多。为了应对挑战，1994年12月29日《监狱法》颁布实施，它重新确定了监狱管理人员的身份——人民警察，并规定了相关的职责与职权。

二、监狱警察的构成与配置

《监狱法》第十二条第一款规定："监狱设监狱长一人、副监狱长若干人，并根据实际需要设置必要的工作机构和配备其他监狱管理人员。"在现代监狱管理实践中，监狱警察是社会分工的一种，已形成不同岗位组成的职业群。在中国监狱管理体系划分上，

---

❶ 李豫黔. 监狱人民警察管理[M]. 北京：警官教育出版社，1998：28.

已形成监狱长—监区长—分监区长（有的监狱已取消分监区建制）的构成结构，监狱长、监区长、分监区长分别是监狱、监区、分监区的最高领导者，亦是第一责任人，围绕此可增设其他人员机构。当前，"中国的监狱警察队伍主要由以下三类人员构成：一是各级监狱、未成年犯管教所的领导以及具备公务员身份的工作人员；二是监狱、未成年犯管教所的具有公务员身份从事具体生产技术管理、生活卫生管理、财务管理等工作的管理人员；三是监狱、未成年犯管教所的医疗、科研、教育培训机关具有公务员身份的专业人员"。❶

从监狱管理实践来看，中国一所监狱一般要由以下的警察人员构成：①监狱长。主持监狱全面工作。②政委。身份上隶属党务系统。协助监狱长主持监狱工作。在职位设置上，和监狱长均为正职。③副监狱长、副政委。若干。监狱长、政委、副监狱长副政委组成监狱领导层。④监区长、分监区长。这部分是执行层，在监狱长领导之下、基层普通民警之上。依据各地情况不同，（分）监区长层面可能包括（分）监区长、教（指）导员、副（分）监区长等细分。⑤管教人员。包括机关科室民警及基层直接从事管理教育囚犯的民警。⑥文化教员和职业技术培训人员。⑦心理学工作者和精神病学工作者。⑧医务人员。⑨生产经营管理人员。

不同于中国监狱全部由警察从事管理矫正等工作事项，国外的监狱工作人员性质并不全是警察，还包括其他人员，分类也更加精细。"比如德国每座监狱必须按照其从任务要求的人数配备各种职能的公务人员，主要包括普通行刑员、行刑公务员、车间服务员以及牧师、医生、教育学者、心理学者和社会福利工作者。"❷

在英国，"监狱管理者分为制服人员和非制服人员，制服狱官属于国家公务员但不是警察，占监狱管理人员的69%，具体分为六个等级：①监狱长A-D级，为高级主管；②监狱长E-F级，为中级主管；③主管狱官，为中级主管；④高级狱官，为一线主管；⑤初级狱官，为罪犯监督员；⑥运营支持官员，负责安全支持。非制服人员则分为行政管理（负责文字等行政事务，占总数的15%）、生产劳动（负责囚犯技能培训，占总数的7%）、专业人员（如心理医生、戒毒专家等，占总数的9%）。"❸

在西班牙，"属于公务员的监狱管理人员分为四类：①心理医生、教师等高级技术人员，约占2.77%；②中层管理人员、办公人员，约占5.93%；③看守、监控等安全人员，约占71.9%；④医生、护士等卫生工作人员，约占5%。"❹

在职位职数配置上，由于体制、国情以及认识上的不同，中国与外国存在较大的差别。以监狱工作人员职位的核心——看守人员来看，许多国家的监狱警囚比都接近于1∶3，如美国、法国、德国为1∶3，日本为1∶3.3，英国为1∶4，中国监狱的警囚比总体维持在1∶5.6，但在具体实施时有所不同。还有，中国看守型人数较多，但心理矫治、刑罚执行等专业技术类的人数却较少，这与当前监狱的行刑趋势是不相契合的，不过国家已重视此方面的建设，并在《2016—2020年监狱戒毒人民警察队伍建设规划纲

---

❶ 于文静，解添明. 科学认知监狱警察 [M]. 南京：江苏人民出版社，2014：6.
❷ 于文静，解添明. 科学认知监狱警察 [M]. 南京：江苏人民出版社，2014：11.
❸ 李豫黔. 刑罚执行理念与实证 [M]. 北京：法律出版社，2012：489.
❹ 李豫黔. 刑罚执行理念与实证 [M]. 北京：法律出版社，2012：521.

要》中有所体现。

三、监狱警察的职责

（一）依法执行刑罚

《监狱法》第一条规定："为了正确执行刑罚，惩罚和改造罪犯，预防和减少犯罪，根据宪法，制定本法。"第二条第二款规定："监狱是国家的刑罚执行机关。"另外，在司法链条中，立法机关的制刑权、检察机关的求刑权、法院的量刑权与监狱的行刑权是一个完整的承接，从监狱自身的角度讲，只有先将法院判决（裁定）后的犯罪人执行收监——刑罚执行后，才能涉及具体的管理改造问题。另外，刑罚执行是监狱其他活动与工作的目的和基础。安全管理、刑务劳作、生产经营、教育矫正等都围绕刑罚执行来展开。而对于囚犯来讲，服刑过程如果没有产生深刻的刑罚体验，达不到认罪悔罪、矫正动力定型的要求，是不可能成功回归社会的，即使回归社会了也很容易再次实施违法犯罪行为。因此，综合来讲，依法执行刑罚是监狱一个关键且首要的任务。

监狱实际工作中，依法执行刑罚的内容包括：①囚犯收监。《监狱法》第十六条至第二十条作了具体规定。②处理囚犯的申诉、控告、检举。《监狱法》第二十一条至第二十四条作了具体规定。③监外执行。《监狱法》第二十五条至第二十八条作了具体规定。④减刑、假释。《监狱法》第二十九条至第三十四条作了具体规定。⑤释放安置。《监狱法》第三十五条至第三十八条作了具体规定。

（二）维护监管安全

监管安全对监狱来说至关重要，它是监狱的立足之本，这是由监狱的本质所决定的。监狱对于监管安全的重视，并不是某个环节、某个过程、某个事项，而是全方位、全过程、全维度的，任何工作的展开、任何要素的投入都要围绕建构于确保监管安全基石之上。从当前监狱实际运行来看，监管安全如果实现不了，那么其他一切都是无源之水、无本之木。因此，对于监狱警察来讲，维护监管安全是一个重要的任务，为教育改造囚犯、实现监狱宗旨保驾护航。

监狱实际工作中，维护监管安全主要体现在：①分押分管。《监狱法》第三十九条、第四十条作了规定。②戒具及武器的使用。《监狱法》第四十五条、第四十六条作了规定。③通信、会见。《监狱法》第四十七条至第四十九条作了规定。④生活、卫生。《监狱法》第五十条至第五十五条作了规定。⑤奖惩。《监狱法》第五十六条至第五十八条作了规定。

（三）做好改造工作

"惩罚与改造相结合，以改造人为宗旨"是监狱始终如一的方针政策，这是改造工作的安身立足之本。将囚犯改造成为守法公民、成功回归社会，能最大限度地证明监狱工作的合法性、崇高性，也是监狱价值之所在。监狱实际工作中，监狱警察应牢固树立"改造为本"的理念，将一切的工作归拢于做好改造工作这个任务上来，消除囚犯的错误思想及恶习，使之重塑健康人格及行为习惯，建立法治、正义思想及良善品质，符合社会之预期。改造囚犯的手段很多，教育是其中之一，如《监狱法》第四条规定："监狱对罪犯应当依法监管，根据改造罪犯的需要，组织罪犯从事生产劳动，对罪犯进行思想教育、文化教育、技术教育。"劳动也是手段之一，比如通过组织囚犯参加生产劳动及刑务作业，可以消除其不劳而获的思想，养成自食其力的习惯且可以增强就业谋生的能力。心理矫治。即民警运用个别矫治、心理健康教育、心理测验、心理治疗等措施，指导、帮助囚犯辨明心理问题产生的原因及性质，进而调整心理状态、排除心理障碍，恢复心理健康，有利于囚犯对自我的深度挖掘以及人格的完善。危险性评估。通过对囚犯在入监、中期、刑释、减刑假释以及重大异动时进行综合评估，掌握其危险类型及等级，予以针对性的关押及教育管理，落实相应的改造措施，达到科学配置教育改造资源的目的，有力实现改造效益。

四、监狱警察的纪律及保障

（一）监狱警察的纪律

监狱警察的纪律按其性质来分，可分为政治纪律、组织纪律、执法纪律、廉政纪律、保密纪律、警容风纪、生活纪律等。

政治纪律。政治纪律就是监狱警察在政治方向、政治立场、政治观点上必须同党中央保持高度一致，在重大政治斗争中要立场坚定，关键时要旗帜鲜明，要坚决贯彻党的路线、方针和政策。简要来说，即忠于党、忠于祖国、忠于人民。

组织纪律。组织纪律就是处理个人与组织关系的行为准则。监狱警察的组织纪律总的来说是服从领导，听从指挥，执行命令。组织纪律根据管理对象的不同，可分为针对领导层级（一般指处级以上）及普适性的纪律。前者如《××省监狱系统处级以上民警辞职、免职、降职暂行规定》，后者如《监狱戒毒人民警察职业行为规范》。

执法纪律。执法纪律指监狱警察在履行工作职责时应遵循的行为准则。如《中华人民共和国监狱法》第十四条就规定了监狱人民警察不得有以下九种行为：①索要、收受、侵占罪犯及其亲属的财物；②私放罪犯或者玩忽职守造成罪犯脱逃；③刑讯逼供或者体罚、虐待罪犯；④侮辱罪犯的人格；⑤殴打或者纵容他人殴打罪犯；⑥为谋取私利，利用罪犯提供劳务；⑦违反规定，私自为罪犯传递信件或者物品；⑧非法将监管罪犯的职权交予他人行使；⑨其他违法行为。并指出，"有前款所列行为，构成犯罪的，依法追究刑事责任；尚未构成犯罪的，应当予以行政处分"。

廉政纪律。廉政纪律指监狱警察应遵循的廉洁从政的行为准则。为了杜绝违法违纪案件，国家及监狱系统出台了很多的涉及廉政纪律的法律法规，如《中国共产党廉洁自律准则》《监狱戒毒人民警察职业行为规范》《关于加强监狱系统廉政风险防控机制建设的实施意见》。这些都为监狱加强廉政纪律建设提供了指导和依据。

保密纪律。保密纪律指监狱警察应遵循的安全保密方面的行为准则。如《中华人民共和国保守秘密法》以及监狱机关制定的属于"绝密""机密""秘密"的规范性文件、通知、工作简报、讲话材料等，应严格限定接触的人群，凡是接触到密层内容的监狱警察应注意保密，不得泄密。

警容风纪。警容风纪指监狱警察在着装和举止方面应遵循的行为准则。当前，《监狱戒毒人民警察着装管理规定》是警容风纪方面的具体的规范性文件，如第八条就规定:"人民警察着装时,应当举止文明。不得边走边吃东西、扇扇子;不得背手、袖手、插兜、搭肩、挽臂、揽腰;不得嬉笑打闹、高声喧哗;不得席地而卧等有损人民警察形象的不文明举止。"

生活纪律。生活纪律指监狱警察在工作外应遵循的行为准则。保持和发扬良好生活作风,培养高尚道德操守和健康生活情趣,艰苦奋斗,勤俭节约,志存高远,积极向上;另外,还要遵守一般性的社会道德规范,如积极履行赡养、抚养、扶养;不参与迷信封建活动;不参与卖淫、嫖娼、赌博等不健康活动,以及其他等。

（二）监狱警察的保障

执法保障。执法保障指监狱警察在执法或执勤时受法律保护。如《人民警察法》第五条规定:"人民警察依法执行职务,受法律保护。"《监狱法》第五条规定:"监狱的人民警察依法管理监狱、执行刑罚、对罪犯进行教育改造等活动,受法律保护。"根据第四十五条的规定,"监狱遇有下列情形之一的"（罪犯有脱逃行为的、罪犯有使用暴力行为的、罪犯正在押解途中的、罪犯有其他危险行为需要采取防范措施的）,"可以使用戒具"。"前款所列情形消失后,应当停止使用戒具"。

权利保障。权利保障指监狱警察在执法或执勤时应当享有相应的法律、行政法规规定的个人权利。如报酬权;抚恤优待权,如"监狱警察残疾抚恤优待,根据残疾的性质可分为因战残疾、因公残疾和因病残疾""监狱警察死亡后,根据其死亡性质和死亡时的工资标准,由县级以上民政部门发给其遗属一次性抚恤金";申诉权,如《监狱和劳动教养机关人民警察违法违纪行为处分规定》第二十一条规定:"处分的程序和不服处分的申诉,依照《中华人民共和国行政监察法》、《中华人民共和国公务员法》、《行政机关公务员处分条例》等有关法律法规的规定办理。"[1]

社会保障。监狱警察在执法及执勤时应受到社会的保护、支持和配合。《人民警察法》第三十四条第一款规定:"……公民和组织协助人民警察依法执行职务的行为受法律保护,对协助人民警察执行职务有显著成绩的,给予表彰和奖励。"《监狱法》第六十八条规定:"国家机关、社会团体、部队、企业事业单位和社会各界人士以及罪犯的亲属,应当协助监狱做好对罪犯的教育改造工作。"

经费保障。经费保障指国家要为监狱民警执法及执勤提供必要的经费、设施、物资及技术条件等支持。《监狱法》第八条第一款规定:"国家保障监狱改造罪犯所需经费。监狱的人民警察经费、罪犯改造经费、罪犯生活经费、狱政设施经费及其他专项经费,列入国家预算。"《监狱人民警察警用装备配备标准（试行）》规定,监狱警察在执勤、执法等任务中应当配备个人基本装备和安防设备,并对警械、武器、防暴防护器材、通信工具、安检设备、监控设备六类装备和设备的用途、标准等进行了明确。

---

[1] 于文静,解添明.科学认知监狱警察[M].南京:江苏人民出版社,2014:89-90.

第三章 监狱类型

本章探讨的监狱类型指的是监狱外在的表现形态和样式。"监狱类型总是具有一种历史的预示内涵,它既是历史承继的发展、现实的综合,也自有其预示的历史意味,从中人们可以寻求到未来监狱变化的某些线索。"❶ 法国后现代思想家米歇尔·福柯认为,"对犯人的隔离,至少是对犯人的空间安置,应该根据其行为所受到的刑罚,但首先应根据年龄、思想态度、将使用的改造技术、改造的阶段",并强调它是"构成关于良好健全的教养条件的 7 条普遍准则"之一。❷ 不同历史时期、不同地理区域的监狱类型,不仅能反映那一时期、那一区域的政治、经济发展的轨迹,也能够透视该时期、该区域思想、文化的流变及传承印迹。监狱类型是以监狱建筑、布局、环境及设施为主要承载体的。研究监狱类型问题,既要研究监狱外在的表现样态,更要研究监狱范式背后蕴含和体现的刑罚思想、行刑理念及行刑模式等,以期把握内在规律性、发展趋势性,更好地丰富监狱行刑理论内容,指导服务监狱行刑实践,因此具有重要的理论意义和实践意义。鉴于目前监狱学对监狱类型多样的研究角度和标准,本章以监狱物态的开放程度、罪犯处遇开放度及其反映的行刑社会化程度为标准,将目前国内外监狱表现的样态分为封闭式监狱、有限开放监狱、开放式监狱。通过对三种不同监狱类型的研究,呈现监狱治理不同的价值考量视角,体现罪犯分类管理及分级处遇不同的形式样态。

第一节 封闭式监狱

人类社会自监狱出现以来,封闭、监禁是监狱最原始、最传统的表征。在漫长的发展历程中,特别是在以自由刑为主导的刑罚体系建立后、开放式处遇制度施行前,封闭式监狱一直扮演刑罚执行的主要角色,这与刑罚思想从报应主义到功利主义的演变历程和趋势是一致的。

一、封闭式监狱概述

凡监禁,自属封闭,否则难以说什么监禁。犯罪人犯罪,将其投入监狱施以监禁,剥夺其自由,一方面使犯罪人与社会有效隔离,阻断犯罪者再次危害社会的可能,实现

---

❶ 金鉴主. 监狱学总论[M]. 北京:法律出版社,1997:59.
❷ 米歇尔·福柯认为,关于良好健全的"教养条件"的 7 条准则为:改造原则、分类原则、刑罚调节原则、工作义务原则、教养教育原则、专业监管原则和辅助制度原则。他强调,一个多世纪来,同样的基本命题逐字逐句地得到重申,它们一再出现在每一次新的、来之不易的、最终被接受的改革主张中。详见米歇尔·福柯. 规训与惩罚[M]. 刘北成,杨远婴,译. 上海:三联书店,2003:303-305.

特殊预防的目的；另一方面，监狱外在威慑、森严的符号特征也在警示人们，特别是那些潜在犯罪人，切莫以身试法，发挥一般预防的功能。

封闭式监狱存在的价值是实施有效的社会控制和防卫，最大限度预防严重犯罪行为对稳定的社会关系带来的威胁乃至破坏。因此，安全是封闭式监狱的第一需求，通过设置与社会隔离的"物理戒备""实体安全"监管警戒设施，对犯罪人特别是那些对社会有严重危险和威胁的犯罪人监禁起来，控制他们的行动，剥夺他们继续犯罪的能力，从而达到保护社会的目的。从刑罚报应刑到预防刑演变的历程来看，早期的封闭式监狱的雏形可以追溯到1704年在罗马创办的圣米切尔救济院（Hospice of St. Michael）和1553年在伦敦创办的贫民习艺所（Workhouse）。19世纪初期到19世纪60年代，以美国宾夕法尼亚州费城的沃尔纳特街感化院和纽约州的奥本监狱为代表，采用独居沉默制和杂居沉默制，以威慑和隔离为主，在用刑罚威慑犯罪人的同时，努力通过监禁将犯罪人从社会中隔离开来，使犯罪人无法继续进行犯罪行为。[1] 在后期的发展进程中，自由刑在刑罚体系中占据了核心地位，作为自由刑特别是其中监禁刑的主要承载体——封闭式监狱起到了功不可没的作用。

二、封闭式监狱类型

当前，监狱分类制度在经历了漫长的演化过程后，逐步趋向科学化，分类的标准、制度及理论体系均较为成熟。因分类的逻辑起点有别，目前对监狱类型的划分并没有完全统一的样式，各国情况也有所区别。总体来看，我们认为，目前包括高等级戒备监狱、中度戒备等级监狱均属于封闭式监狱的范畴。

（一）中国封闭式监狱类型及其运行概况

与西方发达国家相比，中国监狱分类的发展相对滞后。从清末到新中国成立前，虽然经过短暂的改良运动，但监狱的分类仍主要按性别和年龄标准进行简单分类。新中国成立后，中国的监狱模式是在模仿苏联劳改营的基础上，结合中国的国情，推倒国民政府的监狱模式的条件下一手发展起来的。新中国的监狱工作在经历了成立之初的创建过程后，从1954年开始新中国的监狱工作进入了稳步发展时期，其标志是《劳动改造条例》的颁布实施，直到1994年《监狱法》颁布实施，《劳动改造条例》共施行40年时间，是中华人民共和国成立之初颁布实施的法律、法规中使用时间最长的法律。该条例对劳动改造机关进行了分类，明确劳动改造机关分为监狱、劳动改造管教队、少年犯管教所、看守所。其中，监狱监管不适宜在监外劳动的已判决死刑缓期执行、无期徒刑的反革命犯和其他的重要刑事犯。在那个年代，监狱无疑是封闭的。[2] 改革开放以后，随着中国的政治、经济、文化和社会结构的变化，监狱走向现代化的进程中，对监狱类型的研究和考虑也日益引起人们的关注。中央推进监狱体制改革、监狱布局调整和监狱信息化建设以来，监狱等级纳入了国家建设标准，并颁布了标准的具体要求与内涵，为不同类型监狱建设提供了依据。2009年司法部在全国监狱布局调整工作会议上提出"要针对罪犯的不同危险程度，按照高、中、低不同戒备要求对监狱或监区进行分类建设"。随后，许多省市都开展了

---

[1] 吴宗宪. 当代西方监狱学 [M]. 北京：法律出版社，2005：121-123.
[2] 王明迪，郭建安. 岁月铭记——新中国监狱工作50年 [M]. 北京：法律出版社，2000：388-389.

监狱科学分类的理论研究，部分省市对高度戒备监狱（监区）和低度戒备监狱（监区）都进行了有益实践探索，一些高度戒备监狱（监区）相继建成并投入使用。

就目前来说，中国高度戒备监狱、中度戒备监狱均属于封闭式监狱的类型。特别是以高度戒备监狱为代表，对封闭式监狱的内涵外延有了更为精确的阐释。实践中一般将高度戒备监狱定位为满足关押严重现实危险罪犯需要，凸显刑罚惩罚威慑、安全特殊防卫等功能作用，实现对高度危险罪犯集中收押和管控矫正的监狱形态。从发展角度看，应围绕治理架构完善、制度体系完备、基础保障建设以及评价考核优化等方面实施全方位、多层面、宽领域探索，突破高度戒备监狱建设的理论难题和实践困境，为完善现代监狱分类建设，推进"监狱＋监区"模式的高度危险等级罪犯关押模式提供借鉴。其特点如下：

组团式的总体布局。区别于传统的按照监狱功能区域划分（如生活区、劳作区、教育学习区）进行建设的模式，高度戒备监狱整体布局划分为若干个封闭独立区域，其中又划分为A组团、B组团和C组团。各组团建筑采用围合式设计，将罪犯室外活动场所置于其中，实际形成"狱中狱"，最大限度减少罪犯流动。其中，A组团关押最高等级和高度等级的危险罪犯，B组团关押中度危险罪犯，C组团关押一般危险罪犯。根据罪犯不同危险程度设置不同的关押区，既体现了安全警戒、管理模式、分级处遇的不同，也为罪犯的动态调整提供流动渠道。除了三个组团外，监狱在中心前场及四周设置警务楼、会见楼、医院、禁闭室、伙房、货物中转仓库等附属功能建筑。每个附属建筑均利用隔离栏实现独立封闭，实现区域防控。

立体化的防控体系。加强对罪犯"全过程、全方位、全天候"的防控：由里到外层层设防。由内到外共设若干道防护屏障，层层设防有利于划小安全防控单元，实现区域隔离、纵深防范，也是高度监狱戒备森严的重要标志。从上到下联动设防。高度戒备监狱的空中防范同样需要充分考虑。在监内设置数十米高的塔楼，作为全天候瞭望平台，实现对全监的高空监视。A组团上空设置防航空器劫持钢缆网，强化高空防范。建设地下应急通道，与塔楼相连，保证处突力量能快速调集、快速到达。平战结合动态设防。在围墙周界顶部设置武警巡逻道，武警岗楼间利用巡逻道相互策应。大门设置武警值班室和公安警务室，监狱大门A门移交武警控制。监狱内部设置直升机停机坪、门岗二楼设置监狱特警队值班室，保证处突力量快速到达。此外，各组团内部设计上注重细节防范，特别是A组团的各类设施做到固定化、钝头化、去金属化。如监舍门窗为透明钢化玻璃，窗户为细长扁窄高窗台，卫生洁具为不锈钢嵌入式，床铺为封闭式实心床，监舍弱电系统电源必须在安全电压范围内，监舍电视机专门实行定制，对部分墙体全部实行软包处理等。

集约型的功能配置。功能配置的集约型体现在以下方面：①组团功能设施完善。将大厂房、大教学楼、大餐厅分解到各个封闭独立的组团，每个组团均集中配置罪犯生活卫生、教育学习、劳动改造、文体生活和警察管理等设施和功能用房，形成一个个"小监狱"。罪犯除了会见和就诊外，日常改造活动均在本监区内进行。这种布局有利于强化分类管理，有利于在高危罪犯严密防控的基础上实现个别化的教育管理和劳动改造。②警务设施前置监内。警务办公楼由监外迁建到监内，将直接涉及狱政管理、狱内侦查、教育改造、生活卫生、刑务劳作以及机关督查等功能用房设置在监狱围墙内，机关科室警察集中在监内办公，既能有效提升对罪犯的直接管控力度，又能确保应急处置时警力的快速有效集结，为警力下沉、充实一线提供保障。③物流人流实现集中。设置物流中心，作为外来货物车辆在监内的唯一接触点，集中调拨进监货物和出监产成品。设置会见中心，作为外来会见、提审罪犯、亲情帮教的集中点。两个中心实行全封闭管理运行，极大地降低了安全风险。

先进性的科技支撑。坚持以需求为引领，以实战为导向，以应用为核心，推进监狱信息化建设，促进管理的智能化。①技防建设注重智能化。建立和完善与高度戒备监狱相匹配以物联网技术为核心的现代化安防系统，通过推进门禁一体化改造、罪犯"一卡通"工程，运用智能监控、高清监控、红外幕帘等技防手段，对所有罪犯、围墙周界、重点部位和安防设施进行全天候、全方位、全时段监控，实现对异常苗头、突发事件的提前性感知和精确性预警，实现对高度危险罪犯的精准识别、定位和轨迹掌握。②指挥调度突出实战化。构建实体型建制、实战化运作的监狱指挥中心。借助信息化手段，有效指挥调度各类资源，强化信息服务、资源管理、动态研判、要害防控、应急处置等职能。同时与监狱指挥中心、驻监武警部队实现资源共享、实时报警、整体联动，打造高效的现代警务指挥调度系统，最大限度地提高实战实用效能。③教育矫正体现个别化。围绕高度危险等级罪犯的教育转化，尤其是个别教育、分类教育，在信息化建设中注重应用现代矫正技术。大力推进罪犯教育矫正平台建设，建成开发罪犯危险性评估专用工具，设置多种危险测量表，通过系统对罪犯个体危险程度、改造质量进行定期评估和测试，进一步提高个别化教育矫正的精准性、科学性和针对性。

特色性的文化环境。坚持"环境就是改造力"的行刑理念，突出"文化布建与区域功能匹配"的指导思想，根据高度戒备监狱建筑特色、功能布局，确定主色调、主基调和主要内容，打造具有自身特色的监区矫正文化。①更加体现坚固与威严。整体建筑可以结合地域文化特色，采用欧式城堡围合和民国时期建筑风格相结合的设计手法，灰白搭配的主色调，平整厚实的外立面，其建筑的外部形式也具有更多的监狱符号，体现庄重、硬朗、有力，更能体现监狱的坚固性、厚重感、威慑力，给人以一种牢不可破的整体印象。②更加体现规训与教化。通过色彩、标志、空间、设施、装饰等载体，打造符合高度危险罪犯矫正需求的服刑环境和监区文化。突出"一组团一特色""一监区一物象"，每个组团、每栋建筑都设计相应的物象标志和文化符号，蕴含不同的教育理念，体现出矫治的柔性作用。如在部分监舍设置色彩墙，夏天用冷色调，冬天用暖色调，用环境调节罪犯心理。③更加体现严格与文明。通过在罪犯劳动、生活、学习三大现场设置标准化执勤岗亭，组团内配备标准化审讯室，建立科技法庭，设计高度戒备监狱标志，设置小品雕塑等方式，体现警察执法管理的公平公正和严格规范，构建具有鲜明特色的警察文化。

（二）西方封闭式监狱类型及其管理运行概况

西方目前比较有代表意义的封闭式监狱如：

1. 英国A级监狱等。英国监狱按照戒备等级分成高度、中度、低度和开放式监狱，即A、B、C、D四个等级，对罪犯则按危险度评估结果分成高度、中度、低度，即A、B、C三个类别。A级监狱关押的都是犯有严重危害国家、公共安全的罪犯，因而需要实施高度戒备，以绝对保证这些罪犯不越狱脱逃。如：韦克菲尔德皇家监狱（HMP Wakefield）是英国8所高度戒备等级的监狱之一，关押着危险度为A或B类男性罪犯

700名左右（约100名A类罪犯，其中高危A类罪犯10名），其中有50%以上的罪犯被判处终身监禁。监狱有812名管理人员，其中450名狱官，其他为行政管理人员、生产劳动人员、专业人员（如心理咨询师、牧师等）等几类人员[1]。

2. 美国最高警戒度矫正机构、高警戒度矫正机构等。如美国联邦重罪犯监狱，其官方名称是"极限管理监狱"，目前关押着400多名囚犯。监狱附近是一大片被沙漠环绕的贫瘠土地。1994年美国联邦监狱管理局决定建造这座监狱时，就把其收押的对象限定为那些"人渣中的人渣"，比如大毒枭、黑帮老大、职业杀手等罪大恶极的犯罪分子。因关押着众多被捕的"最危险恐怖分子"，所以其被称为该国保安措施最严密的监狱。自"9·11"恐怖袭击事件发生后，这座原本就戒备异常森严的监狱更不再允许记者涉足，因而外界对其内部的近况一无所知。

考量西方封闭式监狱的样态，我们认为其管理运行主要有以下特点：

在监禁主体上，主要收押现实危险罪犯。如美国联邦重犯监狱收押的著名囚徒包括参与"9·11"恐怖袭击的"基地"组织成员穆萨维、企图用"鞋跟炸弹"炸毁美国客机的"基地"组织成员里德、策划并实施了1993年世贸中心爆炸案的拉姆齐·优素福，以及参与了1998年美国驻外使馆爆炸案的4名罪犯。《时代》周刊记者称，这座监狱核心牢房区的囚犯花名册，简直就是一本国际恐怖分子的"名人录"。

在罪犯处遇上，主要以监禁为主，处遇形式单一。如英国A级监狱，罪犯都被关押在单人监舍里。监舍面积6～7平方米，内部设施齐全，有电视机、卫生间、书桌等；每个楼层配有健身房、图书馆、厨房等。除了规定的放风、学习或其他活动时间外，罪犯基本上被关在监舍里，监舍门上锁，上面留有一个小小的监视孔。除了狱官，其余人员未经罪犯本人同意，不得透过监视孔观望。否则，罪犯可以向狱官提出抗议。为了确保安全，A级监狱至少每月对监舍进行一次彻底清查。

在内部管理上，均戒备森严、控制严格。英国A级监狱大门安检比上飞机的安检还要严格。任何电子产品如手机、相机、MP3等均被禁止带入，即使是药品，也只能随身携带一天的剂量；公文包、外套、鞋子甚至皮带都被要求解下通过安全扫描检查。这种检查不仅仅是对外来人员，还包括监狱的狱官，即使是监狱长也不例外。英国监狱都设有监控中心，负责重要部位如通道、禁闭室、监狱外围以及电话录音及备份、交接班状况等监控，监控中心电脑上，能显示监狱所有门的开、闭状态，当某扇门该锁而未锁时，监控中心的电脑会即时发出报警，监控中心就可以遥控关闭并锁上这扇门，必要时也可以打开其中的任何一扇门。当日每扇门的开、关记录——开或关的时间、钥匙的编号等信息均显示在电脑屏幕上。

在设施形态上，更多体现封闭隔离。监狱的围墙分内、外两道，外围墙高达7米，顶端呈弧形，内侧设不通电、但带倒刺的钢丝滚网；围墙四周没有岗楼，因而也没有武装力量看守；内围墙是高5～6米的通透的钢筋围栏，顶端同样设不通电的钢丝滚网，以防止罪犯攀登翻越。内外围墙之间是20米左右宽的草坪，不时有狱官牵着警犬巡逻。在关押A类罪犯的监舍前，一般放置有押解的专业箱式囚车，车厢内有钢条制成、固定在车厢中

---

[1] 根据司法部监狱管理局《中国监狱》杂志刊发的"世界监狱之窗"专栏提供的资料整理。

间、面积不到 1 平方米的铁笼子，里面刚好能让 1 名罪犯坐或站立，笼子四周的椅子是用来供狱官或其他人员乘坐并监视罪犯的。罪犯监舍的上空有网罩，专门用来防止直升机劫狱。禁闭室被设在地下，四周是橡皮，禁闭室内有一个宽约 1 米的水泥床。凡被禁闭的罪犯必须着特制的衣服、盖特制的被子，这些物品不借助剪刀之类的利器是不可能被扯破用作自杀工具的。虽然英国的 D 级监狱经常发生、C 级监狱时有发生、B 级监狱鲜有发生罪犯脱逃案件，但 A 级监狱自 1994 年以来未发生罪犯脱逃案件。

三、封闭式监狱发展困境

对不良行为者实施隔离，在原始的具有同态复仇性质的肉刑、死刑、流放等逐步被以监禁刑（自由刑）取代后，这不仅是刑罚发展的一大进步，也是人类文明发展的重要标志。这种监禁活动具有重要意义，它不仅是国家权力的体现，也是保护社会的重要措施和手段，因为被监禁起来的犯罪人失去了在社会上继续犯罪的行动自由，可以有效地保护社会免受这些犯罪人的侵害，防止其再次危害社会。但随着行刑实践的发展，困境相继出现。

自由刑悖论的出现。从刑罚发展变化的规律来看，刑罚是逐渐地从严酷走向轻缓，由以死刑为中心而转到以自由刑为中心。目前世界大多数国家都基本上确立的是以自由刑为中心的刑罚体系。但随着自由刑的广泛适用，其弊端也日益显现，促使人们对自由刑重新审视。苏联学者将自由刑所存在的问题作了精辟的概括，即自由刑的目的是最大限度地使犯罪人适应社会正常条件下的生活，但却将其完全与社会相隔离；希望能以正确的观点取代犯罪人头脑中有害的想法和习惯，希望他能养成有益于社会的品质，可是又要把他同其他犯罪人放在一起，而这里却最容易相互传染各种恶习；为了不重新犯罪，一个人应能跨过通往自由的大门，在正确的道路上积极地活动，然而，剥夺自由这种刑罚却使人失去很大一部分独立活动的能力，养成一种按照定好的规则行动的习惯。其症结在于自由刑行刑目的是教育矫正罪犯，使其重新适应社会生活，而达成这一目的的手段却是使其完全与社会隔离，呈封闭状态，目的与过程形成一对悖论。自由刑的适用不仅没有达到预防犯罪、控制犯罪的目的，反而成为累犯的加工床。因此，必须根据社会发展的整体趋势和刑罚发展变化规律的要求，不断改革完善刑罚的内容以及监狱行刑方式。

惩罚效果的有限性。封闭式监狱主要将罪犯囚禁于监狱，监禁是监狱主要或全部的功能。监禁就是将罪犯关押在监狱内，失去人身自由，使其与社会相隔离。因此早期的监狱就像囚笼或仓库，将罪犯看守、封闭起来，不让罪犯有任何脱逃的机会，无须对罪犯实行矫正，到罪犯刑满时将其释放。此时的监狱职责全部是看守。在近代西方国家早期的监狱中，受报应刑论的影响，主张对犯罪人进行报复与惩罚，导致罪犯被长期监禁、野蛮报复以至流放和外运。[1] 19 世纪杰出的资产阶级思想家约翰·密尔明确表达了有关报复惩罚论的思想："社会作为全体成员的保护者必须对犯罪者施以报复，就必须为着明白的惩罚目的而给犯罪人以痛苦，还必须注意使这种惩罚有足够的严厉程度。"[2] 通过监禁方法剥夺犯罪人的犯罪能力，是目前西方国家最为流行的剥夺犯罪能力的方

---

[1] 克莱门斯·巴特勒斯. 矫正导论 [M]. 孙晓雳，等译. 北京：中国人民公安大学出版社，1991：6-8.
[2] 约翰·密尔. 论自由 [M]. 许宝骙，译. 北京：商务印书馆，1959：86.

法。使用这种方法，就是将犯罪人限制在一定的地理空间之内，使他们不能在社会上自由行动，就可以防止他们继续危害社会和他人。罪犯的监禁蕴含刑罚的惩罚要求。受刑罚有限性观念的影响，人们逐步认识到罪犯监禁作为惩罚效果的有限性，才促使新的罪犯监禁的替代措施出现。罪犯监禁模式与刑罚的演变一样，从单纯的监禁到监禁与矫正相结合，再到以矫正为主、监禁为辅，以及现代的罪犯行刑的正义模式。

运行成本高昂。目前，美国犯罪率高、"监狱人口"众多已成为全球公认的事实，其监狱犯人总数为世界之最，据美国司法部司法统计局公布的资料显示，目前（截至2009年9月）全美关押在监狱中或处于保释状态的接受管教人员达690万人之众，相当于美国成人人口总数的3.2%左右，且仍呈现增长趋势，美国监狱已是人满为患，其中联邦直属监狱的在押犯人数已超过预定限额的40%；在犯罪人口比例最高的路易斯安那州、密西西比州、得克萨斯州、俄克拉荷马州等，州属监狱的超负荷运转现象更为突出。从1980年至2000年的短短20年间，美国监狱的犯人总数剧增了四倍，原有的监狱设施远远不能满足需要，政府不得不大兴土木建造新的监狱。在20世纪90年代，美国各州共建造了3300所新监狱，花费达250亿美元；为维持监狱的正常运转，全国每年还得投入高达300亿美元的管护经费。花在监狱方面的这些投资，是美国政府对教育投资的六倍多。由于罪犯越来越多，美国联邦和各州政府在监狱的兴建和管理上的开支也越来越大，公立监狱日渐陷入资金不足、管理混乱的尴尬局面，虐待囚犯和监狱暴力事件时有发生，同性别犯人的暴力性侵犯等丑闻引起了国际人权观察组织的密切关注。2015年10月22日据人民网"国际频道"报道，同月全美各地的警察首长、检察官和警长等，同声呼吁当局推动必要改革，以减少美国监狱的人口。他们呼吁美国时任总统奥巴马及一些团体，希望想办法降低美国的监禁率。他们指出，美国人口自1980年以来增长30%，监狱人口却大幅跃升800%。在德州，每年要花上将近6万美元来管理1个犯人。为了应对这一局面，美国政府不得不将监狱逐步私营化，以求解救整个监狱行业。

第二节　有限开放监狱

任何具有理性的活动，都有着深刻的认识旨趣和思想指导。欧洲文艺复兴的浪潮，使人们的宽容、人道、人性的光辉得以张扬。因此，刑罚出现了宽缓的迹象，世界范围内的刑罚改革风起云涌，改造罪犯的思想开始萌生。与之相关的罪犯分类、不定期刑、累进处遇、劳动等改造罪犯的方法开始进入监狱，作用于罪犯的改造。在刑罚宽缓化过程中，作为其承载样态的监狱范式也发生了变化，有限开放监狱应运而生。

一、有限开放监狱概述

有限开放监狱是介于封闭式监狱和开放式监狱之间的一种监狱样式。从其设立的初衷来说，有限开放监狱是社会安全防卫与罪犯教育矫正价值选择"中和"的结果，封闭式监狱和开放式监狱居于两头，在监狱范式中居于主导地位。

从世界范围看，19世纪初期，在相继召开的国际监狱会议上，监狱行刑的方式包括监狱的范式问题，一直是国际监狱会议讨论并议决的重要问题，第一次法兰克福国际监狱会议讨论决议的改良监狱制度的措施，第二条规定："对于长期关押的犯人，实行累进制度，渐次缓和处遇。"第三条规定："当犯人在身体及精神上发生疾病和不正常情况时，免除独居监禁。"在国际监狱会议确立时期，1870年秋，美国于辛辛拉提召集合众国监狱会议。会议达成决议37项，其中，对监狱进行改良，提出对于监狱和犯人均应实行分类是这次会议讨论的重要内容。1872年7月3日在伦敦召开国际监狱会议，参加国家达20余国，参加的委员有341人，其中76人为各国政府代表，因这次会议无论从会议的准备、参加国的范围，还是从会议讨论的内容上看都远远超过以往会议水平。因此，现代监狱学者普遍把这次会议称为第一次国际监狱会议。会议通过了29项议题，倡导累进制度、感化制度，把对犯人实行感化教育使其归复社会作为监狱制度的宗旨，在各国得到广泛响应，从而推动了各国监狱制度的发展。❶ 从刑罚发展的历程来看，累进制的提出与实践，进一步深化了罪犯的分类研究与实践，同时对加快推进监狱分类起到了很大的推动作用，这也为提出推进半开放式、开放式罪犯处遇，加快建立有限开放监狱（半开放式监狱、低度戒备监狱）、开放式监狱作了铺垫。

从目前情况来说，在北美地区，按照警戒度对监狱进行分类的比较普遍；在欧洲地区，按照封闭式监狱、有限开放监狱和开放式监狱的标准对监狱进行分类的比较常见。但是，这些不同的划分和名称之间的区别是相对的，因为这些不同的划分之间有的存在重叠和交合，通常来说，中等警戒度以上的矫正机构大体上属于封闭式监狱，较低警戒度及以下的矫正机构大体上属于有限开放监狱和开放式监狱。同时，在一些国家中，对于封闭式监狱有的进一步按照不同的警戒等级进行分类。❷ 客观来说，有限开放监狱作为监狱类型的一种中间样态，在西方部分国家中作为封闭走向开放的"过渡""缓冲"机构而存在。

二、有限开放监狱类型及特点

美国低警戒度联邦矫正机构。这类矫正机构用双层铁栅栏做成围墙，大部分犯人住在集体宿舍中，犯人大量参加劳动和矫正计划，监狱工作人员与犯人的比率要高于最低警戒度矫正机构。这类矫正机构占联邦矫正机构总数的36.2%，在整个联邦矫正机构占据主体地位。

英国C类监狱。这类监狱关押那些不适合关押在开放式环境中，但是又不能认定有明确的逃跑企图的犯人。对于这类犯人来说，采取简单的、基本的安全措施就足以防止他们逃跑。C类监狱占英国监狱的大部分。

比利时半开放式监狱。比利时有4个半开放式监狱，实行白天开放式管理、夜晚封闭式管理的制度。其中2个是收容流浪汉的，1个是收押男犯人的，1个是收押女犯人的。实际上，在关押男犯人的半开放式监狱中，关押着不同类型的罪犯（短刑犯、"安静的"精神病犯等），实行的也不是同一种管理制度。其中的一些部分是封闭式的，只有单人监舍，另一些则是比较开放的，犯人住在多人监舍中。❸

---

❶ 潘华仿，储槐植，皮继增. 外国监狱史 [M]. 北京：社会科学文献出版社，1994：603.
❷ 吴宗宪. 当代西方监狱学 [M]. 北京：法律出版社，2005：79-80.
❸ 潘华仿，储槐植，皮继增. 外国监狱史 [M]. 北京：社会科学文献出版社，1994：636.

相对于封闭式监狱而言，有限开放监狱关押的一般是现实危险较低的罪犯，实行较为适度的管理，兼顾监禁惩罚性与开放融合性，更多地倾向于罪犯的教育矫正，是从封闭向开放过渡的中间样态。从目前国际行刑发展的现状来看，有限开放监狱是监狱范式的主要表现形式。

三、中国设置有限开放（半开放或低度戒备）监狱可行性分析及探索实践

2003年以来，司法部及各部委相继在《关于进一步推进监狱工作法制化科学化社会化建设的意见》《关于进一步推进监狱布局调整工作的意见》《全国监狱工作第十一个五年规划纲要》《全国监狱工作"十二五"时期发展规划纲要》等文件中要求对监狱按照高度、中度、低度戒备等级进行分类建设和管理，并配备相应的设置、装备和人员。这是中国对监狱分类迈出的重要一步。但几经修订的《监狱建设标准》均只对高度戒备监狱、中度戒备监狱提出了标准要求，唯独未出现低度戒备监狱的概念及其建设标准。这充分说明，在执行一般监狱建设标准基础上，对低度戒备监狱设置及其建设标准进行研究和实践具有重要的现实意义。

从近年来中国监狱改革发展的历程来看，中国设置有限开放（半开放式或低度戒备）监狱已经具备较好的宏观背景。从外部环境来看，随着中国经济社会的不断发展，监狱机关作为维护社会稳定的一支重要力量，工作地位逐渐凸显，对外拓展力度进一步加大；监狱布局调整深入推进，全国大部分监狱逐步从"三边"地区迁往城郊，截至2010年底，90%以上的监狱基本位于或者靠近大中城市、城镇和交通沿线，关押点相对集中，这种地理位置上的靠近，强化了公众了解监狱的主观意愿，大幅增大监狱与社会开展互动的可能性，有利于监狱工作更好地吸收应用社会发展成果、融入社会治理创新大局，形成有效的社会协同；监狱狱（政）务公开力度不断加大，监狱"开放日"活动广泛开展，与武警部队、驻监检察机关的"三共"合作不断深入，与地方政府、矫正机构的协作协同机制更加完善，社会对监狱的支持度和认可度更高。❶从内部环境来看，监狱体制改革全额保障、监企分开、收支分开、规范运行的目标基本实现，政府财政的有力扶持使监狱发展的资金瓶颈得到有效克服，监狱职能进一步纯化；信息化建设不断取得新成效，音视频监控、红外警戒报警等非接触性、低感知度的监禁形式在有效提升监狱安防能力的同时，一定程度上降低了罪犯被监禁的痛苦感受，远程会见、多媒体网络教学等系统构成了连接大墙内外的"无形桥梁"，进一步提高了监狱的开放程度；监狱管理人员素质不断提升，造就了一批经验丰富的教育改造专家队伍，引进了一批具有法学、教育学、心理学、社会学等良好专业知识背景的青年人才，与一批社会高校、专业机构的专家学者建立了良好的合作，为半开放式监狱的设置提供了强有力的人才保障。

虽然目前中国监狱的建筑未有开放式的，但其行刑的社会化程度却是在不断提高。特别是司法部部署推进出监监狱（区）这一功能性监狱建设以来（如湖南省星城监狱），

---

❶ 袁登明.行刑社会化研究［M］.北京：中国人民公安大学出版社，2005：304.

这为推进有限开放监狱提供了很好的"样本",作了积极有益的探索。当然,全国监狱学界已将有限开放监狱的设置列入了重要的研究推进议程。通过研究,我们认为,在中国推进有限开放监狱,是在坚守现有法律政策底线的前提下,按照刑事司法一体化的要求,构建以"模拟矫正社区"形态呈现的监狱矫正与社区矫正的"连接点",以应对罪犯矫正需求变化和促进罪犯顺利回归社会需要的迫切性为目标的监狱创新与改良。它在本质上仍是监狱,具有监狱的应有属性。它要求监狱在物理隔离上尽量降低监禁度、减少监禁痛苦,把对罪犯的行刑矫正活动更多地建立在开放的基础上,以促进罪犯回归社会作为基本导向和价值追求,形成监狱行刑改造活动与社会良性互动、有机融合,促进罪犯的稳步再社会化。中国有限开放监狱设置的关键词和着力点在"有限"。"有限开放"也同时意味着"半封闭","半封闭"是"基点","有限开放"是"特点","基点"决定在本质上的属性和功能,"特点"决定在行刑、管理与矫正上和传统监狱相区别的方式、内容以及开放的"量"与"度",它是传统行刑模式转型与国际行刑发展趋势相融合的产物,是现代监狱等级体系和多元化行刑体系的发展和完善,本质上反映了中国监狱行刑发展融入行刑社会化世界潮流的努力。

有限开放监狱的建设可以在低度戒备监狱建设上取得突破。在危险性评估认定为低度危险的前提下,低度戒备监狱应当主要收押原判刑期3年以下罪犯、剩余刑期3个月以下罪犯、原判刑期5年以下的过失犯三类罪犯。设置低度戒备监狱,相对集中关押刑期较短、安全风险较低的罪犯,对于减少监禁人格的影响、促进罪犯顺利回归社会具有重要作用,同时可以减少警戒设施投入、降低警力成本、节省矫正资源,有利于整合配置内部行刑资源,以更小的支出获取更大的社会效益,进而提高监狱整体行刑效率和综合效益。与其他戒备等级的监狱相比,低度戒备监狱应更加注重帮助罪犯回归、适应社会,重点打造"服刑指导中心""文化活动中心""职业技能培训中心""回归指导中心"这"四大中心",并在罪犯回归专项矫正、差异化多元性处遇激励、扩大社会矫正力量参与、开展职业技能培训等方面展开系列探索。这对中国监狱分类向有限开放监狱迈进意义重大。

第三节 开放式监狱

开放式监狱缘起于西方。在垄断资本主义时期,资本主义社会的各种矛盾进一步激化,各种弊端日益暴露,犯罪率急剧上升的历史条件下,为了缓和社会矛盾,西方一些刑罚理论学家提倡的教育矫正学说日益盛行,为了改造犯人,出现了开放性行刑处遇制,开放式监狱是这种行刑制的表现形式之一。

一、开放式监狱概述

开放式监狱始创于19世纪末期,其特点就是不设围墙、铁栅栏等安全防范设备,在监狱管理方面运用教育刑的思想,注重对犯人品格和职业技术方面的培训。其目的是激发犯人的自尊心,使之主动遵守监狱纪律。这种监狱模式很快引起国际舆论的重视,认为它关系到执行自由刑制度、出狱人保护制度等,是一种代表现代刑罚精神的监狱管理制度。1891年，瑞士监狱改革家凯勒海尔斯在伯尔尼郡建立了世界第一所开放式监狱，继而欧美其他国家纷纷仿行，瑞典、卢森堡、美、英等国都先后建立了开放式监狱或感化院。开放式监狱在北欧国家大为发达，如1977年丹麦共有15所监狱，其中9所为开放式的，瑞典的43所监狱中，32所为开放式的。英国于1934年建立了第一所开放式监狱，到20世纪70年代，英国内政部发出的有关监狱政策的文件中，把监狱分为两大类型，其一是为了社会的安全对罪犯加以监禁，其二是对罪犯采取最低限度的安全措施，对他们实行职业技能教育和训练，使罪犯获释复归社会。开放式监狱即属于后一种类型。

1950年，国际刑法及监狱会议在荷兰海牙召开，会议重点详细讨论了开放式机构（监狱）问题及罪犯假释制度，并作出了决议，"本会议所谓开放式机构，指不用围墙、锁、格子，或看守等有形的方法，以防止犯人逃亡的监狱而言。……所以开放式机构的本质，在于不对受刑人进行严密和持续的监视，信任他能够服从监狱的纪律，即以责任心的训练，为制度的基本"❶。

二、开放式监狱的模式

在世界范围考察，非监禁刑的形式主要有缓刑、假释、管制、工作释放、学习释放、周末监禁等。❷ 这在中国被称为"社区矫正"。行刑社会化"代表着行刑发展的未来趋向"。❸ 就开放式监狱而言，总体来说，大体可以分为以下几种模式：

周末监禁模式。"作为自由刑执行方法的一种，是在周末即星期六、星期日执行刑罚的制度。"❹ 仅在星期日拘禁的，也称"周日监禁"。断断续续地拘禁一日或数日的，称为"间歇监禁"。该种监禁模式起源于德国少年法院的少年监禁制度，是为了避免短期自由刑容易导致交叉感染恶习和导致失业或辍学而发展起来的行刑模式。该种模式的制定初衷是为了避免罪犯假日慵懒和不良的生活方式，进而将监禁对于罪犯学习或工作的不良影响减弱，并利用固定时间对其进行矫正。

工作释放模式。在刑事执行理论上一般称为"外勤制"，是指"让服刑人不受监视地在设施以外的地方出勤，和一般人在同一劳动条件下工作，工作完毕后回设施内拘禁的制度"。❺ 这种监禁模式最早见于1880年美国麻省州女子监狱，成为制度是在1913年的美国威斯康星州。工作释放模式是开放式监狱和半开放式监狱的主要运行模式，得到了较多国家的认可和采纳。

归假模式。该模式指"给有家属的服刑罪犯归返自己家庭探视并休假的一种开放处遇制度"。❻ 归假模式分为定期归假和特殊归假两种。定期归假，是指符合条件的罪犯在服刑一定时期后可以享有一定时间的假期的行刑措施。特殊归假，是指释放前对于有重大理由者给予的假期，或者在平时就罪犯亲属病危或死亡给予罪犯的假期。

---

❶ 潘华仿，储槐植，皮继增．外国监狱史［M］．北京：社会科学文献出版社，1994：636.
❷ 王平．中国监狱改革及其现代化［M］．北京：中国方正出版社，1999：152.
❸ 冯卫国．行刑社会化研究——开放社会中的刑罚趋向［M］．北京：北京大学出版社，2003：31.
❹ 大谷实．刑事政策学［M］．黎宏，译．北京：中国人民大学出版社，2009：239.
❺ 大谷实．刑事政策学［M］．黎宏，译．北京：中国人民大学出版社，2009：239.
❻ 王泰．现代监狱制度［M］．北京：法律出版社，2003：107.

过渡设施模式。理论上，将为释放做准备而设置的设施称为"过渡设施"，在该设施内进行的矫正以及其他处遇措施统称为"过渡处遇"。过渡设施模式的特征是，为了顺利回归，适应社会生活，让罪犯在相对开放和宽松管理的半开放型机构实体中接受矫正措施，进行社会化训练。该模式以英国的寄居宿舍和美国的中途之家为代表。

三、开放式监狱特点

通过对于西方国家开放式监狱的发展演变分析以及运作模式阐释，可以看出该种类型监狱因其开放的行刑方式和矫正模式而具有与传统监狱不同的鲜明特色。1955年第一届联合国犯罪预防和罪犯处遇大会提案即指出，"开放式刑事执行机构的特征是：没有物质上的或实力上的防范逃脱之设施，如围墙、栓锁、铁栏、武装或其他特别戒护人员。这种制度以服刑罪犯的自我管制以及对于群体生活之责任为基础，鼓励服刑罪犯运用所获得的自由，而不流于滥用，即是开放式刑事执行机构与其他执行机构的区别"。

总体来说，开放式监狱的内部生活与社会类似，不设看守，信赖并启发犯人遵守纪律和改造的自觉性，缩短犯人的服刑生活与外部正常社会生活的距离，这使犯人服刑生活结束后复归社会，能较快地适应社会生活。

基于开放式监狱的上述特征，被收容其中的犯人必须经过严格的考察和挑选，罪行的轻重并不是挑选的唯一标准，而犯人悔罪的自觉性较高和潜在的危险性较小是被挑选收容于开放式监狱的首要条件。这类监狱的地址也应慎重选择，以设在靠近城市的农村，避开都市纷繁生活的干扰为宜。由于这类监狱的建设和管理在经济上较为节省，在改造犯人方面收效较好，在西方国家正日益发展。[1]

四、开放式监狱运行实效客观评价

监狱类型的发展是监狱历史的演化过程，启示着社会对犯罪、犯罪人的态度和处置方式，并标明一个社会发展的文明程度。西方监狱类型的变化，隐含着其行刑思想、观念的进化。早期，监狱的分类相对简单，无论是其行刑理念，还是其建筑风格、监狱布局、组织管理方式，基本上体现为一种惩罚性的类型，监狱主要是一种惩罚机构。而现代监狱，更体现为一种规训机构和矫正机构，特别是教育刑和康复模式的兴起，监狱在类型的划分上更加科学，更多的是从监狱安全和矫正的角度来划分监狱。开放与封闭其实质是相对于监狱的行刑方式、手段而言的，并非对自由刑实质而言的。历史的进程是从封闭到开放，其中的意义在于：封闭式监狱类型基本上是一种过去的历史，它所代表的刑罚思想古老、落后，其着眼点在于消极地处置犯罪人，并不全面地考虑犯罪人的发展与社会的发展协调问题。而且，其主导的监禁观念是单纯的惩罚。这自然也就未能表现出现代刑罚的对犯罪人的人道关注。而开放式监狱的进步在于，其着眼于犯罪人的人道问题，并从行刑方式及其科学效果与社会发展需要的角度，提出了新的行刑观念——帮助犯罪人再社会化。其主要的行刑观念是矫正犯罪人，争取达到特殊预防的效果。行

---

[1] 潘华仿，储槐植，皮继增. 外国监狱史 [M]. 北京：社会科学文献出版社，1994：17.

刑方式所表现出的争取社会与监狱的共同作用，尽力消除监禁给犯罪人可能产生的消极影响，提高行刑的正面效应。两种类型的对比明显地勾勒出监狱发展中的一条逻辑——监狱并非绝对的监禁之地，它在高墙模式下的行刑活动也将发生适应社会发展的变化，而变化的方向是在保持自由刑性质的前提下，追求行刑效应，化高墙于无形，沟通监狱内外，实行更为人道的行刑。

五、中国在推进开放式监狱的经验基础及在非监禁刑方面的成功实践

回顾新中国监狱发展历程，由于新中国成立之初，在政治上、外交上与苏联等社会主义国家结成了社会主义阵营，在监狱工作方面也采取了苏联式的称谓，故监狱工作称为劳改工作。1951 年 5 月在第三次全国公安会议通过的《关于组织全国犯人劳动改造问题的决议》指引下，新中国劳动改造罪犯工作大规模开展起来了。该决议确定了当时劳改工作"三个为了"的方针，即"大批应判处徒刑的犯人，是一个很大的劳动力，为了改造他们，为了解决监狱的困难，为了不让判处徒刑的反革命分子坐吃闲饭，必须立即着手组织劳动改造的工作"。后在《第一次全国劳改工作会议决议》中提出："今后发展生产的方向：集中力量建立和发展大规模的农场……"1954 年 9 月 7 日《劳动改造条例》颁布实施后，对劳动改造机关进行了分类，其中第十七条、第十八条规定，劳动改造管教队监管已判决的适宜在监外劳动的反革命犯和其他刑事犯，组织犯人有计划地从事农业、工业、建设工程等生产，并且结合劳动生产，进行政治教育。❶

应当说，中国监狱工作中劳改农场的运作模式类似于开放式监狱"外勤制"的样态，在罪犯遴选、运行管理、组织实施等方面，均呈现了与开放式监狱类似的样态特征，可以说是为中国探索推进开放式监狱积累了诸多成功经验。

同时我们也看到，目前中国虽然没有设置开放式监狱，但在实施非监禁刑方面已经付诸实践并取得了成功经验，主要标志是社区矫正制度的建立和实施。

作为司法体制和工作机制改革的一项重大举措，自 2003 年开始进行社区矫正试点以来，截至 2010 年 3 月底，社区矫正工作已经在全国 30 个省（区、市）和新疆生产建设兵团的 222 个地（市）、1420 个县（市、区）的约 1.8 万个乡镇（街道）展开，全国累计接收社区服刑人员 44 万多人，累计解除矫正 23 万多人。而根据统计，全国所有社区服刑人员在矫正期间的又犯罪率始终控制在 0.2％左右的较低水平。可以说，社区矫正产生了良好的法律效果和社会效果，不仅探索完善了中国的非监禁刑罚执行制度，丰富创新了中国社会建设和社会管理的方式和手段，同时还降低了刑罚执行成本，并在维护社会和谐稳定中发挥了重要作用。实践证明，社区矫正符合现阶段中国经济社会发展要求，符合人民群众对社会和谐稳定的现实需要。目前，司法部正在积极探索和总结社区矫正的成功经验和有效做法，大力推进社区矫正的制度化、规范化、法制化建设。在这个过程中，矫正手段、方法、模式的探索和创新尤为重要。2008 年，北京朝阳区司法局在借鉴有关国家和地区成功做法的基础上，根据朝阳区社区矫正工作的实际情况，在中国建立了第一个"中途之家"，为社区服刑人员提供政策法律学习、谋生技能培训、

---

❶ 王志亮. 中国监狱史［M］. 桂林：广西师范大学出版社，2009：311.

生活困难帮扶等帮助和服务。自该模式运行以来，取得了较好的工作成绩和社会效果，在"中途之家"接受过教育帮扶的757人无一重新犯罪，这是社区矫正模式的一个有益探索。❶

  2011年2月25日，十一届全国人大常委会第十九次会议审议通过的《中华人民共和国刑法修正案（八）》，明确规定了对判处管制、缓刑以及假释的罪犯依法实行社区矫正，这标志着中国社区矫正法律制度的确立。2020年7月1日起施行的《社区矫正法》，加快了社区矫正工作的法治化进程，同时为改革完善中国刑罚执行制度奠定了重要基础。

---

❶ 中途之家 [DB/OL]. http://news.sina.com.cn/o/2014-06-01/095030273805.shtml.

第四章 监狱法治

监狱作为国家的刑罚执行机关,处于国家制刑、求刑、量刑、行刑的刑事一体化体系的终端,是确保国家刑事司法制度实施的关键环节。监狱法治状况是衡量一个国家法治水平的重要指标。确立法治在监狱工作中的主导作用,实行依法行刑,既是推进依法治国,建设社会主义法治国家的必然结果,也是监狱行刑制度发展完善的内在要求。法治监狱是中国特色社会主义法治的重要组成部分,是以社会主义法治内在要求的一系列观念、信念、理想和价值为指引,依法行刑的过程、状态和结果,其精神在于实现正义、权利、秩序、文明等这些人类共同的价值追求。学习监狱法律的立法原理与法律适用,有助于监狱人民警察及其他工作人员全面了解中国监狱法治的基本精神与制度,深刻认识自己作为监狱行刑主体的法律地位和价值,从而提高监狱人民警察的综合执法水平,从根本上确保依法行刑。本章着重介绍监狱法治思想、监狱法律制度、监狱依法行刑以及监狱执法监督等内容,初步构建监狱法治的精神内核和基本理论。

第一节 监狱法治思想

监狱法治的状况和水平是衡量国家民主状况、社会文明程度、法治发展水平的重要标准。法治思想是社会主流价值体系里对法律以及运用法律进行社会治理的认识、观念以及理念。监狱法治思想就是国家主管刑罚的政府部门对于依法治理监狱、规范监狱运行以及监狱相关法律法规现实运用的认识、观念及理念,也就是对中国依法行刑实践的目标、价值、方法、制度的体系化总结。监狱法治思想的形成是一个历史的过程、实践的过程、理论与实践互相推动升华的过程。把握监狱法治思想要从历史的深度、实践的广度、发展的高度等多个维度进行全面的理解,才能深刻认识中国特色监狱法治思想的内涵、本质和前景。

作为一个有五千年文明史的国家,中国在中国特色社会主义法治的构建过程中,有古今中外多种资源可资借鉴和参考。学习监狱法治思想,同样不能回避跨时代、多时空的法治思想、价值理念、制度沿革在现代中国监狱中熔于一炉的碰撞、融合、升华的历史和现实。这些历史和现实本身就是监狱法治思想的内容。

一、德主刑辅、礼法结合——古代监狱法治思想的批判与继承

"德主刑辅、礼法结合"是中国封建社会正统法治思想的集中概括。西周时期周公提出的"明德慎罚"思想,先秦儒家以孔子为代表,"继承和发展了西周以来的礼治和周

公的明德慎罚思想，提出了一系列维护礼治，提倡德治，重视人治的法律观点"。❶提出刑狱应贯彻"德主刑辅"的思想，强调刑罚的教化作用，提出要以"礼"作为适用刑罚的指导，"出乎礼即入乎刑"。经过汉唐宋明清的发展，逐步形成了德刑并举，把德礼教化作为政治统治的根本手段，刑罚是政治教化的辅助手段的刑罚法律思想。在相当长的历史时期内，我们片面地理解"德主刑辅"的法治思想，认为其本质就是人治，是不讲法治的，这是新文化运动以来一贯的反传统思维的必然结论。但是，客观地讲，中国两千多年封建社会的制度设计从来都是"儒外法内"，法律与道德的融合，"礼法合一"，是中国传统法律文化的基本特点。虽然，古代中国的法律是为中央集权的封建君主专制政治制度服务的，法律被作为一种统治民众的工具，而不是用来约束政府的。但法家的精神、推崇法治的传统从来都是中国传统政治文化的重要组成部分。"治国者，必以奉法为重""治国无法则乱，守法而弗变则悖"等法谚都表明法治在中国古代社会治理中的地位。

"德主刑辅"的法治思想，投射到监狱管理中来，就形成"幽闭思愆""明刑弼教"的治狱观，即让犯人在狱中反省己身，改过从善，周朝的嘉石拘役就寓有坐石反省、自我悔悟的目的。贾公彦在《周礼·秋官·司寇·司圜》中对圜土的注释："东方主规，规主仁恩，凡断狱以仁恩求出之，故圜也。"东汉学者应劭在《风俗通义》中解释囹圄时写道："囹，令；圄，举也。令人幽闭思愆，改恶从善，因原之也。"清末著名法学家沈家本在《狱考》中曾经有过论述：古代监狱命名设狱的本意并不仅在于对人进行惩罚，"其'幽闭思愆'，'改善为恶'二语，以感化为宗旨，尤与近世新学说相合"。时至今日，这种传统的治狱思想和行刑观仍然在中国监狱法律制度有明显的体现，《监狱法》第三条明确规定："监狱对罪犯实行惩罚和改造相结合、教育和劳动相结合的原则，将罪犯改造成为守法公民。"以教育改造罪犯为宗旨既是中国监狱法治的科学先进之处，也是中国古代监狱法治思想在现代的传承。

"礼法结合"是中国古代国家治理的基本模式，也是中华文化对法治进行深刻伦理思考的一种结果。"礼法结合"的思想源头可追溯到周公制礼的政治设计，先秦儒家和法家的学术论战，经过秦汉时期的政治实践，在互有臧否之间出现交流和融合，终于在汉武帝时期出现以"引经决狱"（又称"春秋决狱"）为典型代表事件的有机结合，由此延为传统，绵延千年。"礼法结合"体现中国法治模式的基本结构——法治的组织形式和规则必须贯之一主流的价值观和伦理标准——形成内外自治平衡的格局。在封建社会，严刑峻法的治理模式要贯之以儒家忠君孝亲为主要内容的封建伦理，以严苛的刑罚来忠君卫道，同时以忠孝恕仁的思想来调和封建刑罚的严酷性，最终形成"轻轻重重"❷的刑罚原则。同时，中国特色社会主义法治也继承了传统法治模式的二元结构，在社会主义法治建设中贯之以党的领导和社会主义核心价值观，以确保法治建设的科学性和正确方向。因此，"依法治国（狱）、执法为民、公平正义、服务大局、党的领导"不仅是社会主义法治的基本内涵，也是监狱法治的基本内涵。

---

❶ 张国华. 中国法律思想史新编［M］. 北京：北京大学出版社，1991：46.
❷ "重其所重"，"轻其所轻"是明代刑罚适用原则的一个特点。

二、自由、平等、公正、人权——西方监狱法治思想的舶来与升华

近代以来，狱制改良是中国民族自救运动最为重要的内容。西方法治思想与价值观传入，成为中国监狱法治思想的另一个重要渊源。消化吸收这些舶来的资源是中国近现代法治建设道路上一个不断努力、不断升华的过程。这些理念最终被总结为自由、平等、公正、人权、民主、科学等基本要素，这些要素成为支撑中国特色法治监狱的现代文明因子。

监狱法治中的自由理念。"自由者，无阻碍之谓也。"❶ 按照政治学的基本原理，自由是每个人能尽自己最大的努力来满足自己利益的最大化。但人的欲望和需求总是受到历史和现实条件的限制，正如卢梭在《社会契约论》中开篇所言："人生而自由，但无往不在枷锁之中。"面对着种种"枷锁"，"人不满于自己所处的孤立、无助、弱小、有限的状态，而试图同那有超越意义的东西，即绝对、无限、永恒联系起来，从而获得一种依赖感。"❷ 于是，为了保障自由，人类基于理性选择了法治。这是自由与法治的第一层逻辑关系，自由是法治的根据，法治保障自由。正如洛克在《政府论》中所表达的思想，人的自由是以他的理性为基础的。在自然状态下，人们只有遵守来源于理性的自然法才能获得自由。在进入社会状态，形成国家后，人们按理性的指导以及实在法的规定，随意处置自己的人身、行动和财产，不受其他人的随意支配，这样才能得到自由。❸ 但人性对自由的需求没有尽头，个体自由的无限膨胀自然就会导致对他人自由的制约、限制、破坏。因此，为了确保对人类整体自由最大化的保护，法治被赋予了排除超出合理界限的个人自由的权利和义务。在法治的体系里，权利和义务作为合理自由与不合理自由的共生体，最大程度保障人们的共有自由，实现共同的自由王国。"法治中的自由就是经过法律中介的权利与义务的统一。"❹ 这是自由与法治的第二层逻辑关系。自由成为法治内含的精神，体现自由、保障自由、发展自由，是法治的精髓。❺ 而监狱恰恰是辩证自由观的集中体现。正如孟德斯鸠所说："自由是做法律所许可的一切事情的权利；如果一个公民能够做法律所禁止的事情，他就不再有自由了，因为其他人也同样会有这个权力。"❻ 监狱法治虽然以剥夺自由为表现形式，却以保障自由、实现自由为依归。国家行刑以监禁之制剥夺犯罪人人身之自由，惩罚和教育罪犯不再实施侵害他人自由的行为，最终是为了保障更多人的自由。

监狱法治中的平等理念。《世界人权宣言》第一条规定："人人生而自由，在尊严和权利上一律平等……"❼ 监狱服刑人员虽然被剥夺人身自由，不能与正常社会人一样平等参与政治和社会管理，但未依法剥夺的基本人权仍然是与其他人没有区别的。平等是

---

❶ 霍布斯. 利维坦 [M]. 黎思复，黎廷弼，译. 北京：商务印书馆，1934：39.
❷ 陈刚. 西方经济史（上卷）[M]. 南京：江苏人民出版社，2000：347.
❸ 俞可平. 西方政治学名著提要 [M]. 南昌：江西人民出版社 2005：126-127.
❹ 王人博，程燎原. 法治论 [M]. 济南：山东人民出版社，1998：165.
❺ 卓泽渊. 法的价值论 [M]. 北京：法律出版社，1999：416.
❻ 孟德斯鸠. 论法的精神 [M]. 张雁深，译. 北京：商务印书馆，1961：154.
❼ United Nations Department of Public Information, NY. Universal Declaration of Human Rights. [EB/OL] http://www.ohchr.org/EN/UDHR/Pages/Language.aspx? LangID=chn.

监狱法治理念的支柱之一,这种平等是人格之平等、人权之平等。而且,平等是现代监狱文明管理、规范执法、科学矫正的基础。只有确立了平等理念,监狱管理活动中罪犯与管理者人格平等,才能形成合理的、文明的行为方式和沟通模式。没有平等,就没有现代文明监狱。同时,现代法治文明天生即具有"平等"的要素,即所谓"法律面前人人平等"。不仅平等是法治的内核,法治同时也是建构公权力与犯罪人、监狱管理者与受刑人之间法律层面平等关系的衔接带。罪犯所享有的权利是以法律的禁止为限,凡法律不禁止的即为公民(罪犯)的权利;监狱不能依阶级、政治及其他因素,而使一部分人享有权利,另一部分人不享有权利。监狱在行刑和改造活动中,必须以健全的法制,确立和维护罪犯的权利主体地位,强化权利本位思想,有效保障罪犯作为公民所依法享有的权利(除国家法律明确规定剥夺的权利外),不受任何侵犯,确保罪犯能够依法维权、依法改造。

监狱法治中的公正理念。公正是公平正义的简称,是衡量一个国家或社会文明发展的标准,也是中国特色社会主义法治建设的重要价值目标。监狱作为刑罚执行机关,其对公正价值的彰显尤为重要。一方面,公正为监狱管理提供了重要的价值依据,构成了监狱行刑活动的基本取向和理念指针。监狱作为刑罚执行机关,是确保刑罚公正的最后一道防线,没有监狱运行为代表的行刑公正,法治社会的进步价值将无从谈起。在现代文明以前,惩处罪犯是统治暴力的表达。正如福柯所说:"公开处决并不是重振正义,而是重振权力。"[1] 进入现代文明之后,作为国家权力代表的监狱机关,依托法律履行国家尊重和保护公民基本权利的职责,公正的价值得以彰显。现代监狱成为公平正义的器物态,公平正义构成了现代监狱的精神依托。另一方面,现代监狱的公正理念因法治而彰显。监狱任何管理制度的制定都是依法进行,主体、程序、内容都依据相关法律法规、体现法律的基本精神和原则,不得违反上位法和强行法的规定。监狱日常管理活动都依法运行,即使执行者根据具体监狱运行的具体情况行使自由裁量权,其范围和主旨也必须以严格遵循法律法规和法律的基本原则为前提。

监狱法治中的人权理念。人权理念是推动现代监狱文明发展的重要动力,也是监狱法治的伦理基础。"刑罚的报应根据植根于人既是社会目的的手段,又是社会的目的的辩证统一性之中,其基本精神在于保护个人的权利,避免将人当成实现社会目的的纯粹手段,要求给犯罪人以作为社会成员所应有的尊重,不得任意剥夺其权益。与其相适应,凡不为刑事判决所确定的刑罚所剥夺的权益,都是犯罪人所拥有的权益,具有不可剥夺的绝对性。"[2] 人权理念的彰显,促进了国家刑罚的技术化和文明化。在现代监狱刑罚体系中,侵害社会权益的罪犯应该、也可以依法被处罚,但在惩处的时候罪犯未被法律剥夺的权利成为国家刑罚权实现、社会正义的合理界限。这是避免监狱行刑权力过度膨胀的重要伦理和制度基础。对此,贝卡利亚指出:严酷的刑罚违背了公正和社会契约的本质,因而不应出现在立法中。严酷的刑罚是不符合人的本性的,没有人在理性中情愿丧失如此重大的自由。[3] 不注重保护人权的、非人道的刑罚体系显然是把罪犯视为敌

---

[1] 米歇尔·福柯. 规训与惩罚[M]. 刘北成,杨远婴,译. 北京:三联书店,2003:51-53.
[2] 邱兴隆. 刑罚理论导论[M]. 北京:中国政法大学出版社,1996:456.
[3] 贝卡利亚. 论犯罪与刑罚[M]. 黄风,译. 北京:中国法制出版社,2002:9-16.

人，阻碍了罪犯的教育改造和改过自新。因此，保证罪犯享有人的尊严与待遇，明确他们的法定权利，也是通过教育促其改善并顺利回归社会的客观需要。

总之，中国的监狱行刑是一种以刑罚与预防为基础、强调矫正罪犯的教育刑过程，它融传统法治思想和现代法治文明于一体，行刑过程和罪犯管理活动中的自由、法治、平等，与人权人道思想相呼应成为监狱法治的基本精神。

第二节　监狱法律制度

中国监狱法律制度伴随着中华人民共和国的脚步一起走过了半个多世纪，随着国家政治、经济、文化各方面的发展，经历了从无到有、从由政策调整到由行政法规调整，直到由法律调整的过程，目前已基本形成了相对较为完备的、具有中国特色的社会主义监狱法律体系。

一、中国监狱立法的历史进程与特点

中华人民共和国成立以来，中国的监狱法制也逐步得到了发展，总括而言，大致分为初创阶段、逐步完善阶段、停滞并遭到破坏的阶段、恢复并发展阶段以及全面法制化阶段。

（一）初创阶段（1949年10月至1954年9月），奠定监狱法治的基础

中华人民共和国成立后，在彻底废除国民党"六法"以及其他一切与国民党政府有关的监狱法律、法令的基础上，通过总结、继承中国抗日民主根据地和解放区监所工作经验，着手创建新型的社会主义监狱制度，开展了一系列社会主义监狱立法活动。主管监狱工作的中央司法机关以《中国人民政治协商会议共同纲领》为依据，陆续颁布了一系列有关监狱、看守所和劳动改造队工作的行政规章和命令，这些行政规章尽管尚不够系统、完善，但对于新型监狱制度的建立和完善，起到了基础性的促进作用。

（二）逐步完善阶段（1954年至1966年），初步形成完备的监狱工作法规

随着监狱工作的开展，中国的监狱立法工作逐步展开。在全面总结改造罪犯的实践经验的基础上，1954年9月7日，中央人民政府——政务院出台了新中国第一部比较完备的监狱工作法规《劳动改造条例》。《劳动改造条例》以法律的形式把党的劳动改造方针和政策条文化、定型化，是新中国成立后最早颁布的刑事法规之一，为中国刑事法律体系的建立奠定了基础，积累了经验。在后来的三十多年里，《劳动改造条例》一直是中国劳改工作的基本法律依据，对新中国监狱事业的奠基和发展发挥了重要的历史作用。《劳动改造条例》颁布实施后，中央行政主管部门为了保证该条例的贯彻实施，又陆续颁发了一系列相应的行政法规和规章，其中最具有代表性的是《劳动改造管教队工作细则（试行草案）》（以下简称《细则》）。该《细则》是在总结1954年以后劳改工作正反两方面经验的基础上制定的，它纠正了"大跃进"运动中劳改工作所出现的某些"左"的倾向，而且在一定程度上对《劳动改造条例》进行了补充和细化。

（三）发展阶段（1977年至1994年），中国监狱法制建设进入新的发展阶段

1979年《中华人民共和国刑法》（以下简称《刑法》）和《中华人民共和国刑事诉

讼法》(以下简称《刑事诉讼法》)相继颁布实施，对中国监狱法制建设起到了极大的促进作用。进入20世纪80年代，中国的监狱法制建设进入了一个新的发展阶段。1982年2月18日，公安部以《刑法》《刑事诉讼法》《劳动改造条例》为依据，并结合三十多年来的劳改工作经验及当时中国押犯构成的新情况，制定了《监狱、劳改队管教工作细则》，不仅极大地丰富了《劳动改造条例》的内容，有力地推动了中国监狱工作的法制化、规范化进程，使中国的监狱立法向规范化方向迈出了一大步，而且为1994年的《监狱法》的制定奠定了基础。随后，中央主管部门又制定并发布了一系列有关监狱工作的行政法规和规章。这些行政规章及时地总结和肯定了新时期监狱工作的新经验和改革成果，促进了监狱法制建设的发展。

(四)全面法制化阶段(1994年12月至今)，监狱法治建设进入快车道

1994年12月29日第八届全国人大常委会通过了中国第一部社会主义监狱法典《监狱法》，进一步完善了中国的刑事法律体系，标志着中国监狱工作进入了全面法制化轨道。《监狱法》的颁布在中国监狱法制史上具有里程碑的意义。2012年10月26日第十一届全国人民代表大会常务委员会第二十九次会议通过《全国人民代表大会常务委员会关于修改〈中华人民共和国监狱法〉的决定》。《监狱法》的实施，为中国建立中国特色的监狱法制打下了良好和坚实的基础，树立了依法治监的监狱治理理念，为中国打击犯罪、惩罚和改造罪犯，保障罪犯人权提供了法律保障。为了配合《监狱法》的实施，司法部还会同有关部门制定了一系列涉及监狱工作的法规性文件30余件，并加快了监狱法规制定的步伐。1996年、1997年和2014年，中国先后修订了《刑事诉讼法》《刑法》，在修订后的《刑事诉讼法》《刑法》中补充了大量有关监狱行刑活动的相关内容，从而使有关监狱行刑活动的法律规范更具有操作性和实用性。从此，中国监狱行刑工作正式步入了全面法制化的发展时期。

二、监狱法律的渊源与体系

法的渊源"分为实质意义上的渊源和形式意义上的渊源。实质意义上的渊源……是指法产生的一定生产方式下的物质生活条件。形式意义上的渊源，即指法的创制方式和表现形式，也就是指法的效力渊源，即法学上通常所说的法的渊源"。[1] 我们这里所讲的监狱法律的渊源，即是指监狱法律的形式渊源，它是指由特定国家机关通过一定的程序制定的，具有不同法律效力和地位的规范性法律文件的一种分类形式。监狱法律的形式渊源既反映了不同的立法规格，又体现出其不同的法律效力。中国监狱法的形式渊源主要包括以下几类：

宪法。宪法是由全国人民代表大会制定的规定国家的根本制度和任务的法律规范，是国家的根本法，在国家的整个法律体系中具有最高的法律地位和法律效力。宪法是一切部门法的渊源。监狱法也不例外。宪法中有关国家对犯罪分子实行惩罚与改造相结合的刑事政策就是监狱法根本渊源之一。

法律。这里的法律是指全国人民代表大会和全国人民代表大会常务委员会制定的规

---

[1] 沈宗灵. 法理学 [M]. 北京：北京大学出版社，1999：345-346.

范性文件。其效力仅次于宪法。包括：①《监狱法》。《监狱法》是由全国人民代表大会常务委员会通过正式立法程序制定颁布的，是中国监狱法律渊源中的核心和主干，具有独立部门法的地位。《监狱法》明确规定了监狱的职能和任务、监狱运作的基本原则、监狱经费保障体制等重要内容，确立了有关刑罚执行、狱政管理、教育改造等基本制度，确立了罪犯的基本权利和义务，是一部较为系统、完备的监狱法律，具有专业性和规范性强、内容系统完善的特点，是当前指导中国监狱对罪犯执行刑罚、实行教育改造活动的主要法律依据。②《刑法》《刑事诉讼法》中有关刑罚适用和罪犯改造的条款。《刑法》是定罪、量刑的实体法，《刑事诉讼法》是确保正确定罪量刑的程序法，二者的正确适用正是监狱正确执行刑罚、改造罪犯的前提和基础。因此，《刑法》《刑事诉讼法》中有关刑种、执行场所、刑罚执行变更及监外执行等有关内容的实体性、程序性规定，都是中国监狱法律的渊源之一。

行政法规及部门规章。行政法规是指由国务院依据宪法制定的关于国家行政管理活动方面的规范性文件，其中有关监狱执行刑罚、罪犯权利义务的部分是监狱法律的渊源之一。其效力仅次于宪法和法律。目前中国关于监狱行刑和管理方面的行政法规尚不多见。行政规章是指国务院所属各部（委）为贯彻法律、法规，根据宪法、法律和行政法规的有关规定，在其权限范围内制定的规范性法律文件，又叫部门规章。在中国，监狱规章则是指由司法部根据《宪法》《刑法》《刑事诉讼法》《监狱法》的有关规定，为适应监狱改造罪犯工作的实际需要和要求而制定并经国家立法机关核准的规范性法律文件，它是中国监狱法律渊源的一种形式，也是数量最多的一种。它们通常以细则、规则、条例、规定、指示、通知等形式出现，对监狱基本法规起到了补充与完善的作用。监狱规章重点解决《监狱法》中不够明确或者尚无规定的有关行刑、监管、教育改造中的一些细节性的法律问题，为监狱司法活动提供更明确具体的法律标准，提高监狱法律的操作性。此外，监狱规章还可以起到特殊监狱法的作用，比如有关未成年罪犯处遇标准的规则或条例既是对《监狱法》的细化，又是对《监狱法》的重大发展。

地方性法规。地方性法规是指地方国家权力机关及其常设机关为保证宪法、法律和行政法规的遵守和执行，结合本行政区内的具体情况和实际需要，依照法律规定，通过和发布的规范性法律文件。这些地方性法规中有关监狱机关行刑和管理的规定也是监狱法律的渊源之一。

国际条约。这里的国际条约是指两个或者两个以上的国家关于监狱设置、行刑规则、罪犯教育与管理、罪犯权利保障等方面规定其相互之间权利和义务的各种协议。经过法定程序批准生效的国际条约具有与国内法相等同的法律约束力，在这一意义上来说，它也属于国内法的范畴。中国目前已经加入 27 项国际人权公约，凡是其中涉及规范中国监狱行刑工作、保障罪犯合法权利的内容，都是中国监狱法律的渊源之一。

司法解释。司法解释是指由最高人民法院和最高人民检察院分别或者联合对有关刑罚执行、监狱设置与建制、罪犯改造、狱政管理及罪犯权利义务等内容的法律法规所进行的解释。司法解释是最高司法机关就法的具体应用所作出的解释，它对司法实践具有普遍约束力，不仅弥补了立法的不足，而且在一定程度上起着法的渊源的作用。因此，可视其为监狱法律的渊源之一。

以上几种监狱法律的渊源，以自己的方式组合成独特的监狱法律体系，把有关监狱行刑活动完全纳入法律的调整范围，把国家刑罚权的行使限定在一个比较合理的范围之内，既保证了国家刑罚权的充分实现，又确保刑罚执行活动从程序到实体上都能公平、公正地进行。

三、监狱法律的体系

监狱法律体系即指监狱法律的组成关系。它与监狱法律的渊源可以说是同一个事物的两个方面，二者从不同角度说明了监狱法律的存在与结构。监狱法律的体系结构一般包括规范体系结构和用以表达规范体系的文本体系结构两种。根据调整监狱和服刑罪犯之间全部法律关系若干部门法律属性来划分，监狱法律体系结构应包括刑事执行法律规范和行政法律规范两个内容，并以刑事执行法律规范为主。其中，刑事执行法律规范包括行刑法律规范和变更行刑法律规范两部分；行政法律规范包括行政教育法律规范、行政劳动法律规范、行政管理法律规范等内容。与监狱法律的渊源相对应，监狱法律的文本体系结构是由不同立法规格和不同法律效力的法律形式组合而成的一个宝塔型的结构体系。监狱法律的文本体系包括监狱法典、监狱行政法规、部门规章、地方性法规和地方规章。在这个体系中，《监狱法》居于宝塔的塔尖，处于整个监狱法律文本体系中的核心地位；国务院、司法部颁行的相关监狱行政法规、条例、决定、命令、指示等部门规章则属于监狱法律体系中的主体部分；地方性法规、最高司法机关作出的司法解释以及中国缔结参加的国际条约则是指导中国监狱行刑工作、组织罪犯改造的重要依据之一。它们相互衔接和补充，共同组成了中国较为完整的监狱法律体系，有力地保障着中国刑罚执行活动与监狱管理活动的正常进行，保障着罪犯的合法权利。

监狱法律体系的另一个重要内容就是监狱法典的结构体系。1994年12月29日颁行，2012年进行修订的《监狱法》是中华人民共和国成立以来监狱法制建设中最为重要的一个立法成果，是中国的第一部监狱法典，也是目前中国监狱惩罚和改造罪犯工作的主要法律依据。《监狱法》以较为科学的结构体系组成了惩罚改造罪犯的具体法律内容，在立法水平上显示出较为成熟的特点。该法由总则、分则和附则三个部分组成，分七章共计78条，由章、节、条、款、项五个层次组合而成。《监狱法》的主要内容包括：

第一章　总则（第1～10条），明确规定了《监狱法》的立法依据、基本原则、监狱性质、收监范围、监督机关、经费保障、罪犯基本权利及义务等监狱行刑活动中的一些基本问题和内容。

第二章　监狱（第11～14条），本章明确规定监狱的设置、组织领导体制、监狱人民警察在行刑活动中的工作职责及禁止性行为等，是对监狱基本建制的规定。

第三章　刑罚的执行（第15～38条），本章详细规定了收监、监外执行、减刑、假释的程序和条件，申诉、控告、检举的处理程序，以及罪犯刑满释放、安置等内容。刑罚执行是监狱法中最基础的内容。

第四章　狱政管理（第39～60条），本章详细规定了狱政管理的原则、条件和程序，监狱武装警戒的组织管理、职权职责，戒具和武器的使用条件和程序，罪犯服刑期间的通信、会见，对罪犯的生活卫生管理，对罪犯奖惩的条件、内容和考核，以及对罪犯服刑期间又犯罪的处理等内容。

第五章　对罪犯的教育改造（第61~73条），本章规定了教育改造的原则、方法、内容和种类。

第六章　对未成年犯的教育改造（第74~77条），本章对未成年罪犯执行刑罚的原则、执行机关、改造手段、改造条件等作了较为概括的规定。

第七章　附则（第78条），本章规定了《监狱法》的生效时间："本法自公布之日起生效。"

第三节　监狱依法行刑

依法行刑是依法治国理念在行刑执法工作中的具体化应用。党的十八届四中全会将"依法治国"确定为党领导人民治理国家的基本方略，提出法治国家、法治政府、法治社会一体化建设的战略规划。党的十九大进一步将"坚持全面依法治国"，明确作为十四条新时代坚持和发展中国特色社会主义的基本方略之一。依法治国是一项复杂的社会系统工程，在行刑工作中确立法治理念，并以此为指南健全法律体系、完善行刑制度、推进依法行刑是其中重要一环。

一、依法行刑的内涵

所谓依法行刑，就是要牢固树立和落实"依法行刑、公正执法"的行刑理念，始终坚持以提高教育改造质量为中心，认真贯彻落实中国特色社会主义法治精神和法治要求，彰显社会主义法治理念的价值追求和根本使命，推动监狱行刑工作沿着法治轨道不断前进。其内涵包括以下几个层面：

确立监狱行刑执法的法治模式。牢固树立法治思维，健全监狱法治机制，推动监狱的行刑执法活动在法治模式下运行，以明确的法律法规来规范和约束监狱管理、民警执法以及教育矫正等各项活动，推动监狱行刑严格公正文明执法。

确立权利本位的监狱管理思想。所谓权利本位，就是强调对监狱执法、行刑、管理等权力的规范与对罪犯公民权保障的有机统一。坚持以人民为中心的发展理念，把维护社会本质安全与罪犯合法权益紧密结合，突出权利本位在新时代中国特色社会主义行刑观中的核心地位。监狱在行刑和矫正活动中，要认真贯彻总体安全观，确立和发挥罪犯在改造过程中的主体地位，保障罪犯作为公民所依法享有的权利（除国家法律明确规定剥夺的权利外）不受任何侵犯，激发其改造积极性，促进罪犯顺利回归和融入社会。

确立公正行刑的价值导向。公正行刑是国家政治正义和刑罚正义的集中体现。作为国家暴力机关的刑罚执行机关，监狱的文明、公正同样是彰显善国和良法的重要内容。要通过文明公正地执行刑罚，维护监狱行刑正义、发挥监狱刑罚的惩罚和改造功能，保证执法质量和行刑效率，补偿社会公众心理，确保社会正义与社会稳定。要平等地对待罪犯，使每一名罪犯享有平等的改造机会、平等的改造条件和同等条件下平等的奖励、处遇，在公平公正环境下接受改造，以行刑正义推动实现司法正义和社会正义。

确立科学完善的行刑机制。按照公正文明执法的要求，认真贯彻落实法律法规和刑罚政策，健全完善依法行刑的岗位责任制度、公正执法的工作制度、监督约束机制和过错责任追究制度，推动依法行刑、公正执法的科学化、制度化和长效化建设，使依法行刑、公正执法真正成为指导监狱管理和民警执法的宗旨性理念。

二、依法行刑的意义

依法行刑是贯彻落实党的十九大精神，全面推进依法治国的客观要求。依法治国，是坚持和发展中国特色社会主义的本质要求和重要保障，是实现国家治理体系和治理能力现代化的必然要求，事关我们党执政兴国，事关人民幸福安康，事关党和国家长治久安。党的十九大对全面依法治国提出更高的要求，监狱机关作为国家的刑罚执行机关和人民民主专政的重要工具，是国家机器的重要组成部分，对推进全面依法治国肩负更大更重的使命。依法行刑是依法治国在监狱工作中的具体表现和必然要求，是依法治国方略的有机组成部分，也是监狱安全稳定的根本保障。监狱要善于运用法治思维和法治方式推进工作，在依法行刑的过程中推进国家治理体系和治理能力现代化。只有坚持运用法治思维与法治方式全面推进依法行刑，才能更好地履行职能，以法治的力量助推监狱工作实现更好发展。

依法行刑是推进现代监狱建设，提高行刑效能的内在要求。依法严格公正文明执行刑罚是建设现代监狱的根本标准。依法行刑是监狱法治的根本内容，也是现代监狱建设的基本要求。对建设现代监狱而言，依法行刑既是一个目标，同时更是一个手段，没有依法行刑的理念和实践，现代监狱建设只能是一句空谈。监狱是国家的刑罚执行机构，根据国家法律法规，专门对罪犯实施监禁行为，执行的是对罪犯特定人群的教育、管理。监狱管理包括刑罚执行、劳动管理、教育改造、维护监管安全等多方面的工作。提升监狱行刑效能的首要标准是依法行刑的落实程度，监狱在法律规定的范畴内对罪犯开展的一切管理活动都受到这条标准的约束，在法律授权下，才能确保监狱职能高效履行，脱离法律授权，监狱开展的监禁、减刑假释、保外就医、生活卫生、教育改造、劳动管理等执法工作都是无源之水、无本之木，不可能打造监狱的工作目标。

依法行刑是捍卫法律尊严，维护社会公平正义的必然要求。维护公平正义，是监狱事业的价值追求，也是监狱工作的生命线。依法行刑是维护社会公平正义、捍卫法律尊严的根本保障。只有坚持依法行刑，正确执行刑罚，才能杜绝在减刑、假释和暂予监外执行中可能存在的腐败现象。依法行刑才能赢得人民群众对刑罚执行工作的支持和信任，才能确保监狱工作的政治性、正义性、法律性。做好新形势下的监狱工作，必须牢固树立依法行刑的理念，严格规范监狱执法管理，确保刑罚执行到位，使人民群众切身感受到公平正义就在身边。

三、依法行刑的不足与完善

推进依法行刑需要在法制体系完善、立法健全以及行刑意识等诸多方面都配套一致，但中国目前还处于依法治国的初级阶段，现实中还存在很多不利于法治建设的因素，这些因素亟须改进以促进依法行刑的实现。

行刑法律制度相对落后，需要加快行刑法律体系建设。中国行刑法律体系中地位最高的是 1994 年制定的《监狱法》。虽然经过修订，但其规定仍比较粗略，具体规定日常行刑管理的是一些部门规章以及政策文件，如司法部制定的《监管改造环境规范》《关于加强监管改造工作的若干规定》等，大部分是 20 世纪 90 年代初期制定的，距今已有二十多年，行刑法律内容落后，很多如累进处遇、罪犯分类关押、社会化行刑、开放式处遇等现代行刑制度和思想，都没有在中国监狱法律体系中得到充分的反映和体现。《监狱法》在没有与之配套的实施细则的情况下，监狱刑罚执行中的一些执行环节如保外就医、罪犯离监探亲、分级处遇等，法律规定还不够明确，目前还是依靠以往的制度或惯例进行操作。随着依法治国的推进，人们的法治观念不断增强，对监狱法治的要求也越来越高，因此，必须加快推进监狱行刑法律法规的修订完善，为推进监狱法治发展奠定基础。

传统行刑观念影响犹在，需要加快树立现代行刑理念。改革开放以来，特别是随着社会主义市场经济的蓬勃发展，社会观念的开放也引来了监狱行刑制度和理念的发展革新。在监狱行刑领域，围绕着罪犯教育改革，现代教育矫正理念正在不断被引进、发展和壮大，行刑实践日趋丰富，传统改造思想和现代矫正理念碰撞融合，不断嬗变创新，催生了中国特色教育矫正体系的发展。比如，以保护罪犯合法权益为核心的"囚权"主义思想，经过多次学术辩论也在监狱学界和实践领域逐步有所认可。但同时，在具体行刑实践中，法律工具主义论、犯罪恶人论、刑罚惩罚论等多种陈腐的思想理论观念仍大行其道，严重阻碍了依法行刑的实践发展。法律工具主义论的理论核心趋向于将法律和法理学看作是现存的社会权力关系的直接反映，其中经济决定一切，表达了统治集团的利益，也就是说，法律是被支配的工具。❶ 因此，行刑法律就是管理罪犯的工具，是用来惩罚罪犯的，对法律建立不起好感或信任感，更谈不上树立法律信仰了。犯罪恶人论主张，犯罪是一种恶，罪犯就是恶人。行刑就是惩罚恶人，很难谈到给其人道的、合法的待遇，以及保障罪犯权利。刑罚惩罚论认为，刑罚的本质是惩罚。这些观念在历史发展过程中是有其合理性的，甚至有现实的根据，反映了刑罚实然性的内在精神。但进入现代文明社会，刑罚的本质已经由应激性的报应论发展为建设性的修复理论。在承认刑罚的惩罚本质的同时，更强调其教育功能。认为刑罚是惩罚与教育的统一。目前，还有很多监狱工作者固守传统观念，重惩罚轻教育，导致依法行刑难以落实，阻碍着现代行刑机制的建立。因此，要通过加强对现代行刑理念的研究和阐述，深入中国特色监狱学理论的研究和交流，加大对监狱实务领域工作人员的教育和培训，进一步弘扬和普及与社会主义法治精神相契合、能够体现现代法治文明的行刑精神，推动依法行刑的发展和完善。

第四节　监狱执法监督

加强对权力运行的制约和监督，让人民监督权力，让权力在阳光下运行，把权力关进制度的笼子里，这对于加强政治文明建设，建设廉洁政府具有积极的推进作用。监狱

---

❶ 皮埃尔·布迪厄. 法律的力量：迈向司法场域的社会学［EB/OL］. 强世功，译. http://article.chinalawinfo.com/ArticleHtml/Article_27697.shtml.

作为国家刑罚执行机关,承担着依法管理监狱、执行刑罚、监管改造罪犯的神圣职责。确保监狱民警严格、公正、文明、廉洁执法,这是监狱政治文明建设的本质要求和客观需要。党的十八届四中全会明确提出"推进狱务公开,依法及时公开执法依据、程序、流程、结果和生效法律文书,杜绝暗箱操作"的要求。因此,必须着力构建监狱执法监督长效机制,推进监狱执法公开化、规范化,提升整体执法水平,遏制违法违纪问题发生。

一、监狱执法监督的概念与特征

所谓监狱执法监督,是指对监狱执法活动有监督权的主体依法对监狱行刑执法活动进行合法性监督和审查的活动。一般意义上的监狱执法监督主要是专门法律监督机关——人民检察院,围绕监狱机关行刑执法活动所进行的流程化、规范化的监督。这也是狭义上的监狱执法监督,又称监所监督或者检察监督。从广义上来讲,监狱执法监督还可以指国家权力机关、行政机关、司法机关、政党、社会团体、公民以及监狱自身组织对监狱人民警察执行刑罚行为的合法性和合理性进行制约、察看、审查和督促,并对违法或者不当行为实施纠正、补救或者追究责任的一种行为措施。[1]

监狱执法监督既有与普通法律监督相同的共性,也有属于自己独有的特性。具体而言,监狱执法监督的特点具体表现在:

主体的多样性。为了促进行刑公正,《宪法》《监狱法》《刑事诉讼法》等法律法规对监狱执法监督主体进行了广泛的规定,不仅有专门的检察机关进行全面而专业的监督,还有其他国家机关、政党、社会组织、新闻媒介、法律职业者以及包括罪犯、罪犯家属在内的广大公民都依法拥有监督权。他们按照法律有关规定从各自的角度对监狱法律的实施、监狱行刑活动及与行刑活动有关的一切活动进行广泛的监督,共同组成了监狱行刑监督的完整体系。

内容的法定性。根据国家法律规定,监狱机关的很多工作和管理内容依法保密,同时,部分内容涉及罪犯隐私,不得泄露,因此监狱执法监督的范围和内容是依法确定的,主要包括监狱及其所属人民警察的与监狱执行刑罚、管理罪犯、保障罪犯合法权益有关的行为。这些内容通过狱务公开等方式,向社会公众或特定对象公开,接受法定群体以法定方式的监督。

监督的时效性。监狱执法监督只发生在监狱执行刑罚这一特定的时间、空间范围内,超越了这一时空范围,就不再属于监狱执法监督的范畴。由于监狱行刑活动的公正与否、合法与否直接影响到服刑罪犯的权利,影响到国家利益和社会秩序,而刑罚执行本身又具有极大的时效性,如果超越了一定的时间,即使通过监督对不合法的行刑行为进行了纠正,但对违法行刑行为所产生的不良后果的消除有时可能毫无意义,对相关当事人权利的维护也可能毫无裨益。

二、监狱执法监督的意义

没有监督的权力必然走向腐败。监狱执法监督是确保国家刑罚权规范运行的保障,

---

[1] 杨帆. 关于监狱执法监督问题的思考 [N]. 江苏法制报, 2013-3-8.

是维护监狱法治的应有之义，也是全面推进依法治国的重要组成部分，它对提升行刑法治化水平、提高罪犯改造质量以及保障和维护罪犯合法权益等都有着不可忽视的现实意义。具体表现为：

加强监狱执法监督是规范监狱行刑活动的客观要求。实践证明，任何不受制约的权力都必将被滥用，都将导致腐败。监狱执法也不会例外。监狱作为刑罚执行机关，在行刑活动中有大量执法权和行政权的操作空间，如果没有严密的监督机制，行刑权力行使过程中就可能出现权力寻租，进而衍生出钱权交易、色权交易等腐败现象，侵害罪犯合法权益，损害国家执法公信力。因此，为了确保国家刑罚权得到公正的行使，确保监狱及其监狱人民警察在执行刑罚活动中始终依法办事、恪尽职守、廉洁自律，确保监狱行刑执法活动规范、有序、合法进行，就必须对监狱执法活动进行全面的监督，以监督促公正、以监督促规范、以监督促法治。

加强监狱执法监督是提升罪犯教育矫正效果的重要保证。监狱执法工作的核心目标是教育矫正罪犯，要通过对罪犯正确适用并严格执行刑罚，帮助罪犯改造思想、矫正恶习，实现再社会化，避免其再次走上犯罪道路，最终达到预防和减少犯罪的目的。因此，加强监狱执法监督，可以通过对监狱行刑执法的全过程进行监督检查，发现问题，及时纠正，使监狱行刑执法和罪犯教育改造始终处于较好的水平，确保达到刑罚执行的目的。

加强监狱执法监督是确保监狱人民警察规范执法的必要措施。监狱人民警察是监狱法律的具体执行者，是国家刑罚的执行主体，其履职规范与否决定着监狱行刑质量的高低。而监狱工作环境相对封闭，监狱人民警察的行刑执法活动容易因缺乏监管而处于自运行状态。因此，为了提高监狱人民警察的规范执法意识和水平，需要建立常态化的执法监督机制，以监督强化监狱人民警察的履职意识和规则意识，促进监狱人民警察不断加强学习，提高业务素质和能力，进而提升监狱行刑的整体水平。

加强监狱执法监督是维护罪犯合法权益的重要机制。保护罪犯在服刑阶段的合法权益，也是监狱法治的应有之义。罪犯在服刑过程中始终处于国家强大公权力的限制和约束之中，居于相对弱势的地位，如果没有外来的监督机制的保护，罪犯可能会因为监狱或行刑执法人员随意性、扩张性执法而导致合法权益受到侵害。为了切实维护罪犯的合法权益，确保行刑公正，加强监狱执法监督，使刑过程公开透明，执法规范可追踪，是建设现代监狱的内在要求。

三、监狱执法监督的内容

监狱作为国家执行刑罚的主要场所，监狱执法监督应该包括对法院的刑事判决裁定的执行、监管改造活动、罪犯及亲属权益保护以及民警执法执纪等方面的监督内容。

（一）对监狱执行法院的刑事判决、裁定的监督

监督收监活动。主要包括：罪犯被判刑后及时收监，监狱依照法定程序履行收监手续；在不予收押的对象中，不得有意推诿拒收；未满18周岁的未成年犯不得与成年犯混押；交付执行的法律手续齐备，及时通知罪犯家属等。

监督刑罚变更执行活动。主要包括：监狱对死缓犯减为无期徒刑或者有期徒刑以及

报请执行死刑的意见符合法定条件；对于在服刑期间确有悔改或者立功表现的罪犯，监狱及时报请法院减刑或假释，减刑和假释符合法定条件，减刑幅度在法定范围内；监狱决定暂予监外执行的罪犯符合法律规定的条件，监外执行的报批手续齐全，监狱将监外执行罪犯的狱内改造情况如实通报给负责执行的公安机关，监外执行的情形消失后及时将罪犯收监执行等。

监督罪犯释放安置活动。主要包括：监狱对服刑期满的罪犯按期释放并发给释放证明书；监狱对应当释放的罪犯依法进行出监教育，并就其安置与有关部门进行联系；监狱代罪犯保管的财物完整交还本人情况等。

（二）对监狱监管改造活动的监督

监督狱政管理活动。主要包括：监狱对不同年龄、性别、罪种、刑种、刑期、改造表现的罪犯实行分押分管；监狱的警戒设施根据需要配置完备；戒具、武器、禁闭室的使用和管理符合相关法律的规定；对脱逃罪犯组织力量追捕；罪犯通信权和会见权的保障情况；罪犯的伙食标准、监舍条件、被服供应、医疗卫生条件符合相关规定，少数民族罪犯的特殊生活习惯予以照顾；对罪犯的奖惩符合条件；监狱对罪犯在狱内犯罪的案件及时进行侦查，侦查终结后按规定移送检察院；罪犯在监狱内死亡依照规定作出鉴定，及时通知罪犯家属等。

监督教育改造罪犯活动。主要包括：监狱在教育改造罪犯的活动中因人施教，对罪犯实行思想、文化和技术教育；教育内容适度，教育师资和教育时间得到保障，有教室、图书阅览室等必要的教育设施作保证；监狱组织罪犯开展适当的体育活动和文化娱乐活动等。

监督罪犯劳动改造活动。主要包括：监狱采取必要的形式组织罪犯劳动，无强迫罪犯超时、超体力劳动的情况；罪犯在法定节日和休息日的休息权得到保障；监狱对参加劳动的罪犯按照规定给予劳动报酬，获得有关法律规定的劳动保护；罪犯在劳动中致伤、致残或者死亡的，监狱参照国家劳动保险的有关规定处理等。

（三）对罪犯及其家属的申诉、控告、检举权行使情况的监督

罪犯及其家属行使申诉权、控告权、检举权，这既是罪犯及家属的一项民主权利，也是保障罪犯其他权利的一种手段。监狱执法监督在这方面的监督内容包括：监狱对罪犯的申诉权依法予以保护，无妨碍罪犯申诉权行使的情况；监狱对罪犯的控告、检举材料按规定及时予以处理或转送有关机关，无扣压罪犯控告、检举材料或对检举人打击报复的情况；监狱认为判决可能有错误的，依照法律规定提请检察机关或审判机关处理。

（四）对监狱人民警察执法执纪情况的监督

监狱人民警察是监狱法律的具体执行者，是党的刑罚执行政策的具体实施者。对监狱人民警察进行监督，主要是针对他们的职务行为，不得殴打、体罚、虐待、刑讯逼供、侮辱罪犯；不得对罪犯及其家属敲诈勒索、收受贿赂、徇私舞弊；不得克扣囚粮、囚款；不得扣押、报复申诉、控告人；不得非法使用武器、戒具和禁闭以及其他徇私枉法，玩忽职守，严重损害罪犯合法权益的行为等。对于上述行为，轻者给予党纪、政纪处分，构成犯罪的，还应诉诸法律。

四、监狱执法监督的形式

（一）权力机关的监督

在中国，权力机关的监督是指各级人民代表大会及其常委会对监狱行刑活动的监督，其监督方式主要有：

审查文件。即对国务院、司法部、地方人大及其常委会、地方人民政府呈送的有关监狱行刑工作的规范性法律文件进行审查，如果上述规范性法律文件违反宪法和法律的有关规定，则予以改变或者撤销。

质询。对涉及监狱法律实施中的重大问题向监狱主管机关提出质询，并作出相应决议。

组织特定问题的调查委员会。对监狱行刑活动中发生的重大问题和案件进行调查了解，并督促有关机关及时对问题进行处理。

视察。各级人大代表有权单独或邀请政协委员一起不定期地到监狱视察，了解、检查监狱的财政预算、狱政管理情况和执法执纪情况，对于存在的问题，提出建议、批评和意见，限期予以改正。

（二）司法机关的监督

司法机关的监督，是中国监狱执法监督的重要组成部分，包括检察机关的监督和审判机关的监督两种。

一是检察机关的监督。检察机关通过在监狱设立驻监（所）检察室（组）、在监狱内设置举报箱、参加监狱有关会议等形式，对监狱工作进行全面的监督。监督的重点是查处监狱及其干警利用执行刑罚和监管职务之便利实施的以钱抵刑、收钱放人、收受贿赂、徇私舞弊减刑、假释、暂予监外执行等职务犯罪，保障罪犯的合法权益，预防和查处监狱人民警察体罚、虐待罪犯、强制罪犯超时超体力劳动等违法行为，促进狱务公开，确保刑罚执行的严肃性和公正性。对于不同的监督内容，检察机关有不同的监督方式。具体表现为：①抗诉。检察机关如果在发现已经生效的刑事判决、裁定确实有错误或者又发现新的犯罪事实或者证据的，通过审判监督程序提出抗诉。②查证申诉、控告、检举材料。对罪犯及其家属提出的申诉进行查证，经查证确属有错误的判决、裁定，转请审判机关处理。如审判机关无故推诿延误的，可报请原判法院的上一级检察院和原判法院的上一级法院处理；对控告、检举材料，组织专人审查，如属实，予以纠正和处理，如属诬告，追究诬告者的责任。③提出建议和意见。在减刑、假释、暂予监外执行等刑罚变更执行活动中如果发现监狱违反法定程序或处理不当的，检察机关可采取口头建议或书面建议的方式督促纠正；如果是审判机关裁定内容不妥的，检察机关则提出纠正意见或按照审判监督程序，向审判机关提出抗诉。④侦查、批捕、起诉。对于监狱人民警察执行刑罚中的利用职务便利，损害刑罚执行的公正性和严肃性的职务犯罪行为进行侦查、批捕，并依普通程序向人民法院起诉。对尚未构成犯罪的，转请主管部门处理。

二是审判机关的监督。审判机关对监狱行刑活动的监督基本上是通过对检察机关提出的抗诉，对监狱提出的减刑、假释建议，对检察院针对监狱人民警察的职务犯罪行为提出的起诉,对罪犯及其家属针对监狱及其人民警察的违法行为提出的行政赔偿诉讼等进行处理、审理来完成的。为了保证刑罚变更执行活动更加公平、公正,增加减刑、假释的透明度,越来越多的审判机关在办理减刑、假释案件时都开始在不同范围内举行听证会、审批会,自觉接受社会、罪犯及其家属的监督。

(三)行政机关的监督

行政机关的监督是指上级监狱管理机关及其主管部门对下级监狱的行刑活动的合法性所进行的监督。它主要包括:

层级监督。层级监督是指具有行政隶属关系的上级监狱管理机关及其主管部门对下级监狱的行刑活动的合法性所进行的监督。这种监督是依行政管理权和行政隶属关系产生的,它既是一种行刑监督方式,同时也是上级监狱管理机关及其主管部门行使行政管理权的一种手段。这种监督的方式主要有:①制定、修改或者废除有关监狱行刑活动的规章、命令、指示、部门工作制度、工作纪律等规范性法律文件或非规范性文件,规范监狱的行刑活动,撤销所属监狱作出的不适当的决定等。②行使暂予监外执行的审批权。需要暂予监外执行的罪犯,必须由罪犯所在监狱提出监外执行的意见,报经所在省(自治区、直辖市)的监狱管理局审批方能在监外执行。监狱管理机关通过行使监外执行的审批权,可以有效减少监外执行的随意性,防止有的监狱为了种种原因而以监外执行的合法理由行以钱抵刑、收钱放人的违法勾当。③通过行使人事任免权,对行刑活动进行监督。④进行执法检查,发现违法执行刑罚的,限期改正并进行查处。

纪检监察监督。纪检监察监督是指由监狱内部所设立的纪检监察部门对本单位的人民警察的职务行为进行的监督。纪检监察干部由于与负责执行刑罚的人民警察同属于一个监狱,共处于一个执法环境,对监狱的行刑情况更为熟悉,更能了解到行刑活动中存在的问题和不足。纪检监察监督的方式主要是通过检查监狱人民警察执行执纪情况,对监狱人民警察在工作中出现的违法违纪行为进行调查,对没有构成犯罪的一般违法违纪行为进行处理或者建议有关机关进行处理,对于构成犯罪的,移送司法机关处理。

(四)社会监督

社会监督,即非国家机关的监督,是指各政党、各社会组织、团体和个人对监狱行刑活动的合法性所进行的一种监督。在中国,社会各界人士及人民群众是中国监督资源中最大的主体资源,社会监督是中国最广泛的一种法律监督方式,它的监督主体非常广泛,包括中国共产党、人民政协、各民主党派、共青团、妇联、居委会、村委会、法律职业机构、新闻媒体以及包括服刑罪犯及其家属在内的个人等。但就目前而言,因为缺乏实体法方面的规定,也缺乏程序上的保障,监狱执法的社会监督还很不健全、不规范,亟须发展完善。

五、监狱执法监督的健全与完善

监狱行刑活动涉及罪犯人权的保障、国家刑罚权的实现以及国家法制建设等问题,因此更需要有关机关和社会的监督与制约。推进监狱执法监督,需要在以下三个方面进行加强。

一是加强监狱检察监督力量。目前,深入监狱机关常态化开展执法监督的,主要是驻监检察部门的法律监督。但因为人员编制少、经费有限等原因，驻监检察部门的监督活动主要是约见罪犯、巡视行刑场所，不能对全部行刑活动进行及时有效的监督。因此，要进一步加强派驻监所的检察监督力量，从人员编制、机构建设上加强驻监检察力量，强化和规范日常执法监督，适时推进巡回检察工作确保各项法律监督职责切实履行到位。

　　二是创新社会监督形式。行刑的封闭性是阻碍社会力量不能充分参与执法监督的根本原因。因此，要创新机制，调动新闻媒体、社会组织、人民团体以及广大公民积极参与执法监督。一方面，要进一步加大狱务公开，通过网络、电视、报纸、新媒体等多种形式，介绍监狱执法情况，吸引社会各界的关注，促进其参与监督监狱执法。另一方面，要建立独立运行的执法监督公益机构，作为第三方为罪犯对监狱及执法人员的投诉、控告、检举等进行中立评判，特别是要吸引人大代表、政协委员以及律师等专业人士参与，推动形成有公信力的社会监督实体。

　　三是完善监督机制。建立相应的监督人员的权利保障制度。比如，监督人员的权利主要有：知情权，询问权，听证权、调查权、质证权，会见当事人权，发表意见权，表决权，监督权，要求回避权、参与合议权，有了解并被告知有关自己的权益的行政行为权利，到会获得座位权，要求行政主体表明身份权，了解会议程序权，了解减刑、假释条件权，了解会议讨论对象的改造表现权，减刑、假释材料的质疑、异议权。相对方有了解内容、要求说明理由、知道维权救济途径权，建议权。监督人员的权利保障程序有：告知程序，回避程序，听证、调查和质证程序，陈述、辩论程序，合议、表决程序，救济程序，公示程序。同时，要在制度中明确侵权责任和违反程序的后果。❶

---

　　❶ 孙延宏．监狱执法监督的现状及改良［DB/OL］．http：//www.iolaw.org.cn/showNews.asp? id=12733.

第五章 监狱管理

监狱管理是监狱得以存在、运行、发展的基本条件,是实现监狱功能,体现监狱价值,践行法治精神的重要保障。监狱管理既有国家宏观层面的管理,也有监狱内部微观层面的管理。本章所述监狱管理是监狱依据国家法律、法规和各层面规章制度对监狱的各个层级、各个方面、各种资源、各种行为等进行组织、协调、管控、指挥、监督、调整等。对监狱管理的分类按照不同标准有不同的分类方法,从监狱管理的内容范围上大致可将监狱管理分为刑务管理、狱政管理、教育矫正管理、罪犯劳动管理四大方面。

第一节 刑务管理

刑务管理是监狱管理的有机组成部分,贯穿罪犯服刑的始终,它规范着监狱执行刑罚和对罪犯管理的各个方面和全过程,在监狱管理中具有任何管理类型无法替代的地位和作用。

一、终身监禁犯的刑务管理

中国于2015年8月29日正式通过了《中华人民共和国刑法修正案(九)》,确立了终身监禁的刑罚方式[1],这是对重特大贪污受贿犯罪确立了死缓犯终身监禁的制度,实际上是介于死刑立即执行与死刑缓期执行之间的中间刑罚。对终身监禁犯执行刑罚,就监狱的刑务管理而言是一种全新的方式和任务,既往建立在给出路政策基础之上的刑务管理制度、内容、策略、技术、方式、方法等面临全新的困境和挑战,为此需要进行全面的规划设计、探索实践。

(一)新刑罚方式的新问题

新刑罚方式已经确立,中国监狱已经开始关押终身监禁罪犯,其刑罚执行业已运行,随着严厉惩处重特大贪污受贿腐败案件的力度不断加大,终身监禁犯会逐步增多,监狱刑务管理必然面临新的困难、挑战和冲突,主要表现为刑务管理的理念政策、法律制度、管理水平几个方面。

理念政策方面,长期以来中国刑罚执行、改造罪犯的基本理念是让罪犯在希望中改造,基本的政策是给出路的政策,并以此为基点为罪犯设置改造目标,灵活运用正负激励措施,综合运用法律奖励、行政奖励、等级处遇等各种手段,把罪犯规制在预设的改造轨道中。而终身监禁意味着罪犯到生命终结都必须强制羁押在监狱中,在此期间,无

---

[1] 即对因严重贪污、受贿犯罪被判处死缓的,法院根据犯罪情节等情况,可以同时决定在其死缓两年期满减为无期徒刑后,予以终身监禁,不得减刑、假释。

论怎样认罪悔罪、改过迁善，也不能恢复自由。这无异于毁灭了罪犯新生希望，抽离了罪犯改造的内部驱动力，容易催生罪犯的绝望心理。

法律制度方面，《刑法修正案（九）》在2015年确立了终身监禁的刑罚方式，而1994年颁行的《监狱法》中并没有这一刑罚方式，至2021年7月《监狱法》也没有跟进修订。目前在终身监禁适用上，只有最高人民法院、最高人民检察院出台的《关于办理贪污贿赂刑事案件适用法律若干问题的解释》❶，其中只是就终身监禁的标准做了进一步的解释，并没有涉及刑罚执行工作的相关制度规定。

管理水平方面，刑务管理的理论建构、制度体系、技术体系，民警的学历背景、职业教育培训、能力水平等均是基于传统的改造理念、基本政策和法律制度上，面对全新的刑罚形式，刑务管理水平难以匹配适应，一蹴而就；由于终身监禁犯的改造动力不足，不服从、不配合，甚至抵触、抵制、敌对正常的刑务管理现象时有发生，无疑会增加刑务管理的难度和压力；终身监禁犯要在监狱度过余生，老龄化的各种问题不容回避，特别是慢性病、生活自理能力逐渐缺损带来的各种问题和挑战会层出不穷；犯重特大贪污受贿的终身监禁犯一般有较深的社会阅历，较高的文化水平，复杂的社会背景和丰富的社会资源，这必然会给正常的刑务管理带来各种影响。面对以上诸多问题和挑战，监狱民警的刑务管理水平亟待提高。

（二）终身监禁犯刑务管理因应

全新的刑罚方式为理论创新、制度创新和管理创新提供了难得的契机，监狱刑务管理必须尽快适应，在实践中不断创新刑务管理的理念、制度、策略、技术和方式。

建构理论体系。终身监禁作为新的刑罚方式和特殊的刑罚措施，被立法者赋予了替代死刑立即执行和严肃惩治严重腐败犯罪的双重法律意义，而且在社会上引起很大反响，备受社会关注。对终身监禁罪犯的教育改造理论研究，是刑罚执行工作顺利实施的必然要求，同时也可以有效促进终身监禁罪犯的改造，并提高教育改造质量。❷ 从终身监禁罪犯刑务管理的指导思想、根本目标、基本任务、政策策略、理论基础、特征规律、内容范围、技术方法等各个方面进行奠基构建，为日常的刑务管理提供理论依据，为司法机关提供决策依据。

完善法律制度。对终身监禁罪犯的刑务管理尚没有专门的法律制度规定，为此需要构建相应的法律制度体系，从立法价值、法律属性、适用条件、时间效率、内容效果等不同的角度加快构建相关法律制度体系；在此基础上出台体系完备的管理制度，司法部需要出台规范性和指导性的管理办法，就终身监禁罪犯的刑务、教育、劳动等作出规定，各监狱管理局和相关监狱要就终身监禁罪犯在刑务管理中的社会协同、关押条件、安全防范措施、教育矫正内容、方法，劳动生产、等级处遇、生活卫生等各方面的管理细则和操作方法作出全面安排。

提高管理水平。监狱民警面对全新的刑罚方式、特定的管理对象、新建的制度体

---

❶ 《最高人民法院、最高人民检察院关于办理贪污贿赂刑事案件适用法律若干问题的解释》于2016年3月28日由最高人民法院审判委员会第1680次会议、2016年3月25日由最高人民检察院第十二届检察委员会第50次会议通过，2016年4月18日颁行。

❷ 郑莲霞. 试析终身监禁罪犯的刑罚执行工作对策［J］. 法制与社会，2017（11）.

系、特殊的管理内容和要求，必须尽快理解、熟悉和掌握，全面提高刑务管理水平。这需要从三个层面共同推进：一是宏观层面，要加快监狱民警职业化、专业化队伍建设，在规划设计、制度安排、招考招聘等方面进行顶层设计；二是中央司法警官学院和各省司法警官职业教育学院在教学目标、任务、内容、计划、课程编排等方面作出适当增加和调整，以适应终身监禁刑务管理的新要求；三是监狱民警自身要主动自觉地学习相关理论和技能，完善自身知识结构、技能技艺，同时要在日常的具体刑务管理中不断总结提高。

设计个性处遇。由严酷走向缓和，由野蛮走向文明，由封闭走向开放，这是刑罚执行的总体发展规律。❶ 对重特大贪污受贿犯罪的判决由死刑立即执行转变为终身监禁正契合了这一规律，对终身监禁犯的刑罚执行也必须自觉遵循这一规律。终身监禁犯余生全在监狱度过，决定了其余生的生活常态就是服刑，服刑成为其全部生活内容，这一特殊状况决定了其待遇不同于一般罪犯。联合国《囚犯待遇最低限度标准》第六十九条规定："在囚犯入狱并对刑期相当长的每一囚犯的人格作出研究后，应尽快参照有关他个人的需要、能力、倾向的资料，为他拟定一项待遇方案。"所以要在关押方式、教育娱乐、生产劳动、与外界联系、规训与纪律约束、疾病预防诊治等各个方面为其设计一套个性化服刑生活规划，使服刑成为其生活的常态。如：对年龄超过70岁的终身监禁犯，或在其生命终结的最后阶段，可试行由其家人陪伴服刑，其服刑的场所、空间、饮食、起居、时间支配、日常生活等方面给予特殊处遇。

二、收押罪犯与罪犯出狱管理

收押罪犯与罪犯出狱管理分别是监狱行刑的起始环节和终端环节，是监狱参与社会大系统大循环的链接端口。在刑务管理中具有重要的作用和地位。

（一）收押罪犯与罪犯出狱管理概览

监狱的收押罪犯管理是指监狱接受关押符合收押条件罪犯的一项专门管理，涵盖六个方面的规范要求，即验证法律文书、身体检查、物品检查、办理入监手续、进行入监教育、开展入监评估。既有对实质条件的规定，也有程序上的要求。如《监狱法》第十六条规定："罪犯被交付执行刑罚时，交付执行的人民法院应当将人民检察院的起诉书副本、人民法院的判决书、执行通知书、结案登记表同时送达监狱。监狱没有收到上述文件的，不得收监；上述文件不齐全或者记载有误的，作出生效判决的人民法院应当及时补充齐全或者作出更正；对其中可能导致错误收监的，不予收监。"第十五条规定："人民法院对判处死刑缓期二年执行、无期徒刑、有期徒刑的罪犯应当将执行通知书、判决书送达羁押该罪犯的公安机关，公安机关应当自收到执行通知书、判决书之日起一个月内将该罪犯送交监狱执行刑罚。""罪犯在被交付执行刑罚前，剩余刑期在一年以下的，由看守所代为执行。"

释放罪犯是执行刑罚的最后环节，标志着监狱对罪犯执行刑罚的终结，也是在押犯重新回归社会，开始新生活的根本转折点。释放管理是指监狱对符合法定条件出狱的在押罪犯，依法定的条件和程序，予以解除监禁状态恢复其人身自由，使其回归社会的一

---

❶ 冯卫国．行刑社会化研究［M］．北京：北京大学出版社，2003：219.

项刑务管理。罪犯出狱与罪犯释放是两个不同的概念,罪犯出狱包括:假释出狱、保外就医❶、外出就诊、请假探亲等情况,在这种情况下,罪犯刑期没有中断,依然处于服刑状态。罪犯释放一般有刑满释放、大赦释放❷、特赦释放❸、免除刑罚执行释放❹等。刑满释放是最为常见、最为普遍的释放形式。释放管理的内容涵盖三个方面的规范、要求,即释放前准备;依法办理释放手续及相关事项;释放后的安置。

（二）收押、释放管理的理性设计

基于监狱安全需要、罪犯矫正需要,防卫社会需要、回归人员的社会适应需要等多维度的考量,必须对现行的罪犯收押、释放管理进行理性设计和安排。

1. 建构监狱分类新标准,明确罪犯投送方向。中国现有监狱分类,主要以三个标准划分。以年龄标准分为成年犯监狱、未成年管教所;以刑期长短标准分为轻刑犯监狱、重刑犯监狱;以性别标准分为男犯监狱和女犯监狱。在此基础上,本书主张增加新的标准,建设新型的监狱。一是以罪犯的主观恶性为标准,增设过失犯监狱和累犯监狱。在主观恶性方面,过失犯和累犯是完全不同的。恶习程度、改造难度、人身危险度有着巨大的差异。在对这两类罪犯进行的管理、教育的方向、着力点、资源配置,也应该有一定的差异,完全混在一起关押,不仅浪费有限的行刑资源,而且会有交叉感染,对过失犯带来不良的影响。二是以罪犯躯体状况为标准,增设精神病犯监狱、传染病犯监狱、老弱残犯监狱、物质依赖犯（主要有吸毒犯、酒精依赖犯）监狱。精神病犯对监狱秩序造成的麻烦和风险很大,容易攻击同犯,对同犯造成伤害;传染病犯监狱的设置,能有效防止各种传染病的流行和暴发,而且便于集中隔离和治疗;老弱残犯同其他罪犯相比是弱势的,不便于混在一起关押。三是设立罪犯收押分流中心监狱。现在罪犯一般由看守所直接投送到监狱服刑,中间没有一个调查评估的过程,没有一个缓冲适应的阶段。这不仅不利于监狱对罪犯的认识和把握,而且不利于罪犯对监狱的适应和改造。为此,设置罪犯收押分流中心,为罪犯收押后分流提供科学依据,这是对罪犯科学行刑,有效矫正的基础和前提。

2. 重构入监教育内容,强化服刑指导。对新入监罪犯进行教育是收押管理的一个重要内容,目前监狱对新入监罪犯的教育主要是进行队列训练,岗前技能培训以及形势政策教育,认罪服法教育,改造前途教育,监规纪律教育,行为规范养成教育,反脱逃、防自杀教育等。这些内容多以抽象说理为主,以高压说教为主,以课堂灌输为主。不仅难为新入监罪犯所认同、理解和接受,甚至容易造成最初的抵触、反感和反抗。为此必

---

❶ 保外就医,是法律规定,被判处死刑缓期两年执行、有期徒刑的罪犯因身体患有疾病,经有关部门批准取保在监外医治。保外就医是监外执行的一种。

❷ 大赦指国家元首或者国家最高权力机关,对于某一时期内的不特定犯罪分子免予追诉或免除其刑罚执行的制度。大赦的适用范围较为广泛,凡在某一时期内犯一定之罪的所有罪犯,都可适用,而不以特定的人为限。大赦的赦免效力也较特赦大,它不仅免除刑罚的执行,而且使犯罪也归于消灭,即不但能赦其刑,还赦其罪。

❸ 特赦是指国家元首或国家最高权力机关对已受罪刑宣告的特定犯罪人,免除其全部或者部分刑罚的制度。国家主席习近平于2015年8月29日签署主席特赦令,根据十二届全国人大常委会第十六次会议29日通过的全国人大常委会关于特赦部分服刑罪犯的决定,对参加过抗日战争、解放战争等四类服刑罪犯实行特赦。

❹ 免除刑事处罚,是指人民法院认定某种行为构成犯罪,因犯罪情节轻微不需要判处刑罚或者具有法定免除处罚情节而免除刑事处罚的情形。

须重构对新入监罪犯教育的内容。

（1）注重心理适应性训练。罪犯新入监心理不适应现象特别突出。一般情绪不稳定，表现为对新环境的恐惧、对前途的担忧、对家中许多事情的忧虑，种种原因易导致抑郁情绪发生。广东省对2739名新入监的罪犯和24272名服刑中期的罪犯的调查显示，入监初期罪犯与服刑中期罪犯相比，躯体化、强迫症状、人际关系敏感、抑郁、焦虑、敌对、恐怖、偏执和精神病性等症状都不同程度偏高。❶对新入监罪犯进行心理适应性训练不仅是现实的迫切需要，也是有效矫正罪犯的理性选择。

（2）强化对新入监罪犯的服刑指导。新入监罪犯（惯累犯除外）在陌生的监禁环境下，对监狱政策、法律、管理、生活、规范、人际、劳动等各方面，均无所适从，获得服刑指导的需要非常强烈，需要知道监狱倡导什么、禁止什么、有哪些禁忌；需要知道该做什么、先做什么、后做什么；需要知道怎么去做，做到什么程度；需要知道怎样对自己的刑期进行规划和计划；怎样维护自身的权益；怎样面对各种困难和困惑，经常会遇到的麻烦或意外事件，怎样进行处理；需要知道获得心理援助、法律援助、特困帮扶、情感支持、劳动技能、技术帮助的路径等。

（3）科学的入监评估。对新入监罪犯进行入监评估是监狱专职人员就新入监罪犯的心理健康状况、监禁适应性、人身危险性、行为偏差、劳动技能、犯因性问题、问题严重程度、成因分析等方面，在标准化量表测量、行为观察和结构性面谈的基础上，作出综合的评价和预测，为分类管理和个别化矫正提供基础性材料。这是对科学认识罪犯，有效矫正罪犯的基础和前提。

3. 以回归适应为导向，拓展出监教育内容。罪犯刑满释放前，必须对其进行最后的教育，这是释放管理的有机组成部分。在成立出监监区的基础上，除按照《监狱法》第六十二条规定的法制、道德、形势、政策、前途教育外，应重点进行四个方面的回归适应性教育和训练。

（1）回归适应性训练。心理是客观世界的内在反映，在押罪犯在监狱内长时间地生活、劳动、接受教育和矫正，不可能不打上监狱的烙印，在心理上或多或少地存在所谓的监禁人格，形成适应性的心理和心态。回归社会后，面临着全新的环境、需要、刺激和诱惑，如果没有良好的心理适应性训练，罪犯回归就会面临冲突、困惑、矛盾，甚至是挫折和伤害。所以在出监前，非常有必要让罪犯了解和掌握一个真实的社会形态，设置特定的社会情境，给予有针对性的心理适应性训练。

（2）思维方式和行为方式的适应性训练。在监狱内，罪犯被剥夺人身自由，处于"全景敞视"的监督和监管之下，经过不断地正负强化训练，其思维和行为似乎已经习惯于规训和服从。回归社会后，罪犯所遇到的环境、所面临的错综复杂的矛盾、所遭受的压力、所应承担的责任和义务等新的变化，都与罪犯在监内所形成的思维和行为应对方式不相适应，监狱必须进行这方面的针对性训练，以期罪犯能尽快适应社会，顺利完成监禁人格向社会人格的转变，成为守法公民。

（3）生活适应性训练。监内失去自由的生活，严格的规章管理和规范有序的作息管

---

❶ 广东省监狱管理局课题组．广东省监狱罪犯心理状况调研报告［J］．犯罪与改造研究，2009（4）：21．

理、相对简单的人际互动、正常人伦情感交融的阻隔或缺失等，都与回归后的生活形成强烈的反差，出监教育必须在家庭成员间的接纳，家庭关系、情感关系重建，社会支持系统建立和完善，人际互动交往、重大生活事件应对等方面给予必要的训练。

（4）职业适应性训练。在就业压力不断增大的社会大背景下，刑满释放人员的就业更加艰巨，对此，在刑满前必须对罪犯重点进行职业适应性训练。就业政策、就业形势、职业定位、职业倾向、择业方向、就业渠道、职业需求信息等，是出监教育不可或缺的内容。

4. 不断完善出狱人保护管理。出狱人的社会保护，是指国家为了帮助离开监狱重返社会的人员顺利适应社会生活，避免重蹈犯罪的覆辙而对出狱人所采取的各种保护性措施。❶ 罪犯刑满释放，骤然从监禁状态到自由状态，从一个极端到另一个极端，一般会面临困难和不适应现象，是其再社会化进程中的一个最危险的时期。这就需要一个缓冲，一个过渡，一个中介帮扶，需要不断完善出狱人保护管理。

充实出狱人保护的具体内容。在安置就业、社会帮教的基础上，建立出狱人帮扶基金，用于职业介绍、职业培训、法律援助、解决暂时困难等；将刑满释放人员纳入最低生活保障范围，使其具备基本的生存能力。

明确具体责任组织体系。现行的安置帮教工作网络由当地政府领导、主导，还承担具体落实工作，在实际操作中往往力不从心。如司法行政部门对此缺经费，缺编制；社会综合治理部门实质上是一个协调部门，不具体负责；基层公安机关只负责落实户口，进行登记，作为重点管控对象。对出狱人保护是一项浩繁复杂的工程，仅仅依靠政府难以办好，必须动员社会参与，利用非政府组织的力量。建议构建由政府提供资金、经费资助和法律支持，社会组织运作的模式。

新建前科消灭管理。前科消灭管理是指曾经受到有罪宣告或判处刑罚的人，在具备法定条件时，经过法定程序被宣告注销其有罪宣告或判处的刑罚等犯罪记录，从而恢复其正常法律地位的一种刑法管理。❷《刑法》第一百条第一款规定了前科报告制度："依法受过刑事处罚的人，在入伍、就业的时候，应当如实向有关单位报告自己曾受过的刑事处罚，不得隐瞒。"但没有规定前科消灭管理，在立法上这无疑对罪犯回归设置了障碍，在社会竞争上失去了平等的机会。与前科报告管理相对应的必须建立和完善出狱人前科消灭管理，为消除社会对回归人员的歧视提供法律保障，使罪犯回归后有机会完全摆脱过去行为的不良影响，撕去负面标签，以全新的面貌去面对社会，以平等身份参与竞争，最终自食其力，成为守法公民。

三、刑罚变更管理

（一）刑罚变更概述

刑罚变更包括变更刑罚执行的内容和变更刑罚执行的方式，主要有减刑、假释和加刑三种常见表现。

---

❶ 吴宗宪. 关于社区矫正若干问题思考［J］. 中国司法，2004（7）.

❷ 韩玉胜，等. 宽严相济刑事司法政策与监狱行刑改革研究［M］. 北京：中国检察出版社，2010：281.

减刑是变更刑罚执行内容的典型程序。减刑，是指司法机关可以依法对服刑人通过变更原判刑罚，减轻其刑。减刑有广义和狭义之分。广义的减刑，是指受刑人在刑罚执行期间，因符合法定事由，而将原判刑罚予以减轻或免除的管理。狭义的减刑，指对被判处管制、拘役、有期徒刑或者无期徒刑的受刑人，在刑罚执行期间，依法减轻其原判刑罚的管理。减刑是中国特有的自由刑执行管理。减刑直接减少了刑罚的适用量，是激励罪犯积极服刑的重要手段。减刑的思维逻辑是，当罪犯在服刑过程中得到有效矫正或进入有效矫正的轨道，超量的行刑活动即无必要。减刑是重视实质正义的结果，是通过牺牲原判刑罚确定性实现行刑实质正义性的管理选择。比如依据中国《监狱法》规定，如果罪犯在监狱内阻止他人重大犯罪活动或者舍己救人或者有发明创造和重大技术革新等重大立功表现，监狱就应当为其减刑。这是鼓励罪犯自我改造的重要手段。如果没有了减刑管理的支持和示范，这些积极的行为和现象就可能因为得不到管理激励而消失。而且如果罪犯符合以上减刑条件，实际上已经表明罪犯自身的危险性因素得到了遏制，罪犯已经具备了正常人的道德水平。监狱的行刑活动也已经取得了成效，所以监狱应当减刑缩短罪犯服刑时间，从而节约成本，提高效益。

　　假释是变更刑罚执行方式的典型形式。假释，又称有条件释放，是对被判处徒刑的服刑罪犯，在执行一定时期的刑罚之后，确有悔改表现，予以附条件提前释放出狱的一种刑罚管理。假释，既是刑罚执行的方式，也是引导犯人逐步回归社会正常生活的措施。被假释的罪犯并没有完全获得自由，虽不在封闭场所内服刑，却必须符合监狱为其制定的考察条件。罪犯如违反条件，则面临着被取消假释，重新予以收容的后果。比如，按照中国《刑法》规定，罪犯有期徒刑实际执行 1/2 以上，无期徒刑实际执行 10 年以上，死缓犯实际执行 12 年以上，才可以假释。如果罪犯被判处无期徒刑，实际执行 10 年以上，罪犯表现良好，确有悔改或者有立功表现的，监狱就可以将罪犯假释出狱。但罪犯从假释之日起，就要受到相应的法律监督，一旦出现了违法或者违规行为，则撤销假释，重新入狱服刑。假释的此种心理强制效果保证了假释适用的可行性和有效性。假释是通过余刑的社会化执行方式激励罪犯和提高罪犯回归能力的方法。从理论上讲，对于被假释的罪犯而言，刑罚的内容和刑期并没有发生质的改变，只是将开放处遇与封闭处遇进行了有效的衔接，促进了刑罚目的的合理性。假释为长刑犯提供了改过迁善的动力和积极服刑的动机，可以有效避免这些罪犯自暴自弃和无所作为。

　　加刑是在押罪犯在服刑期间又犯罪或发现余罪、漏罪，依法院判决予以变更刑罚的执法活动。根据《监狱法》第五十九条规定，对罪犯在服刑期间故意犯罪的，依法从重处罚。新罪、余罪、漏罪确定后，要将所判刑罚与正在执行的原判决依法合并执行。对死缓犯在死刑缓期执行期间又故意犯罪的，提请执行死刑；对无期徒刑尚未减刑时又犯新罪，则要将新罪所确定的刑罚与正在执行的无期徒刑合并重新执行无期徒刑；对有期徒刑在服刑期间所犯新罪被判处死刑、死刑缓期二年执行或无期徒刑的，则要执行死刑、死刑缓期二年执行、无期徒刑，有期徒刑罪犯所犯新罪被判处有期徒刑及其以下刑罚的，与正在执行的刑罚合并执行[1]。监狱对在押罪犯涉嫌狱内犯罪的依法进行狱内侦

---

[1] 关于办理减刑、假释案件具体应用法律若干问题的规定 [ER/OL]. https：//www.chinanews.com/fz/2012/02-23/369 1991.shtml.

查，发现有余罪、漏罪的移交公安机关侦破。

（二）刑罚变更管理的发展趋势

刑罚变更管理的发展必须顺应中国未来行刑的趋势，即以监禁刑为主逐步向监禁、半监禁和半开放式和社区矫正相结合的多元化行刑模式转变。刑罚变更管理总的趋势自然是，不断扩张监禁替代，大幅度地减少减刑比例，提高假释率，充分发挥假释应有的效应，规范减刑、假释、加刑、监外执行的程序，最终形成以假释为主、减刑为辅，满足罪犯更好地回归社会为导向的刑罚变更管理。

1. 扩张监禁替代。监禁替代是指以非监禁的惩罚和矫正措施来代替监狱的行刑，"自由刑因替代生命刑和身体刑而崛起，占据刑罚体系的中心达数个世纪，是近代刑法史上具有历史意义的进步"。❶ 随着文明的进步和刑罚的进化，自由刑也不可避免地被逐步替代。自19世纪末期，欧洲各国就开始了监禁刑替代探寻，1986年，欧洲理事会发表了以"监禁刑的替代措施"为题的报告。第六届联合国预防犯罪和罪犯待遇大会通过的第8号决议"建议成员国扩大使用监禁替代，确立新的监狱刑罚"，第七届联合国预防犯罪和罪犯待遇大会通过的第16号决议提出要"减少监狱人口、监禁替代措施和犯罪人社会整治"，第八届联合国预防犯罪和罪犯待遇大会上对非监禁刑给予了更多的关注，通过了《联合国非监禁措施最低限度标准规则》《非监禁制裁研究的原则和指南》。中国作为联合国成员国高度重视和实施监禁替代措施，缓刑、假释、罚金、管制、社区矫正等非监禁措施广泛实行，但是"国外比较流行的周末监禁、夜间监禁、家中监禁等替代刑措施在中国尚是空白"。❷ 因此，需要借鉴国外监禁替代的成功经验，结合中国国情，在进行严密制度设计和安全保护措施的情况下，进一步扩张监禁替代措施：一是改造安置帮教中心为过渡中转站。把其工作对象从原来的刑满释放、解除社区矫正人员，扩充为余刑不足三个月的在押罪犯，帮助他们逐步适应社区、社会生活，进行职业和就业帮助指导。对这些罪犯可以实行半监禁状态，实行严格的宵禁等。二是试行建立新生训练营。关押的对象可以设定为所判刑期半年以内和余刑不足半年的在押罪犯，实行军事化管理。其主要任务是接受严格的纪律、身体规训和公益劳动，任务完成较好者可以转到社区矫正机构再接受一段时间无警戒设备的管理。三是试行家中监禁。对于矫正需求得到满足、犯因性问题得以根除、人身危险性基本消解、剩余刑期很短、有固定居住地、直系亲属确实需要抚养赡养、生活功能缺损、患有慢性病又不具备保外就医条件的罪犯，试行在家中监禁，其活动范围仅限于以居住地为中心的固定范围内，不得外出。

2. 消长减刑、假释比例。针对减刑比例过大，假释比例太小的突出现象，大幅度地削减减刑比例，严格控制和量化减刑的条件，将减刑作为对假释的补充。削减减刑比例，可通过限定减刑群体来实现。在中国未来的刑事激励模式中，减刑不再成为激励罪犯矫正的主要刑事激励形式，减刑只在部分群体的罪犯中发生。部分群体主要是被判处死刑，缓期两年执行的罪犯，在考验期满后，如果没有故意犯罪，给予其刑罚

---

❶ 陈兴良. 刑法哲学 [M]. 北京：中国政法大学出版社，2000：476.
❷ 韩玉胜，等. 宽严相济刑事司法政策与监狱行刑改革研究 [M]. 北京：中国检察出版社，2010：287.

种类的变更，由死刑减为无期徒刑。被减为无期徒刑又满两年，减为有期徒刑。另一群体是无法通过假释的罪犯，又无酌定假释情形的，主要是法律规定的暴力犯，或有严重社会危害性的罪犯。除此之外的罪犯群体，不再适用减刑，一律适用假释。

3. 完善减刑假释程序。变革减刑假释启动方式，由现行单一的监狱行为，转变为监狱和罪犯申请启动。即除按照现行的监狱启动程序外，追加罪犯启动程序。即罪犯如果认为自身符合减刑假释的条件，监狱没有为自己呈报减刑意见，可直接向法院申请减刑。任何一方启动减刑假释程序，均需将申请意见送达人民检察院和被害人，接受检察院和被害人的审查，如果检察院和被害人签署了反对意见，可通知他们出庭应诉，实行对抗审理模式。在审理过程中，监狱应当由其代表以证人的身份出庭做证。在这种模式下，对减刑假释案件的办理和审理，检察院、被害人、罪犯能及时介入程序中，解决了减刑、假释的利益相关人缺位，法院进行减刑、假释裁判的信息来源和审核方式单一，检察院有时候监督滞后等程序缺陷。

4. 变更办理减刑假释案件的方式。长期以来法院对监狱呈报的减刑假释案件的审理一直采用书面审理的方式，尽管最高人民法院在 2012 年 1 月 17 日发布的《关于办理减刑、假释案件具体应用法律若干问题的规定》❶ 中，规定了书面审理和开庭审理相结合的方式，但实际上，应当开庭审理的案件只有六种情况，即①罪犯有重大立功表现提请减刑的；②提请减刑的起始时间、间隔时间和减刑幅度不符合一般规定的；③在社会上造成重大影响或社会关注度高的；④公示期间收到投诉的；⑤人民检察院有异议的；⑥人民法院认为有开庭审理的必要的。这六种情况在减刑假释案件中发生的概率极小，从统计学意义上看几乎没有意义，可以忽略不计。在实际工作中，办理罪犯减刑、假释案件的常态依然还是书面审理的方式。"采用书面审理的方式，存在不公开、不透明、不规范的现象。"❷ 这是滋生腐败的温床，是媒体围观聚焦的标靶，办理罪犯减刑、假释案件的不公开、不透明、不规范的书面审理的方式应予以改变。

第二节 狱政管理

狱政管理是监狱管理最主要的日常体现，是监狱方针、政策和法律的具象承载。在监狱日常管理中最具操作性，处于核心地位，涵盖罪犯改造的所有过程和一切方面，内容十分庞杂烦琐。

一、狱政管理概览

狱政管理，是指监狱管理机关在依法执行刑罚过程中，对罪犯实施惩罚和改造过程中进行的司法行政管理工作。狱政管理是监狱管理体系中与刑罚执行相关的行政事务管理，一般具体表现为：安全防范管理、罪犯分类、等级处遇管理、罪犯的考核奖惩管理、狱内侦查管理、狱情监测与研判管理、应急处置管理、通信会见管理、生活卫生管

---

❶ 最高人民法院于 2012 年 1 月 17 日发布，于 2012 年 7 月 1 日执行，2016 年 12 月公布的《关于办理减刑、假释案件具体应用法律若干问题的规定》未就此作出规定。

❷ 司法部监狱管理局. 监狱系统学习新法辅导读本 [M]. 北京：法律出版社，2012：124.

理等。它对于监狱在计划、组织、协调、控制和监督等一系列行刑行政事务具有重要的规范作用。狱政管理的基本任务是，保证准确有效地执行刑罚；维护监管改造秩序，确保监狱安全；对罪犯进行矫正和改造。

狱政管理具有管理和司法双重属性。作为狱内行政事务规范化的狱政管理，一方面具有行政管理的基本属性，需要运用组织、协调、控制和计划等管理手段对管理对象进行规制；另一方面又具有司法属性，它也是广义刑罚执行过程中的一项执法活动，是一项融合了司法职能和管理职能的特殊监狱管理形式。

狱政管理具有很强的内容综合性和矫正直接性。一方面，狱政管理包含了多层次和多方面的监狱行政事务工作，涵盖了极为广阔的工作领域。它几乎涵盖了监狱管理的全部方面、所有过程和所有罪犯，这种内容的综合性主要与行政事务的繁杂性有关。狱政管理规制的内容是狱内行政事务，而行政事务往往涉及从决策到执行的烦琐过程和具体规则，因此狱政管理必然涉及广泛的行政事项。而且行政事务的处理要求具备时效性和程序性，这更决定了狱政管理内容的综合性。另一方面，狱政管理对于罪犯矫正具有直接的效用。这既与狱政管理涉及罪犯生活空间范围的广泛有关，也是狱政管理纳入许多符合罪犯矫正需要的管理措施的结果。

二、狱政管理发展趋势

（一）完善分类管理

完善监狱分类。实行监狱分类，建立不同等级和不同类型的监狱，是监狱发展的必然趋势。监狱分类是罪犯分类的前提条件和重要依托。目前中国监狱分类不能满足罪犯科学分类的要求。尽管近年来进行了监狱布局调整，但仅仅从地域、位置、经济、形态、建筑等表层考量，没有或很少有从监狱的功能、价值、罪犯分类需要、矫正需要等方面考虑。在监狱布局调整的基础上，进一步对监狱进行分类，构建起罪犯分类的依托和条件。一是以罪犯的危险程度为标准。将监狱分为高度戒备监狱、中度戒备监狱和低度戒备监狱三种。各个戒备监狱在建筑形态、防范设施、设备、关押规模、警力配置等均要体现不同的差异。应当以戒备等级这一核心要素，结合监狱个体差异，将高、中、低度戒备监狱等进一步细分，体现分类精细化。二是以罪犯的主观恶性为标准，增设过失犯监狱和累犯监狱。在对这两类罪犯进行的管理、教育的方向、着力点、资源配置，也应该有一定的差异，完全混在一起关押，不仅浪费有限的行刑资源，而且会有交叉感染，对过失犯带来不良的影响。三是以罪犯精神和躯体状况为标准，增设精神病犯监狱、传染病犯监狱、老弱残犯监狱、物质依赖犯（主要有吸毒犯、酒精依赖犯）监狱。四是在各种类型的监狱内部设置不同戒备等级、不同功能区分的监区，在监狱内部实行分类关押，动态流转。

设立罪犯收押分流中心。统一分管新入监罪犯的分流工作，对罪犯的分类由具备教育学、心理学、社会学、医学、管理学等专业的人员组成。负责对新入监罪犯的调查、测试、评估、鉴定，提出分流意见。监内成立罪犯分类管理领导实施小组，对分流中心投送的罪犯，在进行一定时期内入监教育后，进行分类管理，由监狱分管监管安全和教育改造的领导、机关职能科室、入监监区的教导员组成。

完善罪犯分类管理的配套。罪犯分类的配套，大致可分为分类标准、评估工具、专业人员、体系模式几个方面。分类标准是对罪犯进行分类管理最基础、最根本的要素，可设计心理认知行为量表、人身危险性量表、高危行为倾向评估量表、刑罚体验量表、重新犯罪预测量表等，为罪犯科学分类提供测量评估工具。对罪犯的分类管理仅仅具有标准工具还远远不够，还需要有一定专业水准的人员，比如可配备医生、精神病学家、心理学家、犯罪学家等，组成罪犯分类委员会。

（二）规范考核奖惩管理

建立规范科学的考核内容和评估体系，转变当下普遍重视劳动分，轻思想改造分的现状。对现行的罪犯计分考核细则进行修订，对2004年颁行的《监狱服刑人员行为规范》进行细化、量化、具体化，以思想转变、犯因性问题矫正、守法目标的实现程度为重点考核内容。建立罪犯思想矫正考核管理，将罪犯改造质量评估与罪犯计分考核有机结合。构建起量化罪犯思想考评的体系，具体为：一是增加并细化与悔罪、赎罪、悔改相关的附加刑执行情况以及对被害人忏悔、修复关系等内容；二是细化并考察罪犯的自我犯因分析、改造、矫正目标、矫正计划、矫正项目执行；三是细化考察罪犯接受法制教育课时、作业完成、心得撰写、考试成绩、遵守监规、规则意识养成等；四是细化并考察与生活、人际适应、环境适应相关的语言交际、人际协调、公益利他、不良习惯、自我管理、个人卫生等；五是细化并考察参与监狱各种教育改造活动的情况，如协助民警化解矛盾，对文体活动、教育活动、矫正活动积极协助等。

1. 制定科学处遇升降标准。突破以服刑长短、余刑多少为主要标准的升降模式，构建起以"守法公民"为目标导向，以现实行为表现、悔罪赎罪意识、思想改造程度、犯因性问题矫正程度为标准的升降模式。把上述项目进行细化、量化、具体化，糅合到计分考核细则中，以分值作为升降的标准。

2. 试行开放式处遇。对达到最高级别的处遇罪犯，借鉴国外开放式处遇形式。劳动释放制。接受这种处遇的罪犯，白天到监狱外的劳动场所与社会上的工人共同劳动，晚上下班回监狱报到，被允许劳动释放的罪犯，一般享受较多的自由。学习释放制。接受这种处遇的罪犯，白天去监狱外面的学校读书，晚上回到监狱。归假制。给予享受这种处遇的罪犯一定的假期，让其回家度假。周末拘禁制。享受这种处遇的罪犯周末在监狱服刑，其余时间在社会上工作。主要针对刑期短、犯罪性质情节轻微，没有重新犯罪可能的罪犯，只要求周末在监狱服刑，其余时间仍留在家庭和社会上生活，与社会和家庭保持正常的联系。

3. 充实狱内处遇罪犯的内容。需要不断充实处遇的内容：一是行为管束上，享受不同处遇的罪犯予以区别对待，如享受参与文体活动，自由支配工余后的时间等。二是生活待遇上，除认定的有危险或有威胁的物品不能消费外，处遇宽管级的罪犯均可以消费，提高生活待遇。三是社会沟通上，在通信、会见、亲情电话、亲情共餐等方面给予不同的区分。四是在娱乐活动上，对不同等级的罪犯在参与各种文体活动、享受各种环境资源等方面给予区别。

（三）强化应急处突管理

"监狱既是国家的暴力机关，也是刑罚执行机关，承担着惩罚与改造罪犯的双重任务。"❶ 由于目前中国关押罪犯采取集中关押的方式，具有小空间、大容量的特质，罪犯之间通过各种渠道进行信息交流，"极易形成小范围内的'舆论风暴''信息交流中心'与暴力犯罪的潜在场所"❷，各种紧急突发事件可能随时随地爆发，不确定性和突发性的特征十分显著。目前与监狱应急处突管理直接相关的理论主要有两个代表，一是谢伍德·齐默尔曼和兰迪·马丁的环境条件论，认为监狱的环境是造成监狱安全风险的主要原因；二是犯罪学家弗农·福克斯提出的定时炸弹理论。该理论认为，监狱安全风险不是无故产生的，而是由监狱一些预先存在的条件引发的自发性事件。❸ 综合这两种理论，结合中国监狱实情和现有的条件，对监狱应急处突管理的一般策略有以下几项。

深化狱内侦查，为应急处突管理夯实基础。传统的狱内侦查手段主要有布建耳目、开展犯情排查、落实狱情分析、侦破狱内案件、档案信息管理等，这些狱内侦查手段对确保监管安全、维系稳定的监管秩序、发现异常狱情犯情起到了不可替代的作用。在信息技术广泛深入运用的当下，为狱内侦查提供了便捷实用的技术手段，狱内侦查工作可以充分利用和有效整合信息技术资源，把狱内侦查工作融入管教信息平台、教育矫正信息系统、罪犯评估系统、生活卫生信息系统内，及时抓取异动信息；进一步升级各信息系统，由原来的搜寻抓取升级为自动报警预警提示。

突出应急指挥，为应急处突搭建组织保障。目前，各省监狱管理局和各监狱均设置了应急指挥中心，这是应急处突管理有力的组织保障，要进一步突出应急指挥职能。由行政首长直接负责，制定应急处突制度、设计应急处突预案、进行应急指挥管理和指挥。在应急指挥中心内部成立具体办事小组，作为执行应急处突管理的常设机构，主要职责是草拟应急处突预案，组织应急处突演练，预案执行协调同，与武警、公安机关等社会组织协同，信息归集和发布，实操实战准备，实战组织协调，实战绩效评估，应急处突善后等。

编制演练预案，为应急处突做好临战准备。应急处突管理预案一般应包括如下几项：①信息收集系统。进行多元化信息收集网络布局，确保预警信息真实、准确、及时、全面，以弥补狱情分析、隐患排查的滞后性和片面性。②预警信息分析系统。根据预警信息的分析结果，将应急处突状态划分为绿色预警，即正常状态防范状态。黄色预警，即注意状态，存在突发事件的潜在状态。橙色预警，即紧张状态，突发事件一触即发。红色预警，即紧急状态，突发事件正在发生或已经发生。根据不同状态，启动不同级别的应急处突响应。③处置系统。处置系统是应急处突管理预案的核心，包括应急处突人员分工集结、事发周边警戒、处置控制措施、罪犯现场管控、警械武器配置、医疗抢救物品配送、交通通信工具供给、对外舆论管控、现场保护取证等。每一项具体工作均应规范人员、时间、地点、路线、措施、要求、信息传递、效果反馈等。

---

❶ 孙斌. 监狱突发事件应急管理实务 [M]. 北京：气象出版社，2008：8.
❷ 季丽春. 监狱突发事件应急管理存在的问题及对策 [D]. 哈尔滨：黑龙江大学，2015 (74).
❸ 孙斌. 监狱突发事件应急管理实务 [M]. 北京：气象出版社，2008：11.

加强处突联动，为应急处突争取外援。增强监狱、武警、公安三方面的应急处突联动，积极协调省政府应急管理部门，把监狱纳入地方政府应急管理体系，将监狱单位纳入地方暴力恐怖袭击的重点防控目标之中，将监狱的应急处突预案纳入地方反暴恐总体预案中，并开展针对性的联动反暴恐演练。

第三节 教育矫正管理

矫正是监狱存在价值所在。对罪犯实施有效的矫正是刑法执行的一个重要内容，更是实现刑罚目的的基本路径。教育矫正是刑务管理的重要内容，联合国经济与社会理事会在1990年5月24日会议通过的关于监狱教育的新决议中指出，监狱应该提供对预防犯罪、犯人重新社会化和减少累犯有显著作用的各类教育。[1] 中国《监狱法》第三条规定："监狱对罪犯实行惩罚和改造相结合、教育和劳动相结合的原则，将罪犯改造成为守法公民。"并在第五章和第六章分别就成年罪犯和未成年罪犯的教育进行了法律规定。"国际社会普遍认为，罪犯矫正教育具有综合性，包括文化教育，职业技能教育，生活技能教育，社会教育，宗教教诲，当然也应该包括心理矫治等。"[2] 要实现监狱的根本宗旨，执行监狱法的有关规定，落实法律规定的教育内容，实现监狱法的根本目标，必须有科学合理管理安排和设计。并在实践中严格执行。

一、现行罪犯教育矫正管理概览

《监狱法》第五章专门对罪犯的教育改造进行了规定，特别要求把罪犯的文化和技术教育列入所在地区的教育规划，并由教育和劳动部门发证。监狱法第六章规定了对未成年犯的教育改造。司法部于1995年联合国家教委（1998年更名为"教育部"，后文不再一一注出）和劳动部（1998年组建为"劳动和社会保障部"，2008年被撤销。后文不再一一注出）联合出台《关于进一步加强对罪犯的文化职业教育和技能培训的通知》，于2003年出台《监狱教育改造工作规定》，2007年出台《教育改造罪犯纲要》，对监狱法的教育改造规定进行了细化，规定了教育改造的种类、形式、保障、考核等。如对罪犯的教育包括入监教育、思想教育、文化教育、技术教育、心理矫治、个别教育、出监教育、监区文化、教育信息化、社会帮教等方面。

各监所围绕监狱法和司法部的《教育改造罪犯纲要》先后出台规范性文件、设计安排系列教育改造管理。主要内容有：入监教育管理，出监教育管理，文化教育管理，职业、技术培训管理，讲评教育管理，法治教育，道德教育，形势前途教育，监区文化建设管理，个别教育管理，心理矫治管理，对罪犯教育矫正的考核奖惩管理等。

二、教育矫正管理发展趋势

对罪犯进行教育矫正是监狱存在的价值，教育改造成效好坏直接影响法定的"守法公民"的终极目标的实现。教育改造管理的改进、发展和完善直接与罪犯教育改造的成

---

[1] 吴宗宪. 当代西方监狱学 [M]. 北京：法律出版社，2005：654.
[2] 王志亮. 外国刑罚执行制度研究 [M]. 桂林：广西师范大学出版社，2009：312.

效高度相关。

1. 重构教育内容，引入多元主体参与。教育内容的复杂性、专业性和长期性，以及监狱资源的有限性、民警的局限性和专业的不匹配性等诸多因素，决定了对罪犯教育改造的主体不能仅仅限定为监狱民警，必须进一步拓展对罪犯的教育主体，分解教育改造的内容。尽管监狱法规定了对罪犯的职业技术教育和文化教育应该纳入监狱所在地教育规划之中去，实际上这对监狱所在地的教育管理部门几乎没有任何约束力，无法得到贯彻落实。中国《宪法》第四十六条规定："中华人民共和国公民有受教育的权利和义务。"第十九条第二款规定，国家普及初等义务教育，发展中等教育、职业教育和高等教育。《中华人民共和国义务教育法》第二条第二款规定的义务教育是囊括了所有适龄儿童和少年，是国家必须保障的公益性事业。基于宪法和义务教育法的立法精神，基于监狱的现实，基于政府教育管理部门的职责、义务、有效的资源，对罪犯的文化教育、职业教育和技术教育，应交由监狱所在地的教育管理部门负责。应包括罪犯法制教育、道德教育、思想教育、心理健康教育、悔罪赎罪意识教育、不良习惯矫正、良好行为习惯养成教育，犯罪心理矫正教育、犯因性项目教育、对罪犯进行服刑指导，回归社会适应性教育、服刑生涯规划等。

2. 强力推进教育矫正模式，以时间保质量。现实的监狱实际工作中，挤压、侵占、抵消教育改造的时间已经司空见惯，教育改造的业余化现实，已经使有些监狱的形象异化，监狱的价值、功能和存在理由受到质疑和诟病，这都迫使对教育管理进行改进。首先，监狱管理机关要改变对监狱政绩考核奖惩的导向，改变监狱长、监狱民警晋升、奖惩的标准、机制。重构对监狱和监狱管理者的激励约束机制，彻底消除追求利益冲动、政绩冲动的背后推手。其次，重新定位三大改造手段的地位，突出教育改造手段的主导、决定作用。劳动改造的功能和作用被无限地夸大扩张，形成无意识的劳动崇拜，劳动的时间占据了可支配时间的绝大部分，罪犯劳动吞噬了大量的警力、精力和各种资源，罪犯劳动现场成为管教罪犯的最主要的战场。在监狱内安全是天，已经成为不少民警的集体无意识，基于安全的防御反应，成为监狱民警的思维和行为自动化反应。这既是与之相对应的狱政管理不断强化的结果，同时也不断强化了狱政管理。而教育改造则不同，"说起来重要，干起来次要，忙起来不要"的现象客观存在。要改变现行的这种状况，使教育改造成为监狱的中心工作。最后，转变全日制劳动作业的服刑模式，强力推行罪犯劳动时间和教育改造时间拼块运行的模块，即对罪犯时间进行明确的分配，如司法部强力推行的"5+1+1"模式；也可以是每天有效工作日进行科学分配，"上午劳动，下午学习，晚上娱乐"；还可以强制规定一周必须用于教育改造的时间。

3. 重点进行服刑指导，突出服刑生涯教育。为有效克服教育内容形式化的缺陷，就需要重构罪犯教育的内容和载体。笔者认为，把国家和法律规定的对罪犯教育内容重新进行组合和分配，以服刑生涯指导教育为有效载体，融入罪犯服刑的每一个过程，可以扭转教育内容形式化的倾向。现有罪犯第一次入监服刑，一般会面临许多未知、不能确定、不可控制的各种因素，对环境、对政策、对规章管理、对同犯、对民警、对劳动技术、对既往的社会关系和亲情关系等，无所适从，困惑恐慌。罪犯刑满前，也会面临诸多的未知、不确定、不可控制的因素，心理、情绪、行为会有更多的不适应。所有这些，都需要监狱及时给予帮助、指导，尽管在入监教育和出监教育中，有这方面的规范和要求，但远远不能满足罪犯的需要，有些内容和要求与现实相去甚远，没有可行性和操作性。所以，将来教育管理的发展和改进，必然要把对罪犯的服刑指导作为重点和主要方向，一个重要的途径是对罪犯进行服刑生涯设计、调整、跟进、执行的教育引导和规范。

服刑生涯即罪犯从入监服刑到刑满释放的整个周期，由每个改造环节或活动组成的整个过程。对罪犯服刑生涯设计、调整、跟进、执行的教育引导和规范是指围绕"守法公民"的法定目标和促进罪犯个人成长的发展目标，系统地确定教育、管理、劳动、生活等各个方面的任务和矫正项目，安排不同的进度，根据任务、矫正项目和改造进度的需要，组织、整合监狱内外资源，确保罪犯在服刑周期内，完成或提前完成改造任务和项目，达成服刑生涯设定的目标。其一般步骤大致如下：一是对罪犯进行调查评估。通过各种技术和方法对罪犯的个性、情绪、行为、认知等心理因素，对躯体生理因素，对人际交往、社会支持、工作经历等社会因素进行全面的评估；对罪犯犯因性问题及形成的原因进行科学的认定和研判；对罪犯有利于改造和个人成长的各种正面的、积极的、建设性的因素进行总结归纳。二是设定目标。"守法公民"的法定目标是罪犯服刑生涯的必备目标，此目标一般由阶段性目标、各个具体目标支撑。三是确定任务和矫正项目。围绕目标，根据对罪犯的分析和认识，把罪犯刑期分成若干阶段，设定每个阶段需要完成的任务和矫正项目。四是整合资源。根据任务和矫正项目所需要的教育、管理、时间、空间、岗位、人员、经费等，进行分类、分流，确定分管民警，选择管理、矫正的技术、方案，社会帮教等。五是进度的控制、跟进、调整和规范。在实际教育矫正过程中，会不断发现新的问题，如改造任务超出最初的设计，要么特别容易完成，要么很难完成或无法完成，矫正项目与罪犯不匹配，或负责矫正项目的分管民警不擅长，或任务和矫正项目在实践中偏离了最初设定的目标等，对此进行必要的调整、跟进和规范。六是强化和激励。对罪犯在阶段时间内，能完成改造任务和矫正项目，达到阶段性目标，及时给予奖励激励，使获得的校正教育效果得到有效强化。七是效果评估。阶段性目标完成，或一定刑期即将结束，需要对罪犯的矫正效果进行评估和鉴定，最主要的是看设定的目标是否达到，犯因性问题是否得到解决，个性缺陷有无有效弥补，是否存在重新犯罪的可能，存在重新犯罪的概率怎样等。无论入监时对罪犯的认识评估，还是服刑生涯的最后鉴定，都需要标准化评估工具和科学的方法。

第四节　罪犯劳动管理

《监狱法》第六十九条规定："有劳动能力的罪犯，必须参加劳动。"第七十条规定："监狱根据罪犯的个人情况，合理组织劳动，使其矫正恶习，养成劳动习惯，学会生产技能，并为释放后就业创造条件。"监狱通过劳动手段矫正罪犯，不仅可以缓解罪犯因被限制自由而可能出现的身体健康问题，也可以在劳动中进一步改造罪犯思想、矫正罪犯恶习，还可以使罪犯切实掌握相应技能、获得谋生手段。罪犯劳动具有特殊性，为了实现改造罪犯的目的，监狱必须对罪犯劳动进行有目的、有组织的监控和协调。罪犯劳动管理就是监狱对罪犯劳动进行计划、组织、指挥、协调、控制等一系列管理的总和。

一、现行罪犯劳动管理概览

中国监狱以组织罪犯从事劳动活动作为改造其犯罪思想和行为恶习的一个基本手段，劳动是有劳动能力的罪犯的法定义务。劳动是服刑罪犯的基本活动内容，是实现重新社会化的主要方式和途径。为有效规范罪犯劳动，与之相应的现行罪犯劳动管理包括现行的罪犯劳动组织体系和罪犯劳动基础管理。

现行的罪犯劳动组织体系为三级管理模式，在省（市）监狱管理局设置刑务劳动作业处，负责对全省（市）监狱罪犯劳动项目的选择，劳动作业的政策、管理、规则的制定，负责对全省（市）各监狱罪犯劳动改造工作进行管理、指导、监督、考核评价。各监狱成立刑务劳动作业科和各作业单元，劳动作业科负责制定本监狱的管理、规则等，对本监狱各劳动作业单元进行组织协调、对罪犯劳动进行管理、指导、监督、考核评价。刑务劳动作业处（科）与教育改造处（科）、狱政管理处（科）平行并立，并与企业生产组织部门定期召开联席会议，强化日常协调，共同致力于罪犯劳动改造。监狱各作业单元在刑务劳动作业科的指导和指挥下，具体对罪犯劳动进行组织管理。

罪犯劳动基础管理涵盖较广泛，主要有：一是计划管理，包括长远计划、年度计划、作业计划。二是生产管理，主要是生产的组织和准备、生产计划的编制和生产的控制。三是劳动管理，主要是劳动生产的计划、劳动过程的组织管理、编制定员和劳动定额等。四是质量管理，要求所有直接或间接参与生产的人员和企业的各个部门，都要在产品生产的全过程中，积极投入产品的质量控制中。五是技术管理，包括技术开发、新产品开发、技术储备、人才储备、技术改造等。六是设备管理，主要是设备的选用、维护、维修和更新改造。七是物资管理，主要是对企业所需的原料、材料、燃料、设备等生产资料，进行有计划的采购、供应、保管、合理使用和综合利用等。八是财务管理，主要包括固定资金管理、流动资金管理、专用资金管理、财务收支管理、成本管理、销售收入和利用管理等。❶ 九是劳动保护和安全管理，包括规制安全生产和劳动保护管理机构、安全生产、劳动保护管理网络，严格落实安全生产责任制，完善安全生产责任追究制等方面的内容。

二、罪犯劳动管理的发展

罪犯劳动是一个古老而沉重的话题，也是一个理论性、现实性很强的难题。罪犯劳动管理直接与刑罚理念、社会经济体制相关，与监狱体制、机制相关。对这些宏观因素的把控和优化改革，需要政府高层的推动，我们需要关注的是罪犯劳动中的生产要素和矫正要素匹配、协调、优化。

1. 劳动项目选择公共产品。监狱劳动岗位承载了罪犯矫正的功能，也是为解决罪犯坐吃闲饭的一种选择；劳动力构成的复杂性和特殊性，罪犯作为主要的劳动者，素质

---

❶ 金鉴. 监狱学总论 [M]. 北京：法律出版社，1997：815.

低、流动性大、劣势选择，加上劳动的强制性和义务性，使罪犯劳动的积极性、创造性同社会企业不可同日而语；罪犯劳动运行成本的刚性，由于监狱企业的劳动力特殊性，追求目标的多元性，决定了监狱企业有较高的固定成本和管理费用。这些矛盾不能从根本上解决，罪犯劳动的变异和扭曲、功利性冲动就无法彻底杜绝。解决这一矛盾的关键在于，罪犯劳动项目的科学选择。即采取监狱产品政府采购管理。国务院曾经发过《国务院印发关于解决监狱企业困难的实施方案的通知》，提出了监狱企业转向政府"公共产品"生产的指导性意见。各级政府优先采购适合监狱生产的职业服装、政府办公用品、家具、政府文字材料、报刊、各类试卷的印刷、政府部门汽车维修、道路交通和市政工程用品等，纳入政府采购和订货的范围。这样的劳动项目选择也是国外监狱通行的做法，如英国监狱和青少年监狱中消费的食物中，四分之一的食物由2500名犯人在监狱局所属的31个农场中生产，美国大约有125个监狱为政府部门进行纺织、制衣、制鞋、木器制造等。

2. 罪犯劳动报酬规范合法。《监狱法》第七十二条规定："监狱对参加劳动的罪犯，应当按照有关规定给予报酬并执行国家有关劳动保护的规定。"给予罪犯劳动报酬不仅是罪犯的基本权益，更是对罪犯创造价值的认同和肯定，可以强化劳动改造的功能和手段。给予罪犯不同的劳动报酬是国际社会的通例，在澳大利亚、比利时、丹麦、德国、法国、加拿大、荷兰、日本、瑞士、美国等国家均有详细规范。[1] 对罪犯劳动报酬的规范，必须明确给予劳动报酬的范围、条件以及分配原则、分配办法，对劳动能力、劳动技术、技术等级的鉴定，劳动工种、岗位的设置和上岗、劳动报酬的处置等。通常，罪犯劳动报酬处置的模式是罪犯的零用钱，这是真正属于罪犯自己的钱；由监狱代为保管的用于罪犯刑满时的安家和就业费用；用于支付补偿被害人的费用；用于支助家庭有特别困难的罪犯。

3. 创设罪犯自愿劳动模式。法律规定凡是有劳动能力的罪犯必须参加劳动，这种强制性的背后隐含一个基本假设，即罪犯好逸恶劳、游手好闲，不愿参加劳动，而且认为这是导致违法犯罪的一个重要原因，或者直接原因。事实上，许多罪犯原来就是劳动者，只是由于种种原因，丧失了劳动岗位，没有挣钱的合法途径，在内外因素的综合作用下锒铛入狱。而且，只要引导得当，只要劳动模式合理，只要我们做了足够的工作，罪犯劳动并非一定要强制，其中创设罪犯自愿劳动模式是关键所在。

一是通过切实有效的教育，引导罪犯充分认识劳动的价值、意义，特别是与其自身的身体健康、人际互动、心理保健、环境适应、劳动报酬、获奖机会等切身利益相关的利弊得失，让罪犯深刻意识到劳动牵关自身的价值、尊严、健康、待遇、报酬、获奖，以及家庭对自身的期望等，从而有效地调动罪犯参与劳动的积极性、主动性。转变课堂说教灌输的教育形式，通过身边人、身边事、具体可感的图像、视频、故事等，让罪犯自身感受、领悟，从而获得认同和内化，切实全身心地投入劳动中去。

二是完善罪犯劳动的责任考核机制。责任考核至少分以下几个层次：其一，有劳动能力、愿意参加劳动，且有劳动岗位的罪犯；其二，没有劳动能力，也没有劳动岗位，

---

[1] 吴宗宪. 当代西方监狱学[M]. 北京：法律出版社，2005：768-772.

但愿意做力所能及的劳动的罪犯；其三，有劳动能力，愿意参加劳动，但没有竞争上劳动岗位的罪犯；其四，有劳动能力，不愿参加劳动，没有劳动岗位的罪犯；其五，有劳动能力，不愿参加劳动，但能完成其他改造任务和矫正项目的罪犯。监狱对不同类型的罪犯判定灵活、高效、区分明显的责任考核细则，达到或完成岗位要求质量、定额、纪律、机械、工具维护保养等相关要求，兑现报酬、奖金、积分、待遇等；不能达到岗位要求的，明确处罚措施和应负的责任。没有劳动岗位的罪犯，根据其他改造任务和矫正项目的完成情况，分别予以考核，兑现奖励处罚。监区的劳动岗位与监区罪犯数量不能一一对应，使小部分有能力、有愿意劳动的罪犯处于待岗状态中，保持适当、适度的竞争、紧张、压力状态，更能有效调动和激活罪犯自愿劳动的内在驱动力。

第六章 监狱关系

自从人类社会出现监狱，监狱关系自然而然地被赋予了实际意义。马克思主义认为，监狱是国家的"附属物"，是随国家的产生而产生的。[1] 监狱作为对囚犯的监禁场所，是阶级矛盾不可调和的产物，是国家机器的重要组成部分。监狱之所以能够实现对囚犯的监禁就是因为国家权力意志的推动。因此，马克思主义法学理论认为，监狱关系是国家法调整下的监狱和囚犯间的权利义务关系。但在西方国家，一些法学家却持不同观点，如奥地利法学家埃尔利希认为，无论现在和其他任何时候，法律发展的重心不在立法，不在法学，也不在司法的判决，而是在社会本身。监狱的产生是社会发展的结果。可以看出，埃尔利希对监狱关系的解读已经扩展到社会发展，即非国家法调整的范围。我们认为，监狱关系属于混合法律关系，是"一个由多重关系构成的统一体"，兼具刑事诉讼法律关系或行政法律关系，[2] 是"由监狱法调整的，在国家刑罚执行机关与罪犯之间，在执行刑罚和改造罪犯过程中所形成的权利义务关系"[3]。表现在：第一，主体复杂性。法律关系的参加者涉及监狱、囚犯以及其他国家部门，还包括社会团体、企事业单位、基层组织、囚犯亲属等。第二，客体复杂性。如狱政管理、监狱劳动、囚犯发明、心理矫治、社会帮教等。在刑罚执行过程中，其属于刑事法律关系；但在围绕罪犯改造所进行的一系列管理活动中，却具有行政法律关系的性质，具有行政的单方性、强制性和权利义务的统一性等特点。第三，内容复杂性。涉及监狱与囚犯的权利义务关系、监狱与公检法等权利义务关系等。第四，制定法复杂性。监狱法除了规定"刑法执行、罪犯改造及罪犯权利义务外，还用相当的篇幅规定了监狱的设置、建制、组织体系、罪犯奖惩等内容"。鉴于此，本章立足于监狱两大主体之间、监狱机关运行、外部支持系统的逻辑路径来阐述三个主要监狱关系，即警囚关系、警务关系、监社关系。

第一节 警囚关系

一、警囚关系的概念及特征

警囚关系的主体有两方：一方是监狱，另一方是服刑人。其他组织和个人，不能成

---

[1] 李金华，毛晓燕．中国监狱史［M］．北京：金城出版社，2003：36．
[2] 姜小川．略论监狱法律关系［J］．法学论坛，1997（7）：15．
[3] 邵明正．监狱学［M］．北京：法律出版社，1996：58．

为监狱法律关系的主体。[1] 因此，监狱与罪犯之间的关系，即警囚关系，是最基本的监狱关系。

监狱民警不是警囚关系的主体，理由基于以下三个方面：其一，监狱法律规范所赋予执法者的权利义务的对象是监狱机关而不是监狱民警个人。虽然监狱民警在实际工作中享有一定的权利，履行一定的义务，但这完全是监狱机关权利义务的体现，不代表监狱民警个人。监狱民警不能以个人名义做出任何监狱法律权利行为和义务行为。否则，不具有法律效力。其二，监狱机关的权利义务与每一个具体的监狱民警的权利义务是不能相等的。每一个监狱民警因工作分工不同，其权利义务也不一样，其只能在监狱机关赋予的职权范围内从事代表监狱机关的活动，而不能超越职权。因此，除监狱机关自身以外，任何个体，包括监狱民警均不具有监狱机关所具有的一切权利和义务。其三，监狱民警在执行职务时，既不能以公民的身份出现，又不属国家机关或企事业单位和其他社会组织，更不能等同于国家，因此，其自然不能成为监狱关系中的主体。

之所以将监狱与罪犯之间的关系表述为警囚关系，是因为监狱民警是国家惩罚和改造服刑人职能的直接执行者和具体履行者。如此表述，更为客观形象。因此，警囚关系是监狱与囚犯之间基于刑罚执行这一特殊活动所建立起来的法律关系，是社会人际交往与人际关系在监狱这个特殊环境中的表现形式。

警囚关系呈现出如下特征：一是权利义务内容的复杂性。警囚关系中权利义务内容涉及多个法律部门，且权利义务内容又在宪法基本规定框架内，有特殊的规定，既有单向性的权利、义务，又有双向性的体现。二是监狱民警主体角色的多面性。监狱民警承担着刑罚执行、安全警戒、劳动生产、教育矫治、生活卫生等多方面的管理者角色，角色不同，职责不同，在警囚关系中容易出现角色混同的现象。三是矛盾对立关系的变化性。警囚关系中主体之间绝非简单的矛盾对立、对抗关系，这是对警囚关系的泛政治化理解。在"以阶级斗争为纲"的年代，警囚关系曾因此被赋予浓厚的专政色彩，被定位为敌我关系，矛盾对立，关系紧张、对抗。随着监狱文明水平的提升，人们已经越来越清楚地认识到，警囚关系既有分歧、对抗、冲突的一面，也有合作、顺应、配合的一面，警囚主体之间亦可以通过良好的互动，趋向合作、和谐。

二、警囚关系的具体表现形式

一般意义上，警囚关系最基本层面的关系是监管与被监管、教育与被教育的关系。但实质上，警囚关系除此之外还有多重层面，具有复杂性：既有政治意义上的又有法律意义上的，既有基本意义上的又有从属意义上的，既有人本意义上的又有人权意义上的，既有生活意义上的又有生产意义上的。

改造与被改造的关系。在监狱工作实际中，民警对囚犯依法管理和依法行刑，对囚犯的犯罪思想和错误思想进行教育和矫治，在这个层面上民警始终处于主导位置；囚犯

---

[1] 王利杰，曹化霞. 监狱学基础理论［M］. 北京：法律出版社，2015：80.

服从管理和接受教育，处于被动位置。改造与被改造的关系是警囚之间的基本关系，民警所有的监管活动和教育活动都是基于这个基本关系而发生的。除此之外，警囚关系还会有相互间的配合关系，还会有学习上的互动关系，以及权利义务上的对等和相互制约关系等。尽管不是主导的、基本的，但毕竟在客观上是现实存在的，而且有时会影响警囚关系的基本层面。实践中，少数民警把改造与被改造这个基本关系作为警囚共处的全部思维指向，凡事居高临下，凡事都居于主导位置，往往会造成不应有的心理冲突以及狱内不稳定、不和谐的现象。

合作与配合的关系。比如劳动改造中的警囚关系，一方面有着监管与被监管的成分，另一方面却有着相互配合的成分。劳动力的合理调配、技术难题的处理和解决、节能降耗、班组成本核算等方面，多包含着合作与配合的因素。社会化生产的基本属性，无一例外体现在劳动改造过程的警囚关系中。又比如，在囚犯文艺活动的排练中，囚犯的文艺特长有可能让民警去配合罪犯，在舞姿、灯光、音律、音响等方面接纳罪犯的意见。

相互教育和学习的关系。囚犯因激情犯罪、酗酒犯罪、过失犯罪、交通肇事犯罪、家庭矛盾犯罪等多种因素所导致的犯罪现象，在囚犯群体中有相当的比例。部分囚犯基本的道德情操和观念符合社会化标准，甚至有的处事生活方式、知识专业程度、心理健康程度高于民警，这是需要民警去学习和借鉴的。但对于囚犯行为的谴责和犯罪思想的改造，监狱民警必须树立旗帜鲜明的政治立场，应当具有教育的强制性和感化性。

相互制约的关系。民警与罪犯在政治地位上是不平等的，但在法律面前应当是平等的关系。民警对罪犯实施监管，是依法监管而不是任其所为，因此，警囚关系在法律意义上应同样视为监狱法律关系的主体，有着对等的权利和义务。如果只是把民警看作制约者，把囚犯看作被制约者，这种观点显然是错误的。比如民警收受贿赂、打骂体罚虐待囚犯、侵占囚犯合法财产等，显然都是违法违纪行为，囚犯均有权检举和控告。因此，从这个层面上讲，警囚之间是互相制约的关系。

三、构建良性互动的警囚关系的意义及条件

监狱是维护社会正义的最后一道屏障，监狱的发展反映了社会发展的程度，社会发展又会促进监狱的发展，监狱和社会是种互动关系。作为监狱的两大刑事法律关系主体：执法者（民警）与被执法者（囚犯）同样是一种互动关系。

（一）意义

刑罚的目的决定了警囚关系是良性互动的。社会主义监狱的性质和任务决定了监狱执行刑罚的目的，不是单纯地为了惩罚而惩罚，也不是为了对犯罪者实行报复，而是通过教育改造、惩罚管理等一系列有效的措施，使罪犯能够成为自食其力的守法公民和对社会有用的劳动者，要达到这个目的，就需要监狱的两大刑事法律关系的主体建立良性互动的警囚关系。

建立良性互动的警囚关系是中国刑罚制度变革的需要。中国目前仍处于以自由刑为中心的时代，犯罪者80%以上由"自由刑"加以处置。在中国现代社会转型影响下，刑

罚制度变革，无论是倡议"废止死刑"，还是主张推行"社会矫正"等，皆可视为企图缓解刑罚关系的"紧张"。而建立良性互动警囚关系正是在具体刑罚执行过程中缓解这种"紧张"的一个缩影。

建立良性互动的警囚关系是"宽严相济"刑事政策的需要。对宽严相济刑事政策最简单、最朴素的理解就是刑事措施既要有"宽"，又要有"严"，而且两者之间必须"相济"。但是不同的时代，基于不同的时代背景和价值理念，对于如何"宽"，如何"严"，宽严之间如何"相济"其实有着不同，甚至是截然相反的理解。在构建和谐社会和社会主义法治理念的价值取向下，最大限度地增加社会和谐因素，最大限度地减少社会不和谐因素，最大限度地缓解社会冲突，最大限度地防止社会对立，建立警囚之间的良性互动关系就很有必要。

良性互动的警囚关系是保障罪犯人权的需要。保障囚犯权利是监狱工作法治化的基本要求之一。中国在人权保障方面做了大量的工作，罪犯人权状况近年来有了很大改善。但由于各方面（法律、政策）的原因，特别是由于囚犯特殊的地位，囚犯的很多权利又不可能完全实现。因此，监狱民警要通过自身的执法素质、人格魅力，与囚犯建立一种良好互动关系，是保障囚犯人权有益和必要的保证。

建立良性互动警囚关系是构建和谐监狱、打造平安监狱的需要。建立社会主义和谐社会，应该是民主法治，公平正义，诚信友爱，充满活力，安定有序，人与自然和谐相处的社会。监狱对囚犯的惩罚本身也就是构建和谐社会的一个方面，而打造平安监狱要求必须建立良性互动警囚关系，调动监狱刑罚主体双方的积极性。

（二）条件

行刑理念。刑罚对囚犯惩罚的唯一后果是剥夺囚犯的自由，这一行刑理念是保障囚犯享有其他未被剥夺的概念上的权利，这也是建立良性互动警囚关系的行刑基础。

1. 民警条件。建立良性互动的警囚关系一个重要条件：民警要有较高的执法理念、执法知识、执法素养、执法艺术。正确的执法理念指引民警正确执法方向；丰富的执法知识让民警更精准、熟练地执法；厚重的执法素养让民警赢得囚犯的尊重；高超的执法艺术让民警在执法工作中驾轻就熟、游刃有余。

2. 罪犯条件。囚犯作为警囚关系的另一主体，其个体特点及其配合程度直接决定建立良性互动的警囚关系的成败。

3. 法律条件。时代的迅猛发展注定了法律制定程序上的滞后性。《监狱法》颁布多年，已经严重落后监狱执法工作实践，加之无具体操作细则，法律法规的缺失制约着监狱工作的开展。同时要制定相应的政策和规章制度，这是建立良性互动的警囚关系有益的、必要的补充。

4. 亲情及社会帮教条件。服刑期间，囚犯心理需求尤其是对亲情的需求极大，这就要求监狱做好罪犯亲情和社会帮教工作，这也是建立良性互动的警囚关系的条件之一。

第二节 警务关系

一、警务关系的概念与内涵

监狱警务,从广义上讲,但凡与监狱工作中民警履职相关的事务都属于"监狱警务";从狭义上讲:一是指与监狱工作有关的民警执法、改造等事务,二是指民警机构编制、人员调配、奖惩、警衔、警用装备、警容风纪、档案、工资等的专门事务管理。本文所述的警务关系应是广义的而非狭义的,是指监狱及监狱民警依照法定的权利和程序适用法律、执行法律活动过程中所产生的法律关系,是监狱机关为了更好履行国家刑罚执行职能而加强内部体系运行的表现形式。

现代监狱警务是伴随着现代监狱建设的产物,与现代警务的产生、演进和发展密切相关。以安全矫正为导向、以有效服务为目的、以基层监区为阵地、以高效运行为标志是现代监狱警务的基本属性。实战化、主动性、效能化、专业化是现代监狱警务的特征。监狱警务关系应当从以下方面理解其内涵。第一,监狱警务适用的法律法规主要有《监狱法》《人民警察法》《刑事诉讼法》等法律、法规的执法活动。第二,监狱警务贯穿监狱民警工作的全部,其运转执法根本目的在于依法惩罚和改造罪犯,通过多种手段有效矫正罪犯。第三,监狱警务作为一种活动,是向前发展变化的。原来的"粗放式"警务模式已经不能适应现代监狱工作的要求,"警务前置、主动警务、信息警务"成了此种变化的标志。

二、警务关系的分类

(一)基础警务

基础警务是指根据监狱基础工作,将其分为羁押监管、刑罚执行、教育改造、罪犯管理、监狱建设与管理、监狱形象维护等类型,每一类型安排专业技术对口的监狱民警负责或工作,做到专岗专任,专人专职。基础警务主要包括民警岗位与职能划分、警察分类以及培训培养。

民警岗位与职能划分。科学管理和准确执法要求监狱建立警务标准化管理模式。即监狱的每一项工作都有详细的标准,每一个岗位都有具体职责和任务,每一个流程都有运转的规则和规律。执法与管理标准化是监狱建设的发展重点和方向。它包括对监狱民警内务、人事管理、办公秩序以及囚犯的权利、义务,囚犯劳动时间、劳动强度,保外就医、监外执行、减刑、假释、请假、生活卫生等方面建立标准化的质量管理体系,统一执法与管理的程序及运作,实施标准化的考核管理。标准化的前提和基础是民警岗位的科学划分。即按照监狱管理和执法的不同任务需要,将监狱整体工作详细划分为囚犯羁押、刑罚执行、教育矫治、囚犯生活管理、监狱建设管理、监狱民警管理、监狱后勤保障等类别,每一类别再作详细的岗位分类,逐一列出具体岗位名称和职能。

警察分类。监狱民警是一种专业性很强、技能要求很高的特殊职业。岗位的专业性要求监狱警察必须有法律专业知识、监狱管理专业知识、教育学专业知识、心理学专业知识、经济管理专业等知识，以及对罪犯实施管理的技能、刑罚执行的技能、教育改造的技能、心理矫治的技能、组织罪犯劳动生产的技能等。但要求每一个民警同时具有上述技能是不科学的。学有专长，事有专业才是科学的态度。必须按照监狱岗位划分的要求，结合监狱民警的专业技能，将民警因才使用，分类管理，才能做到人尽其才。这样形成专家治狱的局面，保障在复杂多变的狱情下监狱工作的顺利开展。

培训培养。要坚持多元激励，在依法严格管理的基础上，更多地关心监狱民警的个性需求，让其得到对职业生涯更有帮助的培训机会，轮换到更有前景或是更具有挑战性岗位上的机会，获得工作的新鲜感和挑战性，帮助其实现个人的人生价值。要坚持工作创新，根据不同人员的不同经历、技能和职业追求，不断调整监狱民警的工作内容和范围，使其拥有更大的决定权，承担更大的责任。要控制成长风险，建立监狱民警成长保护机制，帮助监狱民警规避违法违纪风险，保障监狱民警执法安全。

（二）危机警务

在经济社会快速发展时期，社会公众的安全需求以及对安全的敏感性急剧上升，监狱即处在社会公众安全需求的范畴之中，且监狱处置危机的熟练程度还不是很高，监狱危机很容易引起社会轰动，给监狱管理带来负面影响。因而，危机警务在现代监狱警务关系中越发重要，主要是指监狱在处理狱内公共危机过程中所采取的措施，涵盖事先、预备、事发、事后警务四个阶段。

危机警务主要包括编制危机处置预案，设立应急处置组织体系，完善应急运行机制，建立应急保障规制，明确应急监督管理。

编制危机处置预案。其主要包括编制目的、编制依据、工作原则、适用范围和事件分类分级等预案统筹部分。编制目的在于提高监狱保障监管安全秩序和处置危机事件的能力，最大限度地减少危机事件的发生，降低危机损害，维护监狱安全稳定，促进社会和谐；危机处置必须立足实战需要，坚持以人为本，减少危害的总体原则。从本质上说，监狱是社会职能机构，其根本职责是进行社会管理。因而，监狱需要应对的是全方位的危机事件。

设立应急处置组织体系。明确各职能部门和部门负责人的职能和作用是监狱应急处置取得成功的关键。省级监狱管理局、基层监狱均应建立监狱应急处置领导机构，由行政首长负责。职能是制定制度和预案、应急管理和指挥；设立办事机构，负责应急信息管理、预案训练、社会协调、预案执行协调、实战准备、实战组织协调、信息发布、实战绩效评价、善后处置等；设立专家组。根据实战需要，聘请各类专家，成立相应的应急处置专家小组。其职能是提供应急处置决策咨询和工作建议，实战时参加应急处置的技术援助工作。

完善应急运行机制。应急运行机制是指对危机事件的预测预警、应急处置、秩序恢复等程序进行组织和执行的方式方法。预测预警，即针对可能发生的危机事件进行风险分析，提出预先警报，防患于未然。应急处置，指当危机事件发生时，根据类别和级别，紧急启动相应的应急处置预案，包括信息报告、先期处置、应急响应和指挥协调。秩序恢复，是指对被危机事件破坏的监管秩序进行恢复与重建，包括危机处置的绩效评估、危机事件的善后处理、危机结束的信息发布等事项。

建立应急保障规制。保障到位是监狱危机处置及时、有序进行的基本条件。主要包括人力资源保障、物力资源保障和科技资源保障。其中：在人力资源保障上，监狱必须有足够的应急常备警力，保障随时待命出发。同时，监狱要与社会力量做好相应的协调，保障危机发生时能够在短时间内聚齐足够的储备人力参加应急工作；省级监狱管理局、基层监狱均应单独设立危机处置应急专项资金，建立危机处置应急专用物资储备；必须不断引进和更新安全监测、预警、预防和应急处置技术、装备，联网公安、交通、信息通信部门，建立应急技术信息平台，提高危机预警和处置时效。

明确应急监督管理。明确预案执行责任，提高预案质量和执行绩效。在不涉及机密的前提下，向社会公布应急预案。要加强与社会联动，建立健全监狱与社会的应急联防处突机制，并将联合演练经常化，极大地提高监狱预防和应对危机事件的能力。要建立健全责任体系，对危机应急处置实行行政领导负责制和责任追究制，对参加人员实行岗位责任制和指定责任负责制，严格履行责任过错追究。要坚持开展绩效评估，重点评估预案的合理性、执行预案的科学性、参与人员的责任性和实战成果，同时必须提出预案修改建议、预案执行缺陷分析以及实战奖惩建议。

（三）形象警务

形象警务也称合作警务，是指监狱作为社会组织，参与社会治理，以自身的行为、执法绩效影响社会公众，维护自身形象和社会秩序。形象警务主要包含警务开放、公共关系和媒体共建三个方面。

警务开放。既然监狱是社会性的，监狱民警的职业也是社会化的。职业社会化也就预示着监狱及监狱民警职业的社会公开性。实施警务开放是监狱社会角色和社会职能的要求。警务开放包括狱务公开、警务公开和监狱政务公开。开放式监狱是监狱发展的最终模式。在信息日益快捷的现代社会，封闭式的管理几乎不再存在，拒绝社会公众的参与只能给监狱带来诸多负面的影响。开放的监狱是文明、进步的标志，也是监狱自身发展的动力。警务开放的基本思路是：在现行法律框架内，向社会公众公开监狱执法与管理的事项、内容和标准，允许和邀请社会公众参与到监狱警务活动中来，使社会公众了解监狱警务活动的具体情况，理解监狱警务活动的社会意义。警务开放的具体内容是：定期向社会公众公布监狱警务的内容、方式、地点，以及公众参与的方式等信息；定期组织社会公众参与监狱警务活动，如开放日等；定期邀请社会公众参与对监狱警务活动的监督评点工作；定期向社会公众提交咨询或质疑报告，做好沟通等。

公共关系。警察公共关系是警察组织为了更好地履行职能，运用传播、沟通等手段与社会公众建立相互了解、相互适应的健康持久的联系，以期在民众中塑造警察组织的良好形象，争取社会公众对警察组织和民警工作的理解与支持的一系列活动。监狱的组织设计是模型化封闭型的，着重于内部关系的顺畅，而缺乏社会化和与公众互动的构思。建立监狱警察公共关系的目的就是塑造监狱及监狱民警形象，协调警民关系，使社会公众了解监狱，监狱警务活动能够得到社会公众的支持。影响社会公众对监狱及监狱民警形象的根本原因在于社会公众对监狱警务的认知度。因此，除了实施警务开放以外，监狱及监狱民警必须加强两个方面的建设：一是形象建设。包括监狱形象和监狱民警的个体形象。其中，监狱民警的个体形象至关重要。因为大多数问题是由监狱民警个体的行为产生，社会公众与监狱的接触也大多数由监狱民警个体开始。二是监狱及监狱民警要更多地参与到社会活动中去，以光鲜的面貌影响社会公众。

媒体共建。现代社会是资讯高度发达的时代，大众传媒引导着大多数人的信息获取与传播，也影响着人们的思维与决策。大众传媒已经成为民主制度与和谐社会不可分割的一部分，网络信息传播和舆论的社会影响力愈来愈大，监狱不可能置身事外，要适应时代发展要求，努力提高与媒体打交道的能力，切实做到善待媒体，善用媒体。媒体共建的基本要求是：建立信息与新闻发言人制度，主动与媒体沟通，尽早通报信息，尽快获取反馈，坦诚地面对网络舆论的曝光、质疑和批评，赢得网民的尊重、信任、理解和支持，尽力消除负面影响。媒体共建的基本策略是：建立和完善信息发布机制。加强公众关心的重点信息的发布，突出危机管理信息的公开；把握敏感信息的用语，建立和完善信息发布渠道；做好媒体舆情分析研判，建立媒体舆情处置预案，明确舆情处置流程，强化沟通引导。

三、构建积极和谐的警务关系的具体措施

大力推动监狱警务工作的规范化。应当加强相关制度的建设，以制度规范民警的各项行为，使警务工作"有章可循、有章必循、违章必究"，健全警务制度体系。警务行为制度化要做到以下几个方面：一是建立和完善预警体系，使接到预警信息到处置相关信息的流程规范化；二是规范监狱民警的执法程序，将其执法的主要过程加以明确、规范，如执法的条件、执法应当遵循的步骤、违法执法的责任承担等；三是规范监狱民警建设，依据《人民警察法》《监狱法》以及其他相关的法律法规，结合监狱机关的实际情况，制定相应的管理制度，对他们实现规范化管理。

大力推动监狱警务工作的社会化。中国以前的监狱警务模式，将确保监狱安全放在第一位，将监狱民警作为维护监狱安全的主要力量，不断优化监狱民警队伍，不断提高监狱民警的装备水平，不断提高监狱民警处置狱内突发事件的能力。在治本安全观、现代监狱建设等监狱工作新思路的指导下，必须进一步提升囚犯改造质量。因而现代监狱警务工作必须与社会力量的帮教有机结合起来，让社会力量积极参与对罪犯的教育和矫正，只有这样监狱警务才能切实地提高囚犯的改造质量。

大力推动监狱警务工作的公开化。当前，监狱实施狱务公开，公开罪犯减刑、假释的程序和条件，得到了囚犯家属和社会公众的支持，也符合现代行刑的理念。在狱务公开的基础上，监狱应当继续加大警务公开的力度，使公开的项目更多，内容更具体，使社会公众知晓囚犯刑罚执行的整个过程，获取更多的信息，从而更好地参与到对囚犯的教育矫正过程中，从外围帮助监狱民警对囚犯实施教育，使其制订的矫正方案更加具有

针对性，切实提高囚犯教育改造质量。

大力推动监狱警务工作的信息化。当今社会是信息化社会，监狱警务也不能远离信息化，否则就会落后。从社会信息化发展来看，充分运用信息化的手段，将监狱民警从简单、烦琐的传统工作模式中解放出来，如红外报警系统、监控系统、监控技术的运用，警察装备的科技更新等，必将有效提升监狱的警务效能。积极构建"情报主导型警务"，对囚犯行为进行早期预防和干预。为了实现此目的，必须充分利用日益完善的信息化技术，建立全面的标准化的数据库，同时运用先进的统计、绘图等技术手段，更加高效、准确地对情报信息进行分析、研判。

第三节　监社关系

一、监社关系的概念及内涵

从国家产生以来，监狱就是社会不可或缺的。但监狱的存在似乎又是一个悖论："将服刑人监禁于监狱这种与社会相对隔离的环境中，体验刑罚，感受监狱的文化氛围，又在刑满释放后突然将其抛至人来人往的社会中去，服刑人何以适应？"[1] 这一问题的形成基于两个方面的原因：一是由监狱本身的属性所决定，即监狱要对囚犯进行惩罚所必须采取的限制的需要，从而导致囚犯与发展日新月异的社会脱节；二是监狱本身的职能又要对囚犯进行"再社会化"的改造矫治，让其重新回归社会。

监狱是社会大系统的子系统，是社会治理不可或缺的重要组成部分。高水平的社会保障和支持，是促进现代监狱管理和运行效能提升的重要条件。《监狱法》第六十八条规定："国家机关、社会团体、部队、企业事业单位和社会各界人士以及罪犯的亲属，应当协助监狱做好对罪犯的教育改造工作。"此法律条文明确了监社关系的法律定位和法律要求。由此判断，监社关系是指国家机关、社会团体、部队、企业事业单位和社会各界人士以及罪犯的亲属等一切社会力量协同监狱做好对罪犯教育改造工作过程中所产生的法律关系，是监狱与社会有机衔接的表现形式。

监社关系应当从以下方面理解其内涵。

第一，监狱是社会文明的缩影。监狱自身的封闭性，并不意味着监狱工作可以脱离社会环境的影响。社会的文明进程、社会结构的具体变动等会对监狱变革发展产生深刻的影响。首先，随着社会发展，囚犯结构发生了巨大变化。社会发展初期常见的犯罪类型以危害人的生命、财产为主，而现今社会高科技类型的犯罪日益增多。其次，社会物质水平的提高，同步推动了监狱物质设施的改善和监狱管理手段的现代化。最后，社会信息化的发展，使监狱由封闭转向开放。这些伴随着社会文明进程而带给监狱的冲击，既有正面的，为监狱注入了新鲜的活力，促进了行刑社会化；也有负面的，导致监狱的狱政管理、教育矫正出现新难题，带来新挑战。

---

[1] 王利杰，曹化霞. 监狱学基础理论［M］. 北京：法律出版社，2015：73.

第二，监狱是社会稳定的基石。社会稳定是任何一个社会、任何一个国家和人民的共同愿景。从社会学角度讲，犯罪现象屡禁不止，是社会矛盾不断释放的结果。而正是监狱的存在和职能的发挥，使得紧张的社会关系得以释放，得以缓解。一方面，监狱羁押囚犯，使其丧失危害社会的物质条件，并且通过各种改造活动矫正其思想根源和行为恶习，保证了囚犯顺利回归社会。另一方面，监狱作为社会安全稳定的"火山口""炸药包"，必须确保其绝对的安全稳定，才能从根本上彻底消除囚犯进一步危害社会的条件，更好地维护社会稳定、促进社会和谐。

第三，监狱是社会发展的助推器。一方面，监狱促进了社会的稳定，而稳定恰恰是社会发展的基础。另一方面，监狱为社会的发展创造了财富。具体体现为，监狱对囚犯进行惩罚改造，在减少其对社会财富的破坏从而产生一定的社会效益的同时，组织囚犯进行劳动可以产生一定的经济效益，增加社会财富。

二、构建一体协同的监社关系应当具备的前提条件

构建一体协同的监社关系，其重要意义不言而喻。国内曾有学者提出："罪犯改造社会支持系统工程，是预防和控制青少年犯罪、提高罪犯教育改造质量、促进社会和谐稳定的有效措施，体现了社会各界参与监狱工作的广泛性。……是法制化、系统化、科学化的一项社会治理创新。"❶ 进行"罪犯改造社会支持系统工程"，是构建一体协同的监社关系的前提条件，有利于将监狱与社会外部有机联系起来，及时呼应社会需求，提升囚犯改造质量。

1. 基本原则。共有六个方面：一是统一领导与组织有力相结合的原则；二是整体规划与分段实施相结合的原则；三是分工负责与密切协作相结合的原则；四是正面教育与平等尊重相结合的原则；五是实事求是与因地制宜相结合的原则；六是思想先导与问题导向相结合的原则。

2. 政策保障。当前，中国高度重视社会管理综合治理工作，对各级党和政府有明确具体的工作要求和考核激励举措。社会管理综合治理工作，是在党和政府统一领导下，充分发挥政法部门骨干作用的同时，组织和依靠各单位、各部门和人民群众的力量，综合运用政治、经济、法律、文化和教育等多种手段，通过加强打击、防范、教育、管理、建设和改造等方面的工作，实现从根本上预防和治理违法犯罪，化解不安定因素，维护社会持续稳定的一项系统工程。尤其是各级党委政府对安置帮教、社区矫正等工作予以高度重视，形成了强大的合力，取得了明显的成效。依照社会管理综合治理工作规定，可对"罪犯改造社会支持系统工程"进一步强化规范归口管理，尤其是与安置帮教无缝对接工作相融合，出台有关政策规定，加强组织领导，进一步强化此项工作，为社会持续稳定做出积极贡献。

3. 责任分工。监社关系的一体协同，涉及单位部门众多、人员较广，不仅意义重大且政策性强。在党和政府统一领导下，各级机构成立"罪犯改造社会支持系统工程"，常设组织管理机构及专职人员，明确指导思想、工作目标、职责职权和任务要求等事

---

❶ 张佩. 罪犯改造社会支持系统工程构想［J］. 中国司法，2015（3）：67.

项。根据监狱工作实际及押犯改造状况,押犯原住地党政机关、监狱所在地党政机关,须以精诚合作、坦诚相待之态度,与监狱机关协商制订构建"罪犯改造社会支持系统工程"之方案。本着"求同存异,先易后难"的原则,确定方案实施步骤,分阶段逐年逐季度落实各部分内容。分轻重缓急事项,可先行解决监狱工作及囚犯改造难题和罪犯家庭困难,再考虑其他事宜。

4. 监督激励。"罪犯改造社会支持系统工程"要分层级、分条块、分阶段进行监督实施,确保工作落实到位,取得此项工作应有的社会成效。既有党委政法委和政府法制部门监督实施,也有押犯原住地党政机关、监狱所在地党政机关政法委和法制部门监督实施,还有监狱管理机关法制部门监督实施。此项工作激励机制要与各单位、各部门绩效考核、评先评优、立功创模和晋升提拔等基础性激励制度相衔接,成为推动囚犯改造质量提升的强大外部动力。

三、构建一体协同的监社关系的具体措施

构建一体协同的监社关系,就是要按照社会治理创新要求,坚持监狱与社会同步发展,切实改变过去的自我中心的思维模式和自成体系的管理局面,推进监狱管理由一元主体向多元主体参与转变,扩大社会力量参与指数,缩减监狱封闭与社会开放之间的反差效应,形成齐抓共管、融合共进的监狱发展格局,促进监狱治理功能体系的协同联动。

(一)深化与地方司法行政机关的互帮共建

要树立司法行政系统"一盘棋"思想,充分发挥系统整体资源优势,建立完善互帮共建工作机制,在建立健全刑罚执行与社区矫正对接、刑释安置衔接、教育矫正互动、矛盾调处联动及队伍建设上做好制度建设和保障举措。

在监狱刑罚执行与社区矫正对接上,依法规范拟适用假释囚犯矫正环境评估,依法规范社区服刑人员接收和收监执行工作,对监狱的假释、暂予监外执行囚犯,监狱、地方司法行政机关做好无缝对接,纳入地方司法行政机关社区矫正予以监管。

在刑满释放与安置帮教衔接上,严格囚犯信息核查和刑释文书衔接,加强囚犯刑释回归指导和就业推介。地方司法行政机关协助监狱做好囚犯出监教育,重点讲解对刑释人员衔接、就业、帮扶、社会保障等方面的政策措施,联合开展刑释回归前的就业指导、就业推介,组织监内招聘会,帮助刑释人员就业,促进刑释人员自谋职业、自食其力。落实刑释人员接回和回访工作,尤其对监狱确定为重点帮教对象的,地方司法行政机关应当落实必接制度。

在教育矫正互动上,监狱与罪犯原居住地司法行政机关签订帮教协议,定期组织相关政府机构工作人员,法律、教育、医学、心理学等领域专业人士以及社会企业家、成功创业人士等到监狱进行延伸帮教,加强囚犯法律援助,开展经常性、专题性帮教活动。在政策范围内给予帮困救助,重点加强对囚犯家庭因病、因贫失学子女的帮扶救助。对监狱在押囚犯以及在社区服刑的假释、暂予监外执行的重点人员,监狱和司法行政机关采用联合攻坚的方式予以教育转化,及时互通重点人员信息。帮助搭

建囚犯与其亲属的感情沟通桥梁，通过书信、对面帮教等形式劝导囚犯踏实改造、回归社会。

在矛盾调处联动上，协同处理囚犯与家庭、社会的矛盾。罪犯与家庭、社会发生财产、婚姻、养老、抚养、拆迁等矛盾时，地方司法行政机关协调囚犯亲属、地方政府有关部门帮助解决相关问题，必要时安排法律工作者或者律师全程参与案件处理，依法保障囚犯合法权益。地方司法行政机关积极发挥大调解的工作优势，努力协调地方有关部门，大力协助监狱解决相关执法难题。

同时，为确保互帮共建工作取得实效，建立并完善相关工作协同机制。一是建立定点联系制度。在监狱与地方司法行政机关互帮共建工作领导小组的指导下，建立监狱与地方司法行政机关定点联系制度，及时协调解决工作中存在的问题，实现双方有效互动。二是建立联席会议制度。为保证沟通交流的长效运转，监狱与地方司法行政机关建立"监狱局—设区市司法局—监狱"两级联席会议制度，必要时联席会议由地方司法局邀请地方公安、民政、财政、人社等部门人员参加会议，进行专题交流、重大情报信息互通、驻地社情互通联合研究解决有关重要事项。三是建立工作联络机制。在推进定点联系、联席会议等基础上，加强常态化工作联系，加大开放交流、警示教育、社会帮教工作力度，增强双方业务合作频次与效能。

（二）拓展与政法其他部门的协作协同

拓展监狱与政法其他部门的协作协同，是统一刑罚执行体制解决刑罚执行中各种现实矛盾冲突、充分发挥行刑效益的有效方法。监狱应当以建立定点联系网络、召开联席会议、畅通资源共享渠道、探索刑事司法范围内制度一体化建设等为主要方式，以期构建监狱与公、检、法以及武警部队等部门既共同参与又分工负责，既互相配合又相互制约的协作协同平台，进一步凝聚工作合力，优化工作程序，不断提升监狱运行效能。

与公安机关协作协同，重点在收押、释放环节，依法规范法律文书送达、囚犯基本信息录入通报、囚犯有期徒刑执行完毕后继续执行其他主刑的工作衔接等事项，尤其在囚犯的收押交接过程中，双方依法履行提前告知和甄别筛查责任。

与检察机关协作协同，监狱主动将囚犯管教信息系统向检察机关开放，便于检察机关及时、全面了解囚犯改造情况；发生突发事件及时通报检察机关，自觉接受检察机关质询；办理减刑、假释、暂予监外执行案件过程中，全过程主动接受检察机关的法律监督。

与法院协作协同，明确界定提请、裁定等环节的各自职责，推动科技法庭和网上协同办案平台建设，对执法办案和考核奖惩中的重要事项、重点环节，实行网上录入、信息共享、全程留痕；强化财产刑执信息衔接，法院在送达执行通知书时一并送达财产刑履行的证明材料，并将后续履行情况及时通报监狱。

与武警部队协作协同，深化"共建、共管、共保安全"活动，加强联防联控机制建设，全面推行与驻监武警部队联合联动处突模式，构建完善监狱防暴反恐等应急管理体系，定期进行综合性联合演练，增强监狱行刑安全保障。

加强与各政法部门联动机制建设，积极探索采取紧密型协作方式，共同解决涉及监狱刑罚执行中热点难点问题、重点共性问题、跨部门治理问题。特别是遇有囚犯死亡、工伤补（赔）偿、家庭困难以及刑满释放人员无理缠闹等情形时，监狱按有关规定依法处理的同时，及时将情况通知公检、法、司等部门，谋求相关部门及时介入、协调联动，通过维持秩序、依法监督、走访调解等多种方法途径，协助监狱做好相关处理工作，配合监狱依法有效执行刑罚。

（三）推动与社会多角度多层次的对接联动

社会多角度多层次的对接联动离不开社会广泛参与，而社会参与是动员和组织社会各方面的力量参与监狱对囚犯的改造工作。监狱工作法制化、科学化、社会化建设以来，监狱与社会对接联动工作机制有了发展，赋予了新的内容。

积极争取党委政府对监狱工作的支持，强化监狱工作基础保障。推动政府采购支持监狱企业发展，协调扩大政府采购支持监狱企业发展的份额比例，明确资金来源、产品目录以及相关责任，更好地促进监狱企业转型发展，提升囚犯劳动改造效能。推进监狱机关编制创新管理，协调制定落实监狱机关政法专项编制内部挖潜和创新管理的具体规定，探索建立监狱系统购买政府服务制度，明确具体适用岗位、购买服务方式、经费保障渠道等具体要求，试点警务辅助人员聘用制度，以期进一步推动警力向执法一线岗位集中。

加强与人社、教育、卫生、民政等部门的沟通协调，积极推进罪犯文化技术教育、医疗、社会保障等社会支持体系建设。将囚犯文化教育纳入公民教育体系和地方教育规划，解决文化教育教材、发证等问题。将囚犯职业技能培训纳入地方职业技能提升计划，举办各类技能培训班，设立就业指导站，专题辅导就业形势和政策，开展刑释就业招聘，提升囚犯刑释后就业谋生能力；拓展监狱医疗社会化层次和水平，实施监狱医院挂牌社会医院分院模式，开通远程医疗网，进行网上专家会诊，邀请专家进监治疗，切实加快囚犯医疗社会化进程；积极协调相关部门，努力将囚犯纳入医疗保险、失业保险、工伤保险、养老保险等社会保险范畴，并将犯罪前、服刑中、刑释后三个时间段所参保的社会保险有机衔接，保证社会保险的连续性和普及性，充分利用社会保险的保障功能解决囚犯服刑中医疗、劳动、生活以及刑释后的回归衔接、安置、就业等现实问题。

加强与社会组织和专业机构的对接，有组织、系统化地参与囚犯矫正和困难帮扶等服务行刑的活动。组织和鼓励社会各方面的积极力量参与对囚犯的改造和矫正，以促进罪犯更好地回归社会：如利用社会社团和事业单位的培训基地作为狱外矫正和帮教场所；积极争取社会慈善机构支持，为服刑囚犯解决特困帮扶基金，解决服刑罪犯子女入学、就业等。加强与法律服务机构联系，通过建立法律援助工作室等方式，组织安排律师进监提供法律服务，为普法提供良好的条件和环境，同时解决囚犯涉法涉诉问题，稳定罪犯改造情绪。利用高校、心理咨询专业机构等人才资源，向监狱派驻心理咨询专家，联合监狱心理矫治部门及时解答罪犯的心理障碍问题，科学实施心理矫正；邀请社会经济学专家和企业家对监狱劳动改造过程进行诊断，为囚犯职业技能培训提供良好的环境。加强社会文化教育与艺术团体的联系，建立狱内图书分馆，定期举办读书讲座和读书征文活动，联合开展书法、乐器等兴趣小组活动,活跃囚犯狱内生活。

用好囚犯家庭及亲属力量,利用囚犯和亲属之间血浓于水、割舍不断的亲情关系来对罪犯进行感化教育是教育改造囚犯的重要载体。情感激励,它是以人与人之间的情感联系为纽带的激励模式。❶ 常态化开展亲情帮教活动,帮助囚犯与亲属之间加强联系、沟通感情、交流改造情况和家庭近况,使囚犯在被剥夺自由的情况下,仍能真切感受到家的关怀、亲情的温暖。同时,利用帮教时机,促进罪犯亲属了解、理解和支持囚犯改造工作。

---

❶ 俞文钊. 现代激励理论与应用 [M]. 辽宁:东北财经大学出版社,2006:205.

第七章 监狱文化

文化是自然的人化，是人类历时性的生存方式。也就是说文化是人对自身和客观环境的改造过程及其物质与精神成果。文化是民族生存和发展的重要力量。人类社会每一次跃进，人类文明每一次升华，都伴随着文化的历史性进步。监狱的一切生态都为人类社会的文化土壤所滋养。而监狱文化也是人类文化不可分割的组成部分。本章所涉及的文化问题，我们将在广义文化语境下酝酿、思考，在中义文化范畴，即通常所说的"意识形态"范畴中实现逻辑自洽。也就是说，我们将侧重在监狱理念、监狱文艺、监狱文学等维度上分析监狱文化的灵与肉。

第一节 监狱理念

理念，是人们经过长期的理性思考及实践所形成的思想观念、精神向往、理想追求和哲学信仰的抽象概括。《辞海》中"理念"一词的解释有两条，一是"看法、思想。思维活动的结果"，二是"理论，观念"。依此理解，监狱理念也就是反映监狱长期理性思考及实践中所形成的有影响的思想信念。理念的产生及形成，既有自下而上的方式，也有自上而下的方式，或者双方相互促进的结果。风起于青萍之末。毫无疑问，监狱理念是监狱发展的"风向标"，见证了监狱一路走来的风风雨雨，记录了监狱转型发展的由来始末。

一、西方国家的监狱理念

（一）酷刑主义

中世纪时期，监狱虽然遍布西方各地，但只是作为关押候审犯、等待执行死刑和身体刑罪犯的地方，监禁刑作为刑罚还没有产生。受神权政治以及原始"等价复仇"的影响，酷刑主义大行其道，主张对人的肉体"在生命停止之前制造'最精细剧烈的痛苦'"。[1]

（二）监禁刑的兴起及转向

随着文艺复兴运动的洗礼及资产阶级力量的成长，1557年，英国伦敦建立了第一所有矫正性质的感化院，试图通过给予诚实工作和培养劳动习惯来拯救游民和轻微犯罪者，从而达到减少社会矛盾的目的。1595年和1597年，荷兰在阿姆斯特丹相继设立了

---

[1] 米歇尔·福柯. 规训与惩罚[M]. 刘北成，杨远婴，译. 北京：三联书店，2007：37.

男子和女子"管教所"收容男、女犯罪人,宗旨是"通过劳动教育和矫正在押人员",这被认为是首次实现现代自由刑思想的先驱。❶ 17世纪,类似监狱在欧洲许多大城市建立。这是现代监禁刑的开端。

17—18世纪是资产阶级思想启蒙运动蓬勃发展的时期,自由、平等、人权、理性、法治等理念逐渐被人们所接受,为监狱改革提供了思想土壤和精神上的高度。这一时期许多思想流派也得以兴起,刑事古典学派代表人物贝卡利亚认为刑罚的目的在于阻止罪犯再犯罪,训诫其他人不要重蹈覆辙,并强烈抨击死刑的残酷和报应刑的不科学。他认为"对人类心灵发生较大影响的,不是刑罚的严厉性,而是刑罚的延续性……",主张监禁刑应被广泛使用,对罪犯提供较好的生理保障,根据性别、年龄、犯罪程度对罪犯进行分类。

18世纪末至19世纪,西方国家开启了监狱改革运动。英国人约翰·霍华德在目睹监狱的种种弊病后,在《英格兰和威尔士的监狱状况》一书中提出组织罪犯劳动、支付劳动报酬、创造良好卫生环境、建立刑罚分级制度、实施昼夜隔离等主张。1790年,美国的费城监狱改良协会提出的"独居制"——罪犯昼夜单独禁闭反省,不参加劳动;只能见神职人员,不与他人接触;放射状监狱建筑,禁闭居所被严密监视——被宾夕法尼亚州议会批准。1823年,美国的纽约奥本监狱开创了"沉默制"——罪犯夜间被单独监禁,白天集中在一起但必须沉默式劳动,连传递眼神和手势也被禁止。这两种模式于19世纪末被绝大多数西方国家采纳。1876年,美国建立了第一家具有教育改造性质的青少年犯矫正机构——埃尔米拉教养院,随后各州纷纷建立类似的教养院机构。随着1872年国际监狱会议的召开,有关监禁刑的诸多制度得以在西方各国广泛传播并建立。

经过监狱改革运动,西方国家的监禁刑出现两个转向:一是从单纯的拘禁与收容的场所发展成为刑罚手段之一,具有感化与人道主义多重含义;刑事制裁体系也以由死刑、肉刑为中心转变为以监禁刑为中心。二是将教育改造的思想引入自由刑,使刑罚有了积极的立场。❷

(三)矫正制度的黄金时代

19世纪末,刑事近代学派代表人物龙勃罗梭主张从精神病学的角度,用实证的方法来研究犯罪人及其产生的条件。菲利发展了龙勃罗梭的理论,提出像对待病人一样对待犯罪人,并通过材料归纳和实验的方式来研究犯罪现象进而寻求矫正犯罪人的最佳方法。这彰显了矫正刑的基因。

德国学者李斯特对刑罚的矫正功能进行更为细致的考察,认为"刑罚是通过剥夺犯罪人的法益作为保护法律秩序的手段,达到保护社会法益的目的"❸,"监狱不再是单纯的监禁罪犯的场所,而是传授知识和技能的场所,是治疗各种疾病、增进身体健康的治

---

❶ 金鉴. 监狱学总论[M]. 北京:法律出版社,1997:141.
❷ 米歇尔·福柯. 规训与惩罚[M]. 刘北成,杨远婴,译. 北京:三联书店,2007:33.
❸ 赵瑞罡,贾学胜. 李斯特的教育刑思想. http://www.bjgy.chinacour.org/article/detail/2004/04/id/824581.shtml,2004-04-09.

疗设施。"❶ 刑罚的用意是对能够改善的犯人予以改善，对不需要改善的犯人予以威慑，对不能挽救者进行打击。刑事社会学派的刑罚思想使得矫正代替了惩罚，登上了监狱的舞台中央，促使缓刑、假释、不定期刑、保安处分一系列现代监狱制度得以建立，对矫正制度的成熟产生了重要影响。

在此思潮推动下，以"病人"代替"犯人"的医疗模式应运而生。医疗模式强调犯罪的根本原因在于犯罪人心智和生理上的缺陷，主张用检查、诊断、矫治等医学手段以及心理学的知识技术矫正犯罪人的"犯因"，矫正实实在在成为一门专业的技术。在此影响下，1954年美国监狱协会更名为矫正协会，1955年联合国制定了《在监犯人处遇最低标准规则》，明确将社会复归作为处遇目的。进入20世纪60年代，医疗模式在美国占据了统治地位，并在整个西方国家达到了顶峰。

（四）多种行刑模式并存

20世纪70年代，医疗模式遭遇到了严峻的挑战。"马丁森炸弹"❷宣告了检讨医疗模式的到来，美国加利福尼亚州少年局的实证研究也印证了矫正"无效论"学者的观点，同时在哲学层面，医疗模式也遭到了标签理论的批判。同时，受公民对政治和社会制度严重缺乏信心等的影响，医疗模式开始退潮，矫正制度寻求转型。

转型之一是新古典主义的回潮。新古典主义行刑思想是建立于报应主义复活基础上的公平惩罚之理念，主张应使犯罪人接受合适之惩罚，使罪行与惩罚相均衡；惩罚并不是越严厉越好，而是符合公平原则即可。新古典主义在监狱层面表现为"正义模式"的兴起。"1975年，美国缅因州废除了不定期刑和假释制度，将矫正制度由'改善矫治模式'转变为'正义模式'。1985年制定的《综合犯罪控制法》明确指出：刑罚目标不是复归社会，而是正当惩罚和控制犯罪。"❸

转型之二是两极化矫正政策。两极化矫正政策，"亦即对于重大犯罪及危险犯罪者，施以严格对策之矫正政策；对于轻微犯罪及某种程度有改善可能性者，采取宽松对策之矫正政策"。❹ 政策实施的后果就是高度安全管理监狱的建立、开放式处遇的施行以及延长监禁时间等方面的探索。

转型之三就是恢复性司法运动。恢复性司法强调对因犯罪而遭到破坏的社会关系的修补，特别是对被害者方面的修补，被害者的宽恕是最为关键的影响因素。

20世纪90年代，恢复性司法开始在西方一些国家监狱矫正领域运用，发展至今已建立了很多项目，很多团体也纷纷成立，工作开展卓有成效，已被很多西方国家采用，并向全球辐射，预计在以后的监狱行刑模式中将继续扮演一个不可或缺的角色。

---

❶ 米歇尔·福柯. 规训与惩罚[M]. 刘北成，杨远婴. 译. 北京：三联书店，2007：39.
❷ 1966年，美国犯罪学家马丁森接受纽约州防止犯罪委员会的邀请，着手评估纽约州每年用于犯罪预防和矫治计划的花费有没有发生效果，此项工作于1970年完成。在纽约法庭上州政府要求用研究成果做证时，马丁森宣称："虽然有极少和偶尔的例外，矫治的努力对于再犯的降低无可观的成效。"
❸ 米歇尔·福柯. 规训与惩罚[M]. 刘北成，杨远婴. 译. 北京：三联书店，2007：52.
❹ 郭建安. 社区矫正通论[M]. 北京：法律出版社，2004：25.

二、中国监狱理念

（一）清末狱制改良

《马关条约》签订以后，清政府的合法性危机日甚一日，为救亡图存、废除"治外法权"，清政府体系内的一些官僚精英掀起了狱制改良运动。1901年7月19日，清政府地方管理事务大员张之洞和刘坤一联合向皇帝呈上一份关于监狱制度改良的奏折，建议采用现代刑罚制度管理犯人，并批评县衙监狱的现存条件，认为应该具有宽敞的房屋、整洁的囚房、可口的饭菜，还要有为工艺教学的专用牢房。山西总督赵尔巽也向皇上呈奏折，要求废除传统的诸如流放、鞭笞的刑罚。修律大臣沈家本提出了监狱的首要任务是感化而非苦人辱人的观点以及建立模范监狱的主张，并对模范监狱的制度进行了阐述，引起了清政府的重视。1907年，清政府通过了一项监狱改良法令，对沈家本提出的刑罚原则表示赞同。

晚清的狱制改良运动包括：一是开设罪犯习艺所，组织"命盗杂案遣军流徒各罪犯，审明定拟后即在犯事地方收所习艺"。1902年底，经赵尔巽上奏并经刑部议覆经皇帝降发谕旨后获准在全国通行，罪犯习艺所在各地纷纷得到议办。二是筹办模范监狱。1907年清政府批准了建立模范监狱的法令。模范监狱在监狱建筑结构造型、医疗卫生保障、教育教诲、专门人才管理等方面均采用现代监狱样式。然而受财力限制以及晚清的崩溃，模范监狱没有完成预定计划，仅在部分省份建立。三是培养监狱人才。在各省的法律学堂或新监内附设学堂，培养监狱新式人才。另外，清廷还于1906年开始从日本聘请专家执教。四是制定监狱法。在日本专家小河滋次郎的帮助下，历时三年修订，于1910年草成但未颁布的《大清监狱律草案》（以下简称《草案》）。《草案》采用自由刑、分类监禁、惩罚与习艺相结合的作业制度等近现代监狱管理制度，首次实现了近代行刑思想在中国的文本化，基本确立了中国近现代监狱立法的方向。

虽然狱制改良取得了不小的成果，但由于清政府的突然崩溃，很多设想——尤其是新式监狱没能成为现实，仍然停留在纸面上，因此有学者认为这只是一场政治思想运动，但无论如何也不能抹杀狱制改良对于近现代监狱制度的建立所起到的促进作用。

（二）承袭为主的民国监狱改良

民国时期的监狱改良是在清末监狱改良的基础上继承发展而来的，尽管其间受到军阀混战、社会动乱的深刻影响，但从总的情形来判断，民国监狱制度基本是按照清末的设计来运行的。一是相关法律制度承袭清代。北洋政府时期，接过清廷狱制改良的旗号，也采取一些措施。如1912—1920年间陆续颁布了《监狱看守考试规则》《监狱处务规则》《监狱教诲师教师医士药剂士处务规则》《监犯保释暂行条例》等规章制度；1913年在《大清监狱律草案》的基础上，修改制定了《中华民国监狱规则》。国民党政府时期，监狱行刑管理、教育教诲、基本生活等主要监狱管理制度也进一步丰富，相关法律法规进一步增多。二是继续对旧监狱进行整顿，筹建新式监狱，制定颁布新的监狱图式等,这些都多多少少推动了监狱的规范化。在省会和通商口岸建造模范监狱,以西方的标准作为制定监狱规则的依据,建造扇形和十字形的监狱。期间引入了罪犯的分类管理,对罪犯由清末的男女犯分开、少年犯分类,开始按级别分类,如奉天第一监狱被分为四级,并分别以不同的颜色来区分。❶

在中国近代史上,民国时期的监狱被称为战时监狱。尽管政府作出了种种努力,也曾经试图对监狱进行改良,并且在一些地方取得一些成效,但旷日持久的战争,使"自晚清已普遍建立的监狱体系则遭到了一次致命的打击,从此再未被恢复"。❷ 总的来看,民国时期继续了清末以来的监狱改良进程,并且呈现了日渐衰弱的趋势,其监狱学研究大多数转述了其他国家的相关理念。

(三)三像要求

教育、感化、挽救方针针对的主体是青少年犯罪人,根源于20世纪70年代末到80年代初青少年犯罪率的大幅增长。"据公安部的统计数据,1950年至1959年10年间,全国刑事犯罪发案罪犯人数年均占总人口的万分之五,25周岁以下的犯罪青少年约占整个刑事犯罪作案成员总数的20%;1960年至1965年6年间,全国刑事犯罪发案罪犯人数年均占总人口的万分之四,犯罪青少年约占整个刑事犯罪作案成员总数的30%""但进入20世纪70年代末80年代初,青少年犯罪呈现大幅增长,尤其是城市中青少年犯罪的比例达到70%,甚至更高。"❸

为有效遏制这种现象,1960年4月,最高人民法院、最高人民检察院、公安部出台了《关于对少年儿童一般犯罪不予逮捕判刑的联合通知》(已于2010年12月22日起废止),确立了对犯罪青少年贯彻教育、感化、挽救的方针。在1981年5月召开的北京、上海、天津、广州、武汉五大城市治安座谈会上,明确提出对大量有轻微违法犯罪行为的青少年要加紧进行教育、感化和挽救工作,预防犯罪,实现社会治安综合治理。同年8月,时任宪法修改委员会副主任的彭真同志视察秦皇岛市劳动教养所,写下"我们对待失足青少年,要像父母对待染了坏习气的子女,教师对待学生,医生对待病人那样,耐心地帮助他们改好,成为社会有用的人"。1981年8月"八劳"会议召开,彭真同志视察秦皇岛市劳动教养所(现更名为"秦皇岛强制隔离戒毒所")的指示正式被确定为对待青少年犯罪的"三像"方针——像父母对待子女,像老师对待学生,像医生对待病人。

(四)办特殊学校

1981年在第八次全国劳改工作会议提出"……把劳改场所办成改造罪犯的学校",明确提出监狱、劳改单位开办特殊学校的要求;1985年司法部、教育部和劳动人事部联合发出《关于加强对劳改、劳教人员文化技术教育的通知》提出将劳改场所办成特殊学校的有关规定;1989年司法部颁发的《关于劳改场所特殊学校开展上等级活动的实施意见(试行)》使"特殊学校"的教学活动日臻完善。1991年在司法部召开的全国"三

---

❶ 冯客. 近代中国犯罪、惩罚与监狱[M]. 徐有威,译. 南京:江苏人民出版社,2008:90.
❷ 冯客. 近代中国犯罪、惩罚与监狱[M]. 徐有威,译. 南京:江苏人民出版社,2008:287.
❸ 杨希,沐牧,高娃. 青少年犯罪与预防[M]. 石家庄:河北人民出版社,2014:15.

分"工作会议上再次强调:"坚持不懈地办好特殊学校,把监狱办成教育人、改造人的特殊学校。"在以后的历届司法部领导集体,都强调要办好特殊学校,把教育人、改造人、挽救人放在第一位,切实将罪犯改造成为守法公民。

(五)劳动改造

劳动改造成为一种改造模式,经历了一个过程。1949年1月关东高等法院(院址设于旅顺)制定的《犯人劳动改造委员会组织条例》,是中国最早组织和建立罪犯劳动改造的地方性法规。1949年9月20日通过的《中国人民政治协商会议共同纲领》中的第七条规定:"……对于一般的反动分子、封建地主、官僚资本家……同时给以生活出路,并强迫他们在劳动中改造自己,成为新人……"成为新中国罪犯劳动改造创建的基石。[1] 1951年5月10日至15日在北京召开的第三次全国公安会议,将组织全国犯人劳动改造问题作为会议的一项重要内容进行了讨论,并通过了《关于组织全国犯人劳动改造问题的决议》(以下简称《决议》)。《决议》中明确指出:"大批应判刑的犯人,是一个很大的劳动力,为了改造他们,为了解决监狱的困难,为了不让判处徒刑的反革命分子坐吃闲饭,须立即着手组织劳动改造工作。"1954年制定的《劳动改造条例》,对劳动改造工作的方针、任务和制度作了详细的规定,初步形成了比较完整的罪犯改造措施体系,成为指导中国罪犯劳动改造的纲领性文件。针对劳动改造实践中过分重生产、忽视思想改造的问题,1956年全国公安局局长、法院院长、检察长"三长会议"上,提出劳改单位应当贯彻"改造第一、生产第二"的方针,对这种现象进行了拨乱反正。应该说,整个20世纪50年代是劳动改造思想体系得以形成和丰富的时期。

1981年8月的第八次全国劳改(简称"八劳")工作会议,总结了三年来劳动改造罪犯的经验,将劳动改造的重心由解决罪犯的政治道路、阶级立场和阶级观点转向对社会主义的认识和资本主义的认识,树立正确的人生观、坚定社会主义道路上来,为以后的罪犯劳动改造指明了方向。1994年12月颁布的《监狱法》规定监狱的性质是"国家的刑罚执行机关"、目的是将罪犯改造成为"守法公民",取代了《劳动改造条例》规定的监狱"是人民民主专政的工具之一,是对一切反革命和其他刑事犯实施惩罚和改造的机关",目的是(将罪犯)改造成为"新人"。这为劳动改造在新时期的发展指明了方向。2000年之后,虽然监狱工作及相关政策多有调整,但劳动改造一直是改造罪犯的基本手段(模式)之一。

劳动改造以马列主义、毛泽东思想为理论基础,其中马克思主义的唯物辩证法中的"劳动与社会""劳动与人"的认识论也是劳动改造的哲学依据。在长期的发展过程中,劳动改造的内容和形式也不断发生变化。中华人民共和国成立后的一段时间里,城市地区的罪犯以在工厂做工、农村地区的罪犯以农业生产的形式从事劳动改造,劳动改造的项目受制于劳改队(监狱)当地的社会经济条件,基本没有太大选择的余地。随着经济社会建设情况的好转以及监狱不断改良发展,1995年司法部联合国家教委、劳动部下发了《关于进一步加强对罪犯的文化职业教育和技能培

---

[1] 杜雨. 罪犯劳动改造学 [M]. 北京:法律出版社,2002:329.

训的通知》(司发通〔1995〕122号文),要求各地对罪犯开展职业技术教育和技能培训,劳动改造的项目和内容开始逐渐丰富,并兼有了习艺的性质。2003年全面启动监狱体制改革后,罪犯劳动改造越来越规范和科学,改造和矫正的功能被越来越多地激发出来。

(六)监狱法治

《监狱法》于1994年12月29日,经第八届全国人大常务委员会审议通过并颁布实施,这是全国监狱机关和全体监狱工作者、监狱人民警察盼望已久的盛事。《监狱法》是中国历史上第一部监狱法典,具有独立的法律地位,是中国社会主义法治建设的一件大事,它的颁布实施不仅体现了中国依法治国的决心和法治建设工作的日趋完善,也反映了中国监狱工作发展的客观要求,顺应了人类社会文明进步的大趋势,标志着具有中国特色的社会主义监狱制度的确立和完善。

《监狱法》对于进一步强化监狱职能,维护社会秩序的稳定,巩固人民民主专政,对中国法治建设有着深远而重大的意义。监狱作为中国刑罚的主要执行机关,监狱法治不仅是国家法治的有机组成部分,而且其具有自身独特的价值与品格,是刑罚最终的和集中的体现者,也是国家政策和法律制度的特殊检验者,其对于法治的推行自然具有一种不言而喻、责无旁贷的责任。《监狱法》在20多年的历程中不断总结经验,在执行过程中逐步地完善和修改,从而让执法过程更加公平、公正、公开,更加合法透明,让民警的执法水平不断提高,让刑罚执行在阳光下规范运作。

(七)现代化文明监狱

1994年《监狱法》的颁布为中国的监狱改革提供了法律依据。1995年9月,司法部印发了《关于创建现代化文明监狱的标准和实施意见》,《实施意见》中指出:"为了全面认真贯彻实施《中华人民共和国监狱法》,适应我国社会主义现代化建设的发展进程,展示我国监狱的现代、文明形象,今后一个时期,全国的监狱和监狱管理部门都要把创建现代化文明监狱作为中国监狱建设和发展的总体奋斗目标,要按一定标准,有计划、有步骤、量力而行、坚定不移地把全国的监狱建设成为现代化文明监狱。创建现代化文明监狱,要在邓小平同志建设有中国特色社会主义的理论指导下,根据《监狱法》的规定,坚持'惩罚与改造相结合,以改造人为宗旨'的方针,坚持依法治监、从严治警的工作原则,运用现代、文明、科学的方法和手段改造罪犯,不断提高监狱管理水平和改造质量,努力为维护我国社会的稳定,保障和促进经济的发展作出应有的贡献。"❶由此在全国监狱系统广泛开展了现代化文明监狱的创建活动,并历经多年创建涌现了100多所部级现代化文明监狱。其后,司法部又先后就狱内侦查、狱务公开、监区(分监区)建设、监狱警察队伍、监狱企业管理、教育改造、离监探亲和特许探亲、监狱建设标准等,制定了部颁法规或法规性文件,有力推动了全国监狱系统的文明建设。

(八)矫正教育

监狱矫正思潮的兴起,当从矫正与改造的辩证关系及意蕴内涵的不同来把握。首

---

❶ 司法部《关于创建现代化文明监狱的标准和实施意见》司发通〔1995〕107号文。

先,就中国来讲,改造侧重于思想意识的改变,是一个具有广义范畴的体系;而矫正则仅指矫正恶习,通常包括心理咨询、危险性评估等,强调的是技术倾向。其次,改造实践中往往强调民警的权威以及自上而下的教育、训诫,衡量改造成效的标准多依据民警的主观判断和外化的实在物,改造模式往往呈现出罪犯参与的强制性、评价标准的间接性。而对于矫正,罪犯是不可或缺的主体,一系列技术方法需要罪犯的自愿配合,因此强调罪犯的参与和责任。另外,矫正方案的制订往往以量表、回归分析、大数据比对筛查为基础,注重犯因性问题的关注及改善。从以上分析可以看出,矫正恰可以弥补改造的不足。在监狱由传统走向现代的进程中,罪犯的思想观念越来越多元,欺诈性越来越强,改造手段的效能越来越低,另外,国外监狱矫正技术的发展也为中国提供了借鉴,因此矫正的兴起是一种必然。

矫正成为中国监狱的主流话语是在 2000 年之后。2005 年,上海市监狱管理局专家组在《上海警苑》撰文《发挥五项社会功能,实现监狱工作的新一轮改革发展》指出,监狱的功能主要有行刑、矫正、保护、警示和科研功能。之后,江苏监狱系统开展了矫正质量评估、警察执法质量评估、矫正激励等方面的调研,并出版了相关成果,基本覆盖了监狱矫正的主要范畴,解决了罪犯矫正的标准及方法论。在此带动下,各省(区、直辖市)的监狱机关也进行了诸多理论和实践的研究探索,矫正的内容不断拓展,内涵不断深厚,体系不断完善,走上了发展的快车道。

心理矫治可以看作是矫正登上监狱舞台的先声。1981 年的"八劳"会议就提出要增强罪犯心理研究的要求,1989 年召开的全国监管改造工作会议正式提出"建立罪犯心理矫治工作制度",1994 年由司法部监狱局、中国心理学会法制心理专业委员会、司法部预防犯罪研究所和中央司法警官学院联合研制了"中国罪犯心理量表"课题。此后的现代化文明监狱、监狱"三化"建设和《教育改造罪犯纲要》都把心理矫治放到重要的位置。心理矫治强调罪犯的主体性参与意识和治疗的陌生人原则,有利于减少传统教育改造中的阻抗,受到罪犯的喜爱和欢迎。目前心理矫治也发展成为监狱矫正的一个技术手段。

罪犯改造质量评估是监狱借助有关社会科学的理论和知识,如犯罪学、社会学、心理学、教育学、法学等,引进自然科学的方法对罪犯改造质量进行的评价与估量。2003年,司法部首先在天津、湖南成立课题组作为试点单位,后历经多年试点和探索,形成了"江苏模式""湖南模式"等多种成熟的评估模式。罪犯改造质量评估主要包括危险性评估和重新犯罪预测两大类型,入监检测管理、罪犯改造过程中的质量评价管理和出监罪犯改造质量评估三个过程。评估内容由量表和写实两部分构成。罪犯改造质量评估的施行,实现了评估标准由主观定性认识向量化转变,强调了罪犯在改造中的地位和作用,引进了多种学科理论和实证研究方法,有利于罪犯改造质量的目标控制和过程的实现,对于传统的主观评估是一个较大的突破。

"循证矫正,是指矫正工作者在矫正罪犯时,针对罪犯的具体问题,寻找并按照现有的最佳证据(方法、措施等),结合罪犯的特点和意愿实施矫正活动的总称。"❶

---

❶ 司法部发布开展循证矫正工作试点指导意见[ER/OL]. http://www.chinapeace.gov.cn/2013-09/04/content_8793912_2.html.

从 2012 年下半年起，循证矫正开始在中国监狱学实务界、理论界逐渐成为一个时尚课题。循证矫正主张用最佳证据开展矫正，以减少甚至消除无效的、不恰当的、昂贵的和可能有害的矫正活动，注重矫正效益和矫正效率的提升；实施证据分级，随机对照试验的证据级别最高，高级别证据不存在的情况下才能用低级别的证据；针对犯因性需求做出回应，着眼于降低罪犯回归社会后的重新违法犯罪率。循证矫正实践通常包括提出问题、获得证据、评价证据、应用证据和总结评估五个程序。2012 年 9 月 17 日，司法部预防犯罪研究所牵头在江苏省宜兴市开办了"循证矫正方法及实践与我国罪犯矫正工作"研讨班，确定江苏 4 所监狱和浙江、陕西、山东、四川各 1 所监狱以及司法部燕城监狱共 9 个试点监狱。2013 年 4 月 17 日，司法部循证矫正研究与实践科研项目领导小组第一次会议在北京召开，会议上制定了《关于试点单位（监狱）开展循证矫正工作的指导意见》，规定了循证矫正的原则、目标、任务、内容与步骤等。经过相关试点，各地开发出了科学的矫正工具及矫正项目，为教育矫正罪犯提供了一个全新的路径。

罪犯危险性评估原是罪犯改造质量评估的内容之一。后根据《2016 年司法行政工作要点》部署，司法部监狱管理局在北京等 11 省（区、市）监狱系统开展专项试点，作为单项工作推进，并于 2017 年开始在全国监狱系统推广。经过不断探索总结，罪犯危险性评估分为行凶、脱逃、自杀、破坏监管秩序、组织暴动越狱、毁坏财物、破坏生产经营、袭警、自伤自残、其他 10 个类型，极高危险、高度危险、中度危险、低度危险 4 个等级，以及入监评估、中期评估、即时评估、拟提请假释再犯罪可能性评估、出监罪犯再犯罪可能性评估 5 个评估类型和流程，每个等级及上下之间的转换都设置了清晰的标准，每个评估类型和流程都设置了相关的评估要素及工具，大大提高了评估的科学性和精准度。

（九）监狱布局调整

2001 年 12 月，国务院形成了《关于研究解决监狱困难有关问题的会议纪要》，将监狱布局调整的方式由各省自发组织实施转变为由国家统筹规划，协调推进。

2002 年司法部又下发了《关于各省（区市）监狱布局调整方案审批工作的通知》，正式启动监狱布局调整工作，提出了全国监狱布局调整的目标、要求和规划，通过调整、优化使监狱布局趋向科学、合理，关押总量满足需要，建设水平有了新的提高。在调整过程中实现"三个转向"，即由偏远地区转向城市和交通沿线，由分散转向集中，罪犯劳动由室外转向室内。掀起了全国性的监狱布局调整，其目的是从全局上下决心改善中国监狱的执法、监管、改造、生活条件，减轻监狱"办社会"的负担，强化监狱的刑罚执行职能。2009 年司法部在对山西、福建、云南、吉林、海南、陕西六省 15 个监狱布局调整建设情况检查的基础上，于 2010 年出台了《关于进一步加强监狱布局调整工作的通知》，就组织领导、落实专项资金、项目监督审计等方面提出明确要求，将监狱布局调整的工作重心由建设转向监督、由体量转向质量、由健全硬件转向完善体制机制上来，成为新一轮监狱布局调整的指导性文件。2002 年 12 月，原建设部、原国家计委批准发布了由司法部编制的《监狱建设标准》，为新建、扩建、改建监狱提供了依据。为了进一步推进监狱布局调整、监狱体制改革工作，根据国务院领导的批示精神，2006 年 4 月，国务院召开由相关部门参加的研究监狱布局调整、监狱体制改革会议,并形成《研究监狱布局调整和监狱体制改革试点有关问题的会议纪要》(以下简称《纪要》)。《纪要》在保证建设资金、建设用地、减免建设收费、落实专项经费等诸多方面给予了一系列优惠政策,有力地支持了监狱布局调整建设。2006年12月,司法部部长在全国司法厅(局)长会议上进一步明确了监狱布局调整的目标,即布局合理、规模适度、分类科学、功能完善、投资结构合理、管理信息化。

监狱布局调整使得监狱布局日趋合理,给监狱工作带来了深层次、全方位的影响和变化。布局调整后的监狱面貌焕然一新,执法环境和条件得到很大改善,促进了监狱物防技防能力的提高,确保了监狱的安全稳定。

(十)监狱体制改革

中华人民共和国成立以来,中国的监狱管理体制一直沿用"监企社合一"的模式,随着改革开放的深化和社会主义市场经济的发展,这种监狱管理模式已经不能完成其所担负的职能,弊端日益显现。所谓"监企社合一",就是监狱与监狱企业"两块牌子,一个班子",即监狱与监狱企业名义上是两个机构,两块招牌,但实质上却是一套人马;同时,监狱还承担了本应由社会承担的部分职能,办医院、学校,有的监狱甚至还设立了公安派出所和法庭。用历史的眼光看,"监企社合一"的管理体制,在计划经济时期,有其存在的合理性。由于监狱经费保障不足,布局不合理,经费保障主要采用"以收抵支""大包干"模式,有利于弥补国家对监狱经费保障的严重不足;监狱办社会,在全国众多监狱布局不合理的条件下,也能适当减轻社会的负担。一言以蔽之,"监企社合一"是计划经济体制的产物,与计划经济体制是相适应的,为改造罪犯、维护社会稳定做出了历史性的贡献。

在此背景下,2003年1月以国务院批转《司法部关于监狱体制改革试点工作指导意见》的文件出台为标志,正式启动了中国的监狱体制改革试点工作,试点以"全额保障、监企分开、收支分开、规范运行"为目标,着力解决几十年来监企混合导致刑罚执行职能受到严重干扰和弱化的体制弊端。同年2月,选取上海、江西、黑龙江、陕西、湖北、重庆进行试点。2007年11月,国务院印发了《国务院批转司法部关于全面实行监狱体制改革指导意见的通知》,决定从2008年起在全国实行监狱体制改革。经过体制改革,监狱工作取得了明显的成效,据统计,2010年全国监狱押犯数在高达165万的压力下,罪犯脱逃第一次降到个位数,2011年全国监狱安全生产事故死亡人数为历史最好水平。2012年司法部对监狱体制改革进行全面检查验收,体制改革的主要任务已基本完成,工作目标基本实现,公正廉洁文明高效的现代监狱新体制已基本形成。❶

(十一)现代监狱

基于社会发展对于监狱行刑职能的实践要求,监狱系统在不断巩固和深化已有的改革发展成果的基础上,近年有的省份提出了建设现代监狱的目标任务,并根据区位优势和社会经济发展整体规划,按照实验提经验、复制再创新的路径,着力推进现代监狱建设进程。现代监狱是在遵循社会发展规律和适应现代社会发展态势的基础上的自我完善

---

❶ 李豫黔. 刑罚执行理念与实证——亲历中国监狱改革30年 [M]. 北京:法律出版社,2012:4-5.

与创新发展。现代监狱与现代化文明监狱，这两者的性质是相同的，是一个事物的两个方面。现代化文明监狱更注重结果，现代监狱更注重现代的建设过程，指所在时代监狱发展的目标。现代监狱区别既往监狱的标识是形态更加完备，等级监狱规划与建设基本实现；布局科学规范，功能更加精细；体系更加完善，运行安全有序；警察更加精良，执法能力满足社会法治要求；行刑文明开放，社会支持更加融洽；治理更加有效，惩罚与改造罪犯的核心职能得到更好履行，刑罚的社会公平正义得到更好彰显，罪犯回归社会得到社会认同，人民群众更为满意。

（十二）治本安全观

为贯彻落实中央全面深化改革领导小组（2018年更名为"中央全面深化改革委员会"）第三十三次会议有关精神，2017年5月，司法部决定将深化监狱体制改革纳入司法行政改革任务，要求从底线安全观向治本安全观转变，切实提高教育改造质量，要在改造罪犯成为守法公民上加大监管机制改革的工作力度。"治本安全观"意在通过解决根源问题来消除安全隐患，其本质要求在于提高罪犯教育改造实效和监狱管理质量。"底线安全观"即稳定压倒一切，实现"四无"（无罪犯脱逃、无重大狱内案件、无重大疫情、无重大安全生产事故）目标，但绝不意味着消除一切隐患；"治本安全观"是在守住安全底线的基础上根除安全隐患，实现监狱各项事业长期、全面的稳定和发展。教育改造罪犯是监狱的本职，要把罪犯改造成守法公民，就是要坚持和贯彻"惩罚与改造相结合、以改造人为宗旨"的监狱工作方针，全面加强罪犯思想、文化、职业技能、心理健康和出入监教育；就是要加强罪犯心理危机干预、心理矫治和危险性评估工作，综合运用定量、定性、循证矫正等方法，提高教育改造工作专业化水平；就是要搭建监狱与社会互通共建平台，运用社会力量帮助罪犯改造，加大罪犯职业技能培训和就业指导，促进刑满释放人员有效适应和融入社会。

第二节 监狱文学

文学的艺术价值、审美价值和社会价值毋庸置疑，而监狱文学作为其中的一个特殊成员，具有其独特的标识与魅力，但对这一独特的文学形态的研究却并不多见。鉴于此，本节将对中国监狱文学的界定、嬗变、特点和价值指涉进行较为全面的梳理。监狱文学是有别于公安文学、刑侦文学、法制文学、犯罪文学的一种独立成熟的文学类别；从古代文学中不自觉的监狱叙事到蓬勃发展的"十七年文学"，再延续到新时期的多样化表现，中国监狱文学的发展历程中留下了很多兼具文学性和社会性的成功作品；这些作品有着相似的题材设置，集中的人性表达以及特定身份的书写者；又因为时代的发展和书写内容的不同倾向性，中国监狱文学，尤其是新时期的监狱文学表现出了尊崇主流价值取向、不容忽视的边缘情结和基于哲思的类型拓展等新的时代特点。

一、监狱文学的界定

文学的历史源远流长，追溯文学的定义会发现古今中外对文学有着各种不同的解读。先秦时代，人们将文学定义为文章博学，《论语·先进》中的"文学，子游、子夏"

即取此意。一直到了魏晋时期，文学才被赋予了与今天相似的意义，指有文采的语言作品。在外国文学史中，文学也被赋予了不同的意义。马克思认为"文学是一种审美的意识形态"；高尔基认为"文学"即为"人学"。

文学是指作家以语言文字为工具来塑造艺术形象，反映客观现实，表现作者独特审美感受的一种艺术样式。

监狱文学由来已久，古代文学中已有对于监狱生活的片段性展示，只是鲜有真正意义上的监狱文学作品。到了20世纪的"十七年文学"，《红岩》等作品就开始以监狱叙事为主，从此监狱文学开始真正走上当代文学的舞台。

监狱文学是以监狱为情节发展的主要环境，以监狱人物和生活为主要内容，并能够表现作者对监狱生活认识和理解的一种文学形式。这是一个宽泛的概念：首先，在体裁上，它可以表现为小说、诗歌、散文、剧本等各种文学样式；其次，在监狱的界定上，也可以包括监狱、看守所、戒毒所、未管所等，是国家执行专政职能的一种物化状态；最后，监狱人物可以是监狱警察、服刑人员以及与之紧密联系的各色人物。

监狱文学不同于公安文学。公安文学所反映的主要内容是公安的工作与生活，不涉及监狱这一范畴；其塑造的形象主要定位在公安警察身上，这也不包括监狱警察；并且很少涉及"高墙内"的具体描写，即便出现，也是作为"配角"一笔带过。

监狱文学不同于法制文学。法制文学是一个较为笼统的范畴，它基于法律，表现各个方面的法制题材，这就囊括了法律实施的各个阶段，在一定层面上，甚至可以说法制文学就是法律的艺术表现形式。而监狱文学所表现的主要集中在收监阶段，虽也伴有其他阶段的叙事，但往往居于从属地位。

二、监狱文学的嬗变历程

从中国古代一直到20世纪60年代，监狱一直被视作一个黑暗的代名词，大家想到监狱，就会想到酷刑，想到冤假错案，就会想到凶神恶煞的统治者。但随着社会主义制度的完善，监狱虽然依然具有专政职能，但它不同于之前任何时期的监狱，它追求的是劳动改造，最终目的是使罪犯重新做人。中国监狱理念的改变也影响到不同时期的监狱文学的发展。梳理中国监狱文学的发展历程，大致可以分为三个阶段。

（一）监狱文学的积淀孕育期

原始社会后期，为了维护少部分统治阶级的利益和社会的正常秩序，中国就已经出现了监狱。中国古代文学作品中，很早就出现关于监狱的记录，如《诗经·小宛》中就有这样的诗句："交交桑扈，率场啄粟。哀我填寡，宜岸宜狱。"马瑞辰的《毛诗传笺通释》言："岸，讼也。"谓与"犴"通，犴，狱也。诗中已经表现出了监狱的惩罚功能。此后，古代文学作品中关于监狱的叙事多有出现。魏晋南北朝时期的《世说新语》中很多条目都与监狱有关："夏侯玄临刑""裴叔则被逮"等；而元代的《窦娥冤》更是人尽皆知的经典监狱作品，其中描写的窦娥的旷世奇冤影响深远；到了明清时期，《水浒传》、"三言二拍"等作品中都有涉及监狱元素的叙事，其中清初方苞的《狱中杂记》是古代监狱文学的代表之作，作者根据自己入狱的真实体验，将监狱生活纪实性地展示在作品中，揭示了当时监狱的黑暗内幕。

从某种意义上来说，中国古代文学叙事中基本上没有出现过真正意义上的监狱文学，整个中国古代文学史上很少出现真正以监狱作为主要表现对象的作品，在古代文学中，尚未出现具有自觉意识的监狱文学作品。但是，有些作品中的监狱叙事却也开始出现监狱文学的构成因素，为以后监狱文学的发展埋下伏笔。

（二）监狱文学的萌芽发端期

随着监狱的现代性变革，中国近现代文学作品中的监狱叙事开始发生变化，一方面作品中的监狱延续了古代文学中监狱意象的恐怖性，另一方面开始出现具有自觉意识的监狱文学作品。清末李伯元的《活地狱》是晚清谴责小说中的上品，全书由十五个各自独立的短篇小说组成，作者以犀利的笔锋揭露了官僚的贪婪无耻，衙役的横行无忌，刑罚的残酷恶毒。如果说李伯元是全景式地向官僚机构猛轰的第一人，那么，《活地狱》应为特写式地集中暴露监狱（衙门）黑暗的第一书。以此为契机，中国现代文学中监狱文学开始发展起来，反映监狱生活、表现监狱主题的各种体裁的作品纷纷呈现出来。鲁迅在很多作品中有意识地表现监狱叙事，《药》中夏瑜在监狱中的情节，既表现了革命者在监狱中的坚定意志，也讽刺了当时监狱的黑暗现实。陈独秀也曾在狱中创作了大型叙事组诗《金粉泪》。身陷囹圄并重病缠身的方志敏在《可爱的中国》中，用优美动人的语句让迷惘者觉醒，给沉沦者力量。

这一时期的监狱文学相较于古代文学中的监狱文学，发生了很大的变化：作品真正开始对监狱生活进行自觉意识创作，力求向世人展示那不为人知的神秘世界；作品数量明显增多，很多有过入狱经历的作家对黑暗的监狱生活赋予了多方面、多层次的解读。

（三）监狱文学的蓬勃生长期

中华人民共和国成立后的"十七年文学"，监狱文学迎来了其发展的春天，优秀的监狱文学作品纷纷登上文学史的舞台。其中比较有影响力的有《红岩》《青春之歌》《小城春秋》《清江壮歌》《监狱里的斗争》等。《红岩》以国民党的黑暗监狱的代表"渣滓洞"作为情节发生的主要环境，不仅表现了监狱里极其恶劣的生存环境，也突出展示了监狱生活的暗无天日，形同人间地狱，而生活在这样极端境地下的人物却闪耀出人性的光辉，展现出坚定的革命意志。《青春之歌》看似讲述了革命女青年林道静的成长历程、爱情故事，可是其中主人公两次入狱的经历是其在革命道路上的重要转变，也带着监狱文学的影子。

三、监狱文学的特点

从古代文学中散见的监狱叙事，到"十七年文学"中的《红岩》，再到新时期多元发展的监狱文学作品，监狱文学的发展虽不显蓬勃之姿，但却也如涓涓细流，演绎着自己独特的风韵，承载着不可替代的文化功能。

中国监狱文学在每个发展时期都展示出各不相同的阶段性特点，但若循着监狱文学作品的足迹，会看到它们还是呈现出很多有别于其他文学形式的共通点。不论是古代文学中片段式的黑暗牢狱描写，还是"十七年文学"时期监狱文学中展现的英雄化叙事，监狱文学始终具备有别于其他文学类型的典型风格特点。而到了新时期，不论监狱文学是否枝繁叶茂，其作品的丰富性和广泛性却是毋庸置疑的。综观新时期的监狱文学作品，既有以监狱管理者为主体书写者呈现的具有鲜明主流意识形态的文学样式；也出现了为数不少的脱离了主流文化范畴，以追求经济利益为目的而产生的，展示监狱"黑暗面"，表现监狱"暴力美学"的边缘监狱文学；还出现了一批以监狱作为研究客体、研究对象，以学术研究作为主要目的，致力于从文学作品中揭示监狱发展规律的研究型文本。❶

第三节　监狱艺术

监狱艺术作为监狱文化中引人瞩目的亮点，一直得到人们的普遍关注，其包含内容和表现形式也随着社会综合艺术的不断发展而愈加多元。在特定环境背景下发展起来的监狱艺术，除包含一般艺术类型普遍存在的基本特性外，还同时存在着其身处特殊环境中所具有的一些独特内涵。细数国内外监狱艺术的发展历程及现状，不难看出其中既存在不谋而合之处，也因为社会背景文化不同而出现各自的表现个性。在新时期，中国的监狱艺术正随着现代监狱全面快速发展，在监狱建设的各个方面发挥着自己的独特功能：为帮助囚犯塑造健康人格顺利回归社会、确保监狱各方面工作高效有序进行、向社会大众展现科学文明的现代监狱及人民警察形象，发挥了不可替代的重要作用。

本节主要从监狱艺术的概念、表现形式、发展历程、现状、特点、功能等方面综合论述其存在价值和意义，并为其将来发展和研究提出一些想法和展望。

一、概述

监狱艺术即监狱之艺术，"监狱"二字对艺术表现内容和空间区域作出了限定，也就是说，监狱艺术主要是反映监狱生活的艺术，而对于其他因素并未作出限制，即可以运用各种艺术形式进行艺术创作。监狱艺术是监狱文化建设中的重要组成部分，属于其中精神文化的范畴，经常作为监狱文化的主要展示平台和窗口。近年来，它对监狱形象的积极作用日趋凸显。同时，监狱艺术也可以从一个侧面反映出社会大环境的时代特征。

（一）艺术的内涵

艺术不是空中楼阁，它是人类运用一定的形式创造出美的精神产品的实践活动，用以反映社会生活。艺术的内涵可就其实践过程、表现形式和作品内容进行诠释。

艺术实践过程。依据艺术的概念可以将艺术作为一种完整的实践活动过程来理解分析，将其划分为"内化—创作—表演（二次创作）—欣赏"四个阶段，其中第二阶段（创作阶段）有时会和第一阶段（内化阶段）紧密联系在一起（相连），不作为单独的过程来呈现。第三阶段（表演阶段）主要指的是将创作过程重复展现的一个过程，因此也会被称为二次创作，在某些艺术形式特别是各种表演艺术（例如音乐、舞蹈、戏剧等）中是作为艺术最重要的表现内容来欣赏的；但在另一些艺术形式（例如建筑、绘画、文学等）中，这一阶段往往会被省略。

艺术表现形式。艺术按其呈现的方式不同，可以划分为很多不同的艺术形式，也可称为艺术门类。艺术的门类，艺术门类根据其依据的标准有不同的划分方式。依据艺术形态的创造方式，可将艺术门类分为四个类型：造型艺术，主要包括绘画、雕塑、摄

---

❶　李田. 监狱文学的特点与审美指涉［J］. 犯罪与改造研究，2018（1）：77-82.

影、建筑等；表演艺术，主要包括音乐、舞蹈、戏剧等；语言艺术，主要包括文学的各种样式；综合艺术，主要包括电影等。随着时代的不断发展，科技的快速更新，各种艺术形式之间不断融合，搭载着新媒体展现出更加丰富多彩的综合艺术形式，艺术和生活之间的界限也越来越模糊，崭新的艺术形式不断涌现。例如，数码艺术（数码绘画、数码摄影、电脑音乐等）、网络艺术、生物科技艺术等。

艺术作品内容。艺术作品的内容来自创作者自己对生活的认识、体验和理解，是客观现实世界按照创作者的审美感知、情感、意志进行艺术再现。艺术作品的内容中会反映出创作者的内心世界，但"一千个人可以看到一千个哈姆雷特"，艺术作品展现的并不仅仅是可以直接感知的那部分内容，其中往往还蕴含很多深层次的寓意，即艺术作品的主题与内涵，这些都是艺术的魅力所在。

（二）监狱艺术的概念

广义上，一切和监狱有关联的艺术形式都可以被称为"监狱艺术"，包含艺术实践过程、艺术表现形式以及创作完成的艺术作品等只要与"监狱"有关，或是艺术创作者是监狱之人，或是描绘及反映的内容与监狱生活有联系，甚至包括教育改造囚犯的过程本身都可以纳入监狱艺术的范畴。

狭义上，特指由在监狱中生活或深入了解过监狱内部情况的个人或团体，根据其在监狱中的生活、见闻、感受等作为创作基础和灵感来源，有感而发，创作完成的艺术作品。这些艺术作品的突出特点是艺术作品的整个实践过程、表现形式以及作品内容主题，即创作的背景、围绕的主题、描绘的范围、反映的内容、创作及参与表演的人员等各方面因素都与监狱环境、工作和生活密切相关。本节中的监狱艺术主要指其狭义概念。

中国新时代的优秀监狱艺术作品拥有无可比拟的影响力和感染力。创作者通过创作表演反映监狱内工作和生活的艺术作品，描绘囚犯在监狱人民警察的教育引导下积极改造，期待新生，宣传监狱民警的奉献精神和感人事迹，反映监狱生活状态和人文精神，不仅让监狱中的人们通过向社会展示监狱艺术，而且能够让监狱外的人们——社会大众感受监狱中也存在着人性的温暖，看到新时期的现代化文明监狱。

（三）监狱艺术的主要表现形式

由于监狱艺术诞生的土壤比较特殊，受到各种客观、主观条件的限制，传统监狱艺术往往没有特别复杂的表现形式。根据目前整理的相关资料，按照人们进行艺术实践活动所期待的主要目的及参与人员的不同可划分为教育改造型、警察文化型、社会娱乐型（面向社会大众）三种表现形式。

教育改造型监狱艺术（注重实践过程）。此种艺术形式是监狱中最重要和最常见的监狱艺术形式，其主要创作目的是通过艺术实践活动，引导帮助囚犯从艺术创作的过程中获得真的感觉、善的体验和美的表达，获得改造的积极动力。此类活动尤其强调在创作、表演、欣赏等不同过程中实践体验的获得，这主要依赖于艺术的感化、教化功能得以实现，常见的形式包括"文艺演出""帮教活动"等形式，其参与人员包含民警、囚犯和与监狱有合作的专业艺术团体及个人，面向的实施对象主要是囚犯。例如：囚犯在专业人员的指导下，学习制作一些艺术品或是学习掌握某种艺术表演、制作技能，比如乐器演奏、绘画、声乐演唱、舞蹈、雕塑、制作工艺品等，在一些监狱还会邀请专业的戏剧专家排演各种舞台剧，不仅可以帮助少数有艺术特长的囚犯获得积极的参与体验，同时也能够通过他们的文艺演出，带给广大囚犯以感官欣赏体验。

警察文化型监狱艺术。监狱警察文化建设是监狱文化建设中的重要基石，因为绝大多数的监狱文化活动开展都依赖于监狱警察自身的文化艺术素养和具体工作，因此警察文化型监狱艺术应当成为现代监狱建设中不容忽视的重要环节。同时，外部社会的人们想要了解监狱这样一个相对封闭的环境，警察文化型监狱艺术，就是最好的展示窗口。由此可见，警察文化型监狱艺术的参与人员主体为监狱人民警察，有时也包括囚犯和社会艺术方面的合作专家，而面向的展示对象主要为社会大众。随着各级部门的重视，监狱现代化进程加快，大量优秀的警察文化艺术活动和艺术作品依托新媒体，以崭新的形象来到大墙外面的人们面前。这些文艺活动和艺术作品充分展示了监狱人民警察的精神风貌，表达了囚犯期待获得新生的愿望，也使社会大众对大墙里的世界多一分了解，对监狱工作多一分理解、支持和尊重。

社会娱乐型监狱艺术。这种类型的监狱艺术主要是由专业艺术创作团队或个人，根据不同国家、不同历史时期、不同性质的监狱，在其内部工作、生产、生活等各种场景中的人、事、物中广泛搜集素材，根据社会大众的娱乐关注点以及个人创作风格，为实现一定的艺术价值或商业目的，对基础素材进行较多艺术加工，最终创作完成的艺术作品。一般通过某种特定的视角来表现"监狱"这一特殊场所在某一方面的侧影，通常会采取表演、展示、播放等方式来让社会各个层面的人群感受、体会，这种体验主要依赖于艺术欣赏的审美功能得以实现。此类型的一些代表作品，因其独特艺术魅力，往往引起较大的社会关注和影响。

除此之外，运用音乐、美术等艺术表现形式，采取歌唱、倾听、参与、实践等方式作为治疗手段对囚犯进行心理及生理的系统干预，即艺术治疗及音乐治疗也是近年来国内外发展迅速，并日益受到关注和重视的监狱艺术类型。

二、监狱艺术发展历程和现状

监狱历来为世人所厌恶，认为其中藏污纳垢，是集中世间丑恶之处；而艺术则被公认为凝聚了世间一切真善美的精华，似乎和监狱是两个极端的产物。但监狱其实是人类文明的产物，现代监狱不仅仅是惩罚囚犯的场所，同时也是教育人、改造人的重要环境，将囚犯转化为社会的合格公民这个过程本身也就是将"丑"变为"美"的艺术实践过程。因此，这里也并不是人们刻板印象中旧监狱那样黑暗、恐怖的"地狱"，在这里也有不少值得记录和展示的美处，在这里的人们大多也都怀揣对美的追求和向往，他们中的一些人也在不断创造着美的事物，监狱艺术在其中成为传递真善美、传递爱的使者。古今中外有不少艺术创作者将监狱生活作为艺术创作的内容，并且留下很多优秀的艺术作品。在建设现代监狱的过程中，监狱文化建设得到空前的关注，人们越来越多地从工作和生活中发现创作源泉，获得创作灵感，搭建表演和展示的舞台，在这个过程中涌现出丰富多彩的艺术作品，监狱艺术也随之不断发展、不断进步，走向繁荣。

（一）国内监狱艺术发展历程

古代监狱艺术——萌芽阶段。古代社会对监狱艺术关注度不高，现存历史资料非常少，当时的主要艺术作品形式为具有实用价值的监狱建筑（实用艺术）、有象征意义的雕塑以及作者在狱中所创作的文学作品。一些专业创作者在其戏剧作品中有时也会将监狱生活情景作为某个剧情场景进行创作。例如，明代小说家冯梦龙撰写的白话小说《玉堂春落难逢夫》，其中就有苏三在洪洞县蒙冤落难因于监狱的段落。后被京剧和许多地方戏曲改编为《苏三起解》，广为流传。在京剧剧本里的第一场，就是从苏三在监狱中的悲惨遭遇开始的。给人留下的印象是监狱内部非常阴森恐怖，但其中的狱卒"崇公道"却是一个比较正面的形象。这个时期的监狱艺术作品零星出现，主要是一种自发的行为，多是反映当时黑暗的牢狱生活和表达身处监牢中痛苦、抱怨的情感体验。

近现代监狱艺术——缓慢发展阶段。从清末到民国直至中华人民共和国成立前，在这段时间里，中国一直处于战乱、动荡的时期，外部社会尚且复杂、混乱，监狱内部更是成为"人间地狱"，何谈艺术？直至抗战期间，大量的革命志士因各种政治原因，被囚禁在日本、国民党监狱中，虽身处逆境，仍向往光明。他们结合自身的遭遇创作了数量众多的进步诗篇、歌曲等艺术作品。

新中国成立后，也有一些描写或重现当时历史的一些文学作品，以及根据这些作品创作或改编的戏剧作品和影视作品，其中《红岩》是其中较著名的作品之一，作者是曾被关押在国民党集中营的幸存者罗广斌、杨益言。后有艺术工作者根据《红岩》改编、创作了电影《在烈火中永生》，以及歌剧、豫剧《江姐》。其中歌剧《江姐》中的《红梅赞》《绣红旗》等歌曲成为经典之作。该作品艺术再现了优秀共产党人在国民党重庆白公馆、渣滓洞等监狱中的经历，展现了革命先烈们临危不惧、视死如归的大无畏精神，"红岩精神"也成为一代人巨大的精神力量。

当代监狱艺术——蓬勃发展阶段。20 世纪 90 年代至今，由于有正确的教改理念引导，以及监狱系统乃至司法行政系统对监狱文化建设的重视，各级监狱单位都陆续设立专门的文化宣传及教育部门对该项工作进行领导、引导、指导和督导，例如，面向民警的"宣教部门"和面向囚犯的"罪犯教育改造部门"，同时重视加强与外界的沟通与合作，与社会文化艺术团体和组织合作开展艺术交流活动，共同致力于监狱艺术的发展与建设。监狱艺术作为监狱文化建设的重要组成部分得到迅速发展，各种形式的艺术作品层出不穷，各种艺术表演、活动积极开展。特别是近几年来，随着科技创新的日新月异，各类新媒体不断涌现，新的创意、新的载体带来了当代监狱艺术的蓬勃生机。例如，从司法部到各省监狱管理局，再到各监狱，各级部门除传统公共网站的建设以外，还建设微信公众号等新媒体平台，并定期向公众推送监狱相关文化艺术信息；一大批展现现代监狱建设的微电影、宣传片、专题片、情景剧、歌曲 MV 等综合艺术作品层出不穷，共同致力于监狱积极正面的形象塑造，其中不乏优秀之作，获得艺术权威的广泛认可。

（二）国外监狱艺术发展现状——形式多样，注重参与

相较于国内监狱丰富多彩艺术表演活动的大量相关报道，能够查阅到专题研究国外监狱艺术的文献资料较少，在其他各类文献中也很少提及监狱艺术的相关内容。从现有

的资料来看，国外监狱艺术的形式以支持囚犯广泛参与艺术创作、表演和欣赏各类艺术活动为主，主要目的是帮助他们打发无聊时间，消除心理障碍，重塑健康人格，为重返社会打下基础等。此外，在西方国家以监狱作为故事背景的影视作品也并不鲜见，而将监狱中囚犯的艺术创作或表演活动作为一种噱头来吸引人们眼球的新闻也时有报道。根据开展监狱艺术各项实践活动形式的不同，可以大致将其划分为以下几种情况。

开设艺术课程。一些国家的监狱管理部门会设专项基金来为囚犯开设各类课程，内容包括就业辅导、技术培训、文化素养等，其中最受欢迎的一类就是艺术课程。例如，在美国加利福尼亚州的一所监狱，从20世纪90年代起就开始给囚犯开设各种艺术课程，虽然后来由于资金紧张而被迫停止，但为缓解日益增长的犯罪率，缓解监狱爆满的压力，从2012年起，管教改造局又重新划拨专项资金，支持艺术课程继续开展，并在两年内投入资金250万美元用于在全加州的监狱中开设戏剧、绘画、诗歌等课程。

开展艺术创作。囚犯在狱中的心理健康状况越来越受到重视，监管部门也开始允许和鼓励他们在空闲的时间进行艺术创作，用以缓解精神压力，促进身心健康。例如，美国纽约一所监狱里的服刑囚犯使用很多独特的材料，比如厕所的卫生纸、用咖啡制作的颜料等，进行了一系列的艺术创作，制作了大量各种风格、类型的艺术品，通过创作这些具有美感的东西，来获得心灵的寄托，并表达出自己的内心感受，从而更好地迈向新生活。

组织艺术表演活动。一些监狱特别是女犯监狱通常会在监狱中组织表演活动，有时也会挑选一部分较具表演能力的囚犯组建表演团体，并进行集中训练，通过引导参与表演和观看表演的囚犯在此过程中共同感受到美的存在，寻求美的真谛。例如，哥伦比亚首都波哥大的一所监狱曾举行过选美比赛，参加者均为正在服刑的女囚犯，大家参赛非常踊跃，展现女性积极追求美的天性。

实施囚犯娱乐计划。在外国，尤其是在西方国家的监狱中，普遍设置有"囚犯娱乐计划"，并按此计划开展娱乐活动，主要包括体育和文化艺术活动两大类。其中，文化艺术活动内容丰富，开展普遍，形式多样。于1876年建成启用的美国埃尔迈拉教养院是给犯人提供多样化娱乐和闲暇时间计划的第一所监狱，该计划就包括艺术计划。而在美国各监狱普遍实施的娱乐计划也都较有代表性，例如包含演奏乐器、陶瓷艺术品制作、绘画、新秀发掘表演和戏剧表演等，有时还包括监狱外志愿者带来的艺术表演或是音乐节。❶

除此之外，从一些外国监狱建筑以及内部环境的整体设计、布置和装饰等图片及其介绍性文字中可以看出外国监狱对环境艺术也非常重视。

（三）国内监狱艺术实践现状

当前，现代化文明监狱已成为中国监狱总体努力的方向所在，监狱艺术作为监狱文化建设中的重要组成部分，对监狱正面形象的塑造和展示，具有不可替代的作用。

从各省司法行政网、监狱网的调查结果显示，各监狱近年来普遍比较重视和鼓励监狱艺术作品的创作、展示、表演和欣赏，不仅整体数量上逐年递增，而且在展示及表演

---

❶ 王志亮. 外国监狱的囚犯娱乐计划[J]. 河南司法警官职业学院学报，2010，8（4）：9-10。

形式上不断创新，参与人员范围和活动规模都在不断扩大。尽管有些并没有直接将"监狱艺术"单独作为活动的名称或主题，但从活动的具体介绍文字和图片内容中可以非常清楚地看到其中包含各种类型的艺术实践活动。

监狱人民警察队伍是监狱工作开展的主要支持力量。警察群体组织、创造的各类艺术作品是监狱艺术的重要组成部分，也是展示警察文化较具代表性的内容之一，越来越得到广泛的关注和重视。监狱人民警察艺术主要包括监狱警察艺术作品的创作欣赏、监狱各类艺术活动的组织开展等。监狱内几乎所有的文化艺术活动也都是由监狱人民警察组织开展的，从这个角度来说，监狱艺术的迅速发展很大程度是得益于新时代监狱人民警察对于监狱精神文明建设的重视。例如，在监狱人民警察的组织和指导下，由囚犯设计制作各种工艺美术作品广泛应用于各监区的生产场所、监房、食堂以及狱内广场、长廊等的内部环境布置，成为营造监狱内整体文化艺术氛围的首选。

社会专业艺术团体与监狱的合作和对监狱的支持日益广泛，共同推动了监狱艺术的发展。一些艺术团体、学校、艺术家、学者将爱的目光投向大墙深处，用实际行动为囚犯带来社会的善意。

新时代的监狱文化建设已成为监狱建设中的一项重要内容，也是衡量其是否符合现代化文明监狱的标准之一，已经成为各级领导和基层民警的一项常规工作内容。而监狱艺术通常作为监狱文化中的重要组成部分，也日益受关注，经常以"某监狱文化艺术节""某监狱文化艺术活动""某监狱文化艺术团体"等形象出现在人们眼前，我们也经常将文化和艺术混为一谈。诚然，这两者有很多相似之处，但并不完全相同。文化包含的范围更广更杂，例如监狱形象文化、物质文化、行为文化、制度文化、精神文化等。而艺术的内涵更窄、更专业，属于监狱精神文化的一部分。"监狱文化艺术节"作为集中进行艺术创作、表演和欣赏的综合舞台，形式内容多样，不断创新，已成为今天国内各监狱竞相采用的监狱艺术活动，体现出常态化、多元化、品牌化，有些监狱早已将其作为监狱文化建设常态化工作的中心环节来开展。

根据国内外监狱艺术的现状可以看出国内外均注重监狱艺术对在监狱内部工作和生活的人群所产生的潜移默化的作用，认同监狱艺术能够对囚犯产生积极、正面的影响，积极组织各种形式的艺术活动，监狱与社会组织之间的各种合作也愈加广泛和深入。但国外监狱更强调艺术创作行为的普遍参与和体验，国内更注重更加专业的艺术作品的创作、表演与欣赏，例如组织少量较专业的人员进行艺术创作和表演，大部分人则作为欣赏者，即观众。国外监狱对囚犯的艺术创作和表演更关注，而国内监狱除重视囚犯的艺术活动外，还重视监狱人民警察艺术的系统建设。近年来，中国监狱加强与国外监狱的参观、交流、调研和学习，逐渐将重心从欣赏（观看，作为旁观者）艺术作品向普遍参与（创作及表演，作为实践者）的艺术类型转移。

（四）监狱艺术发展前景

展望未来，监狱艺术必将随着监狱文化建设的发展，越来越受到广泛的关注和重视，必将成为监狱文化建设与日常工作中不可或缺的重要环节。

内容上，描写的内容更加丰富立体，表现的主题愈加深刻。从原始素材的积累到作品题材的提炼加工，再到融入创作者思想内涵的作品主题，每一个细节的雕琢，每一个环节的把握，每一个高潮的设置与推敲，作品更加真实，更加生动。近些年来，涌现了大量的优秀监狱艺术作品，这些作品将思想道德教育、传统文化教育、心理健康教育等诸多元素融为一体，对囚犯的积极改造发挥良好的促进作用，同时给监狱较为沉闷枯燥的工作和生活增添了一抹亮色，通过组织表演及新媒体展示，也影响了很多监狱内外的人们。

形式上，从比较单一的、传统的艺术门类向多种艺术形式多元化、综合化、现代化的方向发展。现在，各种传统的艺术门类在不断碰撞、融合，集体创作和表演、综合展示等多种创作与展示手段不断更新，包括新媒体的加入，这是当代社会艺术形式的发展趋势，同时也是监狱艺术创作形式更新的重要特点。虽然监狱艺术目前尚未成为社会关注的焦点，但作为监狱文化的重要组成部分，其在监狱工作中的重要作用和地位已日益凸显。监狱艺术未来也必将成为监狱向社会展示自己存在感的一张重要名片。

开放性，艺术依托新媒体，监狱文化更开放。将来的趋势是各监狱更注重以警察文化作为主要表现内容来传播正能量，同时借助网络新媒体发掘监狱中的教育改造亮点，让监狱外的人走进来，参与表演和欣赏表演；塑造正义的监狱人民警察形象，让社会民众看到一个更加公正文明、透明开放、充满人性光辉的现代化文明监狱。同时也帮助囚犯体会重生的希望，获得丰富的情感体验，树立积极乐观向上的生活态度，积极改造，减少犹豫和彷徨，早日重返社会，成为一名合格的守法公民。

参与性，注重参与体验，人人享受艺术。将来，监狱人民警察艺术与囚犯艺术并重将成为监狱艺术的主题。现在，这种趋势已初现端倪，不少监狱纷纷开展全员参与、形式多样的艺术活动，监狱民警和囚犯都有参与和展示的空间和舞台。注重陶情励志，强化全员文化活动拓展，丰富群众文艺活动。坚持低门槛、小成本、大众化，寓教于乐，寓教于趣。这些都强调了广泛参与、全员参与的特性。

三、监狱艺术的特点和功能

（一）监狱艺术的特点

多元性。多元性表现为参与创作的人员多元化，创作的题材多元化，表现的主题多元化。创作者可能来自各种环境，也可能是各种身份，例如，监狱人民警察、警嫂、囚犯、专业的艺术创作者、来自社会各个层面的志愿者等。创作的艺术作品形式也越来越丰富多样，推陈出新。表现的内容也不仅仅是反映封闭的教育改造工作和生活，还有更多与社会接轨的开放型主题与题材。

特定性。监狱艺术是由特定人群，身处特定的环境，创作反映特定社会现象，表达特定的思想情感的艺术作品。大多是由与监狱相关之人创作，即监狱人民警察、囚犯以及曾经在监狱中服刑过的人员。当创作者是后两类人群时，由于身处监狱时的身份特殊，往往对监狱怀有的感情比较特殊，因此很多时候反映的监狱生活比较片面、主观。而另一些创作者，只是通过一些间接的方法了解部分监狱情况，对监狱的描写很多源于想象和不够客观的描述，这时，其完成的艺术作品也可能不够客观，甚至与真实的监狱存在较大的差异，因此带有一定的思维局限性。

实用性。艺术的审美与实用功能共同体现了艺术的价值，但在监狱艺术中显然更注重其实用性,比如通过艺术创作与欣赏,引导囚犯确立正确的审美观,塑造健全的人格,唤起对生活的热爱,培养高尚的情操等。监狱的本质属性决定了监狱艺术只能是为监狱教育改造工作提供必要的补充和辅助,无论是国外的"囚犯娱乐计划"抑或国内的"监狱文化艺术节",都是如此。

(二)监狱艺术的功能

发展监狱艺术有利于体现人文关怀。艺术实践活动能够将监狱与社会艺术团体通过艺术创作、学习和表演等方式进行联系和沟通,教育感化囚犯,同时也让社会了解监狱内部管理艺术。例如,吉林省女子监狱有着一支由平均年龄 55 岁以上囚犯组建的"不老合唱团",一些艺术家走进监狱,对合唱团的演唱进行了专业指导,从简单的发音入手,一遍又一遍不厌其烦地指导大家。囚犯李某感叹:"艺术家能到监狱帮我们这些特殊'业余演员'进行专业的指导,我们倍感温暖,就冲着社会各界人士对我们的这份关怀,我们一定好好改造,将来有机会也要回报社会。"

推广监狱艺术有利于囚犯回归社会。如果说入监服刑有一个监狱化的过程,那么出狱重返社会,则必然有一个"再社会化"的过程。通过开展各种形式的监狱艺术实践活动,不仅能够提升囚犯对回归社会的期待与向往,培养其阳光积极的生活心态,通过参与实用型监狱艺术还可以学会一技之长,以便于未来更好融入社会。

运用监狱艺术有助于塑造监狱人民警察正面形象。近年来,监狱更注重自身社会形象的塑造,而监狱人民警察的文化艺术可以说是监狱整体形象的一张名片。监狱警察文艺是展现监狱警察文化最重要的手段,同时也是监狱警察文化的一个直观缩影;监狱警察文化艺术作品是宣传监狱警察文化的鲜活广告,也是社会了解监狱警察文化的窗口。不仅展示了民警职工的良好精神风貌和警察文化的蓬勃发展,促进了监狱警察文化艺术建设,同时也为推动监狱事业持续健康发展提供了思想保证和精神动力。

组织监狱艺术有利于促进监狱工作和谐稳定发展。组建艺术表演团体,开展丰富多彩的艺术活动,对参与艺术创作和表演的囚犯能够产生非常明显的积极影响,例如,感受到被尊重、被认同,以及自我价值的体现,并且对欣赏艺术作品表演或展览的囚犯潜移默化地产生对亲情的渴望,对自由生活的向往,对真善美的追求。而监狱人民警察在这个过程中也能体验到工作的使命感、责任感和成就感。

第八章　监狱形态

人类社会的诸种形态是相互联系、相辅相成的。人们有意无意地将形态这一概念渗透到社会生活的各个领域，将其引申为政治、经济、文化、社会乃至法律的制度表征。将形态理论引入监狱范畴的意义在于：一是监狱工作是在一定的社会生活状态下生存与发展，并由社会生活状态决定的，它与社会环境共生共长，并保持互动与平衡。既相互依存、相互制约，又相互改变、相互影响与相互融合。二是监狱形态是指监狱行刑工作与监狱环境之间相互依存、相互联系、相互作用、互为影响的互动平衡状态，它制约和影响监狱行刑的效果与质量。它旨在表征监狱行刑效果与质量不仅有赖于监狱行刑制度的设计及监狱民警的素质与能力，而且依赖监狱地理布局、监狱建筑、监狱环境保护等因素的影响。三是将监狱形态作为一个系统来分析，从布局、建筑与环境保护三个基本向度来探寻监狱机体健康运行与稳定发展的规律。监狱形态的每一个方面都自成体系并相互作用，推动着监狱的发展，影响着服刑人员的改造，反映着一个监狱的建设和管理水平。

第一节　监狱布局

监狱布局，一般是指监狱的地理位置和空间布局，是实现监狱各项职能的空间条件。换言之，监狱布局是指依法对囚犯实行关押改造的场所在地域空间上的分布及相关组合，它从一个侧面反映出监狱发展的规模和水平。因此，监狱的布局状况是否合理，将对监狱事业的发展产生重大影响。

一、监狱布局的发展历史

监狱作为国家的刑罚执行机关，它的布局与国家所处的特定历史时期、特定政治环境、经济基础以及法律和文化等有着密切的联系。随着中国经济社会的变化、发展，监狱的建设和发展也经历了几起几落，与之密切相关的监狱布局同样也随之发生着调整和变化。

新中国成立之初，除了继续沿用的旧监狱之外，新设立的监狱很少经过监狱设计。原因很简单，一是当时押犯迅速增多，已有的监狱无法容纳，新建立的监狱首先考虑能容纳囚犯并尽快投入劳动，在选址和构建上更多考虑的是有利于生产，而不是监禁的需要。二是多年的战乱导致国家一穷二白，根本没有财力设计和建造符合标准的监狱。因此，新中国成立初期，监狱所面临的主要问题是改造旧监狱和建设新狱制。当时的借鉴苏联劳动改造工作的经验，创建了"县一级、专署一级、省市一级、大行政区一级、中央一级共五级办劳改的模式"，客观上适应了当时政权建设和经济建设的需要，并且发展迅速、成效显著。与此同时，由于受当时国际国内形势的压力，出于战备考虑，对劳改单位分一、二、三线进行调整，原来处于城市边缘、交通便利的一线监狱，迁到了远离城市的、交通闭塞的大三线。这种监狱布局模式，客观上适应了新中国成立初期的特定政治、经济状况，推动了监狱事业的发展，为政权的巩固、经济的恢复和发展做出了巨大的贡献。❶

到了20世纪80年代末90年代初，中国正处于计划经济向市场经济转轨时期，因为监狱布局的客观现实状况，再加之当时监狱财政保障制度等因素的影响，使中国的监狱面临着前所未有的困难，各省、自治区、直辖市不得不进一步考虑新形势下监狱布局的问题。

2001年，国务院下发《关于研究解决监狱困难有关问题的会议纪要》，将监狱布局调整的方式由各省自发组织实施转变为由国家统筹规划，协调推进。2002年初，司法部正式启动监狱布局调整工作，提出全国监狱布局调整的目标、要求和规划，通过调整、优化使监狱布局趋向科学、合理，关押总量满足需要，建设水平有新的提高。在调整过程中实现"三个转向"，即由偏远地区转向城市和交通沿线，由分散转向集中，囚犯劳动由室外转向室内。同时计划2010年基本完成全国监狱布局的调整工作。2002年12月，原建设部、原国家计委批准发布由司法部编制的《监狱建设标准》，为新建、扩建、改建监狱提供了依据。自2002年以来，全国已投入布局调整资金若干亿元，地方也投入相应的配套资金，共实施了数百个布局调整项目。

为了进一步推进监狱布局调整、监狱体制改革工作，根据国务院领导的批示精神，2006年4月，国务院召开由相关部门参加的研究监狱布局调整、监狱体制改革会议，并形成《研究监狱布局调整和监狱体制改革试点有关问题的会议纪要》（以下简称《纪要》）。《纪要》在保证建设资金、建设用地，减免建设收费，落实专项经费等诸多方面给予了一系列优惠政策，有力地支持了监狱布局调整建设。2006年12月，司法部在全国司法厅（局）长会议上进一步明确了监狱布局调整的目标，即布局合理、规模适度、分类科学、功能完善、投资结构合理、管理信息化。

截至2007年，全国数百所监狱完成了布局调整任务。至此，监狱布局调整取得了阶段性成果，监狱布局日趋合理，给监狱工作带来了深层次、全方位的影响和变化。布局调整后的监狱面貌焕然一新，执法环境和条件得到很大改善，促进了监狱物防技防能力的提高，确保了监狱的安全稳定。

综上所述，我们不难发现，从新中国成立初期至今，国家结合不同时期政治、经济、社会发展的客观需求，不断对监狱布局进行着调整和优化，为今天监狱事业的健康发展奠定了坚实的基础。追溯监狱布局调整的历史轨迹，其实质就是要总结经验教训，探索基本规律，为今后监狱布局调整提供有益的启示和科学的借鉴。

二、监狱布局的现状分析

中国的监狱大部分是在新中国成立后设立的。新中国成立初期，为了巩固新政

---

❶ 任希全．论监狱布局调整的几个问题［D］．北京：中国政法大学，2010-3.

权，绝大多数监狱建在偏远的山区或农村。尽管改革开放以来，一些省市加大监狱布局调整的力度，但就全国而言，监狱布局不合理的问题仍然非常突出，存在的主要问题有：

监狱分布欠均衡。监狱分布按照就近收押的原则，应按地区、人口密度、犯罪率来确定监狱的数量、分布、押犯规模等。由于历史的原因，中国的监狱布局从整体上说缺乏全盘考虑和统筹规划，没有从区域的人口总量、经济发展水平、社会治安状况等因素来综合考量，同时又因为受历史限制和影响，使得监狱的地域分布比较失衡。一是布点不匀。就以省一级行政区域而言，有的区域监狱分布较密集，有的区域分布较分散；有的建在经济相对落后的地方，有的经济较为发达的地市却没有一所监狱。二是规模不等。有的是押犯达到数千人以上的大型监狱，有的是押犯仅有几百人的小型监狱。大多数市属监狱规模较小，改造成本偏高。三是东西部硬件有差异。东部沿海地区关押能力较强，现代化、信息化水平较高。西部欠发达地区基础设施较差，信息化水平较低。

关押场所分散。就中国监狱生产的类型而言，基本上可分为工业型监狱和农业型监狱两大类。其中农业型监狱占较大比例。对于农业型监狱来说，具有监区关押点和生产作业区相对分散的特点。有不少监区与周边农村的农民责任田纵横交错，呈插花式分布，地理位置十分复杂。还有不少农业监狱尚有一些地理位置十分偏僻的独立分监区。监狱关押点过于分散，造成监管隐患多，危险大。同时，由于监狱地处偏僻，交通不便，也不便于社会力量对囚犯进行帮教，不利于囚犯与家庭和社会的联系，影响了改造质量。

内部结构不够合理。监狱的内部结构不够合理是中国监狱布局中一个较为普遍和突出的问题。主要表现为监狱、监狱企业、监狱办社会的三重结构，尤其是农业型监狱问题更突出。监狱办社会主要指监狱内部办学校、幼儿园、医院，以及一些公共设施。监狱办社会的问题，是历史原因所造成的，应该说在一定时间内有其存在的合理性，对提高监狱民警的生活质量，解决民警的后顾之忧，稳定队伍起过很大的作用。但随着社会的进步和发展，监管改造形势的不断变化，监狱民警对生活质量要求的提高，其固有的弊端日益呈现出来。突出地表现在：一是经济负担重；二是牵制了大量的警力和精力。监狱为此背上了沉重的包袱，制约着监狱工作的进一步发展，有的监狱已经到了难以为继的严重程度。

地理环境偏僻。主要表现在远离城镇、交通不便、信息不灵三个方面。从总体上说，中国大约有70%的监狱远离县以上的城镇，远离大中城市的比例则更大。地理位置的偏僻，必然造成交通不便、信息不畅，更重要的是，影响监狱现代化。❶

戒备等级单一。中国监狱从押犯的结构上看有一定的区别，如成年犯与未成年犯、男犯与女犯、短刑犯与长刑犯。但在安全警戒的等级上没有实质性的区别，没有科学设置警戒的等级。这种单一的警戒模式，影响分类改造，管理成本也较高。

---

❶ 刘崇亮．监狱行刑的有机构成——对监狱形态的分析 [J]．中国监狱学刊，2012（5）．

三、监狱布局调整的基本原则

监狱布局调整的基本原则是指规定于或寓意于监狱规划中的对监狱布局及其规划实施具有指导和规制作用的基本准则。主要有：

有利于降低行刑成本和提高行刑效率的原则。从国家设置监狱的目的来看，期望用最低的行刑成本来取得最好的行刑效率。监狱的布局和地理位置，直接影响行刑功能的发挥和行刑成本的高低。监狱行刑成本的加大，势必影响监狱行刑效率。因此，在监狱布局调整中，必须要重视行刑的成本和行刑的效率。

有利于监狱稳定与发展的原则。监狱的布局不仅涉及监狱的安全稳定与发展，而且涉及社会的安全与稳定。因此，监狱布局调整既要考虑有利于维护和保持社会稳定、安全的大局，也要考虑监狱的稳定与发展问题，要在确保监狱安全稳定的前提下筹划监狱布局调整。

从监狱工作实际出发的原则。要十分尊重监狱发展的历史和传统，以辩证的观点来审视监狱布局调整问题，立足于国情、省情，不搞一刀切。要十分尊重监狱事物发展的客观规律，顺应世界监狱发展的趋势，充分吸收国外监狱布局的先进经验，指导中国的监狱布局调整实践活动。要充分发挥监狱管理者的主观能动性，以积极与慎重的姿态来处理好监狱布局调整工作，以确保其有效性和科学性。

与监狱周边区域现代化进程同步的原则。监狱是社会组织结构的重要组成部分，监狱的设置应当纳入社会发展的总体规划，努力做到与监狱周边的区域现代化建设同步，实现地方与监狱的优势互补，更好地做到资源共享，使之真正与地方形成良性互动的发展格局。

突出监狱环境个性的原则。一方面，监狱应当有自身的个性特点。监狱就是监狱，监狱设置与建筑风格应有监狱自身的要求，不同于学校、工厂和社区。监狱建筑设计，不仅要体现监狱的刑罚执行和威慑功能，而且更重要的是要体现监狱环境的人性化设计，体现监狱特有的人文特点。另一方面，不同的监狱应当有不同的个性特点。尤其是未成年犯监狱、女性囚犯监狱以及其他特殊类型监狱更要体现其个性化的特点。

监狱布局调整的基本原则是相辅相成、相互联系、缺一不可的，在实际工作中既要严格坚持，又要灵活运用。

四、监狱布局调整的主要路径

调整监狱布局主要是通过新建、搬迁、扩建、改建、撤销或合并等途径予以实现。

新建。建设新的监狱是调整监狱布局的方法之一。随着社会的进步和经济的发展，中国传统的监狱布局已难以适应司法行刑和教育矫正的需要。因此，新建监狱成为优化调整监狱布局的首要之选。新建的监狱应选择在经济相对发达、交通便利的城市和地区，选择在地质条件较好、地势较高的地段，选择在给排水、供电、通信、电视接收等基础设施比较好的地区。近年来，中国不少地区按照"靠城、靠交通线"的战略，新建了一大批设施完备、功能齐全的现代化监狱，从而使监管改造和经济工作都取得了长足进步。但新建监狱,需要的财力投入较大,成本较高。

搬迁。将地理位置偏僻、资源贫乏、不利于生存和发展的监狱搬迁至大中城市近郊是调整监狱布局的又一方法。搬迁与新建密切相关,只有新的监狱建成后,搬迁工作才能实现。监狱搬迁涉及诸多方面,难度较大,可先将囚犯迁出,原有资产、土地等可由工人经营管理,也可采取租赁、出售等方式盘活国有资产,以弥补搬迁所需财政经费之不足。❶

扩建。对那些地理位置优越、基础设施较好、有发展潜力的监狱,依据《监狱建设标准》的要求,通过对其追加投资,即可较快地提升关押能力。由于扩建利用了原有的许多设施,需要的财力不大,成本较低。

改建。对符合监狱布局保留下来的监狱,按《监狱建设标准》进行局部更新改造,完善配套部分设施,即可增加关押能力或提高监狱戒备等级。改建最大限度地利用了原有设施,因而成本最低。同时,调整了监狱的戒备等级,可使关押体系与布局调整相适应,确保对囚犯实行分级收押、分类监管和教育改造。

撤销或合并。对于那些规模较小、设施简陋、负债过重的监狱可以进行撤销,或就近合并至条件较好的监狱。另外,对于从事农业生产且关押点过多的监狱,要通过集中建设一批、撤销一批、合并一批,以解决由于点多、线长、面广、警力分散而引发的各类监管问题。在被撤并的关押点处,可组建职工农场、家庭农场或对外租赁承包。

第二节 监狱建筑

建筑是人们为满足个人和社会的各种需要而建造的空间。监狱建筑作为监狱的物质形态,是监狱主要的基本设施。监狱一切行刑活动,包括对囚犯的监禁、劳动、生活、教育都离不开监狱建筑。监狱建筑影响着囚犯改造的全过程,并对囚犯的生理、心理和行为产生直接的作用。总结回顾新中国监狱建筑和设计的发展历程,可以赋予监狱建筑新的观念和元素,提供新的方法,从而避免为惩罚、为形势、为安全、为建筑而建筑的不良倾向,提升监狱建筑的总体水平。

一、监狱建筑功能的演化历程

监狱建筑是人类进步和社会发展所产生的特殊建筑。纵观西方监狱发展史,其建筑与行刑思想的演变和发展是密不可分的。如19世纪初,宾夕法尼亚州监狱建筑所依赖的原则就是在完全封闭的环境中,将囚犯绝对隔离,以期通过这种独居监禁方式使得囚犯进行忏悔并发生品行上的转化,后来的奥本制监狱对此做出了改良,即白天囚犯在沉默中参加劳动,夜晚独居。为此,就要增加必要的集体劳动场所。到了近现代,因狱制混乱和犯人囚室的疾病传播,造成了大量被关押人员的非正常死亡,引起了社会的广泛重视,因而对狱制改革,特别是对囚犯囚居状况的改善,成为当时改革的重点。1779年,英国国会根据约翰·霍华德的建议制定的《监狱法》,通过了改良监狱的四项原则:

---

❶ 潘孝银.监狱建筑个性化与品质塑造[J].河南司法警官职业学院学报,2008(6).

安全卫生的建筑结构；系统的监控措施；取消犯人收费制度；建立矫正体制。由此确立了监狱建筑和矫正囚犯的自由观念。而法国的福柯则提出了"全景敞视主义"，这种设计观念包含的基本原则是：独居、宗教的自我反省、通过检查建立的规则、严格的改造性劳动。这种设计观念是将惩罚、矫正与建筑设计相结合，把每一名囚犯的一举一动都置于管理人员的监督之下，从而给囚犯造成心理压力，起到一种警诫、反省和矫正作用。

从中国监狱建筑史看，监狱建筑也无一不体现时代的烙印和具体的监狱思想。从皋陶造狱始，监狱建筑以不同的形态展现在世人面前，无论是早先的石居室、穴居室，还是后来的一个个封闭房间，这些所谓的监狱建筑基本功能主要表现为两个方面：一是能够确保犯人集中关押，满足监禁需要；二是犯人居室以拥挤、肮脏、黑暗和残暴为标志，体现了报应和报复主义的惩罚思想。而对被监禁者来说，监狱建筑功能就是为他们提供囚居和隔离场所，其教化功能较为薄弱。新中国成立之后，中国的许多监狱是从国民党政权手中接管过来，其建筑仍然保持威权态势，另一部分监狱是在一穷二白的基础上白手起家、因地制宜建造的，非常简陋，只能满足囚犯改造居住需要。再后来，因为必须解决"住得下"的问题，加上当时囚犯主要从事野外农茶生产且监狱建设资金十分拮据等，狱内建筑主要考虑囚犯群体居住的需要，而较少考虑防控、隔离、封闭、分割、缓冲、管理等监管安全上的需要，更没有考虑科学设置基层机构的需要。在这一特殊时期，狱内建筑主要以平房为主，每幢建筑物的面积和容积率也不统一。同时不讲究规划，往往见缝插针、画地为牢，很少考虑视界、死角、监管设施与建筑物的距离等因素。关押点的设置和规模也不尽科学合理，造成布局混乱，规范管理受到一定限制。

改革开放以后，特别是20世纪90年代的后五年，全国监狱逐步取消囚犯狱外劳动项目，囚犯劳动从室外向室内转移。对囚犯集中封闭关押的客观现实，决定了在开展狱内建筑物规划设计时的观念转型和思路转变。在监狱规划上，开始考虑视界开阔、消灭死角、围墙拉直、建筑物与围墙的距离等；在监舍设计上，开始考虑楼层之间和楼内通道的封闭隔离、同一房间或同一楼层功能设施的配套、楼层民警值班室对囚犯公共活动场所和楼道的监控视界等。但对每幢监舍楼的关押规模、监舍各楼层关押人数与劳动车间各楼层所容纳劳动力人数应该如何对接等，尚没有认真仔细地作前瞻性思考。

进入21世纪，随着监狱体制改革的深化和监狱布局调整，新建、改建和扩建了一大批监狱，这些新监狱不仅在设计理念上注重人文主义色彩，而且从监狱建筑、环境等层面入手，注重发挥监狱建筑的教化、教育和矫正功能。

当代的监狱行刑理念已经从复仇、剥夺等传统观念向囚犯的改造和有利于回归社会的方向发展。新一代监狱的建筑风格就融入了这种现代行刑理念。在这种监狱设计中，人们侧重于利用心理学和建筑学的科学成果，改革旧式监狱中的消极因素，并利用监狱的布局设置、规模、容量等要素对传统监狱进行了改革，同时还注重监狱的安全防范、建筑材料等问题。意图通过最终的组合式设计，实现直接管理和单元管理，减少监狱和外界社区的"异质性"，使得现代先进行刑理念能够在器物层面得以实现，最终能够较好地完成对囚犯的改造和矫正。

二、监狱建筑设计的局限性

建筑设计失于级定类分,缺乏科学理性。目前中国的监狱设置尚未普遍推行安全警戒程度的分级和分类,除了以性别和年龄因素划分为男子、女子监狱以及未成年犯管教所之外,监狱设施内外的安全警戒程度、技术装备、人力资源以及管理方式没有明显的级差区别。在此种监狱设置体系中,监狱建筑的设计指导理念几乎千篇一律,设计标准也趋于雷同。同时,对监狱规模的确定和设置也不尽合理。《监狱建设标准》规定中国监狱建设规模应以囚犯人数1000～5000人为宜,并划分为大、中、小三种规模类型。但在实践中,这一标准的落实力度还有待进一步强化。

建筑外观过于追求美化,有失庄重威严。近年来,随着经济条件的改善,部分监狱在建设中出现了过于体现监狱建筑的艺术性,过分追求监狱建筑外观的美化、亮化,片面强调外观设计和艺术造型的现象,监狱整体建筑体现不出庄重威严。❶

建筑细节存在疏漏,留下安全隐患。绝大部分监狱的建设中还没有顾及建筑细节的安全:单体建筑的可容量规模不加考虑安全因素的控制,造成突发群体性事件概率上升和现场难以掌控的危机。一些新建或改建后的监狱已暴露出餐厅容量太大,集中就餐囚犯人数太多的安全问题,地面防滑性的问题,对外门窗防护设施配置不到位、标准不规范的问题,以及走廊、楼道、盥洗室、厕所容量过窄、面积偏小的问题,储藏室设置不合理的问题等,都在一定程度上留下了建筑安全隐患,同时也加大了民警监督管理的压力。❷

建筑成本考虑不够经济,浪费社会资源。首先,随着国家经济的快速发展,政府财力的增长,在布局调整过程中,一些改扩建监狱和新建监狱有贪大求洋、讲排场、搞攀比倾向。如前所述,布局调整中的监狱建筑过于追求外观的装修美化,这必然增加装修在建筑预算中所占的比重,以后对建筑外立面的维护修缮也是一笔不小的开支。《监狱建设标准》规定:"监狱建筑的装修……各类用房原则上应采用普通装修。"但普通装修的标准是什么却没有明确,这在实际操作中很难把握和执行。其次,监狱建筑中节能材料和节能措施的运用没有得到足够的重视,很多新建监舍采取前置走廊再封闭阳台的设计也不尽合理,无法达到国家相关建筑日照的标准。

建筑功能缺乏统一规范,影响囚犯改造。监狱建筑设施是构成囚犯改造环境的硬件部分,其功能是否设计到位,对囚犯的改造将产生直接的影响。根据《监狱建设标准》的规定,监狱建筑应该包括各类功能性用房和必要的安全警戒设施。但在监狱建设实践中,能依照相关功能要求设计、建设并达到规定标准的不是太多。

建筑条件参差不齐,影响囚犯处遇。监狱的相对封闭性,导致其建筑成为评判监狱条件和囚犯待遇的一个重要指标。但由于中国地区经济发展水平的差异,以及监狱建设标准的不够统一、规范,造成监狱建筑的条件参差不齐,不够平衡,最终形成不同地区甚至同一地区不同监狱囚犯在居住条件、改造环境等待遇上存在明显差距。

---

❶ 陈慰忠,方扬松.以文化为视野解读监狱建筑[J].中国监狱学刊,2010(5).
❷ 江云.监狱设计理念与刑罚理念之思考[J].甘肃农业,2006(12).

三、中西方监狱建筑特点

监狱建筑作为监狱存在和功能实现的物质形态，反映了一个国家的社会文明程度。对于监狱建筑的研究，每个时期均提出了反映当时刑罚哲学观念的建筑模式。从早期以惩罚和安全作为首要原则的放射式和串联式监狱，到近期体现人道主义原则的校园式监狱，再到强调工作人员与犯人沟通、强调促进犯人回归社会的模块式监狱设计，可以说国内外监狱建筑的发展比较清晰地体现了刑罚思想的变化。

在监狱建筑理论研究方面，监狱建筑作为监狱实体，直接关系到监狱功能的实现和行刑的质量和效率。国外这方面的研究有一些成果。例如1779年英国在约翰·霍华德的建议下举行监狱建筑设计大赛；1791年边沁出版了《监狱学》；1872年日本公布《监狱规则并图式》。另外，包括放射式、奥本式、线杆式、校园式、庭院式等经典的规划布局模式对监狱功能实现和科学发展起到了极大的推动作用。目前国外监狱建筑研究重点集中在以直接监控理念为指导的单元组合式监狱方面，这种监狱塑造的不同类型和层次的监禁环境能较好地满足刑罚需要。[1] 近年中国从建筑学角度研究监狱呈上升趋势，既有对监狱具体设计案例的研究，也有对国外监狱建筑研究，并能结合中国地域文化特点推进监狱建筑研究。在实践中，中国监狱建设也一直在推进建筑标准的制度化，比如在近年颁布了《监狱建设标准》。

在监狱规划方面，社会制度和刑罚理念的差别带来了完全不同的监狱建筑。新中国成立初期的劳改政策使监狱变成了靠天然因素防护的劳动场所，这样的监狱建筑本身相对简易，很多监狱的安全和隔离通过自然的屏障来实现。这在当时虽然有一定的积极意义，但因为选址及布局的不合理性使监狱的发展受到了一定的限制，因此在2002年开始进行全国范围内的布局调整。虽然现在和西方国家相比，中国新建监狱的外部环境及硬件设施差距并不大，但在规划布局上、功能设置上还有一定的提升空间。

在监狱外部形象方面，国内外传统的监狱形象都是容易识别的，即厚实的高墙、高耸的电网，站着荷枪实弹警卫的岗楼和威严的大门。但随着社会的发展，这些代表监狱惩罚功能的外化表现也在发生着较大的变化。国外监狱的形象和其监狱类型、警戒级别和所处环境有直接关系，既有位于城市内的独立式高层建筑，也有位于郊区的底层单元自由组合式监狱；既有新建的现代风格监狱，也有继续利用19世纪建设的监狱；既有森严、封闭的最高警戒度监狱建筑，也有轻松、自由的开放式监狱。其监狱形象总的发展趋势是尽量与周边环境协调和常态化的外观。中国监狱都是通过实体围墙、岗楼和电网把监狱内外进行完全隔离，监狱管区部分全部封闭，因此监狱形象仍是传统的威慑性、隔离性、单一性特征，总是给人以神秘感和畏惧感，同时囚犯和社会也是完全隔离的状态。

在囚犯用房方面，监狱建筑的主要构成就是囚犯用房，包括监舍、劳动场所、教育场所、会见场所、食堂、医院等。其中，监舍由于使用的特殊性和长期性，对囚犯的改造影响较大，而影响监舍设计的根本就是监狱管理理念。目前，国内新建监舍基本都是四层以

---

[1] 尚波. 论监狱布局 [J]. 河南司法警官职业学院学报, 2003 (12).

下的"一"字形建筑,行列式排列,一般一个楼层一个监区,押犯规模在百人左右。监舍的主要问题首先是在建筑布局上,现在的建设平面布置方式大部分是把囚犯与民警用房左右分开,日常监规通过走廊和监视器进行。监舍用房的布局一般是以直接监视理念为基础的单元式组合设计,即强调管理者直接看到囚犯,强调两者的日常交流。设计不仅强调安全,还注重体现人道主义的思想,设计尽量塑造一种正常化的环境氛围来减少囚犯的压力和鼓励其自我发展,同时根据警戒程度不同,单元规模也有较大差距,普通单元规模一般在40～65人。这种监视理念的不同是监舍布局产生差别的根本原因。

在建筑细节方面,监狱建筑总体上还比较粗放、单一,细节的处理和设置需要强化。现代监狱监舍应强调塑造常态化的室内环境,包括使用温暖的颜色、明亮的光线、避免单一的规划化环境,应考虑环境对人的心理影响问题。另外,在无障碍设施、室内监视器的布置、卫生间的设置使用、夜间光线控制、家具选择、噪声控制等方面,都还有很大的提升空间。这些建筑细节的处置以及人性化体现都会直接影响到囚犯的心理状态和改造质量。

虽然21世纪中国的监狱建设水平已经得到了较大的提升,但由于诸多原因仍然存在一些亟待解决的问题。因此,吸取先进经验和做法,同时结合中国的实际,研究探索从总体布局到单体设计,再到建筑细节处理,将会符合当前社会发展的趋势需要,从而更好地满足囚犯的矫正和改造需要。

四、监狱建筑未来走向

要提高监狱建筑的质量、水准和功能,尽量避免出现新的遗憾与缺陷,就要重视监狱建筑的长远规划与设计,注重人文理念,提倡个性化与科学化,力求与社会发展保持同步。在当前的社会条件下,要充分考虑到行刑的效率,根据需要尽可能优化、整合社会资源,力求用最小的投入实现监狱刑罚执行和教育改造功能的最大化。所以,面对现代监狱工作的新理念、新要求,监狱规划与设计要充分考虑综合配套、完善功能、提高品位、注重效果。

1. 理念先行。确立科学的建筑理念是推进监狱建筑水平提升的先决因素。对监狱建筑而言,围墙、电网、监舍等仅是监狱的外壳和符号,而建筑理念才是监狱的灵魂和生命。近年来,我国先后提出了建设"文化监狱""法治监狱""和谐监狱""平安监狱""生态监狱"等新理念。其中,和谐文化的理念正在成为一种大的趋势,主要包括和谐的刑罚理念、和谐的制度结构、和谐的物质形态。因此,未来的监狱建筑自然会将"和谐共生""把犯人当人看待""使人成其为人"的先进理念,积极地融入其中,以建立和谐的环境,相互信任的人际关系。对于低警戒度监狱或开放式监狱必须淡化内部惩罚色彩和痛苦体验。只有用和谐文化改造和培养出来的人,才能自觉地去创建和谐社会与和谐世界。高明的监狱管理者和建筑师应从积极的角度对监狱建筑空间与环境进行设计组织,善于通过监狱建筑营造行刑理念,把反映和谐文化本质属性的刑罚理念融入监狱物质形态,以促进监狱建筑文明程度的发展,促进囚犯改造质量的提高,从而实现行刑目的。

2. 制度保障。监狱建筑的标准规范和法律制度是一个不断完善的过程。具体要着力做好四方面的工作:一是坚持与国际接轨。要吸收和借鉴国际上通行的一些规范和制度，为我所用。比如，联合国《囚犯待遇最低限度标准规则》第 9 条至第 14 条对囚犯居所的类型、居住的空间、居所的光线通风、卫生设施作出了明确具体的规定，虽然没有强制力，但具有国际舆论的影响力和道德评判上的权威性。二是强化规范执行。随着中国经济社会的全面发展，应当进一步强化对监狱法、监管改造环境规范、监狱建设标准规范的执行，应当将这些条款作为强制执行的规范，而不是仅仅作为参照的依据。三是修订完善相关法规。要进一步修订中国监狱建设法律法规，重点是明确安全等级的分类，并根据警戒度的不同，明确监狱建筑和安全警戒设施的要求。如在心理矫治手段普遍运用的形势下，监狱建筑应把心理咨询室、宣泄室等心理矫治的用房规范列入监狱建筑法规之中。四是健全监督体系。要从法律法规上明确基本建筑监督的条款，以便加强对监狱基本建设法律法规的监督，更大程度地保障建设资金的落实，规范资金使用方式，防止因资金问题影响建设，防止在监狱建设领域发生腐败行为。

3. **基本原则**。未来在监狱建筑的规划设计上，必须体现六项基本原则：一是法律性原则。建筑必须符合法律和技术规范，如《监狱法》《监狱建设标准》《监管改造环境规范》，以及有关建筑技术规范的法律法规；必须尊重联合国《囚犯待遇最低限度标准规则》等国际公约，执行国家政策，如执行绿色环保政策等；必须尊重公认的研究学术成果。二是安全性原则。根据监管安全、生产安全的要求，设计防逃、防暴、防火、防地震，以及其他灾害的功能，便于应急管理、危机管理。监狱工作人员的人身安全的防范功能也必须予以重视，需安装防袭警设施，配置报警装备。对监狱进行科学分类，明确高、中、低警戒度监狱类型和建筑标准。三是社会性原则。监狱建筑具有高度的社区性，必须设计具有生活、劳动、教育、医疗、禁闭、隔离、会见等区域和设施，以及管理人员的办公、训练、备勤、生活、必要的娱乐等区域和设施。社区功能区域划分要明确、规范，便于管理和活动，使空间布局有较好的合理性。监狱建筑的结构、形式、景观、色彩等要符合社会政治氛围，易于被社会公众所接受。四是前瞻性原则。要从集约、环保、人文和科技的角度，做好顶层设计和长远规划，注重空间布局的科学性、合理性，注重节能、环保材料的应用，注重信息集成系统和智能网络平台的配置，注重人性化、互动化的体现。五是一致性原则。规划设计中坚持与社会经济发展实际相一致，与当地经济水平相一致，与周边环境相融合，不贪大求洋，不标新立异，并根据自身的实际和特点如自身资金保障水平、监狱警戒程度的高低进行。六是保障性原则。监狱建筑及设施应有利于囚犯合法权益的享受和保障，如囚犯的生命健康权、心智发展权（学习教育权）、通信会见权及其他权利。监舍、医院、教学楼以及会见场所在可能的条件下要扩大面积，不断改善环境。

4. **规划创新**。监狱建设选址应优先选在邻近经济相对发达、交通便利的城市或地区，同时监狱用地必须是地质、水文等条件较好，供水、供电等条件较好，交通便利，并且远离污染源、高噪声的环保地段。监狱内部结构应根据监狱类型，本着有利于刑罚执行、教育改造、囚犯基本生活保障的需要进行设计。随着刑罚理念的发展，监狱的布局和结构出现了一些新型的模式和理念，我们要本着扬弃的态度，汲取科学的养分，以监狱的分类为前提，规划平面分布和结构。比如庭院式、园林式设计，具有生存空间优势，反映出浓郁的中国文化底蕴，值得倡导。

5. 追求艺术。监狱建筑除了要实用、坚固之外，也要追求艺术性、美观性。监狱建筑的艺术性，首先在于把握监狱的特色和主题，并通过结构比例关系的合理确定，建立空间布局；通过雕塑等景观、建筑色彩的合理使用，建材的科学配置，表现空间环境，营造监狱建筑的艺术个性。其次，注重把握服刑人员和管理人员的心理特征，通过对建筑形态、空间布局、设施功能的创新、调整和完善，尽量考虑、兼顾、满足其活动主体的感受和需求，让他们得以心理放松、精神愉悦。最后，强调建筑形态的"弱化"，最小限度地减少对环境的影响，以最大限度地减轻囚犯的心理压力。

第三节 监狱环保

人和环境不可分离，环境问题已经成为当今社会研究的一个热点问题。监狱作为一个特殊的场所，其环境因素将直接对囚犯的心理与行为产生诸多影响。因此，重视监狱环境建设，加强监狱的环境保护，对于改造活动的顺利进行具有重要意义。

一、监狱环境的界定及分类

监狱环境是社会专设的一种特殊环境。广义的监狱环境既包括囚犯的生活空间，也包括监狱人民警察所需要的工作和生活空间。而狭义的监狱环境则是指与囚犯服刑活动有关的环境，不仅包括改造环境，也包括执法环境、教育环境、惩罚环境、劳动环境以及控制环境、管理环境等。

根据监狱环境的性质，监狱环境可划分为地理环境、物理环境与社会环境三大类。监狱的地理环境，即自然环境，也就是监狱所处的地域地貌。它包括监狱地点、所处地带、自然生态、规模以及面积等。监狱的物理环境是指监狱不能缺少的物质设备。它包括监禁安全设施、监房设施与改造设施等。监狱的社会环境是指区别于一般社会的特殊的"囚人社会"或"铁窗社会"。它包括监狱的社会关系、监狱的管理与教育模式等。

根据监狱环境的形态，监狱环境可划分为物质环境与精神环境。所谓的物质环境，即硬环境，主要是指有形的、外在的、具体的物质环境，它包括监狱的建筑、设施设备、自然景观、绿化等。监狱的精神环境，即软环境，主要是指无形的、内在的、抽象的精神环境，或称为人文环境。它主要包括监狱内在的文化情境或氛围，如监狱制度、行刑理念、信仰系统、人际关系、改造氛围、精神风貌与人格等。

根据监狱环境的反映性，监狱环境可划分为现象环境、个体环境与文化环境。所谓现象环境，是指监狱客观世界本身。这一现象环境又可分为由人构成的环境与由物构成的环境。所谓个体环境，是指人们实质环境的内在表现。对于同样的监狱现象环境，不同的囚犯的内在表现也是不一样的。因而会形成囚犯各自的个体环境。所谓文化环境，是指监狱文化、亚文化、囚犯个体所属阶层以及处于生命周期中的哪个阶段等。

根据监狱环境的能否意识性，监狱环境可划分为外显环境与内隐环境。所谓外显环境，是指能够被囚犯明确意识到的监狱环境，比如监狱建筑、宣传栏、教育改造必修课等，它是直接能够看得见摸得着的事物。内隐环境，也就是未被囚犯明确意识到的监狱环境，比如监狱的亚文化、民警或他犯的人格特点、监区的氛围、监狱标识的蕴意等。

它是内在的、潜隐的事物,往往对囚犯起到不易觉察的潜移默化的作用。

二、监狱环境对囚犯矫正的影响

自然环境的和谐可以促进囚犯人格转型。人与社会的关系也是一种人与环境的关系。环境与人的作用是双向的,环境影响、作用、创造着人,人也影响、作用、创造着环境。囚犯实际上就是一个"病态的社会人"。对囚犯监管改造的全部活动,就是对囚犯的再社会化。营造一个积极向上、和谐健康的自然环境,实现囚犯由"旧人"向"新人"的转变,由"病态的人"向"健全的人"的转变,有着积极的促进作用。

生态环境的优化可以陶冶囚犯的情操。从环境影响人、改造人的特征看,环境对人的影响实际上是潜移默化的。囚犯是"病态的社会人",作为一个特殊群体,其心理障碍发生率远远高于正常人群,他们在服刑期间又会产生承受刑罚的心理,如痛苦心理、恐惧心理、怨恨心理、自卑心理等。美化环境对囚犯的心理健康有促进作用。第一,美化环境有助于培养囚犯的审美意识,激发他们的审美创造力。第二,美化环境有助于消除囚犯的疲劳,缓解他们的紧张情绪。第三,美化环境有助于安定囚犯的情绪,使他们保持愉快的心境。第四,美化环境有助于扩展囚犯的兴趣爱好,增添他们的生活乐趣。环境的美化可以引发囚犯兴趣点与注意力向科学理性转移,使他们热爱生活,去追求美的价值,这对囚犯的改造都是大有裨益的。

建筑环境的美化可以使囚犯人性复苏。监狱在建筑样式上应当首先表现它的威慑功能,但这与建筑样式的美化并不相矛盾,两者应该有机地结合,达到实用功能和审美功能的统一、科学和艺术的统一。唯美向善、追求文明,同样适用于高墙内,同样适用于被剥夺了自由的囚犯。把监狱建得像花园一样漂亮,会舒缓囚犯紧张和压抑的心理,更有利于改造囚犯的精神世界。不管是暴力型囚犯还是一般囚犯、年轻囚犯还是年老囚犯,"花园式"的监狱会促使他们去积极改造,去追求真正的自由。

当然,囚犯的改造也会影响监狱环境。有什么样的囚犯改造,就会形成什么样的改造环境。因此,监狱环境与囚犯改造交互作用,相互影响,二者始终处于一个积极互动的过程中。

三、监狱环境建设的不足

监狱是社会的一个缩影,必须与社会的文明程度同步发展。环境建设既要着眼于人的现实的物质文化生活需要,又要着眼于人的素质的提高,努力促进人的全面发展。长期以来,受监狱地理、经济、文化、科技、思想观念等因素的影响,在监狱环境建设上,主要存在以下三个方面的不足。

从审美角度上思考得少,而过多考虑的是囚禁和威慑功能。过去我们在监狱环境建设上,往往考虑得比较多的是囚禁和威慑功能,而忽视了它的审美需求,没有真正把实用功能和审美功能的统一、科学和艺术的统一结合起来思考。从而影响了服刑人员的教育改造,降低了行刑矫正的效果。

从体现以人为本需求上思考得少,而过多考虑的是安全和牢固。受中国传统文化的影响,形成人们对监狱的看法就是阴森、恐怖和威严,把囚犯关押在一个狭窄的空间内生活的形象。由于受到这种习惯性思维的影响,对新的思想观念和生活方式存在着一种由来已久的不自觉的隔膜、抵御和排斥,缺乏变革的主动性和自觉性,造成监狱在环境建设上偏重安全性,而忽视了其具体的生活需求。

从"非共享环境"上思考得少,而过多考虑的是"共享环境"。在监狱环境的营造上,我们往往注重了硬件设施、生活设施、文化娱乐设施等方面的共享共用,突出了共性,而缺乏"非共享环境"的个性特征,没有从囚犯个性特征、精神需求等方面来营造软环境的氛围,缺乏囚犯个性充分展示的平台。

四、监狱环境的优化

随着人们对监狱环境重要性的不断认识,监狱环境的优化与建设问题正日益引起人们的广泛关注。监狱环境不仅是监狱改造长效机制形成的关键,同时也是影响囚犯形成积极的、自觉的改造态度的重要因素。对监狱环境的优化和提升,就意味着为监狱民警、囚犯和囚犯亲属进行富有成效的改造工作和合作沟通提供了一个良好的场所,营造了一种有益的氛围。

致力于改善监狱的物理环境。监狱环境的优化和提升,首先要从物理环境入手,通过独具匠心的建设和营造,达到美化、净化和转化的效果。一是要树立以人为本的理念,尽量满足囚犯的生活需要、改造需要、交流需要和自我实现的需要。二是要坚持"六化"的标准,逐步向"绿化、美化、亮化、净化、校园化、园林化"的监区环境努力,以赏心悦目的外部环境影响人、陶冶人、改造人。三是要体现文化气息,努力建设具有个性的监狱形象文化,包括监狱的基础设施和时尚的外观形象,尤其是监狱建筑的造型、风格、色彩以及道路、活动广场、雕塑、路灯等,要讲究监狱的整体和谐和审美情趣,具有文化个性和艺术品位。

致力于优化监狱的整体环境。监狱的环境建设既有硬性的方面,也有软性的方面。我们在力求改善外在硬件物理环境的基础上,更要注重内部心理环境、人文环境的营造,从而实现整体环境的优化和提升。当前,在中国监狱物理环境不可能得到彻底改善的情况下,如果以监狱心理环境建设为突破口,注重民警与囚犯良好关系的形成和行刑规范的管教风尚、囚犯积极改造风气的建设,注重挖掘和利用一切有利于改造活动和激发囚犯改造动力的积极心理环境因素,就有可能在监狱内部形成强大的内聚力,激发起监狱民警和囚犯在改造工作中的热情,从而有效地促进监狱的各项工作,全面推动监狱环境的整体优化,使监狱环境建设在有限的条件下获得最佳的效果。

致力于加强监狱环境的理论研究。监狱环境建设是一项融科学和艺术于一体的极富创造性的工作,这项工作的顺利进行离不开科学理论与方法的指导。在中国,监狱环境的研究工作刚刚起步,从研究的范围或研究取得的成果来看,这项工作的进展是十分有限的,研究的成果还比较零碎。因此,必须尽快重视和加强这方面的理论研究和实践探索。要结合监狱建设和发展的实际,借鉴和运用国外成功的经验和成果,采用科学、先进的实验手段和数据模型,并结合具体的案例和实证,切实加强开展监狱环境的分析、评估和研究,全面探索监狱环境建设的策略、模式和方法,以促进监狱环境建设的科学健康发展。

第九章 监狱暴力

恩格斯曾说过,国家无非是一个阶级镇压另一个阶级的机器。监狱和军队、警察、法庭等共同组成国家暴力机关。监狱是国家的刑罚执行机关,其本性就是暴力,暴力是监狱永远在场的"幽灵",有其特殊的合法性。我们这里所论述的"暴力",并非政治场域所宣扬的"阶级暴力""革命暴力""宗教暴力"等,而是监狱环境中所特有的、为监狱主体所感知的暴力。如何看待监狱暴力,何种暴力需要规制,何种暴力需要禁止,值得深入思考和系统分析。

对于暴力,我们有许多法律的防范措施。而且,我们的教育主要致力于压制我们的暴力倾向。❶ 监狱作为国家刑罚执行机关,以监禁的形式履行对囚犯的惩罚教育职能。囚犯一经收监,围绕其周围的矛盾和冲突便随之发生,各种隐性的或显性的暴力也逐渐显现。近年来,中国监狱在押囚犯中的重刑犯、暴力犯、累惯犯以及团伙犯持续增加,呈逐年上升的趋势,并已经成为监狱押犯的主体。囚犯作为因触犯法律而被剥夺人身自由的特殊群体,有着"人"与"犯"的两重属性,"人"的属性使得囚犯具有自然人的本性需求——安全,即远离身体暴力、精神暴力、犯罪暴力的需要。

第一节 监狱暴力类型

众所周知,暴力固然不可取,但是社会的进步又实在离不开暴力,而且暴力倾向是与生俱来的,是人性中的原罪。❷ 早期的心理学家认为,人有一种自然而然的天生的侵犯欲,有一种"希望自己幸福和希望别人不幸"的心理倾向。各种侵犯欲与心理倾向受不良社会文化因素影响之后,很可能会演变成一种精神暴力行为。新的研究则证明,人的暴力行为存在脑基础。一般来说,暴力行为与大脑颞叶皮质、位于边缘系统的丘脑,以及大脑额叶皮质生理机能活动异常有关。然而,无论导致暴力行为的原因如何,心理学家坚信,人类的暴力行为是完全可以预防和控制的。

由于分类标准不同,监狱暴力的类型也有所差别,以施暴主体不同为标准,监狱暴力可分为三种,即个人对自身施加的(如自杀、自残等)、他人施加的、有关组织施加的;以施暴具体形式为标准,监狱暴力可主要分为精神暴力、身体暴力和犯罪暴力,本书也以此为分类标准,对监狱暴力的三种表现形式进行简要阐述。其中,施暴主体和客体未具体说明的,均指囚犯。

---

❶ 乔治·索雷尔. 论暴力 [M]. 乐启良, 译. 上海:上海世纪出版集团, 2005:148.
❷ 刘心武. 飘窗 [M]. 桂林:漓江出版社, 2014:207.

一、精神暴力

精神暴力,又叫软暴力,是指施暴者的行为使受害者在精神上及心理上备受困扰的行为,即通过非强力的形式给对方造成精神伤害,如恶意诋毁、陷害、长时间冷落、充满敌意的侵扰、不理性的责备等都可能对别人造成精神伤害,这些行为都可以看作是精神暴力。精神暴力如同"一把杀人不见血的软刀子",长期遭受精神暴力容易出现情绪表达障碍和性格扭曲。精神暴力最大的特征是隐蔽性强,与肉体伤害程度的相关界定标准相比,精神上的伤害很难找到法律依据。就监狱中的精神暴力而言,一般是使用谩骂、诋毁、蔑视、嘲笑等侮辱、歧视性的语言,致使他人精神上和心理上遭到侵犯和损害,施害主体既包括囚犯,也包括监狱和监狱民警。研究表明,精神暴力对人的伤害不亚于身体暴力,长期遭受精神暴力容易出现情绪表达障碍和性格扭曲,大多有委屈感、被控制感,变得敏感易激动,心理上常常处于孤独状态,严重者甚至会以极端方式(如自杀)进行反抗。

(一)物态型精神暴力

"囚犯"这一称谓,就限定了此类群体的特殊性,对其冲击最深刻的是监狱特有的设施,如高墙、电网等,这些元素都在向囚犯传递一个核心信息:这是监狱,你是被监禁的囚犯。同时,男犯一律留光头,女犯一律留短发,必须身着标识性服装,无论是监狱配发还是个人添置物品,都必须统一摆放、整齐划一,这些带有群体性特征的设施、服装、要求等,都在一定程度上给囚犯造成精神上的压力和人格贬低,这种精神上的暴力是"合法的",也是潜移默化的,监狱化的痕迹十分明显。

(二)规则型精神暴力

规则是人类在社会实践中逐渐形成的各种规范的统称,这里所说的规则,意指没有成文的、被囚犯普遍认同的行为准则,它使囚犯对自身角色和定位有清晰认识。例如,在监狱主流文化中,始终倡导"人人平等"的理念,但由于城乡条件差异、文化程度、捕前职业等因素,囚犯会自觉不自觉地加以区分类别和等级,一些特殊岗位囚犯,被视为"能人",在其他囚犯面前有优越感,无形中对他犯构成精神压力。同时,囚犯的"自卫手段"也属于一种潜在的"规则",在一定程度上也是对囚犯施加精神暴力,如"告密",破坏这一"规则",虽然能获得监狱民警的认可,但在囚犯群体中很容易成为"异类",会被唤作"叛徒""狗腿子"等,极易被疏远冷落。

(三)行为型精神暴力

最为典型的行为是通过竖起中指向对方表示不满、辱骂,这里主要论述语言暴力,"对通行的语言学和意识形态范畴的任何省略、删节和合并,都可能产生令人迷茫的严重后果"❶。监狱内的绰号、黑话、口头禅、脏话等,都是精神暴力在语言形态中的具体体现。一些囚犯感觉到不平衡时,往往故意"挑刺""找茬儿",用言语刺激对方,以达到报复目的,来寻求心理的平衡和胜利。

---

❶ 迪克·赫伯迪格. 亚文化:风格的意义[M] 陆道夫,胡江锋,译. 北京:北京大学出版社,2009:91.

二、身体暴力

身体暴力，即对他人身体的不法侵害，一般是指发生肢体上的冲突。冲突理论家科塞认为，冲突利于暴露、发现问题，澄清矛盾根源所在，使各方的利益、目标更为明确。❶ 首先必须明确，这里所论述的身体暴力，均未达到犯罪的限度，仅限于正常范围内的攻击性行为。

（一）身体暴力相关行为界定

通常意义上，将"身体暴力"理解为用身体的某一部分（如手、脚等）或采用一定的工具打击他人身体，使之肉体疼痛的行为，实施对象既可能是监狱民警，也可能是囚犯，主体与客体在具体冲突中有可能转换。但从完整、准确揭示其内涵与外延的角度讲，这种理解并不恰当，或者并不周全。就用身体的某一部分打击他人身体这种形式讲，就存在一些问题，如用手掐、拧、抓、挠、推，用嘴咬这种伤害他人身体的方式，应该也属于身体暴力形式；就采用一定的工具打击他人身体这种形式讲，也有一些较为特殊的方式，比如指使动物撕、咬他人身体，用电警棍接触他人的身体，用夹板夹住他人身体的某一部分，用火烧、热水烫他人的身体，或者用刀等某种尖利工具刺、扎、捅、割他人的身体。结合以上阐述，我们认为，对于那些同时具有力度较强、时间较迅疾（一次动作）、工具为钝器（也包括手掌、拳头、脚、头、肩部等身体的能够用来击打的部位）、击打对方身体某部位等特点的打击，应当理解为身体暴力。对于像上述列举的伤害他人身体的那些方法，情节严重或造成严重后果的，应视为犯罪暴力。

（二）身体暴力功能分析

弱势群体，也叫社会脆弱群体，是指基于自然、生理与社会原因而受到政治、经济和社会不平等处遇的特殊群体，它主要是一个用来分析现代经济利益和社会权利分配不公平、社会结构不协调、不合理的概念，毋庸赘言，强势群体恰恰与之相反。而囚犯中的弱势群体，主要是指受身体原因、心理素质、家庭因素、改造态势等情况的影响，改造生活存在困难，缺乏正常的人际交流能力或生活自理能力，不能较好地履行改造义务、获得行政（法律）奖励，在竞争中处于劣势地位的囚犯，主要包括劳动技能差、心理素质低、性格有缺陷、身体较弱小、家庭经济拮据、老弱病残、家庭残缺、智力低下、外省籍（语言、习俗等方面处于劣势）等囚犯。而强势群体则与之相对应，就是在身体因素、家庭条件、改造处境等方面处于优势的部分囚犯，"强"与"弱"只是相比较而言的，不能一刀切、一概而论。

近年来，监狱管理日趋严格，民警执法理念更趋理性、谦和，执法行为逐步文明规范，狱内身体暴力大多发生在囚犯之间，而且频次也较之以往减少很多。在大多情况下，"强势群体"囚犯会恃强凌弱，在肢体冲突中处于优势，但并不代表"弱势群体"囚犯无原则妥协、忍让。即便是在力量上处于劣势的囚犯，也会极力捍卫自己的权益、立场和主张，不会做出没有原则的让步，为了自我保护、自我救济而采取监狱规则之外的、非常态的行为，以显示自己的存在，回应强势囚犯的压力，从这个层面理解，实施

---

❶ 科塞.社会冲突的功能［M］.孙立平，译.北京：华夏出版社，1989：112.

身体暴力，实际上是自我保护、自我防御的策略和手段，是在改造劣势条件下，以身体暴力为武器，通过冲突，引起监狱警察的注意，提高自身存在感，表明其不再是逆来顺受、可有可无的改造附属物，试图借助监狱民警力量，打破强者越强，弱者越弱的格局。从引发身体暴力的因素看，更多地与生产组织、生活习惯、个人嗜好等与囚犯日常改造生活及自身利益问题密切相关。从暴力激烈程度看，通常激烈度相对较低。

（三）身体暴力心理学分析

心理学家卡特尔认为：个性是由许多特质构成的，特质是构成个性最小的单位。[1] 个性是导引行为的内在变量，不同的个性导致不同的行为，通过人的行为可以窥探人的个性。因此，可以说人的内在个性影响着人的行为方式，个体的行为方式能够基本反映个体的个性特点。囚犯具有的个性特征主要有稳定性、猜疑性、恃强性、狡诈性、敢为性等，一般较为冲动、易怒，尤其是涉黑犯、涉恶犯、涉毒犯以及累惯犯。

一方面，人的行为在很大程度上依赖于自身的文化特点，有什么样的文化便产生什么样的行为，社会文化决定着人的个性特征，囚犯也不例外，囚犯的个性特征一定程度上受制于囚犯自身的社会文化。监狱工作实践证明，有的区域囚犯由于自身历史传统文化因素，抱团心理、攻击行为明显多于其他地区。

另一方面，任何行为都是有目的的，这一目的可理解为获得某种利益，当这种利益事关个人改造成绩、个人脸面等时，便可能引发暴力行为，攻击性特征构成了暴力行为的基础。暴力行为是囚犯利益受到威胁时在自身情绪上的一种对抗方式，这种行为的方向及构成是以囚犯个性特征为基础的，当构成个性特征的攻击性较弱时，双方的暴力冲突行为会以个性特征弱的一方淡化或放弃方式退出。同时，这种暂时处于弱的"劣势"，可能会博得监狱民警、其他囚犯的支持。当囚犯个性特征中兴奋性、紧张性、攻击性居于主导的时候，囚犯情绪难以控制，随时可能产生身体暴力行为。

三、犯罪暴力

犯罪暴力即在监狱内发生的犯罪事件。以国家司法工作人员为暴力实施的主体、以被监管人为暴力实施的对象的犯罪暴力可以分为"刑讯逼供型暴力"和"虐待型暴力"；以被监管人为暴力实施的主体、以监管人为暴力实施的对象的犯罪暴力可以分为"破坏秩序型暴力"和"脱逃型暴力"。上述是基于实施暴力的主体为标准进行的划分，四种暴力均达到犯罪层级，区别于一般的身体暴力。本节最后，简要探讨尚未立法的袭警型暴力。

（一）刑讯逼供型暴力

刑讯逼供可以说是中国司法体制的一个痼疾。"屈打成招"在司法实践中屡见不鲜，很多冤假错案都是刑讯逼供引起的。刑讯逼供，是指刑事诉讼程序中司法工作人员为逼取口供或证据线索，对犯罪嫌疑人、被告人实施的肉刑或变相肉刑。其中，肉刑包括对犯罪嫌疑人或者被告人实施殴打、捆绑、垂吊等行为，变相肉刑包括挨饿、不让睡觉、

---

[1] 马启伟，张力为. 体育运动心理学 [M]. 杭州：浙江教育出版社，1998.

长时间站立、轮番审讯、故意冷冻等。[1] 狱内刑讯逼供是以监狱民警为暴力实施的主体，以被监管人——囚犯为暴力实施对象的一种犯罪暴力。

刑讯逼供早已经成为社会口诛笔伐的焦点，并为法律法规所禁止，因而刑讯逼供的主体不得不防范实施刑讯的风险，刑讯逼供从直接性暴力刑讯转向柔和性非暴力刑讯，从直接刑讯逼供转向变相刑讯逼供。但是，不可否认，刑讯逼供是对国家执法机关权威的直接伤害，它损害了监狱民警在公众中的形象，是对法律秩序的破坏。唯物主义认为，任何事物都有其内在的联系性和历史延续性，刑讯逼供这种现象亦不例外。传统认识里，"口供是证据之王"，过分信赖口供，使得刑讯逼供随之产生。

从情感或心理层面考量，刑讯逼供是对人之肉刑或变相肉刑，造成身心上的伤害，无法容忍，实属"忍无可忍"，没有人心甘情愿接受这种待遇。法律明确禁止刑讯逼供，并且就犯罪嫌疑人、被告人的权利救济作了很多规定，监狱囚犯大都了解有关法律规定，但在实际工作中，大部分囚犯选择忍耐，少部分囚犯会寻求救济。一方面，囚犯相对监狱民警而言处于弱势地位，抵抗、救济可能会带来更糟的结果和待遇，只得忍耐；另一方面，对刑讯逼供缺乏一套完整有效的监督机制，救济渠道不畅，除极少数影响恶劣的刑讯逼供是通过法律途径追究外，轻微的刑讯逼供主要是内部救济，其效果可想而知。因此，多数刑讯逼供行为未被追究，因而构建规范、有效的救济途径是减少刑讯逼供的重要路径之一。

（二）虐待型暴力

《刑法》第二百四十八条第一款规定："监狱、拘留所、看守所等监管机构的监管人员对被监管人进行殴打或者体罚虐待，情节严重的，处三年以下有期徒刑或者拘役；情节特别严重的，处三年以上十年以下有期徒刑。致人伤残、死亡的，依照本法第二百三十四条、第二百三十二条的规定定罪从重处罚。"这条关于虐待被监管人罪的规定，是依法保障被监管人的人身权利、遏止监管人员滥用监管职权行为的最强有力的法律武器。

虐待一般是指针对被监管人采用殴打、体罚之外的非人道手段侵害其人身权益，使其遭受身体或心理痛苦的作为或不作为，本书所讨论的，主要是监狱民警对囚犯所采取的有关行为。从实践中看，虐待行为主要有滥用械具、侮辱人格、有病不给治疗、克扣囚衣囚粮等生活用品或使被监管人挨饿、挨渴、受冻、受热，居住在卫生、采光、通风等环境条件恶劣的房舍或其他建筑物中等。[2] 应该说，虐待被监管人罪，不仅是对被监管人依法享有权益的侵害，同时也侵犯了国家监管职权行使的正当性。

构成虐待被监管人罪，在客观上要求行为人对被监管人进行殴打或者体罚虐待，并且达到情节严重的程度。对此，需要重点分析"殴打""虐待"两个行为的核心内涵。一方面，构成本罪的殴打行为，并不一定是多次或连续多次实施的，对殴打时间长短也没有明文规定，监狱民警即使只采取了一次殴打行为且时间比较短暂，但如果其行为对

---

[1] 林莉红，尹权，黄启辉. 刑讯逼供现状调查报告——以监狱服刑人员为调查对象 [J]. 湖北警官学院学报，2010（3）：36.

[2] 左坚卫，刘志伟. 虐待被监管人罪构成要件中疑难问题研讨 [J]. 法商研究，2003（6）：99.

囚犯造成的伤害达到情节严重的程度，也足以构成本罪。同时，要把虐待被监管人罪与刑讯逼供罪、故意伤害罪、故意杀人罪等区别开来。例如，虐待被监管人罪与刑讯逼供罪虽然都侵犯了公民的人身权利，在客观方面都实施了侵权行为，主观上也均是出于直接故意，但二者还是有显著区别的。一是侵犯客体不完全相同，虐待被监管人罪侵犯的司法机关的活动具体为监管活动，对象可以是一切被监管机关监管的人，包括已被判刑而正在服刑的已决犯、被司法机关怀疑但未判决有罪而在看守所羁押的犯罪嫌疑人与被告人，以及被行政拘留、刑事拘留、司法拘留或强制戒毒的人员；而刑讯逼供罪的对象限于犯罪嫌疑人与被告人（包括被监管的犯罪嫌疑人与被告人）。二是犯罪主体范围不同。虐待被监管人罪的主体为监狱、拘留所、看守所等监管机构的监管人员，而刑讯逼供罪的主体可以是各种司法工作人员。三是犯罪目的不同。刑讯逼供罪行为人的目的在于逼取口供，虐待被监管人罪行为人则无此目的。再如，监狱民警在殴打、体罚虐待中有轻伤的故意但过失造成囚犯伤残或死亡的，应以故意伤害罪（引起死亡的为故意伤害致死）定罪从重处罚；监狱民警在殴打、体罚虐待中有重伤故意，过失地造成囚犯死亡的，仍应以故意伤害罪定罪处罚；监狱民警殴打、体罚虐待囚犯造成轻伤结果的，则定性为虐待被监管人罪；监狱民警在殴打、体罚虐待过程中，明知殴打、体罚虐待行为可能造成囚犯死亡，却有意放任的，应对民警以故意杀人罪定罪处罚；监狱民警在殴打、体罚虐待过程中，出于挟愤报复、显示淫威等动机故意杀害囚犯的，对民警应以虐待被监管人罪和故意杀人罪实行数罪并罚。因此，并非任何殴打、体罚虐待被监管人造成被监管人伤害、死亡的情形，都应以故意伤害罪、故意杀人罪定罪处罚，而应具体问题具体分析。

另一方面，虐待被监管人罪的殴打行为与不构成本罪的打击囚犯身体的行为区别开来。后者仅限于监狱民警为了实行防卫、避险行为而实行的情况。在这种情况中，如果监狱民警的防卫、避险行为属于正当防卫、紧急避险，自然不构成犯罪；如果其防卫、避险行为过当，可能构成其他犯罪，但不能构成本罪。

（三）破坏秩序型暴力

破坏秩序型暴力特指监狱在押囚犯，为达到其目的，在特定时间和空间实施的暴力，是一种对监管秩序的危害行为。

时间要求。时间要求即前文所阐述的，必须是囚犯被判处刑罚后，依法在监狱羁押期间，这是破坏秩序型暴力必备的条件之一。

空间要求。空间要求即依法关押囚犯的处所——监狱。依照刑法和刑事诉讼法的规定，被判处死刑缓期二年执行、无期徒刑、有期徒刑的罪犯，在监内执行刑罚。《监狱法》第二条规定："监狱是国家的刑罚执行机关。"囚犯在监狱之外，实施《刑法》第三百一十五条规定的行为，不能对监管秩序造成损害，也就不能称之为破坏秩序型暴力。

危害行为要求。破坏监管秩序必然是对国家有关监狱管理法律、法规、规章制度的公然违反，犯罪行为是对监管秩序的破坏，而且达到情节严重的程度。监狱工作中，破坏监管秩序的行为有多种表现形式，《监狱法》规定了7种破坏监管秩序的行为。《刑法》第三百一十五条规定，囚犯实施4种危害行为时，则构成破坏监管秩序罪。殴打监所管理人员的行为；组织其他被监管人破坏监管秩序的行为；聚众闹事，扰乱正常监管秩序的；殴打体罚或者指使他人殴打体罚其他被监管人的行为。同时，实施上述四种行为，必须达到情节严重的程度，才构成犯罪。如果行为人实施的行为，尚未达到"情节严重"的程度，不构成犯罪，只能按照监狱法等法律、规章、制度对行为人进行行政处罚。

《刑法》在1997年修改的时候，增加了破坏监管秩序罪，该罪是专门针对监管场所囚犯又犯罪案件的，破坏监管秩序罪制定后，对于打击破坏监管秩序行为、维护狱内监管改造秩序，发挥了重要作用。

《刑法》第三百一十五条明确规定，破坏监管秩序罪的犯罪主体是"依法被关押的罪犯"，因此，构成破坏监管秩序罪的主体，必须是具备囚犯身份并依法处于被关押状态的人，两个条件缺一不可，这是关于犯罪主体方面的要求。

（四）脱逃型暴力

自监狱存在以来，囚犯脱逃的现象就如影随形，时刻威胁着监狱的安全稳定。囚犯脱逃是一种严重破坏监管改造场所稳定的违法犯罪暴力，是监狱"严防死守""严厉打击"的一类案件，也是确保监管安全的重中之重。近年来，随着监狱体制改革的不断深入，监管工作日趋规范，监管设施逐渐完善，民警防逃意识逐步增强，囚犯脱逃率逐年降低，许多监狱已连续多年实现了囚犯零脱逃。但也还有极少数囚犯不认罪服法，不安心改造，想方设法逃出监狱，逃避法律的惩罚。

脱逃原因。囚犯脱逃的原因多种多样，但总的来说，可分为主观因素和客观因素。

就主观因素而言，主要表现在：一是不认罪悔罪，不服判决，对改造生活产生抗拒心理，甚至对揭发人、检举人、办案人有报复心理，伺机脱逃；二是心理上的冲突，渴望自由，少数囚犯在入监前的生活方式与服刑期间严格要求对比中，心理上产生落差、冲突，进而更加渴望自由，按照马斯洛的需求层次理论，对自由的需求是人的基本需要，个别囚犯则一心想通过逃跑来逃脱法律的惩罚，来获取自己所谓的"新生"；三是改造信心不足，对刑释后生活较为绝望，少数囚犯主观恶性大，原判刑种重、刑期长，感到将来生活无望，其容易丧失改造信心，易产生冒险心理；四是对劳动改造的不适应，一心逃避惩罚，尤其是一些年轻犯，过惯了游手好闲、不劳而获的寄生生活，对于监狱严格的监管制度感到难以忍受，错误地认为"三十六计，走为上策"，把脱逃作为躲避改造和处罚的主要手段。

就客观因素而言，主要表现在：一是硬件条件相对落后，且警力不足。近年来发生的狱内脱逃案件，大多反映出围墙电网老化或不达标、视频监控系统不完善等问题。同时，基层警力不足，民警压力大、风险高，在一定程度上也是囚犯实施脱逃的有利因素之一。二是民警制度执行不到位，监管隐患排查不力。目前监狱的监管工作制度已经形成了一个比较完善的系统，但关键是工作如何落实的问题，如清监搜身制度、违禁物品管理制度没有落实，将可能导致囚犯秘密准备绳索、绝缘手套、钳子、剪刀、假发、便服、铁棒、匕首、现金、手机等脱逃工具。三是个别民警安全意识不强，思想麻痹大意，当前押犯结构日趋复杂化，狱情形势依然严峻，但个别民警认识不足、重视不够，致使工作中出现狱情不明、耳目不灵、管理失控等情况，在一定程度上也为囚犯脱逃提供了有利条件。

脱逃规律。尽管脱逃囚犯可能因脱逃动机、方式及自身个性特点和经历的不同，其脱逃行为表现存有一定的差异性，但通过分析，其中还是有些规律可循的。一是脱逃前一般行为较为反常。囚犯在脱逃心理的形成和发展的过程中，总有一定的外部表现，且其行为必然有所反常。比如，过分关注民警的活动规律、工作习惯，打听电网知识等；在同一时间段不是同一工种、不在同一小组劳作的多个囚犯，利用时机聚集在一起；注意观察地形和警戒措施，了解周围驻地的交通情况等。二是脱逃时机，一般选择在夏季或秋季，因为这两个季节植被茂盛，容易隐藏，便于野外生存。而且，在脱逃的具体时间上大多数选择节假日警力较薄弱的时段。有的还利用意外事件，如大雾、大雨、大雪等恶劣天气。三是具备一定的脱逃能力，一般脱逃囚犯身体素质好，行动比较灵活，思维敏捷，有善于登高、翻越、奔跑等特征。因此，囚犯脱逃预防，要在日常教育管理上下功夫，严格落实各项监管制度，更要加强民警教育和素质提升，全力确保监狱安全稳定。

同时，在和平年代，警察已经成为最危险的职业。近年来，监狱中一些囚犯暴力袭警事件不时见诸报端，这些事件不仅扰乱了监狱正常的改造秩序，而且还直接威胁到监狱民警的人身安全。监狱民警依法代表国家，按照法律规定的程序执行刑罚，袭击监狱民警的行为不仅侵犯了监狱民警的人身健康安全权利，更是对国家的藐视，对监狱管理秩序的破坏。而特意袭击正常履职的监狱民警，则是无视法律，故意挑战监狱机关的行为，必须严厉打击。

对于袭警犯罪行为，中国现行刑法规定了妨害公务罪、故意伤害罪、故意杀人罪对这一行为进行处罚，未能精确地概括袭警犯罪危害的社会关系，也不足以彰显此类犯罪的危害性。袭击警察侵犯的是警察的健康权、生命安全权及国家的管理活动，显然故意伤害罪、故意杀人罪侵犯的只是健康权、生命安全权，妨害公务罪虽然侵犯的是国家的正常管理活动及人身权利，但其将其保护的健康权、生命安全权让位于前两罪。在行为人特意专门袭击未执行公务警察的情况时，这三罪均不能有效解决这一问题。因此，设立袭警罪是必要的。

在袭警罪的构成上，袭击行为不要求出现结果，只要有主观故意、实施袭击行为就符合本罪客观方面，至于因袭警行为而出现的轻伤、重伤、死亡等结果，只影响刑罚轻重程度。监狱民警被袭击的原因在于其身份及其执行的刑罚，而这些是国家赋予的，面对袭击，个体的监狱民警承受的是囚犯对国家、社会、监狱民警群体的愤恨，此时的受害人，不仅是民警个人，也是其代表的监狱警察职业。在此情况下，以袭警罪判处囚犯，既是对监狱民警的保护，也是对这一职业的保护与尊重。

第二节　监狱暴力影响因素

监狱暴力的出现，受多重因素的影响和制约，是多层次的，也是多方面的。消极的、负面的因素增加时，发生暴力的可能性就提高，反之，积极的、正向的因素增加时，发生暴力的可能性就降低。完善监狱遏制暴力工作机制，就要掌握影响暴力发生各因素之间的关系和规律，落实针对性措施，最大限度增加利于监管秩序稳定的积极因素、减少消极因素，从而实现监狱持续安全稳定。

一、民警因素

监狱民警作为囚犯的管理者、监狱工作的组织者，在整个刑罚执行工作中处于行刑主体地位，是法律尊严、公平正义、监狱安全的维护者和捍卫者。监狱各类暴力现象的出现，原因可能是多方面的，但其中重要的一个原因则是监狱民警未能规范文明履职，因此，要有效遏制监狱暴力，有必要首先对监狱民警这一变量进行针对性分析。

认知因素。认知水平直接决定执法质效。主要包括是否具有较强的规范意识、人权意识、危机意识和安全意识，是否具备履行岗位职责的辨别力和领悟力，是否具备公正文明执法素养，以及自我审视、反思精神等。例如，少数监狱民警错误地认为囚犯触犯了刑法，地位远低于民警，必须对其采取一定手段的威慑、惩罚或制裁，否则就体现不出"专政"价值。

理念因素。理念是行动的先导，是思路、方向、着力点的集中体现。主要包括能否自觉更新执法理念，以适应监狱工作新形势、新要求；是否具备执法者应有的人文精神和文明理念；是否具有法治理念、法治思维和尚法情怀等。例如，个别监狱民警无视囚犯人权，在囚犯教育中还残留着"重刑主义"的倾向、教育者和受教者之间不平等的观念，试图通过粗暴方式教育管理囚犯。

能力因素。必要的能力是民警规范履职的前提和保障。主要包括是否能准确把握囚犯思想状况和狱情动向；是否能运用狱内侦查手段准确查办有关案件；是否会因人施策教育矫正囚犯；是否具备必要的文字表达能力、心理应激能力、警体技能等。从历史上看，中国的监狱民警队伍最早基本上是由部队转编过来，在当时的历史背景下，更多的是强调出身好，至于文化程度的高低并不重要。再之后进入监狱民警队伍的人员一般为以下五类：从部队退伍的复转军人；从社会上招收的人员；警察院校毕业分配的学生；从其他院校毕业生中选拔的学生；从其他单位调入的人员。上述人员中，大多数缺乏系统的法律知识和专业技术技能。

执行力因素。监狱作为刑罚执行机关，肩负着维护国家司法权威的重任，能否充分发挥其职能作用，有赖于民警执行力的强弱。执行力的强弱反映监狱工作的管理水平，体现监狱人民警察的精神面貌，直接影响监狱的监管安全和囚犯改造质量。主要包括执行工作制度是否到位，执法流程是否规范，执法留痕是否准确，执法环节是否合规等。

二、囚犯因素

囚犯作为服刑主体，准确掌握其自身各种因素，进而采取针对性教育管理措施，可最大限度减少各类暴力现象的发生。监狱工作实践表明，影响囚犯实施暴力的因素十分复杂且多变，但较为主要的因素还是其成长基础环境、犯罪基本要素、服刑主要表现以及心理状况等几个方面。

成长基础环境。一个人的成长环境就如同土壤，不同的成长环境对于具体个人的性格、习性的影响不尽相同。囚犯成长基础环境主要包括入狱前的居住状况、父母婚姻情况、受教育情况、婚恋状况、家庭社会关系状况、个人及家庭收支情况、学习就业经历以及劳动技能情况等。

犯罪基本要素。一个人的秉性一般具有一贯性、延续性，因此有必要了解囚犯的犯罪基本要素，即犯罪时的年龄、文化程度、犯罪成因，以及犯罪的刑种、刑期、作案手段、犯罪性质及其犯罪史。

服刑主要表现。囚犯服刑期间的主要表现优劣，在一定程度上反映了囚犯产生暴力意愿的可能性大小。主要包括是否认罪悔罪、日常能否遵规守纪、是否能完成学习任务、能否保质保量完成劳动任务，以及与监狱民警、其他囚犯之间的关系是否融洽。

心理状况。每个人的言行在很大程度上都受心理状况的影响，囚犯心理状况主要包括其心理健康水平、性格脾气、兴趣爱好、刑罚体验、环境适应情况等。

三、环境因素

现代科学对人的发展因素研究表明，人与环境共存是人类社会发展的必然选择，人的发展是主体因素与环境因素相互作用的过程。❶囚犯作为狱内特殊群体，监狱环境对其的影响是直观的、现实的。

物态因素。物态因素即囚犯能够通过感觉器官直接感知的物理性状态及物质。主要是监管设施、生活物资、生产设备等，这一因素会随着刑事政策、监狱发展、监狱投入发生变化。例如：狱内"三大现场"设施越完备，监管安全就越有保障；囚犯生活卫生物资越充足，囚犯生活保障就越到位，囚犯因不满生活环境、生活条件而发生暴动的可能性就小。❷同时，各类危险性工具管理、管控严密，囚犯可利用的作案工具就越少，作案成功的概率也就越小。

质态因素。质态因素即囚犯所接触的非物理状态下的周围情况和条件，倾向于非量化的软环境。主要是监狱民警执法质效、监区文化建设、囚犯改造风气、囚犯之间人际关系、囚犯与民警关系等，这一环境的变化一般较为缓慢，要随着民警执法素养的提升、刑罚理念的转变、监狱文化的建设等，既需要加大投入力度，也需要一定的实践积淀。

四、机制因素

在任何组织体系中，完善、科学、严密的机制可以促进组织有序高效运转，监狱工作中同样如此。因而，就监狱工作而言，通过深入调研、科学研判、认真总结，形成一整套行之有效的机制，是遏制、防范监狱暴力的重要途径。同时，监狱各类暴力的发生，除了上文所列因素外，还受诸如社会大环境、刑罚政策调整、囚犯家庭变故、囚犯劳动岗位调整等影响，都会直接或间接诱发囚犯思想波动、行动突变。因此，长效机制不可能一成不变，必然要随着刑事政策、押犯结构、理念丰富而不断发展和完善，这就需要监狱对新的变化要素准确分析判定，及时更新各项机制，推动监狱工作有序开展。

---

❶ 冀祥德，程雷，等．遏制监所暴力与监所体制改革［M］．北京：社会科学文献出版社，2014：58．
❷ 尚波．暴狱问题研究［J］．中国监狱学刊，2010（1）．

第三节　监狱暴力遏制

我们一般会本能地认为，任何暴力行为都是重返野蛮主义的表现。从学理上讲，监狱暴力的存在对囚犯而言是一种伤害，这种伤害，有的"润物无声"，有的"立竿见影"。就监狱管理而言，应积极规避、遏制监狱暴力，尤其是身体暴力和犯罪暴力，而物态层面的精神暴力则源于监狱特质。

一、遏制目的

尊重保障囚犯权益的重要体现。权益根源于人的本质和尊严，是人之所以为人的存在方式。囚犯权益是其生存和发展以及与此相关的各种利益和要求，囚犯依法享有未被法律剥夺和限制的合法利益和自由。《宪法》《刑法》《刑事诉讼法》等法律从不同的角度规定了囚犯权益。1994年12月颁布的《监狱法》更是对囚犯权益作了全面而具体的规定，为囚犯享有法定权益提供了有力的法律依据。虽然在立法层面有明确的法律规定，但在具体工作中，还存在一些不尽如人意的地方，部分环节有待进一步严格规范。

提高囚犯改造质量的必要路径。中国仍处于社会转型期，不稳定、不和谐因素不断增多，在一定程度上使得监狱工作任务重、压力大、风险高。随着监狱体制改革的不断深入，监狱工作已不再仅仅满足于看得住、送出去，而要变被动监管看押为主动监管矫正。这就要求监狱民警要熟悉法律法规，坚持公正文明执法，不断提高执法公信力，善于动之以情、晓之以理，使囚犯认同并接受教育转化，从而减少狱内监管改造成本，促进囚犯刑释回归。

确保监狱安全稳定的必然要求。监狱作为国家刑罚执行机关，直接担负惩罚改造囚犯的任务，以其特有的职能发挥着维护社会稳定的重要作用。当前押犯结构复杂、狱情形势严峻，给监狱管理、监狱安全提出了新的更高要求，而确保监管秩序安全稳定，是发挥监狱职能、推进教育改造的必然保障。只有依法规范监狱管理，最大限度遏制狱内暴力发生，才能从根本上维护社会稳定，维护监管秩序。

二、遏制依据

理念依据。刑法哲学追求的三大价值目标是公正、谦抑、人道。[1] 现代刑罚的目的已经废弃了报复主义的观念。现代刑罚更多地赋予其理性主义、人道主义和科学主义的内核，以促进罪犯重新社会化、复归社会从而预防犯罪为刑事政策和刑罚制度的基础价值。这些都表现为在执行刑罚上的谦抑，即严格遵循宪法和法律赋予的权限，规范谨慎行使，非法勿言，非法勿行。同时，现代监狱下的囚犯教育和以往传统囚犯教育在教育内容、教育模式、教育设施、教育制度等方面存在显著区别，尤其是教育理念上有质的变化，将教育工作作为基础性、中心性工作看待。同时，现代管理科学的迅猛发展，也充实、丰富和提高了知识系统，而囚犯暴力遏制理应顺应社会发展，积极引进现代管理

---

[1] 陈兴良. 刑法哲学［M］. 北京：中国政法大学出版社，2004：3.

科学成果，将社会学、心理学、行为科学等先进理念植入监狱工作，为监狱暴力遏制提供理念支撑。

实践依据。新中国成立以来，特别是近30年来的监狱工作发展实践，是监狱暴力遏制的重要实践依据。同时，监狱暴力的遏制原则、措施、方法、机制等必须符合中国国情，要符合社会政治、经济、文化、历史的实际现状。改革开放以来，社会发展迅速，社会形势发生重大变化，社会中的犯罪形式和狱内暴力也随之发生变化，这就要求监狱暴力遏制要尊重并适应这些变化，在具体工作中还要注重借鉴和吸收有关监狱管理的实践经验，并以实践来检验遏制理念、原则、措施和方法，以实际效果、效益来考量暴力遏制质效。

法律依据。监狱暴力遏制涉及囚犯的个人改造进步、自身权益维护，事关监管秩序稳定，必须依法进行。这里所讲的法律依据，既包括《宪法》《刑法》《人民警察法》《人民警察使用警械和武器条例》，以及国家相关的立法和司法解释，还包括有关监狱工作重要会议提出的相关理念和要求，党和国家在刑事执法领域制定的行刑人道主义政策等。同时，司法部颁布的有关行政规章，如《监狱服刑人员行为规范》，是囚犯改造必须遵守的行为准则，是实行奖惩的重要依据，也是遏制监狱暴力的重点工作。

三、遏制原则

法定原则。监狱是国家刑罚执行机关，是现代社会的重要窗口之一，依法治监是依法治国的重要组成部分。监狱暴力的发生与遏制贯穿整个刑罚执行的始终，必须以法律形式加以规范，即严格按照国家法律法规对囚犯实施教育、管理、引导和监督，对监狱民警的言行进行规制，以确保囚犯合法权益，促进民警规范执法，真正落实"有法可依、有法必依、执法必严、违法必究"的基本要求。这里所讲的"法"，主要为《宪法》《刑法》《刑事诉讼法》《监狱法》《人民警察法》等，以及国务院行政法规、司法部规章，还有最高人民法院、最高人民检察院、司法部的有关解释、通知等，这些都是监狱管理的法律依据。

规范原则。没有程序的公正，实体公正就会成为空话，实体与程序不可分割、互为条件。因此，监狱要着力在完善执法管理上下功夫，细化办案规程，完善业务流程，规范办案环节，力求使每个执法环节都规范有序。也就是建立健全监狱管理体系，严明考核奖惩，加强过程控制。对监狱暴力，尤其是以囚犯为主体实施的暴力进行遏制，是由中国监狱的性质、特点所决定的。少数囚犯恶习较深、性情暴躁、报复心强，如不采取严格规范措施，就会威胁监管改造秩序，就无法有效执行刑罚。

文明原则。对监狱暴力进行文明遏制，是人类社会文明进步的必然要求，也是中国刑罚理念与时俱进的体现。监狱民警能否做到文明执法，将直接关系到党的监狱工作方针政策的贯彻执行，影响到社会秩序的安全稳定。因此，监狱民警在执法过程中，要坚决纠正简单执法甚至粗暴执法的问题，除了按照法律法规严格执法外，还要用文明的语言、方式，使囚犯不仅能感受到法律的尊严和权威，而且能感受到监狱民警队伍的精良素质，从而达到执法管理的目的，减少和预防暴力抗法事件的发生。只有将这一新理念切实贯穿到每一个执法细节，才能树立起监狱机关良好的执法形象。

理性原则。与理性相对的是感性,具体到监狱执法管理中,就是靠经验执法、机械执法、感情用事、易情绪化在现代以执行自由刑为主要内容的刑罚体系中,监狱不再是"人身保管"的场所,而是执行自由刑的场所。❶现代监狱不单纯是犯罪惩罚机关,更加关注改造目的,从有利于刑释回归的角度审视监狱管理。在行刑中要让囚犯能够真正感受到什么是人道主义,囚犯越能感受到人道主义,他们得到改造的可能性就越大,因为人道主义的基本改造机理是感化,感化在很大程度上可以抵消刑罚惩罚对囚犯人格带来的负面影响。这就要求在具体的工作中,要理智地运用分析、判断、综合能力,恰当地运用法律,真正做到"以法为据、以理服人",以理性思维去分析矛盾、化解矛盾,真正地融法、理、情于一体,实现执法与其形式、效果的统一。

四、遏制机制

安全教育机制。监狱工作实践表明,安全意识、危机意识不强,是导致事故、案件发生的深层次原因,而安全教育是强化监狱民警、囚犯安全意识和危机意识的重要途径。根据教育学理论,通过教育活动,把之前安全管理中的异常、危险等给人刺激,由神经传至大脑,大脑根据原有的安全意识对刺激做出判断,形成有目性的行动,经过反复刺激,可使受教育人形成牢固而正确的安全意识。因此,通过常态化的安全教育,突出安全形势和警示教育,能促使监狱民警言行更规范,促使囚犯行为更符合要求,自觉远离暴力、免受暴力侵害。

责任分工机制。监狱警察岗位不同,责任有异。恪尽职守履行职责的前提条件,监狱民警必须十分清楚自己的岗位职责,即本职岗位应当做些什么具体工作,这些具体工作又有什么具体要求,具体工作做不好或者不去做会有什么具体后果。就监狱机关而言,要在各单位、各层级,按照权责明确的原则,完善目标管理体系,构建严密有序、全员参与的安全责任网络,形成任务、压力共担的工作格局。

预警应急机制。监狱暴力预警就是运用各种知识和科学手段,分析研究掌握信息获取机制得到的有效信息,对监狱暴力的形势、规律及可能的后果进行事先的推测估计,在这一工作中,要确定不同内容的预警级别和考量标准,并明确针对性的措施;而通过及时有力的处置和善后处理,尤其是恶性暴力,可以有效确保监狱安全稳定,杜绝或减少人员伤亡。在处置预案中,要明确责任分工、区位联防、现场处突等程序和要点,并定期开展专项演练,不断提升处置能力和水平。

区别管控机制。根据囚犯在狱内的活动内容,监管场所的重要现场一般分为生活现场、学习现场、劳动现场。管理学控制原理认为,管理活动由三个要素构成,一是控制者,二是控制对象,三是控制手段和工具。因此,监狱暴力遏制,要针对三个核心要素,进行区别化管控,做到预防与控制相结合、日常防范与重点控制相结合、教育引导与考核奖惩相结合,既要确保民警执法公正文明,又要保障囚犯合法权益,督促囚犯强化行为规范养成。

信息研判机制。在信息研判中,要坚持突出重点、剖析原因、找准规律、注重实效

---

❶ 王利杰,曹化霞.监狱学基础理论[M].北京:中国检察出版社,2011:194.

等原则，既要及时、准确、全面掌握囚犯动态，又要了解民警思想，及早采取防范措施。这就要求必须注重日常狱情分析会、警情廉情分析会质量，确保及时掌握关键信息、倾向问题，为民警教育、囚犯管理提供第一手资料。

监督培训机制。监狱民警是否具有法治理念、人文精神、权益意识，直接影响到囚犯的权利能否得到保障。因此，既要抓好全员性的常态化宣讲，又要定期对相关民警进行专门的强制性教育，提高监狱民警的职业素养和操守。同时，加强内部纪检监督和外部检察监督，促进监狱管理阳光化、透明化水平，并加大违规违纪惩戒力度。

追责问责机制。从岗位上量化责任目标，将责任目标逐一分解落实到具体承担责任目标的个人，建立起全员、全岗、全程的责任体系，在监狱民警有责任预置的基础上，监狱要建立系列的责任监督、责任追究制度，对责任追究的实体和程序均作出明确规定，进而推动和促进监狱警察恪尽职守、强化责任，使其不能"乱作为"，惩处和警戒监狱民警懈怠职守、疏于职责，使其不敢"不作为"，以责任追究实践的显性警示，有效防范和纠正监狱民警责任心缺失的问题，无疑具有极其重要的现实意义。

第十章 监狱人权

人权作为对抗神权、君权和等级特权的产物，是涵盖较为广泛、全面的，有机的权利体系，是人的人身、政治、经济、社会、文化诸方面权利的总称。人权事业从 17、18 世纪的萌芽阶段发展至今，早已从维护特定阶级利益的政治概念，发展成为一项关乎个人发展的基本道义原则。中国人权事业也随着民主政治的文明进步，取得了长足发展，公民的各项权利在政治体制改革和依法治国的推动下得到了切实保障。"人权"经常被权利意识高涨的现代人提及，它体现在政治、经济、社会生活等一切有人活动的事物的方方面面，可以说没有人权的我们寸步难行，需要为财物的保护时刻警惕；需要为劳动的付出得不到应有的报酬四处奔走；甚至需要为自身的安全感到担忧。因此唯有人权得到充分保障，人的一切活动才能够正常开展。同理而言，在监狱中，只有充分保障监狱各主体的合法权利不受侵害，即充分保障监狱人权，才能确保监狱工作有序开展，才能充分实现刑罚的目的，实现改造人的宗旨。

第一节 监狱人权概述

监狱人权的充分保障和监狱人权理论研究的不断繁荣，是中国依法治国理念下的政治文明进步的重要标志，是顺应时代发展的必然趋势，更是人权事业在监狱里得到进一步发展的具体表现。监狱作为国家刑罚执行机关，具有其性质的特殊的一面。在传统观念中，与社会的交流协作相对较少，运作体系相对独立，无形中给监狱平添了一分神秘色彩，也给世人留以遐想空间。近年来，随着司法体制改革步伐的不断加快，监狱工作的社会化发展不断加强，监狱逐渐从封闭走向开放，从传统走向现代，从旧模式走向新常态。依法治监作为依法治国的重要组成部分，其任务之一就是完善和保障监狱人权，让监狱中各个主体的权利都得到切实维护，确保监狱在科学、文明的道路上健康发展。

一、监狱人权的概念

所谓监狱人权，从广义的角度是指监狱中各人权主体享有的个人权利的总称；从狭义的角度来说，监狱人权应当包括囚犯的个人人权和监狱人民警察的个人人权（私权利）两个重要组成部分，且两者相互平等，辩证统一❶。因此，重视和保障监狱人权既

---

❶ 在当下的我国监狱人员构成中，工人群体也占一定比例。但是工人主体不是监狱执法工作的主体，其权利关系受劳动法律关系调整。所以工人的权利保障不在本文讨论范围内。

是对囚犯依法开展刑罚执行工作的前提，也是新形势、新环境下保障监狱民警队伍战斗力的基础。

（一）关于囚犯个人人权保障

在传统观念和经典理论中，监狱是镇压阶级敌人的场所，因此囚犯长期以来被当作"敌人"来看待，他们被非人性化并且必须被非人性化。这是看待"敌人"的传统的、必然的方式，无论"敌人"是阶级敌人、种族敌人，还是国外的敌人，不管是什么群体，必须剥夺其成员作为人的固有尊严，以便动员其余的人来反对他们❶。在这一观念的驱使之下，囚犯的个人人权一直未得到充分重视和保障，囚犯个人权利的伸张是不可思议的事。1979年，《人民日报》发表著名法学家李步云《论我国罪犯的法律地位》一文后，一些监狱管理者写了许多告状信和抗议书，质问"罪犯还有权利，立场到哪里去了"❷。

要保障囚犯的个人人权，首先就要厘清囚犯的身份问题。"囚犯"是司法部在2004年颁布的《监狱服刑人员行为规范》中为这一群体做出的理性、科学、客观的命名。此前普遍使用的称呼还有诸如劳改犯、罪犯等称谓。囚犯是被依法判处死缓、无期徒刑、有期徒刑投送至监狱执行刑罚的受刑人。根据《宪法》第三十三条第一款规定，凡具有中华人民共和国国籍的人都是中华人民共和国的公民。因此囚犯也是中华人民共和国公民，享有的个人权益也应是宪法和法律规定范围内的合法权利。因囚犯法律地位的特殊性，决定了他们与一般权利主体享有的个人人权既有相同之处，又不完全相同。根据这一特殊性，《宪法》第二章以及《监狱法》第七条就对囚犯的合法人权作出了明确规定，罪犯的人格不受侮辱，其人身安全、合法财产和辩护、申诉、控告、检举及其他未被依法剥夺或受限制的权利不受侵犯。可见，保障囚犯的未被剥夺的个人人权是有法可依的。

在过去，囚犯身份、地位以及权利保障由于受不到重视，显得较为弱势，加上监狱的封闭环境，缺乏有效、有力的制约和监督，囚犯权利的行使、救济与监督并不十分完善，因而当监狱人权理论研究新兴之时，囚犯的个人人权一直成为研究的热门内容和主要方向。甚至，还伴随着很大的质疑和争议。在中国，监狱人权研究起步较迟，尽管在理论研究中取得一定成果，但在实践工作中仍未能形成统一的共识，成为监狱事业法治化进程上的前进阻力。当然，随着综合国力的增强，未来法治化道路上的监狱，囚犯的权利，会受到越来越好的保障。让囚犯在监狱中感受最大程度上的人格尊重，促使其悔过自新，重新做人。

（二）关于监狱人民警察个人人权的保障

监狱人民警察是指依法从事监狱管理、执行刑罚、改造罪犯工作的具有人民警察

---

❶ 参见 Ruthven，前注 20。这一观点在福尔克（Falk）、科尔科（Kolko）和利夫顿（Lifton）合编的 Crimes of War (1972) 419—575 有关"心理与伦理环境"的系列读物中，以及克瑞林斯顿（Crelinsten）和施密德（Schmid）合编的 The Politics of Pain—Torturers and Their Masters (1993) 中经常出现。

参见奈杰尔·S. 罗德雷. 非自由人的人身权利——国际法中的囚犯待遇 [M]. 毕小青，赵保庆，等译. 北京：三联书店，2006 (1)：15.

❷ 李步云. 法力探索 [M]. 长沙：湖南人民出版社，2003：268.

身份的专门人员。根据《人民警察法》《监狱法》的规定，监狱人民警察主要由各级监狱管理机关的公务员，监狱、未成年管教所的公务员和各类监狱科研和教育机构的研究人员和教学人员组成。监狱人民警察的招录主要通过公务员统一招考和政法干警招录培养等方式对监狱人民警察进行考核录用。作为加载于公民的社会身份和政治属性，监狱人民警察的基本身份依然是中国公民，因此保障监狱人民警察个人人权的实质也就是保障公民的个人人权，不侵犯监狱人民警察的个人人权也就是不侵犯公民的个人人权。

目前，监狱人民警察对于个人人权的理解与追求普遍希望得到更完备的保障和维护，相关工作的开展和制度设计也在逐步完善。在工作整体推进的过程中，根据实践活动的开展和理论的深入分析，在监狱人民警察权利保障工作方面应注意以下几个方面的问题：

时代变迁方面。回顾过去二三十年的监狱运行的历史轨迹，监狱系统一直作为较为独立的社会体系在运作发展，自负盈亏，自给自足。监狱民警的教育、医疗、生活等各方面必需的保障均由监狱内部的机构承担，加之计划经济年代民众对物质生活水平普遍要求较低，刚性需求基本上得到保障。这就使得监狱即家、农场即家的思维观念较为普遍，得到广泛认可。"献完青春献子孙"是那个时候监狱人民警察对于监狱事业的概括，同时也是思想最真实的写照。然而受经济发展浪潮的影响，社会快速转型，监狱人民警察传统思维正逐渐被打破。监狱的开放融合，促使监狱民警对金钱、信仰、使命、责任等认识较以往发生了较大变化。价值取向的多元发展，公务员体制深化改革，执法要求不断提升，执法环境逐渐收紧，权力运行空间不断压缩等一系列内外因素的作用影响着监狱人民警察对于私权的理解和追求，对于工作的权衡和抉择。因此在不断加强监狱人民警察队伍规范化、职业化、专业化建设的同时，实际上也是将民警从守旧、传统的思维模式中剥离出来，以专业化、职业化的眼光重新审视监狱人民警察的队伍管理与建设。

制度因素方面。纵观《人民警察法》《监狱法》等涉及监狱人民警察队伍管理的法律法规，其中描述较多的部分是监狱人民警察的义务、纪律要求，其次是民警的公职权力的约束规定，而对于个人权利的保障提及甚少。尽管在《人民警察法》中对人民警察的待遇有所提及，然而在《监狱法》中对监狱人民警察的个人权利并没有作出明确规定，而对于执法工作提出了九个方面的"不得"的要求。这些制度保障的缺失，给监狱人民警察带来了一系列负面影响。因监狱工作的特殊性，监狱人民警察相对于其他社会行业和警种都较为艰苦。没有制度性的保障以及体面有尊严的生活就无法使监狱人民警察安心工作，更无法将监狱工作作为崇高的事业去追求。因此，必须在《监狱法》中将这些关系到监狱人民警察切身利益的问题加以明确具体的规定。❶

保障力度方面。无论是《监狱法》还是其他涉及监狱管理的法律法规，对监狱人民警察执法行为约束得越多，必然也是对囚犯权利保障的提升。纵使囚犯的个人人权在过去的一段时间并未得到正确对待，但在监狱工作逐渐走向规范化、文明化的同时，一味

---

❶ 冯建仓. 监狱法的充实与完善[M]. 北京：中国检察出版社，2000：72.

强调囚犯的权利而忽视监狱民警权利的维护，会让很多监狱民警在情感上接受不了这种规范要求。很多在基层一线的监狱民警时常抱怨，监狱人民警察警力偏少导致民警在日常带值班过程中压力分散不平均；工作强度太大，单位要临时加班，休息就得不到应有的保障；单位的培训太少，给民警执法工作理念的更新造成阻碍。这些既是现实问题，也反映出民警应有的个人人权没得到足够的重视和保障。

职业认同方面。对监狱事业的高度认同感是激发监狱民警干事创业的重要驱动之一。随着近年来人民警察及公务员各项待遇和社会地位的不断提高，监狱人民警察队伍中高度的认同感成为主流趋势，监狱人民警察队伍保持较强活力。不置可否的是，社会的发展，价值的多元，也发酵了认同感缺失的情况，综合来看有以下几个方面的原因。首先，职业的局限性决定了大部分监狱民警的工作环境和社会关系仅仅局限于大墙之内，这与人的社会化发展趋势是相悖的。因此，对比起其他警种，更为广阔的社会接触、更为繁多的职业荣誉评比、更为崇高的社会地位成为广大监狱民警对比的选项，职业认同感在无限的对比中被进一步削弱。其次，社会舆论和媒体对监狱的过度贬损，让监狱始终处于舆论下风口，尽管身为人民警察，但由于社会的不了解和不理解，在人民群众和民警队伍中产生了一定的隔阂。最后，收入与付出不平衡、工作和休息不规律等一系列负面因素让监狱民警在同其他社会职业进行类比时没有一定的优势和可比性，一定程度上增加了监狱人民警察的职业倦怠感。

二、监狱人权的特征描述

（一）监狱人权的普遍性

人权的主体毫无疑问是作为自然人享有的，并且是所有自然人都应当享有和受保护的。因此人权的普适性毋庸置疑。监狱人权作为"人权"的特殊分支，其保障的范围和内容必须是在"监狱"范围内的，一般来说是囚犯与监狱人民警察两个人权主体。监狱在运行过程中，有义务对各方主体享有的合法权利在一定框架和范围内予以实现和保障，并作为日常管理和队伍建设的必要环节。

监狱人权的普适性是其最显著也是最基本的特性，是监狱执行刑罚、管理队伍等执法执纪活动的基本准则。监狱人权的主体在人权保护程度上应当体现出一定的平等性，即不仅包括监狱人民警察，同时也包括在押的囚犯；不仅包括监狱领导，同时也包括基层民警；不仅包括服从管理的囚犯，同时也包括受到一定监规处罚的囚犯。这一点与通常意义上的人权的普适性是相同的。监狱人权任何一个主体的合法权利都应在任何时候得到切实保障。

（二）监狱人权的特异性

《宪法》中对公民的人权作出明确规定，分八大基本权利，即政治权利和自由；宗教信仰自由；人身自由；批评、建议、申诉、控告、检举和取得赔偿权；社会经济权利；文化教育权利；妇女、老人、儿童受国家的保护；保护华侨、归侨和侨眷的权利和利益。然而与普遍意义上公民人权有所不同的是，监狱人权的保障因权利主体的特殊性，使其与普通公民人权有着一定的差异性。

一是保障主体的不同。监狱人权保障的主体主要是在押的囚犯和监狱人民警察。从本质上说，两者虽然同为公民，享有《宪法》规定的大部分人权。但是由于监狱的特殊性，使得这部分权利在"监狱"这一特定环境下，与普通公民的权利有所不同。例如通信权、休息权等。二是保障的侧重点不同。因监狱人权保障事业仍须不断完善和加强，目前在监狱人权中，权利主体的各项基本权利均能得到充分保障。但是因监狱管理要求和民警队伍管理规定，诸如囚犯的结婚权、监狱民警的休息权在现实管理过程中其实尚未完全保障到位。三是保障权利的路径不同。囚犯同普通公民一样具有通信自由的权利。然而由于被限定了自由，囚犯的通信权需要基于监狱机关一定管理要求才能履行，又具有了许可的含义。在这样的含义里，囚犯的权利被视为一种"恩赐"，往往会受到"合理"的损害，进而造成权利缺损。根据《监狱法》的规定，罪犯在服刑期间可以与他人通信，但是往来信件应当经过监狱检查。监狱发现有碍罪犯改造内容的信件，可以扣留。罪犯写给监狱上级机关和司法机关的信件，不受检查。因此，监狱人民警察检查囚犯往来信件是执法行为，不构成侵犯囚犯的通信自由的权利。但是，监狱人民警察如果扩大解释"改造"的理由，滥用"自由裁量权"，擅自扣留囚犯的信件，又会造成囚犯权利的侵害。由此可见，依法保障监狱人权既是中国司法体制改革的重要议题，也是人权事业深入全面发展的重要体现。

（三）监狱人权的现实性

现代监狱的建设和完善，使得监狱治监理念同二三十年前发生了翻天覆地的变化。从粗放到精细，从恣意到规范，从传统到现代，监狱人权的发展是中国人权事业发展的缩影，也是依法治国、依法治监的重要体现。随着社会民众对个人权利意识的不断提高，乃至于个人权利的认同某种程度上已经超过集体权利的认同。因此，现代监狱的监狱人权任何一方主体对权利的维护意识比以往任何一个时期都要强烈，并且这种发展是不可逆的。

在日常执法过程中，监狱人民警察既渴望自己的生命健康权、休息权、培训权得到充分保障，也会在执法过程中遇到囚犯以维护个人权利的名义对抗管理。从广义上来说，内部管理越来越难，外部监督越来越密集，这样一种现象很好地说明了保障监狱人权的现实性。每一个主体都渴望权利得到保障，然而大部分主体并未能用科学的眼光对权利意识进行理性的看待，加上缺乏法律层面的规制与保障，这就使得监狱管理机关在日常管理过程中遇到一些棘手的问题时表现得较为两难，而最后通常是以牺牲个人权利作为处理结果。

三、国外囚犯人权保护概览

"二战"以来，世界各国充分认识到了战争对人类的伤害，对人权的侵犯，国际人权事业进入了高速发展期。联合国以及世界各国家地区先后制定出台一系列保护最基本监狱人权的条款和公约。主要包括 1984 年联合国大会决议通过并开放签署、批准和加入的《禁止酷刑和其他残忍、不人道或有辱人格的待遇或处罚公约》（以下简称《公约》）。根据《公约》第二条第一款的规定，每一缔约国应采取有效的立法、行政、司法或其他措施，防止在其管辖的任何领土内出现施行酷刑的行为。上级官员或政府当局之命令不得作为施行酷刑之理由。此外还有 1985 年美洲国家组织大会第 15 次例会签署《美洲防止和惩治酷刑公约》；1987 年签署的《欧洲防止酷刑、不人道或有辱人格的待遇或处罚公约》；1955年第一届联合国防止犯罪和罪犯待遇大会通过的《囚犯待遇最低限度标准规则》，该《规则》全文分三个部分，共95条，是联合国关于监狱问题的最系统和最详尽的重要法律文书；在对囚犯的个人人权作出了明确规定和详细保障外，为防止权力被滥用，联合国及世界各国还对执法人员的行为规范作出了各种不同的规定，以确保人权得到充分保障。包括1978年联合国大会决议通过的《执法人员行为守则》，该《守则》第一条就对执法人员的行为作出了规范性规定："执法人员无论何时均应执行法律赋予他的任务，本着其专业所要求的高度责任感，为社会群体服务，保护人人不受非法行为的伤害。"以及1990年第八次联合国预防犯罪和罪犯待遇大会通过的《执法人员使用武力和武器基本原则》，该《原则》对执法人员在行使管理权力时的行为做了必要性规范，确保了各方的人权和尊严不受侵犯；为规范警察职业道德、职业行为，1979年欧洲理事会议会大会通过的《警察宣言》；为规范医务人员行为和道德准则，1982年联合国大会决议通过的《关于医务人员、特别是医生在保护被监禁和拘留的人不受酷刑和其他残忍、不人道或有辱人格的待遇或处罚方面的任务的医疗道德原则》。此外，《欧洲人权公约》《公民权利和政治权利国际公约》《美洲人权公约》《非洲人权和民族权利宪章》中均对在押人员的基本人权作出了明确规定。由此可见，世界各国对"人权"的维护已经形成一定程度的共识。

四、中国监狱人权保障的原则

权利法定原则。人权作为一项自然权利，其维护和保障离不开法律的支撑。因此权利法定是监狱人权的一项基本原则。尽管世界各国的社会、经济、法律、文化存在一定的差异，但囚犯个人权利的主张必须在法定范围内，即囚犯的权利由宪法、各项法律法规所明确规定并予以保障是普遍共识。将监狱主体的权利纳入法律范围内，既是对主体行为最好的约束，也是对主体权利最好的保障。监狱在行使任何的奖惩措施时，也必须遵循法律所规定的范围和尺度。如英国监狱体罚法律化为监狱狱方执行体罚提供了法律依据，切实维护了囚犯的合法权利。其目的一方面是为了能够在监狱里通过一些体罚措施惩治违规违纪人员，另一方面也是防止权力被寻租、滥用，在体罚的过程中侵犯囚犯的生命健康权。中国为切实维护囚犯在服刑期间的合法权益，在《监狱法》《刑事诉讼法》中围绕囚犯的人格权、人身权、财产权、申诉权、劳动权等诸多权利作出了明确而详细的规定。

引导教育原则。人权的平等和保护在中国监狱里仍被视作"新鲜事物"。之所以如此表述，是因为大部分囚犯乃至少部分监狱管理者存在一定的认识偏差和误解，因此给人权保障带来了一定阻碍。目前较为常见的人权认识错误是出现在囚犯用于对抗监狱管理上的情况，将维护合法权利视作有效对抗监狱管理的手段。部分思想偏激或蓄意对抗监狱管理的囚犯经常在监狱对其管理时向监狱、监狱监管部门等职能机构反映监狱侵犯了他们的合法权利，让监狱在行使管理职权时较难下手。而部分管理者存在着尊重囚犯的人权就是无法开展管理的认识偏差，同样也给管理带来了一定难度，在两方面"力"的作用下，监狱人权保障就得在夹缝中发展，因此发展缓慢。

义务与权利平等原则。监狱是惩罚犯罪的场所，同时也是教育引导囚犯弃恶从善、改过自新的场所。在教会囚犯正确行使权利的同时，要让他们学会承担个人、家庭、社会义务。在监狱中即要履行囚犯所应承担的义务。监狱中囚犯的法律义务是指由法律所规定的囚犯按照权利人的要求必须为一定行为或不为一定行为,以满足权利人的利益需要。❶ 囚犯义务分为宪法法律关系当中的义务——一般公民义务;刑事法律关系当中的义务——作为罪犯承担着的义务;行政法律关系当中的义务——维护监狱秩序的义务;民事法律关系当中的义务——作为社会一般人的义务四个层次❷。世界上任何发达国家权利与义务的对等普遍得到认同并且糅合在囚犯的教育改造中。在德国,培养一定的社会责任意识是教育引导囚犯的一项重要引导手段,在家庭津贴中罪犯必须将收入的一部分交给家人,以尽其抚养或赡养义务,从而培养其家庭责任感。❸ 在中国,《监狱法》等法律条规中均对囚犯在改造中各项义务作出了明确系统的规定。2001年司法部颁布的《关于在监狱系统推行狱务公开的实施意见》中,对囚犯的义务作出了更为详细的规定。现代监狱治监理念中,教育矫正囚犯成为监狱存在的使命职责。因此对于囚犯来说,监狱教育矫正囚犯的一项关键目标就是要让他们认清权利与义务的关系,实际上也就是认清个人与社会的关系。保障权利和履行义务是辩证统一的关系,没有单纯的权利也没有单纯的义务。

第二节 囚犯人权保障

按照当下警察认同和接受的观念来看,囚犯的人权一般是指囚犯依照宪法和法律所应当享有的实现某种行为的可能性,即依法做出或不做出一定行为和要求他人做出或不做出一定行为、享有的作为普通公民的人权。根据内容不同,囚犯的人权可分为几个方面,如人身权利、政治权利、经济权利、社会权利、文化教育权利等。又因囚犯的身份与普通公民存在一定差异性,他们的权利存在被剥夺和受限制的情况,因而在权利适用的宽度和广度上都应与普通公民的人权加以区别,理性对待。理性对待囚犯的人权是指基于他们在法律、社会、道德等地位上的特殊性,监狱人民警察在执法时对囚犯的人权有理性、客观、科学的认识,排除感性、非科学认识对执法工作带来的影响,严格把握好"严不过人,宽不过囚"的尺度,确保囚犯人权得到切实维护。

一、关于囚犯权利保障的共识

囚犯是公民,保障权利是应有之意。法律之所以威严,并不仅在于严酷刑罚的震慑力,更是它的广泛的强制性和普适性,法律是每一个公民强有力的制度保障,最大程度地保障了社会的公平正义。因此,囚犯作为身份性质以及法律地位较为特殊的群体,保障他们的权益也应当是法律应有的含义。监狱作为刑罚执行机关,正是通过执行判决,惩恶扬善,从而履行维护公民合法权益的使命。

囚犯是需要保护的特殊群体。囚犯作为身份性质较为特殊的公民,从法律层面来说,他们即使服刑改造,也依然属于中华人民共和国公民,因此享受未被剥夺的普通公

---

❶ 汪勇. 理性对待罪犯权利 [M]. 北京:中国检察出版社,2010:147.
❷ 汪勇. 理性对待罪犯权利 [M]. 北京:中国检察出版社,2010:149-151.
❸ 赵运恒. 罪犯权利保障论 [M]. 北京:法律出版社,2008:119.

民所具有的任何权益。然而，从社会文化的角度来看，他们犯下罪行，危害社会，危害其他人的合法权益，在监狱服刑理应是一种"报应""惩罚"，理应通过监狱对权益的剥夺，而切身感受到他们犯下罪行对他们造成的痛苦。两者较为矛盾的关系，不仅影响着社会大众对监狱、对囚犯乃至对监狱人民警察的看法，同时也影响着法治文明进程。

保障囚犯的权利是监狱人民警察的职责。监狱人民警察的职责在于执行法律，维护公平正义。在日常对囚犯的管理和教育中，其实是一项严肃谨慎的执法活动。囚犯既然作为中华人民共和国公民，监狱人民警察在依法对他们进行惩处的同时，也要依法保障他们的权益，体现法律的公平公正，而非受个人情感的支配。

囚犯的权利是广泛的。囚犯作为特殊的权利主体，尽管通过法院的判决以及监狱执行的实际操作过的过程中对部分权利进行了剥夺和限制，但是囚犯依然依法享有其作为普通公民具有的其他公民基本权利。

囚犯是监狱的特殊主体。监狱人民警察和囚犯这两个群体共同构成了监狱体系里的两大主体。不同的是，监狱人民警察是执法主体，囚犯是改造主体，监狱人民警察的一切执法活动均是围绕囚犯的改造目标、改造任务、改造成果而开展的。在服刑改造中，必须充分调动起囚犯的改造积极性和主观能动性，从内心深处唤醒他们对美好生活和人生的向往，才能充分发挥监狱教育、感化、挽救的职能。

二、囚犯人权保障的法治化进程

新中国成立初期中国法治事业艰难起步，经过数十载不断摸索，探寻出一条符合实际国情的中国特色社会主义法治国家的道路，监狱工作在一波波法治化的浪潮中也站上了更高的台阶。法治的含义并不仅仅是依法而治，它还具有明显的价值内涵和价值倾向❶。因此，法治精神其实也就是对弱势群体的保护。囚犯作为弱势群体的一部分，这部分群体的人权保障工作成为衡量中国法治社会发展程度的重要标志。囚犯的人权保障工作不仅是人权保障事业的组成部分，在国家治理意义上这部分群体权利的保护程度不仅是一个国家人权保护的衡量标尺也是一个国家是否达到法治状态的重要标志。❷ 因此现代监狱的行刑理念里更加注重对囚犯规范、公正、文明、高效的管理，最大程度上实现司法公平正义，而公平正义就包含了对囚犯人权的保障。

1954年《劳动改造条例》《劳动改造罪犯刑满释放及安置就业暂行处理办法》的出台填补了此方面的空白，让保障囚犯基本权利有章可循。1962年公安部普遍实行《劳动改造管教队工作细则》（试行草案），其中第五条规定："对犯人的管教工作，应当正确执行政策，严格依法办事，禁止体罚虐待，防止麻痹松懈。"1982年2月18日公安部颁布的《监狱、劳改队管教工作细则》（试行），对刑罚执行、狱政管理、教育改造、生活卫生等作出了详细规定。该细则第一次以法规形式提出保障罪犯的申诉权、辩护权、控告权、人身不受刑讯逼供、虐待侮辱和私人合法财产不受侵犯的权利，对管理、劳动、生活提出合理化建议的权利，以及其他法定的权利。❸

---

❶ 赵运恒. 罪犯权利保障论［M］. 北京：法律出版社，2008：25.
❷ 秦强. 人权视野中的罪犯权利保护［DB/OL］. http://www.calaw.cn/article/default.asp?id=2412，2015-7-19.
❸ 汪勇. 理性对待罪犯权利［M］. 北京：中国检察出版社，2010：42.

1994年12月29日《监狱法》颁布实施，标志着中国监狱事业法治化发展达到了一个新高度。《监狱法》对囚犯的各项基本权利作出了详细规定，对民警的执法行为作出严格约束，让囚犯人权保障工作上从有章可循发展成为有法可依，是中国监狱人权事业发展的一次新突破。对于基本人身权利保障，《监狱法》第七条第一款规定："罪犯的人格不受侮辱，其人身安全、合法财产和辩护、申诉、控告、检举以及其他未被依法剥夺或限制的权利不受侵犯。"并且在第十四条中也对监狱人民警察的职务行为作出严格约束，防止公权力滥用，侵犯人权。关于劳动权、受教育权，《监狱法》第四条规定："监狱对罪犯应当依法监管，根据改造罪犯的需要，组织罪犯从事生产劳动，对罪犯进行思想教育、文化教育、技术教育。"关于囚犯的生活方面，《监狱法》第五十条至第五十五条也有详细规定。由此可见，目前中国囚犯个人权利保障工作正随着中国的政治文明发展而稳步前进。在人格尊严方面，《监狱法》第七条第一款规定："罪犯的人格不受侮辱，其人身安全、合法财产和辩护、申诉、控告、检举以及其他未被依法剥夺或者限制的权利不受侵犯。"在文化教育方面，《监狱法》第五章第六十一条至第七十三条对囚犯的文化、技术、思想教育作出了详细规定。在社会权利方面，《监狱法》第三十七条第一款规定："对刑满释放人员，当地人民政府帮助其安置生活。"在伙食保障方面，《监狱法》第五十条规定："罪犯的生活标准按实物量计算，由国家规定。"在1995年财政部联合司法部出台的《在押罪犯伙食实物量标准》中，就对囚犯每月所需肉、蔬菜、油等进行了详细的规定，确保囚犯吃热、吃饱、吃得卫生。在医疗保障方面，《监狱法》第五十四条规定："监狱应当设立医疗机构和生活、卫生设施，建立罪犯生活卫生制度，罪犯的医疗保健列入监狱所在地区的卫生、防疫计划。"

三、囚犯人权发展中的问题

（一）新闻舆论与监狱执法

在新闻舆论较为自由的信息社会，囚犯人权本身的关注对象已经从囚犯及家属等相关权利主体本身发展成为整个新闻舆论，并且逐渐发展成为衡量中国法制化进程，尤其是监督监狱行刑公平、公正的一个重要载体。这是经济发展促进社会透明化的一个表征，是社会走向成熟的表现。种种原因使然，监狱与社会大众之间存在着一道天然的"隔阂"。监狱作为国家刑罚执行机关，在对外宣传上并没有良好的历史传统，一旦出现与监狱相关的新闻大都为负面信息，诸如越狱、狱内犯罪、狱内死亡等。再加上新闻舆论对事件的放大和渲染，社会大众自然而然谈"狱"色变，对监狱敬而远之，对监狱曝出的事件通常也都以"猎奇""阴谋论"的观点加以审视和揣测。加之，近些年不乏一些监狱机关对公共事件的处理不当，造成舆论的一边倒，影响了政府的公信力。因此在新闻舆论迅猛发展的今天，监狱的管理层应对舆论监督给监狱执法工作带来的新环境引起高度重视，环境的改变甚至能引起监狱工作内部的变革。自媒体时代人人都有麦克风，人人都是记者，人人都是新闻的传播者，传播速度之快令人咋舌。特别是民众"人权"意识的迅速崛起，对自身"人权"的危机感，民众对舆论通常抱着宁可信其有的心态去审视。一旦监狱内部发生侵犯囚犯人权的舆情，监狱管理缺失、责任追究等一系列问题将会被追问到底，如不能第一时间采取正确的方法和态度应对，依旧用"老方法"

对待"新问题"[1]，丢失的很可能不仅仅是在社会舆论中的话语权，更有可能让大众对监狱执法疑惑重重，丧失对政府的基本信任，给监狱机关和监狱人民警察的形象蒙上一层阴影，给监狱工作社会化推进制造困难。

（二）关于极端维权的问题

在《监狱法》中，对囚犯的权利和义务均作出了明确规定。然而在实际的刑罚执行工作时，又需要对他们加以强制，所以在这个过程中狱方需要注意对囚犯的个人权利加以保护。作为权利主体之一，囚犯往往在服刑改造期间对自身权利状况更为关注，甚至将权利放大，出现了与监狱执法理念和囚犯义务不相一致的情景，这样的维权应视为过度。[2] 过度维权这一行为在监狱对囚犯的管理中并不少见。随着民众维权意识的增强，监狱里过度维权的情况逐渐增加。然而出现过度维权的原因是多方面的，总结起来有如下几点：

为对抗监狱管理。部分囚犯为逃避劳动、对抗监狱的管理和处罚，对应当履行的义务避而不提，将自身权利无限放大，通过恶意维权、过度维权的方式表现出来。此类事情性质恶劣，恶意较深，民警在执法过程中不当的言行容易成为囚犯的把柄，处理难度加大，不易把握分寸。

权利认识模糊。部分囚犯法律意识较为淡薄，对个人应当享有的权利认识不清、过分伸张，重权利、轻义务，对权利和义务的认识较为片面、模糊。在监狱的环境中，出于个人权利的危机意识，囚犯往往在维权的过程中易出现将权利放大，出现过度维权的情况。

遭遇不公正执法。监狱民警在日常执法工作中不乏存在执法的瑕疵，在此情况下，部分囚犯认为自己受到了不公正待遇，认为只有通过维权才能实现对自身权利的保障。不过这也从一个角度说明民警的执法水平还应当有所提高，执法过程中还存在执法不够公正，维护罪犯权利不够公正，处置罪犯权利不够公正的问题。[3] 提到过度维权就不得不提到另外一个名词——"妥协执法"。在基层一线的执法民警看来，面对囚犯一些恶意的过度维权、监狱存在过错的过度维权，事情处理的结果似乎都是以息事宁人、维护稳定为出发点，让监狱机关丢了面子，丧失了权威。其实不然，监狱机关公正威严的执法形象来自监狱民警的公正执法，只有民警在管理过程中依法办事，对囚犯的合理诉求加以重视，对无理纠缠坚决打击才能在囚犯中树立起良好的改造风气和健康的监狱文化，不给心存侥幸的囚犯留以想象空间，给改过自新的人以公平、公正的环境，才是监狱面对囚犯过度维权、恶意维权的正确之道。

（三）囚犯人权相对脆弱

囚犯在监狱服刑期间，因其身份的特殊性，与监狱的管理者之间是管理与被管理、惩罚与被惩罚、教育与被教育的从属关系，这一点决定了他们的人身自由、权利争取等

---

[1] "新问题"一方面是指自媒体时代所带来信息飞速传播的情况，另一方面是指"塔西陀陷阱"给政府机构带来公信力的影响。

[2] 吴国余，陈光明. 罪犯过度维权的前瞻性应对 [J]. 中国监狱学刊，2005（6）：74.

[3] 吴国余，陈光明. 罪犯过度维权的前瞻性应对 [J]. 中国监狱学刊，2005（6）：74.

方面不同程度上受到了剥夺和制约，依法依规服从于监狱民警，任何事情也都必须经过民警。如收寄信件必须经过监狱的审核[1]，提请减刑假释必须由监区进行呈报，会见家人也必须服从于监狱的统一安排等诸多事宜均需要通过监狱，如狱方进行否决，在缺乏有效监督的情况下，囚犯人权就存在被侵犯的隐患，因此囚犯一定程度上也被视作权利的弱势群体。他们没有得到社会的广泛关注，不被社会主流思想所认同，总是处于社会的最边缘地位，甚至在他们出狱之后，这种状态还将持续，他们仍将会受到歧视。[2]纵使他们曾经危害社会，但是被依法判处有期徒刑就已经是对他们犯下的罪过进行惩罚，而不应该以惩罚为目的继续开展"法外惩罚"，对他们的合法权利形成侵害。制度的完善基本杜绝了打骂、虐待、侮辱囚犯的情况，但在一些思想意识仍较为保守的监狱单位，变相的惩处还会不时出现。此外，一些警械器具不规范的使用，也可能构成对囚犯个人权利的侵犯。

（四）民警对囚犯权利的认识

作为囚犯权利维护的主体之一，监狱民警对囚犯权利有着怎样的认识，该项工作在基层就会得到相应的体现。由于"人权"一词带有极强的政治色彩，"在中国逝去不久的历史里，还是一个带有政治性且阶级性极强的名词"。所以，长期以来罪犯被看作阶级敌人，监狱民警与囚犯之间的关系也就是敌我矛盾的关系，从思想上就对囚犯"人权""权利"存在极大的排斥。然而，思想上的偏差必然会造成行为上的偏颇。时至今日，仍然存在一些监狱单位或是个人在工作开展中对囚犯的认识还是停留在阶级斗争的思维模式中，囚犯就是阶级敌人，尽管在管理中能够做到依法管理，但不排除存在依政策管理、依口令管理乃至于违规管理的情况。由于思想未能及时转变，监狱很多现代化的理念和思路推进受到一定的阻碍，影响和制约着司法的文明进步。有的观点认为"倡导囚权主义，就会影响监管秩序的稳定"，"倡导囚权主义，就会束缚监狱矫正官的手脚"，"倡导囚权主义，就会助长囚犯反改造的气焰"。[3]这样的想法不在少数，或者说或多或少地隐藏在每个基层执法民警的心里。这样错误的认识，并不是由囚犯权利得到保护导致的，而是外部社会、政治、经济环境的变化，给监狱执法提出了更高更新的要求，而基层民警中对新要求不适应，出现的本领恐慌和职业恐慌的表现。

总的来说，由于囚犯的人权具有相对的脆弱性，依法开展保障工作不仅需要囚犯本人的维护，更需要监狱民警以法治的眼光审视和开展监狱工作，该打击的严厉打击，该维护的依法维护，这样才能够建立起科学、规范的监狱体系。值得肯定的是，通过近年来的不断倡导和行为规范，监狱民警对囚犯基本权利的保障和维护有了较为客观和理性的认识，普遍能够接受保障囚犯基本权利的基本理念。

四、实现囚犯权利保障的路径

（一）坚持法治与人本在监狱文化中的主导地位

文化是一个国家软实力的最好体现，它渗透在社会、政治、经济等各方面，现代监

---

[1] 法定特殊情况除外。
[2] 赵运恒．罪犯权利保障论［M］．北京：法律出版社，2008：24．
[3] 张晶．囚权主义［M］．江苏：江苏人民出版社，2017．

狱发展自然也离不开文化的浸染。监狱文化是思想，给监狱的未来发展确定了方向，"法治"与"人本"两个文化在监狱里的融合，承载了丰富现代监狱法治内涵，保护囚犯合法权益的重要作用，当然这也是现代行刑发展的必然趋势。试想一个没有浓厚法治文化氛围的执法机关，如何能够维护法律的公平？一个缺乏人文情怀的执法机关又如何能够维护社会的正义？法治与人本的兼顾正是法与情在执法活动中的重要体现。对于执法者来说，法治应当是一种精神，是将惩罚和矫正囚犯视作法律授予的神圣职权而并非个人意志的表现。人本应当是一种情怀，是以矫正师的眼光去努力修复每一个灵魂，让他们在监狱里获得新生。

当然，基于伦理道德和情感认知，社会大众对囚犯抱有一定的偏见乃至仇视是非常正常的心理表现，作为执法者正是需要树立牢固的法治精神，克服这种个人感性认识给执法工作造成的阻力，依法正确履行法律赋予的公权力才能确保法治的正义，实现监狱惩罚与改造的职能。任何一个国家法律法规和社会规范最基本的准则就是保护弱者，囚犯危害了社会，受到了法律的制裁，当身处监狱，他们的社会属性和身份角色就自然而然地发生了转变。部分权利被剥夺，让他们相对于国家公权力成为较为弱势的一方。因此法治和人本的提倡与融入就是为了能够保证制裁能够在法律的框架内，杜绝"法外施刑"的情况，让监狱工作沿着法治的精神向前发展。其实，囚犯人权的法律地位在行刑理念不断趋于法治文明的当下，得到了前所未有的重视，每一次思想的变革，都意味着囚犯"人权"保障的新突破。"人权"意识的觉醒与普及在监狱里得到了广泛的认可和发展，在现代监狱的管理过程中体现在衣、食、住、行、医等囚犯生活改造的方方面面。多元文化和法治文明的注入与推动让监狱文化从僵化走向开放，从粗暴走向更加文明。

（二）加强监狱人民警察对囚犯人权的理性认识

对囚犯人权的认识程度决定了人权事业发展的速度。《监狱法》《刑事诉讼法》等法律法规均对囚犯合法权益的保障作出了明确规定。理论研究中也有针对囚犯人权的研究，但是我们应当清醒地认识到，作为经历了数千年封建王朝统治的中国社会，"义务本位"、淡化权利的僵化思想依然根深蒂固，对于囚犯这样的权利"弱势群体"来说，权利如果仅仅依靠监狱来主动维护，其难度可想而知❶。加之"人权"的理念起源于西方，中国的社会、政治、经济、法律均与西方国家有所不同，人权文化的"突击"涌入，与实际国情和法律制度并不能够很好融合，照搬全抄显然并不能完全适应本国国情。因此，结合中国特有的文化根基和社会制度，通过加大理论研究，构建出符合中国国情的囚犯人权文化，对于争议性较大、问题较为突出的人权问题作出规定，给出解释势在必行，是孕育"中国化人权"的必要土壤。让监狱民警在执法过程中有法可依，也让囚犯在伸张权利的时候有据可循。

目前，谈到囚犯的人权，较为普遍的认识要么是"能给钱就息事宁人""少管点事不要紧，不能让犯人抓住把柄"，要么是"管理手段变少了""犯人不好管了"，

---

❶ 监狱的本职职能是转化囚犯，权利保障虽然是执法的一道底线，但在实际管理过程中存在诸多的矛盾方面，因此形成符合中国国情的囚犯人权认识是研究保障的基础条件。

即很难有一个理性客观的认识。最为具有代表性的就是"生育权"。"生育权"作为中国公民一项基本人身权利应当依法得到保障,在监狱里"夫妻房"曾经作为囚犯的奖励措施之一,得到了广泛推广和赞扬,体现了监狱工作的人性化,然而在经历了一段时期的操作后,因执法规范的问题又被叫停,权利的保障和政策方向的关系可见一斑。

社会的发展伴随文明,国家的昌盛基于法治。然而这一切都是建立在每一个公民具有法治思维的基础之上的。客观说,囚犯的"人权"既不是监狱民警观念中的"洪水猛兽",也不是囚犯想象中对抗管教的"灵丹妙药",而是顺应时代发展的法治观念。应通过各种渠道、手段,加强对民警的宣传教育工作,普及相关知识,从思想上、行动上强化民警认识,树立正确囚犯人权观。对囚犯来说,他们大都对"人权"抱有不全面、不正确的理解,甚至是不了解。所以这部分群体对于"权利"要么不在乎,要么胡搅蛮缠。应加强对囚犯及其家属的宣传教育,让他们正确了解囚犯应有的权利。只有民警与囚犯都有了较为客观、理性的认识,"人权保障"在监狱里才能成为新常态。

(三)充分发挥各方监督对国家公权力的制约作用

要想防止权力的膨胀而造成的对罪犯权利的侵害,必须对国家监管权力的行使予以严格的限制。❶依法对公权力开展全方位监督,形成长效的监督机制,是对监狱机关的保护,也是促进司法事业健康发展的基础。一是强化内部监督。监狱执法管理要能够顺应行刑趋势的发展,主动适应,主动作为,在规范执法的前提下,不断强化纪委监察室的内部监督作用,强化监狱内部对民警执法行为的监督,杜绝"怕做恶人,想做好人"的懒政思维,将处理问题变为预防问题,才能及时发现执法工作中存在的问题,做到及时提醒、及时纠正,将问题最小化,将后果最轻化,形成对监狱民警的保护作用。二是加强第三方监督。监狱的社会化发展阐释了监狱的日后发展——即监狱不仅是国家机关,也是社会的监狱。因此监狱的发展必须与社会发展同步,囚犯在社会上依法享有举报、监督的权利,在监狱里也应如此。但作为被监管人,这种权利在监狱公权力的压制下显得微不足道,依靠监狱内部实现权利保障是较为矛盾的。适时将社会组织引入监督机制,加强第三方监督,能够为囚犯的人权保障起到促进作用。此外,监狱应顺应媒体的飞速发展,加强公共信息的发布机制建设,让每一起"监狱事件"的处理充分展露在阳光下,以促进人权保障的发展。

第三节 监狱人民警察个人权利保障

新时期的监狱工作在依法科学行刑的基础上,还要秉承以人为本的理念,通过科学有效的教育矫正手段对囚犯进行教育矫正,将他们矫正成为奉公守法的合格公民。公正、文明、规范、科学的执法要求倒逼监狱执法工作水平提升,也对监狱人民警察的执法水平提出了新的要求。

---

❶ 赵运恒. 罪犯权利保障论[M]. 北京:法律出版社,2008:144.

一、保障监狱人民警察个人权利的重要性

保护监狱人民警察个人权利是法治的应有之意。监狱人民警察是保障社会安全稳定，推进依法治国的重要力量。在日本、英国、美国、德国等国家，对于监狱工作人员大都实行分类管理，对各类人员参照不同的管理标准，法律保障到位，制度相对健全。可见，中国在推进依法治国和依法治监的大背景下，完善和健全监狱人民警察保护机制和制度规范既是时代发展、思想进步的重要标志，也是推进和完善依法治国、依法治监的应有之意。

保护监狱人民警察个人权利是促进囚犯权利保障的重要基础。近年来，随着法律法规的逐步完善，囚犯的个人权利得到了较大提升的保障。对于监狱民警来说，在工作中切实保护囚犯的个人权利成为各项执法工作开展的基础和前提。然而形成鲜明对比的是，在相关的法律法规中，监狱人民警察的一些基本权利还未得到应有的重视，权利保障还存在空白地带。这无疑是让广大监狱人民警察在自己"饿肚子"的前提下，一丝不苟地保障囚犯"吃饱穿暖"，这无论是从个人情感层面还是从实际操作来看都是难以实现的。因此，加强监狱人民警察的权利保障也是推动囚犯权利保障的一项基本工作。

保护监狱人民警察个人权利是完成使命任务的必要条件。当前，随着监狱工作要求的不断提升，监狱人民警察在确保监管安全得到切实保障的基础上，依法对囚犯开展教育矫正工作。高负荷、高压力的工作环境加上高强度、高要求的使命职责形成了监狱人民警察工作的特殊性。因此，保障监狱人民警察的个人权利就是保障监狱工作科学、规范运行。纵观《监狱法》《人民警察法》《公务员法》等各项法律法规中关于监狱人民警察的个人权利保障尚有仍须加强的地方，在实际工作中，也还存在各式各样的问题，这都需要在全面推进法治的过程中去逐步完善和不断充实，真正做到切实维护监狱人民警察的个人权利。

二、监狱人民警察的基本权利

监狱人民警察的人身权。监狱作为关押囚犯的场所，必然具有高危险性的特征，监狱人民警察在执法过程中需要面对极为严峻的狱情形势，在关心帮助囚犯的同时还要保护好自己的人身安全。近几年因囚犯袭警造成监狱人民警察负伤、牺牲的案例不在少数。因此在高风险的执法环境中，加强和注重监狱人民警察人身权的维护成为最基础和重要的一环。人身权的保障是队伍管理的核心目标。人身权作为最崇高的个人权利理应受到高度重视和正确对待。监狱机关在队伍管理的过程中应当充分体现这一特征，将人身权的维护作为核心任务，在此基础之上才能更好地激发民警的工作动力和荣誉自豪。人身权的保障是工作开展的基础。工作的开展在于落实，落实的具体在于个人。监狱工作的特殊性，使得各项工作的开展离不开每一位监狱人民警察的付出。切实加强和维护监狱人民警察的人身权，不仅体现了对个体权益重视，实际上也是保障工作开展的基础。

监狱人民警察的休息权。监狱人民警察的休息休假权是指监狱人民警察按照法律规

定在从事人民警察职业期间不必工作可以自行安排和支配时间的权利[1]。休息作为工作权的一部分，是满足个体的基本生理和心理需求的基本体现。只有在得到充分的休息后，才能更好地激发工作动力，提升工作效率。根据《宪法》《人民警察法》等条款的相关规定，目前普遍采用监狱人民警察"八小时"工作制，在此基础之上，各监狱根据自身实际情况多数实行"倒班制"的工作模式。但较为紧张的警囚比以及高要求、高压力的工作模式，决定了监狱工作必然存在普遍时间较长，任务繁重的实际，监狱人民警察的休息权通常并不容易得到有效的保障。落实带薪休假、实行提前退休、扩大编制提升警囚比都是维护休息权的具体体现。

监狱人民警察的受教育权。监狱人民警察的工作融合了心理学、教育学、管理学等诸多专业学科，为了更好地促进民警队伍专业化发展，受教育权理应得到加强和保障。定期组织民警开展业务知识培训、讲座等活动既是管理民警队伍的必要手段，也是维护民警受教育权的具体体现。在现实操作过程中，要创造条件将所有的监狱民警都纳入培训体系中，促进民警职业发展。

三、监狱人民警察权利保障路径

加强相关法律制度建设。监狱民警具有警察和公务员的双重身份，在法律层面上既受《公务员法》的约束，也受《人民警察法》《监狱法》的规范。在落实这些法律中，监狱民警权利的保障不仅要参照一般公务员权利保障条款执行，还应制定完善相关规定，使对监狱民警权益保障更具针对性和可操作性。尤其要针对监狱民警长期超负荷的劳动和值班情况，找出相应的办法，确保民警休养生息，避免出现疲于应付、职业倦怠，降低警务效能。要完善监狱民警权利保障的监督和救助机制，确保监狱民警权利保障落到实处。

引导监狱民警树立正确的权利观。要在弘扬监狱民警艰苦奋斗、无私奉献光荣传统的同时，适应时代需要，引导监狱民警进一步在法治精神上思考个人权利问题，同步提升法治意识和职业认知，正确处理奉献与待遇关系，在工作需求和合法权益上统筹提升认知境界，确保事业与权益保障得到科学兼顾。

进一步完善履职免责机制。要进一步细化监狱民警履职责任，在实体和程序上都要尽可能厘清监狱民警责任边界，尤其要避免监狱民警在监管安全事故中被追究"无限"责任，严防违背法治精神的损害监狱民警个人权益、特别是基本生存权和发展权的情况发生。

---

[1] 冯建仓，鲁兰. 中国监狱人民警察权利研究［M］. 北京：北京大学出版社，2009：44.

第十一章　监狱情报

在信息化时代，以监狱情报信息系统为代表的硬件建设，或曰"硬实力"，可以在短时间内得以快速提升，而情报主体的情报素质，诸如情报意识、情报分析、情报评估等"软实力"，却不能毕其功于一役，实现快速达标。要想使监狱情报工作跃上一个新台阶，切实发挥情报信息在监狱中的"主导"作用，仅仅依靠网络信息系统的先进是远远不够的，还需要锤炼扎实深厚的监狱情报内功。鉴于此，本章将对监狱情报的内涵、分析方法、情报分析人员的业务素质需求等方面进行探索研究，以期推动监狱情报工作在实践中的开展。

第一节　监狱情报概述

一、监狱情报的含义

监狱情报是一种与普通的"知识情报"有别的"动态情报"，目前尚无权威定义。一般而言，人们习惯将与监狱工作有关的各种信息统称为"监狱情报"或"监狱信息"。由于监狱的特殊性，监狱情报具有动态性、专门性、广泛性、隐秘性与易逝性等特点，从而决定了监狱情报内涵的复杂性与多样性。因此，可以将"监狱情报"的内涵分为广义与狭义两个层面。

从广义上讲，监狱机关相关部门根据工作所需，有意向性、针对性地收集的有潜在价值的信息，以及对该信息进行分析、研判、评估得到的"增值情报"，皆可称为"监狱情报"。

从狭义上讲，监狱情报专指监狱机关相关业务部门，针对某一特殊对象，通过特别渠道，运用特种手段、方法，获得的深层次、内幕性、隐秘性、高效率的专门情报。

二、监狱情报工作的主要作用

有效侦查、预防和打击狱内犯罪活动。狱内侦查工作的核心任务是预防和打击狱内犯罪。及时、准确地把握狱内犯情动态，掌握主动权，既是促进监管安全与稳定的重要法宝，更是强化狱侦工作职能的核心工程。监狱情报为预防和打击犯罪提供强有力的支持。一方面，情报可以直接为狱内侦查提供线索，提高侦查破案的效率和质量。另一方面，情报工作可以为狱侦决策提供依据和材料，使侦查人员及时有效地采取防范措施，预防狱内犯罪的发生。

服务监管，确保监管工作的安全有序。在日常工作中，监狱基层各部门会产生和处理大量的监狱情报。与此同时，狱政管理工作要建立在及时、准确的情报信息基础上。监管的各项工作，都需要充分利用已经掌握的情报，确定工作方向，明确防控重点，从而做出正确决策。没有有效的情报工作，就不可能有有效、安全的监管工作。

掌握犯情，维护监狱安全稳定。目前，监狱押犯数量不断增多，押犯构成复杂，年轻犯、暴力犯、涉毒犯、涉黑犯、惯累犯、流窜犯所占押犯比例不断上升，其中相当一部分押犯反社会、反政府、反改造意识强烈，抗改心理加剧，已成为影响狱内安全与稳定的高危人群，监狱的安全稳定面临着严峻的挑战。这就需要监狱能够提前发现和掌握各种影响和危害监狱安全稳定的问题和因素，把工作做在前面，防止和消除危害。通过情报工作，提前发现和掌握影响监狱安全的苗头和迹象，监视管控重点囚犯的活动，及时采取有效措施，将其制止在萌芽状态，制止在预谋阶段。

第二节 监狱情报源

一、监狱情报源概念的界定

监狱情报源，是指监狱机关借以获取情报、满足情报需求的来源。一切能为监狱机关提供所需情报的来源都可视为监狱情报源。它既是指监狱情报的始发之点，即生产或产生原始情报的情报发生源，也就是一切蕴含监狱情报的与监狱工作相关的人类社会实践活动；又是监狱机关借以获取情报的各种来源，包括监狱机关所有赖以获得情报的任何情报渠道和情报载体。凡是能够产生、持有、载有或传递监狱情报的任何系统，都是监狱情报源。

二、监狱情报源构成要素

文献情报源。文献情报源是指以监狱单位常用文献为目标的情报来源。文献作为情报的载体，是人类社会活动中获取情报的最基本、最主要的来源，也是交流传播情报的最基本手段。文献情报源分布广泛，传播迅速，便于系统积累、长期保存和直接利用，是获取监狱情报最基本、最重要的来源之一。

人物情报源。人物情报源主要来源于狱内耳目。耳目与囚犯生活在一起，易于发现、收集、掌握其他囚犯的活动情况等各种相关情报。狱内耳目按其任务、作用不同，可分为专案耳目和控制耳目。专案耳目主要收集已发送和正在预谋的重大、特大犯罪案件和犯罪集团案件的情报。控制耳目主要负责掌握囚犯的思想动态，负责掌握囚犯的思想动态，收集特殊群体的情报，如累犯、惯犯中抗拒改造的囚犯、顽危犯等。

实物情报源。实物情报源是指以与监狱工作紧密联系的实物为目标的情报来源。监管工作中涉及的违法违规现场的痕迹物证、囚犯的作案工具、需要管制的违禁物品、各种实物证据等都属于这类情报源。

机构情报源。机构情报源是指以与监狱机关紧密联系的机构为目标的情报来源。任何机构都会产生情报，如机构中的人物、实物（加工的产品、设备、建筑）、业务计划、工作流程等。

三、监狱情报源的类型

不同类型的情报源在产生、传播、加工、范围、功能等方面都不尽一致。为了便于清楚地识别及正确地选择和利用不同的监狱情报源,可以从多个角度,按照不同的标准对它们进行分类。本书主要按照监狱情报源的传递与加工状况,将其分为监狱情报初始源和监狱情报再生源。

由情报主体直接产生的监狱情报,都是监狱情报初始源,如采集的囚犯基本信息、日常的监管记录、监控视频信息、会见的语音与视频信息、囚犯的通信信息、囚犯的加减分情况、减刑假释情况等。监狱情报初始源产生的情报往往是一宗原始信息,如果需要加以应用,应根据使用的各种目的进行深入的加工与分析。

对原始信息进行加工处理后,再向监狱机关相应部门传递或使用的各类发生情报载体,就是监狱情报再生源。监狱情报再生源的情报主要存在于监狱机关各综合办公部门、信息中心、指挥中心、档案部门以及内网中,具体表现形式为各种统计信息、内部刊物、会议记录、数据库信息、狱情犯情分析研究报告、案卷等。

第三节 监狱情报分析、研判方法

监狱情报分析方法是主体在情报分析时所使用的各种方法的集合。虽然监狱情报是一种特殊的行业情报,但是在研究方法上与其他行业情报还是有许多相通之处。例如,在最一般的逻辑思维分析方法上几乎是完全相同的。作为应用型分支行业情报,监狱情报除了使用情报学的一般方法外,还会使用自己的专门方法,从而构成"一般方法"和"专门方法"相交织的有序的研究方法体系。监狱情报分析方法主要包括定性分析方法、定量分析方法、专门分析方法等。

一、监狱情报分析方法

(一)定性分析方法

定性分析是一种剖析事物性质的研究方法。该方法的主要特点在于通过对事物表现进行全面、深入、细致的考察分析,进一步揭示出决定这一事物发展变化的内在规律。定性研究可以获得定量研究无法得到的信息,比如,囚犯的想法、动机感受等难以量化,但可以通过定性分析获得的情报。由于监狱情报分析的主要对象是囚犯,因此,定性分析方法是监狱情报分析的"支柱方法"。主要包括比较法、因果法、分析法、综合法、归纳法、演绎法。

1. 比较法

比较是根据一定的标准,把彼此有某种联系的事物加以对照,以便揭示其相同点和不同点的方法。若把各种比较方法进行理论提炼,上升为一种专用情报研究方法,就是情报分析比较法。只有通过比较才能对事物进行定性与分类,所以比较法也被称为分类比较法,是情报研究中最常用的基本方法。比较法又可细分为同类比较与异类比较,动态比较与静态比较,纵向比较与横向比较,全面比较和局部比较,宏观比较和微观比较。

比较法在监狱情报分析中经常使用。例如，两个或两个以上盗窃犯心理特征的比较，就属于同类比较，目的是发现相同点，有利于发现该类囚犯的共同规律，从而制订与之相匹配的循证矫正方案。而不同类型故意杀人囚犯之间的比较则属于异类比较，男性囚犯与女性囚犯实施故意杀人的犯罪心理有着很大的差异。就囚犯情报来讲，动态比较关注的是线性发展过程，多用于个案分析与轨迹研究。静态比较关注的是比较对象内部构成法则，或曰结构规律。例如，对于抗拒改造对抗民警的事件，动态比较研究多个时间段内或多个地点产生对抗改造事件的数量、特点、程度，而静态比较则关注多个事件打破规律、打破平衡的"变异因素"是什么。

通过对各监狱单位一定时期内各种统计数据的对比分析，就可以得出各种发展趋势，诸如哪些时间段为对抗改造事件高发段，哪些地点为囚犯易发生打架事件的高发区，哪些区域为违禁品易藏的地点，狱内再犯罪的手段有什么变化等。

2. 因果法

原因与结果是反映事物或现象之间普遍联系和相互作用的一对哲学范畴。因果法也叫溯源法，其基本原理源于原因与结果的相伴相生。因此，只要知其一，就可以应用溯源法推理，找出另一个要素。从表面上看，因果法是非常简单的常识性方法，但是这些常识性方法在监狱情报分析中常常能大放异彩。因果分析法的基本形式主要包括契合法、差异法。

契合法指的是，如果情报分析人员在不同场合观察到一种现象，而且这些不同场合存在多种原因，同时，各个不同的场合间只有一个原因是相同的，那么就可以初步判定这个相同的原因就是产生结果的共同原因。差异法指的是，如果分析人员观察到的现象在第一现场出现，在第二现场没有出现，两个场合只有一个原因不同，则可初步断定这个不同的原因就是引发现象的原因。

因果辩证关系在监狱情报研究中被广泛应用，其过程为从现象的结果推知产生的原因，再从原因返回结果，如此循环往复，排除细枝末节，直至找到导致结果的最直接、最根本的原因，从而发现事实真相。例如，针对狱内再犯罪或策划越狱逃跑的囚犯，其实施作案不是一蹴而就的事情，而是要经过多番准备，其犯罪行动一般遵照如下路线：诱因的存在→形成作案动机→选取时间→选取地点→作案方式→作案工具→实施作案→酿成犯罪后果。正式遵照这一基本规律，分析人员才能在不断溯回过程中发现有价值的情报，或是根据这一规律，有效地预防狱内再犯罪的发生。

因果分析法可用于帮助侦查人员厘清思路，为侦察活动指明正确的方向。但是在实际应用中，有两点值得注意：其一，原因和结果并不是简单的转化关系，这里论证的只是一种抽象的理论模型，旨在说明因果分析法在分析过程中的转变轨迹，在实战分析中由于各种要素的参与，情况要复杂得多。其二，防止通过简单的因果联系就做出定性判断，要仔细研究案情经过，考察因果形式的复杂性，特别是对一果多因、同果异因、多果多因，要严加注意。在进行因果推断过程中，要综合使用其他方法进行必要的补充验证分析，如物证鉴定分析、对比分析等。对于一果多因的事件，必须找出主要的原因，分清各种原因所起的不同作用，才能算得上成功的分析。

3. 分析法

为了把一个复杂事物看得更清楚，常常需要把它拆开，即把整体拆解为部分，经过抽象、提炼等环节，发现事物有代表性的质的规定性，从而把握事物的本质，这一方法就是分析法。在情报研究领域，分析法是使用频率很高的一种方法。

分析法具有如下特点：第一，分析法具有结构特点，即把要研究的对象掰开、揉碎，使其显出"原形"。解构型分析，其目的不是推翻事物，否定事物，而是为了更清楚地了解事物的内部结构，厘清事物各部分之间的关系、功能、性质等。第二，分析法具有从现象到本质、从表层到深层逐步深入的认识特征。分解越细致，认识也就越深刻。分析法经常采用"解剖麻雀"、剖析典型的方法，往往与个案研究相结合，这样比较有利于分析的展开。第三，分析法具有转换性特点。分析只是研究的开端，分析到一定的程度，必须向综合转行，完成分析与综合的一个轮回。

从研究对象和方法两个角度分析，分析法可以分为两种基本类型。其一，从研究对象的角度分，可分为理论分析与个案分析；其二，从研究方法的角度分，可分为比较分析、因果分析、内容分析等。内容分析是分析法的重点，在实践情报分析中，内容分析往往是首选的方法。

4. 综合法

综合法是在分析基础上，将研究对象的各个部分、方面、层次、功能、要素、特征等联结起来加以考察，从内部结构、系统上把握事物本质与整体特征的研究方法。

综合法一般包含四个步骤。第一，对内容、层次进行综合。即用概括性语言对内容进行概括总结。在实践分析中，如果分析人员只知道一些具体细节，通过对细节的上溯式综合，可以得到对象的本质。第二，对事物特征的综合。这是最便捷的一种综合方法，抓特征是人类区别事物的主要方法之一。第三，对研究对象结构、功能的综合。第四，对研究对象的本质规律的综合。在实践中使用综合法时，其前提是已经对要研究的对象进行了细致的分析，谙熟对象的各种关系。通过综合的方法，找出结构性、功能性、规律性的东西，然后再将它们运用到事物的分析之中，用以弥补事物缺失的部分或认识不全面的地方，从而在整体上认识研究对象，完成"分析—综合"的一个轮回，即分析→综合→再分析→再综合，直至得到满意的结果。

5. 归纳法

归纳法是从个别经验事实出发而概括出一般性原则的思维方法。这是一种古老的分析方法，在各个领域被广泛使用，是情报定性分析的核心方法之一。按照归纳前提是否包含某一类事物中所有对象，可分为完全归纳法和不完全归纳法两种类型。

根据某类事物中每一种事物都具有某种属性，推出该类全部事物都具有该属性，这种方法就叫完全归纳法。由于完全归纳法是在考察了某类事物全部对象，确切证明它们都具有某种属性后得出的结论，因此是完全可靠的。显而易见，完全归纳法的优势在于其确实可靠性。其局限性在于，要求完全枚举出某类事物中的所有个体。因而在具体运用中，只能用于数目有限、可数的事物，不能用于数目无限的类上。所以，使用完全归纳法必须注意两点。其一，确保所举对象是某一类事物中的所有对象，不能有遗漏；其二，所举对象具有真实可判定性，即所举对象确实具有某种性质，不能出现误举。

不完全归纳法是根据某类事物中有代表性的部分对象具有的某种属性，而做出的该类事物都具有某种属性的一般性结论的归纳推理。从现实意义上讲，完全穷尽某类事物的所有个体几乎不能，因此，完全归纳法的形式化意义大于实际意义，而不完全归纳法的实际意义则大于理论意义。不完全归纳法经常用"简单枚举法"来实施，即通过枚举某类事物中部分对象都具有某种属性，进而推及该类事物中一切对象都具有此种属性。

与其他分析方法一样，归纳法也具有其局限性。由于归纳法是以人的直观感性经验为基础，有时不能完全解释事物的本质规律。世界上的事物是极其复杂多变的，归纳法（特别是不完全归纳法）也只是在一定前提下，反映事物某一方面的本质属性，因此，需要与其他方法配合使用，才能达到理想效果。

6. 演绎法

采用从一般到个别，从普遍到特殊的认识方法，这就是演绎法。运用演绎法，可以实现见一知十，以少知多，触类旁通。演绎法的主要形式是三段论、选言推理和条件推理。

三段论是指由两个性质判断做前提，从而推出另一个性质判断的结论，即大前提→小前提→结论。在监狱情报分析中，三段论推理最常用的是假说演绎法和定律演绎法。假说演绎法是以假说为大前提，推导出某种结论的方法。在事件不明的情况下，可以根据已知条件进行假说推理。定律演绎法是以定律作为大前提推导出某种结论的方法。定律是反映事物在一定条件下发生一定变化过程的必然关系。根据法国刑事科学家洛卡尔的"物质交换定律"，作案人与一个场所或另一个人发生接触时，就会发生物质交换。其交换结果是当作案人离开时，会在现场或被接触人身上遗留下自身的某些物质或痕迹，同时也会从现场或被接触人身上带走某些物质。根据这一定律，可以做出如下演绎推理：大前提为根据洛卡尔"物质交换定律"，违法案件发生后，犯罪嫌疑人一定会在现场留下诸如脚印、指纹等痕迹；小前提为认真搜索现场，发现楼梯扶手上有一个血手印；结论为血手印一定是犯罪嫌疑人留下的。这种推理也许看起来很"小儿科"，但是在实践中却极有价值。

选言推理是以选言判断为前提，根据选言之间的逻辑性质进行推理的演绎方法。选言判断是断定在集中可能情况中至少有一种情况是存在的复合判断。选言命题的逻辑决定了选言推理只有一种正确的推理形式，即否定肯定式，也就是从否定中找肯定的方法，也叫排除法。

选言推理的否定肯定式推理形式为：

或者 p，或者 q，或者 r

已知非 q 并且非 r

所以 p

条件推理，又称假言推理，是指人们利用条件性命题进行的推理。例如囚犯脱逃与脱逃时间就是一种条件联系。假言推理是根据假言判断所反映的事物情况之间的条件依存关系进行推理的,可分为充分条件假言推理、必要条件假言推理和充分必要条件假言推理。

在实际情报分析工作中,通常将归纳与演绎法综合使用。先从特殊到一般,然后再从一般到特殊进行演绎推理分析。例如意大利著名犯罪学家切萨雷龙勃罗梭通过对283例在押意大利囚犯的生理情况进行研究,归纳出18种高危犯罪人的生理特性。公安系统所使用的犯罪"高危人群"地域划分方法,也都是综合使用了归纳与演绎法。

（二）定量分析方法

定性分析通过逻辑推理,关注的重点是"有没有""是不是",而定量分析则是通过数学等各种方法的运算,达到对事物量的准确把握,进而达到对事物性质的认识。定量分析的着眼点在于用数量关系解释事物的根本特征,通过精确的测定数据、图标、模型,反映事物的现状、规模、类属、结构关系等,从而使不确定的现象变得相对明确与清晰。常用的监狱情报定量分析方法包括图表法、统计法、趋势外推法。

1. 图表法

在分析、处理监狱情报过程中,为了对事物的总体形势进行分析,情报分析人员常常借助各种各样的数据表、统计表、坐标图等,用以说明所要分析的事物、现象之间的各种数量关系。图表统计将各种数据同时显示在表格或者图形中,具有直观、形象、清晰、简洁的特点,避免了大量文字的罗列。

2. 统计法

统计法是情报分析人员搜集、整理和分析研究对象,形成一系列统计数字资料的方法。该方法是定量分析中最常用的一种方法,以天、周、月、季度、年或更长的时间为单位,用图或表格等形式,将搜集到的信息数据进行分析处理,并加以综合判断推理,从零散、分散的大量偶然现象中寻找事物发展规律,做出符合或接近客观实际的结论。

3. 趋势外推法

趋势外推法是根据过去和现在的发展变化趋势推断未来的一类方法的总称,具体包括滑动平均法、指数滑动平均法、线性外推法等。它的基本假设是未来系过去和现在连续发展的结果。当预测对象依时间变化呈现某种上升或下降趋势,没有明显的季节波动,且能找到一个合适的函数曲线反映这种变化趋势时,就可以用趋势外推法进行预测。其基本理论是：决定事物过去发展的因素,在很大程度上也决定该事物未来的发展,其变化,不会太大;事物发展过程一般都是渐进式的变化,而不是跳跃式的变化,掌握事物的发展规律,依据这种规律推导,就可以预测出它的未来趋势和状态。例如用滑动平均法来预测脱逃案件发案的趋势。

（三）专门分析方法

人际情报网源于竞争情报分析。在竞争情报分析中,分析人员用一种结构模型来描述人际网络关系。该模型主要有两种要素：节点和关系。所谓节点就是网络中的某一个点,它是各种关系的发出点与归宿点,也是关系赖以存在的根基,其实质就是人际网络中的主题。所谓关系就是网络中各节点之间的结构形态,用线条表示。如果两个节点之间有密切关联就用直线把两者联结起来。从简单到复杂,就可构建出多种多样的人际网络模型。

人际情报网络在监狱情报领域中同样发挥着重要的作用，可用于分析囚犯或管控对象的人际关系，研究他们的人际网络结构，搞清狱内囚犯团伙之间的关系，掌握囚犯狱内狱外人际交流网络。

二、监狱情报研判方法

（一）身份—行为研判法

在该方法中，监狱情报人员从狱内犯罪人员的身份特点和作案特点入手，定期对违法犯罪的囚犯身份、手段信息开展查询统计和分析研判，掌握行为手段和囚犯身份特征之间的关系。依照这一方法，情报人员可以根据身份特征预测囚犯可能实施的犯罪行为，实现对特定囚犯的预测和对特定身份囚犯的防控。

（二）心理—行为研判法

心理—行为研判法的假设是囚犯的心理特征会影响囚犯的行为方式，而行为方式又反映其心理特征。当监狱情报人员发现囚犯出现某一心理特征时，根据已经掌握的心理模式就能推断出与这一心理特征相对应的行为特征，从而开展相应的囚犯行为的预测、控制和矫正工作。囚犯的心理特征需要专门的分析机构来进行分析。对各个改造时期的囚犯进行心理评估，及时掌握囚犯心理健康的动态情况，对心理问题严重的囚犯及时发出预警，明确重点矫治、监控对象，掌握心理防控的主动权。在评估的基础上进行分类。对于焦虑（主要是新入监囚犯）、抑郁（主要是服刑初期囚犯）、躯体化症状（主要是服刑中期囚犯）、人格障碍、神经症、精神病囚犯等，开展有针对性的矫治或处置。

（三）迹象研判法

根据历史法则的假定，即在以往一定时间内的违法犯罪属性、特征将在未来一段时间内保持稳定，情报人员可根据以往发生的犯罪活动的迹象特征来察觉和预测未来的犯罪。根据历史法则，情报分析人员可依据某一事件是否具有以往犯罪活动的迹象，来判断该事件是否需要列为疑点开展调查，这种迹象被称为疑似迹象。疑似迹象是对囚犯违法犯罪等问题的历史数据进行经验归纳和统计归纳的结果。例如囚犯因种种原因而决意自杀前，会自觉或不自觉地表现出情感异常，即出现自杀先兆或迹象。监狱民警在发现囚犯存在某些可能引起自杀的因素后，通过各种渠道和方式，及时观察、了解和掌握囚犯企图自杀的种种征兆和迹象，果断采取有效的防范措施，制止囚犯的自杀行为，有效挽救囚犯的生命。

（四）时间研判法

在监狱情报研判中，时间分析法便于发现囚犯在监狱内实施各种违规犯罪活动的周期性、趋势性等发展变化规律。比如，很多脱逃囚犯都选择在节假日或民警交接班的时间。因为这个时间段警力薄弱，脱逃的时机较多。使用时间分析法可以为监狱预测各类犯罪的发生、找出安全隐患，制定防控对策，高效配置资源提供科学的依据。

（五）空间研判法

囚犯在狱内的违规犯罪活动常常在空间分布上呈现出某种规律性，大量的事实和实战经验表明，看似杂乱无章的犯罪地点并不是完全随机分布的，在一定程度上是可以预测的。监狱情报分析中，犯罪空间分析就是根据囚犯狱内犯罪活动的数据，发现和甄别狱内犯罪活动的地理分布特点，并运用这些分布特点做出预测，合理配备警力资源，提出打、防、控对策。

（六）剧情演绎研判法

剧情是认知心理学的一个词语，表述人们经常会遇到关于多次出现的按时间先后顺序进行的事件。这种反复出现的事件被称为剧情。狱内犯罪过程同样具有相对稳定性的剧情模式。如脱逃犯罪可表现为剧情：动机产生—观察监视—方案策划—工具准备—时机选择—犯罪实施—紧急逃跑—落脚点选择—长期隐匿。通过分析典型犯罪过程，分解犯罪的活动方式和方法，情报人员可以全面掌握某一类犯罪的规律和特点，以及犯罪分子的习惯特征，据此对犯罪活动进行识别、预测、干预，为狱务决策提供情报依据。

第四节　监狱舆情应对与处置

监狱舆情属于广义上的监狱情报。近年来，群体性突发事件频繁发生，冲突程度也趋增强。一旦出现监狱舆情危机将会危及监狱机关和监狱人民警察的形象。造成监狱舆情危机的原因既有监狱或人民警察在执法中处置不当、执法不公、失职渎职以及队伍违法乱纪等问题造成公众和媒体热议，又有罪犯亲属的不实投诉、恶意渲染或新闻媒体片面、失实的报道，致使监狱机关和警察形象遭到严重损害。因此，如何从舆情角度，预防和正确应对群体性突发事件已成为急需解决的问题。研究监狱舆情的内涵，分析网络舆情的主要特点，实现对监狱舆情的科学监测与处置对推动社会发展、维护社会和谐稳定具有重大意义。

一、监狱舆情的内涵

监狱舆情即涉及监狱的舆论情况，是指在一定的社会空间内，作为主体的公众，围绕着涉及监狱工作而发生的相关事件的变化过程，对作为客体的监狱管理机构所产生的和持有的社会政治态度。它是公众对监狱工作中存在的现象、问题所表达出的信念、态度、意见和情绪的集合。

监狱舆情工作包括舆情的收集、研判和处置。其中，信息收集是基础，分析研判是关键，应对处置是重点。舆情内容涉及狱政管理、刑罚执行、教育改造、生活卫生、民警队伍等监狱各项工作。监狱舆情工作的重点是如何增强新闻敏感性，预防和减少媒体炒作，积极妥善处置负面舆情，为监狱工作稳定营造良好的舆论环境。

目前，监狱舆情的载体除了报纸、广播、电视三大传统媒体之外，网络媒体已经成为监狱舆情最重要和主要的载体。❶ 相对于传统舆情，网络舆情能使人们更大程度上实现表达与交流的自由，从而更能反映出人们的真实想法。互联网已经成为事件发酵的主要渠道。监狱网络舆情指网民对涉及监狱的突发事件、执法工作、相关热点问题等所持

---

❶ 杨健. 监狱舆情工作研究 [J]. 中国司法, 2012 (9).

有并通过网络传播的，具有较强倾向性、影响力的意见和观点的总和。从广义上看，监狱网络舆情是指较多网民通过网络传播对涉及监狱的各种现象、问题所表达出来的意见、态度和情绪的总和❶。

二、监狱舆情的作用

（一）积极的作用

监狱舆情对监狱工作的影响和作用越来越大，有利于监狱正确把握民意，提升监管改造成效，推动监狱工作的创新与完善，切实发挥舆论的监督作用。

第一，监狱舆情有利于监狱正确把握民意。2009年网络媒体围绕是否允许囚犯许某出狱为其弟弟捐肾事件展开热议，最终监狱系统允许囚犯许某假释出狱。

第二，监狱舆情能够推动监狱工作的创新与完善。某监狱囚犯袭击警察逃脱后，引起了社会舆论的高度关注，监狱系统开展了全国性的监管安全大排查，司法部制定出台了《关于加强监狱安全管理工作的若干规定》。各地高度重视监狱舆情工作，不少地方还制定出台了监狱舆情突发事件应对办法或方案。某种程度上，监狱舆情推动了监狱工作制度的完善与创新，促进了监狱工作的改革发展。

第三，监狱舆情能有效发挥舆论的监督作用。舆论监督是人民群众通过媒体对国家和社会事务进行监督和评议的重要途径。监狱舆情一定程度上满足了人民群众对监狱工作的知情、表达以及监督的权利。通过网络论坛等信息平台，公众可以便利地参与对监狱执法工作的监督，促进司法的公平公正。

（二）消极的作用

监狱网络舆情烙上了网络媒体的印迹，具有舆情参与主体的匿名性、形成的突发性和复杂性、传播空间的无界性、汇聚的实时性、表达的失范性和极端性、影响的广泛性等特点。正是因为这些特点，监狱一旦发生突发事件且处理不当时，网络上通常都是负面舆论占据上风，严重者甚至会引发监狱网络舆情危机。

监狱舆情危机的发生表明，公众对监狱的执法形象和执法公信力，或者对监狱民警可能产生了消极负面印象，并急需加以引导和处置的网络舆情状况。网络监狱舆情危机的具体表现形式为传播范围广、影响力度大的负面网络事件，其中有的因为监狱民警在执法过程中执法不公、处置不当、失职渎职以及监狱民警队伍中出现违纪违法等问题，也有的因为服刑人员或其亲属的恶意渲染、不实投诉或者各类媒体主观、片面的报道，而这些网络事件都对监狱工作造成了不良影响，致使监狱的执法公信力遭受质疑，监狱民警的形象遭到损害。

三、监狱舆情的特点

（一）敏感性

监狱作为司法系统的重要组成部门，担负着刑罚执行和教育改造的双重职责，其工

---

❶ 法制网舆情监测中心．政法舆情危机应对事物手册［M］．北京：经济管理出版社，2013．

作具有较强的保密性和特殊性。正是由于监狱本身具有的封闭性和神秘感，在监狱舆情信息没有得到监狱机关介入之前，舆论往往会向非理性、情结化发展，网民更易追捧和相信一些有关监狱的负面信息，或是关于监狱的偏激、片面的内容、观点等。因此，监狱的一举一动，皆被公众所关注，极易被各类媒体作为新闻报道的"挖掘"重点。通常一件小事，只因涉及监狱就可能成为公众的看点和新闻的卖点，导致监狱网络舆情往往都较为敏感。特别是涉及监狱工作的执法不公、执法不严、徇私枉法等负面信息，若舆情处置稍有不当，极易引发监狱网络舆情危机。

（二）突发性

突发性是网络舆情的显著特点之一，而监狱舆情将该特点表现到了极致。目前，绝大部分所发生的监狱网络舆情危机都是在事前毫无预料、毫无准备的情况下突然发生的，加之网络传播具有即时性和互动性，使得网络舆情的形成和传播迅速，任何一种网络舆论都可以通过网络突然爆发并快速传播和扩散。监狱发生的小事件，存在的小问题，在网络媒体或网民的参与介入之后，会在一两天甚至更短的时间内被炒得沸沸扬扬。如果监狱对发生的监狱网络舆情引导或应急处置不当，很可能会影响公众的客观判断，扩大相关事件的负面影响，进而激起公众的不良情绪，造成网络舆论的失控。

（三）负面性

监狱作为国家的刑罚执行机关，监狱民警既是刑罚的执行者，也是法律正义的维护者，公众对监狱工作及监狱民警的期望较高。监狱职能和监狱警察职责的特殊性，决定了监狱舆情危机发生后将产生严重的社会后果，如果对监狱网络舆情处置不当，极易造成链式反应引发其他后续危机。不仅可能破坏监狱各项工作的正常运转，损害监狱的声誉和人民警察的形象，还可能给公众和社会带来恐慌，造成无法估量的损失。

(四)难以修复性

关于监狱的片面、失实、负面报道，极易在公众中造成不可挽回的负面影响。例如2009年10月某监狱因犯杀死狱警越狱脱逃后，"监狱"二字在各类媒体上出现的次数达到了"空前纪录"。这些新闻报道中有关于报道和宣传公安干警如何连续作战、奋勇抓捕逃犯，也有报道该监狱的负面消息。其中，主观臆断、似是而非的言论比比皆是。尽管监狱系统迅速采取弥补措施，通过新闻媒体事后公开发表声明，尽最大努力减少不良影响和后果，但仍然无法修复、弥补监狱舆情危机的影响和危机事件给监狱形象造成的"裂痕"。

(五)可预控性

监狱舆情危机不是孤立存在的，而是与监狱内部管理和外部环境密切关联的。第一，从监狱舆情危机产生的诱因看：有押犯的因素。囚犯构成日益复杂，执法和改造难度不断加大；有部分民警自身的因素，如存在失职渎职、执法不公、处置不当等问题；有传播媒体的因素，如为了吸引公众"眼球"，片面、失实报道，甚至"炒作"监狱案件；有法治建设滞后等外部环境因素。第二，从监狱机关自身管理的角度看，加强监狱警察队伍教育管理和执法活动的监督，坚持严格依法办案，注重与新闻媒体的互动、沟通、理解，就能有效避免危机的出现。第三，从危机的形成与发展的过程看，每一个过程均显示出不同的前兆与信号。监狱舆情危机在潜伏期和初显期都会有先兆出现，但不易被发现和关注。对此，监狱应未雨绸缪，在危机尚未发生之前，提前做出预测和判断，周密策划制定各种问题的处置预案，防患于未然；在危机发生后，快速反应，为各种危机提供有效的应对措施。

四、监狱舆情的处置策略

（一）加强舆情意识，科学监测预警

首先，加强舆情意识，需要明确监狱舆情监测的目的——避免陷入舆情危机的旋涡[1]。监狱舆情危机具有难以修复的特点，一旦出现舆情危机，哪怕处置再恰当及时，也不算是完胜。各种潜在的舆情事件均有畅通的渠道得以解决，不至于让它酝酿生成出来并进一步发酵激化，这是最理想的状态，然而在现实实践中某些舆情危机的发生不可避免，这就需要监狱系统能尽早发现舆情苗头，及时进行处置应对，将舆情危机带来的损失降至最低。要做到这一点，就需要健全舆情意识。

其次，加强监狱网络舆情监测和危机预警。要使监狱网络舆情危机预警快速有效，就监狱而言，就要建立监狱网络舆情监测机制和完善危机处置预案，以及启动监狱网络舆情危机快速反应机制和应对系统。监狱网络舆情工作专业技术人员在监测危机预警时，首先要明确危机预警的范围、类别等，然后据此结合监狱自身工作实际，因地制宜，建立监测本监狱网络舆情危机的预警网络，形成上下级结合，各部门分工合作，凝聚效能统一的监狱网络舆情监测和危机预警体系。

（二）规范监狱管理，源头预防杜绝

从监狱舆情危机事件的起因看，监狱舆情往往是由监狱管理上的制度漏洞、个别监狱警察执法的疏忽或不慎引发的，如执法犯法、执法不严、执法不公、处置不当等。因此，要从源头上预防和减少监狱负面舆情发生。

要公正廉洁文明执法、规范监狱管理、加强执法监督、全面做好监狱各项工作，为从源头上预防和减少监狱负面舆情的发生打下工作基础。要不断改善监狱执法方式，规范执法程序，积极开展执法执纪督查、专项警务督查等活动。不定期对执行《监狱法》《公务员法》等各项法规落实情况进行实地督查，着力提高监狱干警严格、公正、文明、理性执法的能力。从言行举止、方式方法上规范和改进干警的执法行为，融合法、理、情于一体，使得每一位监狱干警都能对自己的日常工作程序、工作要求做到了如指掌。

打铁还需自身硬，监狱应当树立防范风险的意识，规范监狱管理，从源头上预防杜绝易产生舆情危机的漏洞。从各个渠道捕捉、获取危机征兆的信号，并对危机征兆的信号进行分析和判断，及时有针对性地开展危机预防，防止监狱的薄弱环节转变为舆情危机。

---

[1] 法制网舆情监测中心. 政法舆情危机应对事物手册［M］. 北京：经济管理出版社，2013：55.

（三）快速响应舆情，合理研判处置

根据监狱舆情客体的不同，有针对性地建立应对预案，经常性地组织演练，提高监狱处置舆情危机的实际经验。舆情应对预案应包括舆情处置的目标、原则，各类舆情危机的等级，舆情应对的具体程序以及相关措施等。

在第一时间识别监狱舆情信息并加以分析、判断，以最快的速度启动监狱网络舆情危机快速反应机制和应对系统。及时以监狱的官方身份出面进行澄清和辟谣，避免演化成更大范围的舆论危机。在启动危机快速反应机制和应对系统时，要根据危机应对资源和实际发展情况，采取不同的措施，也应避免过度反应，反而对社会产生不良影响，造成不必要的恐慌，浪费监狱不必要的应对资源。

由于监狱舆情的产生与发酵极为迅速，很多监狱突发舆情的监测和应对，需要政府多部门的配合和协调，例如公安网警、宣传部门等。因此在舆情监测中，实行部门联动机制，事发监狱单位内部和外部相关部门根据舆情应对预案规定，按照职责分工、工作程序、纪律要求，充分发挥各自职能优势，积极稳妥地处理好突发事件，从源头上消除负面舆情，防范负面舆情扩散成网络流言，进而引发舆情危机，发挥政府组织之间的配合优势。

（四）引导公众预期，增强舆情免疫

拥有舆情免疫力时，当舆情来袭，公众可能会怀疑这些负面信息的真实性，进而站在政府的立场上进行解释、说明和澄清。此时，舆情危机自然消散于无形。即使负面舆情最终被证明属实，当所犯错误被纠正后也能获得公众的谅解。

拥有舆情免疫力无疑是舆情处置策略中最宝贵的财富。监狱应对舆情的最高境界，就是增强这种舆情免疫力。但舆情免疫力不是用金钱可以买到的，需要监狱修炼自身"内功"，打造舆情公信力。这种免疫力的获得，要有长期以来形成的品牌影响力；要主动搭建与普通民众沟通的多种渠道，利用微信、微博等社交媒体与公众形成日常的良性互动；要健全监狱开放透明机制，主动应对，积极回应社会关切，保持监狱的开放程度与社会的开放程度相适应，让监狱执法工作在阳光下运行。以狱务公开为平台展示现代监狱形象，积极开展社会帮教、警示教育、执法监督等活动，展示监狱的阳光执法体系。如此一来既能使媒体、网民更好地了解监狱，也能把监狱内部的严格公正执法、科学文明管理等正面信息传递到社会，消除媒体、网民对于监狱工作的偏见，形成良好的监狱舆情免疫力。

第五节　大数据时代监狱情报集成

在新一轮科技革命和产业革命蓬勃发展的背景下，大数据革命已上升为重要的竞争战略，走好这步先手棋，就能占领主动、赢得优势。大数据思维强调数据主义、理性观念、开发意识，应做到用数据说话、用数据决策、用数据管理、用数据创新。

一、监狱智能管理大平台内涵

随着信息技术的不断更新，面对监狱工作出现的新情况、新问题，原有的业务系统

以及采用的技术标准,与监狱工作实战需求已不相适应,影响监狱信息化实战实用效能的发挥,主要体现在业务系统建设"碎片化",信息利用存在"孤岛"现象,为基层"助推、减负、增效"不够。基于此,监狱系统提出深化信息系统与数据资源的融合式集成,构建出大数据时代监狱情报收集与处理的新手段——监狱智能管理大平台。

顾名思义,监狱智能管理大平台就是运用物联网、云计算、大数据等先进技术,深度集成业务应用系统,深度挖掘信息数据,提高信息技术智能化应用水平,做到人的管理与信息技术应用联动、互动,从而适应"互联网+"时代的新形势、新需求,不断提升监管改造的质量与效率,努力建成现代监狱。

监狱智能管理大平台应以囚犯个体为核心,整合结构化与富媒体数据资源;根据统一数据标准,形成以囚犯数据为主体,民警数据、管理数据相辅助的信息资源库,实现数据共享与综合利用。

二、监狱智能管理大平台的特点

监狱智能管理大平台的主要特征是体现"大数据、高共享、智能化"。一是大数据汇聚。构建以囚犯个体为核心,以监管改造业务活动和主要数据项为基础,围绕空间地理、活动轨迹、文本、图片、音视频等各类数据的数据中心,实时汇聚各类监管数据信息。二是数据高共享。基于数据共享交换平台、依托于数据中心的共享交换数据库,实现监狱内部、监狱与监狱之间、监狱与监狱管理局之间、监狱系统与外单位之间的数据共享交换,推进系统整合和资源共享,使"信息流、工作流、管理流"高度融合。实现"一人采集、全员共享,一证登录、全网漫游,一站集成、全警研判",发挥信息化服务基层、减负增效、简便快捷的保障作用,进一步提升实战应用水平。三是功能智能化。利用数据的共享集成,引入各类智能引擎和业务分析模型,实现信息数据的有效流动与信息资源的价值增值,为智能挖掘、综合利用提供依据,为防范决策支持和矫正方案提供动态配置,减轻一线民警工作压力,确保重要制度及设施管理落实到位,解决信息孤岛和数据安全。具体体现为囚犯信息集成智能化、指挥决策智能化、狱情分析智能化、数据统计智能化、资源管理智能化和数据交互智能化。

三、基于监狱智能管理大平台的监狱情报分析方法

大数据的核心是预测,即把数学运算法运用到海量的数据上来预测事情发生的可能性,从而实现人工智能。因此,有了监狱大数据,有了大平台作为分析处理信息数据的载体,接下来就是如何让数据"说话",如何从已有的大数据中挖掘、整合、利用有效信息,如何发挥大数据的智能性预测作用,从中发现监狱工作的规律性,充分发挥科技信息化倍增效应,指导应用于实际的监管改造工作,切实提高监管改造的效率,提升警务效能,加强狱内安全的防控,更好地服务于囚犯改造、监狱安全等工作。

重点人头行动轨迹的智能预测,主要通过全面整合重点人头或者危险性囚犯的自然信息、活动轨迹信息、监管改造信息、会见通信等信息,选取相关参数,设置关联规则,智能挖掘、分析重点人头的数据,由计算机自动运算,预测判断其将来的行为,提供危险性囚犯的行为预测与防控。狱内重点区域的智能防控,是通过整合物防、人防与

技防数据信息,提供狱内关键部位的巡防部署决策,提高警务巡防的效能,提升巡防的针对性、有效性与预测性。狱内重大事件的预警防范,主要包括通过大数据的挖掘和分析,寻找其中的规律性,提前发现可疑线索,预警违规事件的发生,防控狱内犯罪或自杀事件。

通过智能运算模型对监狱大数据进行模式识别、对比分析、数学运算等处理,计算出各预测事件或人员的行为概率。运用大数据技术、信息化平台实行全过程、动态化监管,努力从源头上消除隐患、降低监管风险,提升警务效能。

由此可见,大数据时代,需要教育引导广大民警增强大数据思维,养成运用大数据分析、解决问题的思维习惯和行动自觉;进一步推动数据智能采集、数据智能抓取、数据智能研判能力建设,保证数据实时、准确、融通,促进信息资源和工作合力的最大整合,推动监狱决策方式由经验决策转变为数据决策,工作模式由被动应对转变为主动预防,工作机制由行政主导转变为情报信息主导,从而不断提高监狱管理的预见性、精准性、高效性。

第六节　监狱情报的应用模式

一、情报主导监狱工作

情报主导监狱工作是通过综合性的收集、分析和使用情报,从而提高监狱监管工作决策的正确性与有效性,提高警力资源使用的频率,以达到预防和打击狱内违规犯罪,维护监狱监管安全稳定的工作模式。

情报主导监狱警务是一种主动预防性的工作模式,具有主动性、科学性与预防性的特点。监狱在依法进行安全管理过程中,通过对信息的搜集、整理和分析,研究监狱工作形势发展变化,认识规律,把握特点,充分发挥主观能动性,有针对性地采取预防、控制和打击措施,精确打击各类影响监狱安全的活动。通过对已发生的事件、案件信息和各种狱内犯罪活动情报的深入分析研究,发现规律特点,预测可能发生的时间、案件,并及时遏制。

二、情报主导的应用模式

监狱情报主导监狱工作的应用模式主要包括情报预警、情报导防、情报导侦。

（一）情报预警

情报预警是通过大力加强情报体系建设,完善情报信息的收集、汇总、分析和研判工作机制,全面掌握影响监狱安全的深层次、预警性和内幕性的情报,及早发现苗头,及早预测安全形势,及早采取措施,及早解决问题,真正将情报贯穿于保障监狱安全和处置突发事件的各个环节,真正做到准确预警,快速反应,有效处置。从监狱工作实践发展的角度,监狱情报预警系统应由三个部分构成,即情报预警监控系统、情报预警评估系统和情报预警预报系统。情报预警工作是通过对监狱安全构成威胁的重点问题和对象进行的监控,从而把握监管工作的全过程。情报预警监控应突出重点,设置科学的监控指标，建立情报预警数据库，编制情报预警犯情征兆表。情报预警评估系统主要是对情报监控系统所获情报进行分析与评估，并对未来危机的发展趋势进行跟踪预测，对危机的危害程度以及危机升级的可能性做出预判。该系统的一切工作都是在情报预警监控和信息搜集的基础上进行的，也是整个危机情报预警系统的中心环节。情报预计预报系统是根据情报预警分析评估的结论，向监狱管理决策者及相关部门发出危机预警，并采取相应的应对管理措施。情报预警预报系统需要建立相应的预警预报制度，如监狱情报网络自动分析预警制度、重点人员重要部位监视监控报警制度、预警专报制度等，同时设置相应的情报预警等级。

（二）情报导防

情报导防是监狱情报在预防狱内违规犯罪行为的第二种应用方式。它通过情报的搜集与研判，发现囚犯的犯罪迹象，识别狱内预谋犯罪活动，有针对性地发出预警情报，采取有效防范措施进行预防工作。在监狱防控体系建设中，用情报这根针串起千万条防范线，使防范工作更具前瞻性、针对性和实效性，使警力投向与投量更加精确。

情报导防需要搜集与分析的情报有：一是全面搜集、分析狱情动向，囚犯思想动态和各种不稳定的因素，并对影响监狱监管的狱情、犯情进行分类和量化分析，研究具体的防范对策和打击措施。二是深入排查和掌握管理中的重点时段、重点场所、关键部位、重控囚犯，掌握其中薄弱环节的监管信息，制定控制对策和方法。三是进行安全隐患排查，排查影响安全稳定工作的各项因素，及时发现和消除监狱存在的各种隐患、漏洞和险情。重点排查各项管理制度是得到落实，主要包括日常安全检查制度、安全隐患分析制度、夜间巡查制度、监控监督制度等。排查管理设施是否存在安全隐患，包括监狱的围墙、囚犯监舍窗户铁护栏、门锁、现代化监控、安检等设备是否坚固和正常运转，以及囚犯思想动态掌握是否准确，民警安防意识防线是否牢固，职责履行是否到位等。针对这些隐患，制订整改和排除方案，加大防控力度。

（三）情报导侦

情报导侦是现代警务的一个发展趋势，也是现今侦查学研究的一个前沿领域。情报导侦是整个狱内侦查工作实现"情报主导警务"变革的重要组成部分。情报导侦实际上是一种侦查理念的转变与侦查模式的转变。它与传统侦查最大的不同在于情报导侦强调侦查工作的主动性、针对性和有效性。构建情报导侦模式，应将狱内犯罪的各类情报引入狱内侦查的每个环节，为侦查人员提供翔实、准确的情报，帮助他们有的放矢地开展侦查工作，以应对复杂多变的狱内犯罪。设置专门的侦查情报管理机构和管理平台，配备必要的人员和设备，专职负责侦查情报的收集、整理、归类、存储、分析等工作。运用这一模式开展狱内侦查工作，既可以减少不必要的重复劳动，节约办案成本，同时也可以提升侦查办案效率和质量，促进侦查工作的不断发展。情报导侦是狱内侦查工作应对监狱安全形势变化的必然要求，也是监狱情报积累到一定程度，狱内犯罪情报工作进入智能化、实效化阶段的必然结果。

第七节　监狱情报分析人员的素养

情报素养是个体通过掌握情报知识和技术，在信息社会中积极获取、利用、分析情报的能力。现代监狱情报分析人员应掌握一定的情报素养，其内容主要包括情报观念、情报意识、情报能力、情报知识和情报道德五个方面。一是情报观念。监狱情报分析人员的情报观念，是指分析人员对情报的初步认识以及在监狱工作实践活动中形成的对信息价值的总体印象。其本质是在尊重知识、崇尚科学、终身学习、勇于创新的基础上，树立起来的"情报就是资源""情报就是财富""情报就是决策的基础和依据"的情报价值观。二是情报意识。情报意识，是指分析人员对事物应具备较高的敏感性以及深透的洞察力和大胆的快速分析、反馈、判断等思维过程，能从各个角度反映出情报的实质，从而发现事物的规律性、倾向性，并能找出带动和影响全局的重要信息。这需要监狱民警能够敏锐地感受与监狱工作有密切联系的各种社会信息，积极主动地挖掘、收集、利用有利于监管改造，预防狱内再犯罪、脱逃的各种情报。三是情报能力。监狱情报分析人员的情报能力，是指监狱民警在从事监管改造工作中所应具备的对于监狱工作情报的收集、理解、分析、处理的能力。它主要包括情报获取能力、情报选择能力、情报预测能力、情报处理能力以及情报运用能力。四是情报知识。监狱情报分析人员的情报知识，是指监狱民警对情报基本常识的了解，对各种监狱工作情报源以及情报检索工具、检索方法等方面知识的掌握。情报知识主要指情报文化知识、计算机和信息网络技术常识以及一定的法律法规知识。五是情报道德。监狱情报分析人员的情报道德，是指监狱民警在获取和使用情报过程中，应遵循一定的伦理规范，不得侵犯他人的合法权益，能自觉保护他人的知识产权、隐私权等。

第十二章 监狱变革

监狱是人类文明的窗口。随着历史的发展,监狱也历经了重重变革。在当今全面依法治国的大背景下,依法治监理念早已被监狱管理者所接受并积极实践,文明、法治成为现代监狱管理的重要关键词。管理教育囚犯过程中,越来越多的监狱管理者已将经过检验的较为科学的量表和手段运用到工作中去,使矫正囚犯的科学化程度不断提高。

法治、文明、科学的监狱变革之路并不平坦,但每一点的进步与变革都值得欣喜与肯定:刑罚执行方式上由野蛮、惨无人道向文明、人道化转变;监狱社会化程度不断提高,由完全闭锁、自成一体向相对开放、积极吸纳社会资源转变;非监禁化行刑模式的尝试、监狱管理模式由低端粗放向高端精细转变,囚犯教育管理由简单粗暴变得精细文明,等等。监狱变革见证了历史沉浮和社会变迁,是一面映照人类文明发展的镜子,值得驻足,值得研究。

第一节 人道化

受诸多历史书籍和影视剧的影响,直到现在,仍有一些社会人士认为现时监狱是与野蛮、惨无人道画等号的,但其实野蛮、惨无人道只是存在于久远的监狱管理中。从监狱进程来看,野蛮、残忍逐渐被人道化所取代。

监狱是刑罚执行机关,刑罚是谈论监狱时绕不开的话题,两者紧密相关,如影随形。

单从刑罚本身来看,古今中外的历史表明,刑罚规定的变化显现着人道化光芒。历史上的刑罚种类历经了报复主义、威慑主义和教育主义[1]的发展时期。仅从字面意义就可以看出随着社会的发展,行刑理念由暴戾转向温和,刑罚种类、行刑方式也随之发生了变化:由原先的野蛮、粗暴、残酷逐渐变得理性、人道、文明,苛责重刑渐渐被轻刑化取代。虽然社会发展过程中,行刑理念、行刑方式的变革之路也会出现反复,但轻刑化、人道化早已成为世界共识、趋势和践行之道。

一、报复刑的严酷性

奴隶制时期的刑罚带有浓厚的复仇色彩,甚至以复仇为其唯一目的,故而称之为报复刑。奴隶制社会由于与原始社会有着直接过渡的天然联系,因而在采取的报复刑上不

---

[1] 王志亮. 刑罚学研究[M]. 北京:中国法制出版社,2012:55.

可避免地带有原始社会某些习俗的痕迹，最突出的特点就是极端的残酷性❶。国外是这样，如古巴比伦的《汉谟拉比法典》规定：对伤害他人眼睛、折断他人骨头、击落他人牙齿的自由民，应分别处以伤害其眼、折断其骨、击落其齿的规定❷；再如古印度的《摩奴法典》中规定了"最低种姓的人以骇人听闻的坏话，辱骂再生族，应割断其舌"，"如果他以污辱方式提到他们的名和种姓，可用烧得透红的刺刀插入他的口内"，"如果他厚颜无耻，对婆罗门的义务提出意见，国王可使人将沸油灌在他的口内和耳朵内"之类的条款，从中不难看出为维护奴隶制社会统治利益和秩序，统治者对违反法度者的惩罚方式是极为原始也极为野蛮的，这说明当时社会仍未完全清除野蛮社会的残余。再看中国，奴隶制时期的夏、商、西周采用五刑，分别是墨，即在囚犯面部刺字；劓，即割掉鼻子；刖，指砍掉脚；宫，即阉割生殖器；大辟，指剥夺生命。墨、劓、刖、宫不仅残害了囚犯的肢体，还深深伤害其尊严，其残酷性不言而喻。在上述五刑中，剥夺生命固然是最残酷的刑罚，但即便是剥夺生命也并非如现时社会的枪决或注射死刑等执行方式那样，能够以较快速度终结囚犯生命，以免受刑人遭受过多的肉体痛苦和折磨。在报复刑时期，剥夺生命又有把人捣成肉酱（醢）、焚、剖心等多种刑杀方式，残忍程度令人闻之色变。

除了被判的刑罚，报复刑时期的囚犯还有可能面临突然性的行刑和残害。如在祭祖活动中，统治者多用监狱中的奴隶和囚犯作为人牲。商王朝祭祀时，最多一次竟杀掉三千五百多人❸。而在日常行刑过程中，囚犯们在被加戴被称为"桎梏"的戒具或系上绳索的情况下仍要从事苦役。《墨子·尚贤下》中即有"昔者傅说，居北海之洲，圜土之上，衣褐带索，庸筑于傅岩之城"的记载，从中可看出傅说当时衣衫褴褛，身系绳索，但仍进行着繁重的劳作。

二、文明人道的微光从威慑刑发展中闪现

进入封建社会后，刑罚也随之进入威慑刑时期。威慑刑时期仍以严酷性为主要特征，如战国时秦国商鞅为政时规定"弃灰于道者，黥"（《汉书·五行志》），秦代刑律中仅死刑包括车裂、定杀、戮等9种，前三种分别指用数匹马分别牵引人的四肢或头部并向各自的方向用力牵拉而致受刑人死亡，将活人投掷深水之中沉溺而死以及用刀具屠戮受刑人身体，直至其死去的刑罚，其残酷程度令人发指。随着社会的发展，行刑理念的变化，轻刑化趋势不断显现，威慑刑的严酷性中开始慢慢透出文明的微光。汉文帝时即废除了一人犯法、全家连坐（连坐，就是被牵连一同办罪）的法令，令百姓感恩不已。著名的"缇萦救父"的故事也发生在汉文帝时期，本应被施以肉刑的缇萦之父因为缇萦的求情被免施肉刑，而汉文帝也自此下令废除肉刑。威慑刑早期仍由生命刑、肉体刑和耻辱刑等构成，但在封建社会中期的隋唐，墨、劓、膑、宫、大辟等"旧五刑"已被笞、杖、徒、流、死的"新五刑"所取代，并沿用至清朝。仅从字面意义来看，"新五刑"比"旧五刑"已文明和人道许多。如笞是指用竹板或荆条抽打囚犯，杖刑是指用

---

❶ 王志亮. 刑罚学研究 [M]. 北京：中国法制出版社，2012：65.
❷ 从复仇到该当——报应刑的生命路程 [DB/OL]. http://www.110.com/ziliao/article-6390.html.
❸ 万安中. 中国监狱史 [M]. 北京：中国政法大学出版社，2015：22.

棍杖打囚犯，徒刑是指把犯人收监奴役、剥夺人身自由的刑罚，流刑是指将囚犯流放到边远荒蛮之地，笞、杖、徒、流刑相对以往残损囚犯肢体的肉刑显然要轻。当然，这期间也不排除行刑者出于个人私心或企图捞取受刑人实惠的目的而肆意妄为，执行杖刑时下手狠戾，使本应"挨打"长教训的受刑人毙命的案例，但纵观大局，"新五刑"的相对文明人道还是不容否定的。

三、教育刑的人道光芒

随着教育刑时期的到来，刑罚的人道光芒已愈加凸现。教育刑，顾名思义，是指在监狱执行自由刑的过程中对犯人进行教育矫正，使之养成遵纪守法的行为模式，重返社会过上正常的社会生活，从而达到预防犯罪的目的。教育刑从16世纪零星出现，到19世纪末20世纪初，已在世界范围内被普遍采用，是人类对刑罚认识与实践进行深刻革命的结果[1]。

19世纪末20世纪初，由于帝国主义的入侵及一系列不平等条约的签订，外国列强攫取领事裁判权，并强行在华设立司法机关及监狱，破坏了中国独立的司法主权。而随着教育刑论的兴起，西方各国监狱制度日渐改良和完善，国内要求改良监狱的呼声日益高涨，清朝统治者迫于各种压力开始进行刑制和狱制变革。1910年出台的《大清现行刑律》将原有的笞、杖、徒、流、死五刑改为罚金、徒、流、遣、死五刑，同时废除凌迟、枭首、戮尸、刺字等酷刑。

中国新民主主义时期，中华苏维埃根据地的刑罚种类主要有死刑、监禁（有期徒刑）、拘役、褫夺公权（一般指剥夺参加政权、群众组织选举和充当红军的资格、权利，适用于监禁刑以上的囚犯）、没收财产、驱逐出境（将反革命分子赶出苏区）、罚金等。鉴于对因以往认识偏差和经验不足造成的监狱酷刑现象的遏制，中华苏维埃中央执行委员会于1931年发布了《第六号训令》，明令宣布废止肉刑，坚决纠正刑讯逼供、体罚虐待犯人的不良现象。抗日战争时期，抗日民主政府在根本法《陕甘宁边区施政纲领》中规定："改进司法制度，坚决废止肉刑。"在《陕甘宁边区保障人权财权条例》中规定："逮捕人犯不准施以侮辱、殴打及刑讯逼供、强迫自首。"解放战争时期，人民政府坚持革命人道主义，严禁肉刑和侮辱虐待犯人，严格使用手铐和脚镣等戒具的审批手续。

新中国成立以来，国家先后颁布了《刑法》《刑事诉讼法》等多部法律，涉及监狱行刑，监狱运行逐步步入法治化轨道。

1994年12月颁布的《监狱法》对监狱行刑和囚犯的各项改造活动作出明确、具体的规定，是中国第一部监狱法典，具有独立的法律地位和里程碑式的重要意义。新中国成立后，中国第一部《刑法》规定了中国刑罚主刑种类为管制、拘役、有期徒刑、无期徒刑、死刑；附加刑的种类有罚金、剥夺政治权利、没收财产。

从刑罚种类看，保留了生命刑，但生命刑的执行以枪决为主，近年来还出现了注射死刑的执行方式，行刑时间短，死囚所受痛苦相对较小，而此时虐杀型的执行方式早已

---

[1] 王志亮. 刑罚学研究[M]. 北京：中国法制出版社，2012：83.

退出了现代行刑体系。此外,根据社会形势变化和对打击犯罪的需要,数个《刑法修正案》相继出台,并本着少杀、慎杀的原则,取消了数个死刑罪名,如《刑法修正案(八)》取消了走私文物罪,走私贵重金属罪,走私珍贵动物、珍贵动物制品罪,走私普通货物、物品罪,票据诈骗罪等13个死刑罪名;《刑法修正案(九)》(草案)则取消走私武器、弹药罪,走私核材料罪,走私假币罪,伪造货币罪,集资诈骗罪等9个死刑罪名。同时,任何带有侮辱性质的刑罚及残害肉体的刑罚均不在刑法规定范围内,刑罚的文明性进一步体现,轻刑化特点也更为凸显。根据《监狱法》第二条的规定,监狱作为国家的刑罚执行机关,依照刑法和刑事诉讼法的规定,被判处死刑缓期二年执行、无期徒刑、有期徒刑的囚犯,在监狱内执行刑罚。

从刑罚执行实践来看,在监狱服刑的死缓犯,除了极少部分被执行死刑外,大部分均在两年考验期满后获得减刑,并且能够通过努力获得假释或多次减刑后释放的机会,最终回归社会。无期徒刑犯也并非"牢底坐穿""孤死狱中",绝大多数囚犯在《刑法修正案(八)》颁布后,满足规定的最低服刑年限,也可获得假释和回归社会的机会,而《刑法修正案(八)》施行前,最低服刑年限较之更短。有期徒刑犯的最低服刑年限规定较之死刑缓期二年执行囚犯和无期徒刑犯则更短。

再从监狱执行刑罚的过程来看,监狱行刑过程中的人道思想日趋明显,对囚犯不再是简单地惩罚、报复,而是逐渐强调教育矫正,囚犯待遇条件日益提高。

1910年,清政府聘请法律馆狱务顾问、日本监狱学家小河滋次郎起草了《大清监狱律草案》(未颁布)。该《草案》以教育刑论为理论基础,把感化教育作为监狱行刑的宗旨。分则中专列章节规定了作业、教诲教育、卫生医疗、接见书信等具体内容,确定了教育感化囚犯的原则、条件和手段❶。其明确囚犯教育以小学程度教育为主,开设"读书、习字、算学、作文及其他必要学科"。这是中国监狱发展史上从未有过的先例❷。《大清监狱律草案》还明确指出,在监狱"作业"劳动中,每星期至少应保证二十四小时对囚犯施以教育,以促使囚犯的思想、心理、行为,逐渐向良性方向发展。此外,明确要求监狱的构造和卫生设施,应以无害于在监犯人的健康为原则,监狱管理也以不伤害在押囚犯的身体为限,监狱徒刑必须贯彻对囚犯"迁善感化"原则❸,这些规定闪耀着人性之光,其历史意义不容轻视。

新民主主义革命战争时期,工农民主政权的监所初步建立了对犯人的生活管理、政治思想和文化教育以及生产劳动等制度。在政治思想教育制度方面规定了要利用读报、上政治课的形式坚持时事政治学习,对犯人要进行形势教育、新民主主义理论教育、政策法令教育、认罪教育❹。抗日战争时期,抗日民主政府认为,根据地监所与旧监狱不同,它不但是惩罚犯罪的场所,而且是教育改造犯人的特殊学校。抗日民主政府的监狱,明确了对犯人执行刑罚的目的是教育改造犯人的思想,是要使犯人成为社会上有用的人。因此,坚持贯彻"感化、教育、改造"的方针,反对旧监狱的"惩

---

❶ 浅析清末监狱制度改良 [DB/OL]. http://www.doc88.com/p-9387120716813.html.
❷ 王利荣. 中国监狱史 [M]. 北京:法律出版社,2002:163.
❸ 王利荣. 中国监狱史 [M]. 北京:法律出版社,2002:162.
❹ 万安中. 中国监狱史 [M]. 北京:中国政法大学出版社,2015:177.

办主义""报复主义",坚决反对"犯人都是应该'受罪'的歧视态度"❶。1945年陕甘宁边区政府强调,犯人犯罪就是普通人犯罪,"犯字下面还有个人字",因此要把犯人当人看❷。行刑理念引领之下的对野蛮、残酷行刑方式的革新不言自明。但同时认为"对于一切囚犯,均要强制管束、剥夺自由,同时要教育改造他们;对不接受教育改造,违反监所规章者则要给予必要的处分❸"。监狱对囚犯进行教育改造的理念和做法得以彰显。

四、新中国刑罚的文明人道之路

新中国的成立掀开了中国监狱新的历史篇章,党和国家的行刑思想是:"许多犯罪分子是可以改造好的,是能够教育好的。"❹在此思想指导下,中国监狱成功改造了一大批日本战犯,这部分人回国后成为促进中日友好的重要力量。经过改造,囚犯大多成为自食其力的社会主义劳动者,为国家和社会建设出力出汗。1954年9月颁布的《劳动改造条例》(以下简称《条例》)确立了劳动改造工作方针,即"惩罚管制与思想改造相结合、劳动生产与政治教育相结合",为中国监狱工作实现把囚犯改造成新人指明了方向。《条例》还规定"对犯人应当经常地有计划地采用集体上课、个别谈话、指定学习文件、组织讨论等方式,进行认罪守法教育、时事政治教育、劳动生产教育和文化教育,以揭发犯罪本质,消灭犯罪思想,树立新的道德观念"。

《监狱法》第三条明确规定:"监狱对罪犯实行惩罚和改造相结合、教育和劳动相结合的原则,将罪犯改造成为守法公民。"实践中,思想教育、劳动改造、狱政管理是中国监狱改造囚犯的三大手段,思想教育主要通过对囚犯的世界观、人生观、价值观予以积极影响,以实现囚犯思想道德素质的提高,在三大改造手段中居于核心地位。《监狱法》在第五章单列了对囚犯的教育改造内容,监狱的教育改造功能进一步凸显出来,这也充分体现了监狱行刑思想的改变。监狱行刑不再以惩罚为最终目的,而是要将囚犯改造成守法公民。此外,《监狱法》第七条第一款对囚犯的人身、财产等权利予以明确保护,规定:"罪犯的人格不受侮辱,其人身安全、合法财产和辩护、申诉、控告、检举以及其他未被依法剥夺或者限制的权利不受侵犯。"第十四条对监狱人民警察作出"九不准"的规定,规定监狱人民警察不得有殴打或者纵容他人殴打囚犯、刑讯逼供或者体罚、虐待囚犯等行为,防止监狱人民警察行刑过程中滥用职权、侵犯囚犯权利。"九不准"中还规定不得侮辱囚犯人格,充分保护了囚犯的人格尊严,辱骂囚犯等现象得以禁止。

社会发展到今天,文明科学已是现代监狱的重要标志之一。囚犯毫无权利、尊严可言的时代早已过去。在监狱工作者以及社会专家人士的努力下,囚犯权利种类不断丰富,囚犯权利被保护的程度也越来越高。如囚犯服刑由只靠亲友提供资助已发展为亲友资助和吃囚粮、领零用钱"双线"运行。囚犯伙食由最初的食不果腹到现在的按实物量

---

❶ 林伯渠.陕甘宁边区政府工作报告(1934—1941年)[R].陕西:陕甘宁边区第一届参议会议,1943.
❷ 王子宜:边区司法工作总结[R].陕西:陕甘宁边区高等法院,1945-12-29.
❸ 万安中.中国监狱史[M].北京:中国政法大学出版社,2015:183.
❹ 杨世光.劳改劳教警官必备知识大全[M].长春:长春出版社,1991:8.

提供，"舌尖上的文明和权利"得到了切实保障。囚犯服刑过程中最为关心的减刑假释问题由最初的不透明到如今的"阳光执法"，坚持减刑假释案件办理"条件、程序、评价、结果""四公开"原则，促进执法的公平公正，充分保障了囚犯的知情权等权利，使大部分囚犯能充分信任监狱执法。再如囚犯的受教育权和劳动权保护上，低于一定的年龄线的文盲囚犯在服刑期间可以参加文化教育以提高文化程度，囚犯由入监时的"大字不识"到出监后顺利表达思想、书写信件已不是稀罕事儿。监狱还鼓励囚犯参加国家的高等教育自学考试，对通过考试的囚犯予以加分奖励，使囚犯切实享受教育权利。有劳动能力的囚犯参加劳动既是劳动改造的内容，也是其权利，囚犯劳动已由最初的"分文不取"发展到现在可以按时领工资。劳动上表现突出的囚犯还可领用奖金，综合表现突出的囚犯还可享受观影、增加亲情电话通话次数和信件来往件数等差别化待遇。此外，再以囚犯中的少数——女性囚犯为例，女犯除享受囚犯所应享受的权利外，还享有拒绝从事国家禁忌从事的劳动的权利、特别休息休假权（孕产期）、拒绝延长劳动时间权（哺乳期）、拒绝夜班劳作权（哺乳期）、特别保健权（孕产期及更年期）5大项权。对于在监狱执行期间生育孩子的极个别女犯，监狱也都能按照《监狱法》规定的给予孕产期检查、丰富其饮食以增加其孕期营养等权利保护和生活照顾，做好产期护理保证其身心健康。当前，中国为监狱服刑囚犯权利的实现还提供了切实的法律保障及物质保障，《监狱法》第八条规定："国家保障监狱改造罪犯所需经费。监狱的人民警察经费、罪犯改造经费、罪犯生活费、狱政设施经费及其他专项经费，列入国家预算。"为囚犯的吃、穿、住、用等物质条件的保障提供了法律支持。根据《联合国人权公约》《监狱法》的规定，监狱里的囚犯人均建筑设施使用面积在5平方米以上，人均居住面积不低于3平方米，此外还规定监房有必要的防暑防寒设备❶，这些都体现了监狱行刑理念的更新。

第二节　社会化

西方资本主义发展到帝国主义时期，综合刑理论应运而生，该理论主张在刑罚剥夺、威慑、教育功能的基础上把行刑矫正囚犯与社会参与结合起来。正如德国刑事社会学派的代表人李斯特所说的"最好的社会政策，也就是最好的刑事政策"❷。

一、社会化的背景

近年来，随着社会经济的发展以及依法治国方略的实施和司法体制改革的深化，中国监狱工作理念不断更新，更趋理性、文明、科学，更加贴合监狱及社会发展实际，监狱社会化进程也随之不断推进。2001年，司法部提出了监狱工作要以提高囚犯改造质量为中心，"三化"建设作为提高囚犯改造质量的途径和措施，这里的"三化"即"法制化、科学化、社会化"。2003年全国监狱"三化"建设座谈会指出要充分利用社会资源，动员社会力量参与囚犯改造。此次会议上，司法部进一步明确提出了"三化"建设的具

---

❶ 维护司法公正，依法保障人权 [J]．人权，2002（4）．
❷ 马克昌．近代西方刑法学说史略 [M]．北京：中国检察出版社，1996：185．

体目标任务,其中"社会化"建设内容具体包括:整合利用社会资源力度不断加大,监狱以开放姿态与社会广泛融合,创造条件让社会团体和公众广泛参与监狱活动,逐步形成由高素质监狱人民警察、社会兼职人员和帮教志愿者相结合的教育改造专业队伍,教育改造社会化程度不断提高,刑释囚犯适应现代社会生活能力不断增强。充分依托社会,改革封闭式的监狱供应保障体制❶。

二、社会化的制度化探索

"三化"建设的提出呼应了当时监狱建设实践:其时监狱布局调整尚未开展,监狱大多地处偏远农村,交通状况不理想,犯属探视、社会人士进监十分不便。其时监狱工作任务十分繁重和艰巨,不仅担负着守卫监狱安全、教育改造囚犯的任务,部分农村监狱还承担着办医院、办学校等职责,工作点多面广,加之硬件条件远远难与今日监狱相比,监狱工作开展十分不易。再加上监狱自身拥有的资源有限,如果不能取得社会的支持、广泛吸纳优质的社会资源,监狱工作,特别是教育改造工作将面临诸多困难。

经过十余年的实践,中国在监狱工作社会化方面已取得了不小的成绩。一是在监狱布局调整上,2001年底,国务院召开专门会议,研究解决监狱布局不合理、监狱建设投入不足等问题,并计划于2010年以前完成全国监狱布局调整。2002年起,全国近700所监狱陆续从"山沟沟"或不毛之地搬迁到城市或城乡接合部,交通变得快捷便利,使监狱吸纳社会资源的可能性增多、成本减少。二是监狱越来越广泛地开展宣传工作,先后建立运行监狱网,开通了狱务公开热线,随后还开通了监狱微信微博,使监狱被更多的人所认识,同时通过积极邀请社会人士进监等方式渐渐减少和消除了一些社会人士对监狱的认识误区,如"监狱很黑,拿钱办事""监狱里有水牢"等,让越来越多的社会人士更新了理念,使监狱获得了较为广泛的社会舆论支持基础,越来越多的社会人士愿意加入监狱工作中来。随着监狱工作者工作理念的更新,监狱狱务公开工作也不断由粗浅向纵深推进。自1999年7月司法部下发《监狱系统在执行刑罚过程中实行"两公开、一监督"的规定(试行)》后,全国监狱开始广泛通过报纸、宣传栏等方式大力推行狱务公开。时至今日,监狱已开始充分利用现代科技手段,设置手机短信平台、开设咨询专线、设立触摸式电脑查询系统进行狱务公开,让政府和社会更多地了解监狱功能,认识监狱工作的重要性,了解监狱工作面临的问题和困难,努力取得社会支持。三是社会支持帮助的机制运行良好。如监狱普遍与社会院校、医院、律师事务所等机构建立长期合作机制,积极利用社会力量进行帮教、提供法律咨询、医疗资源已是常态。监狱积极推进社会医院监狱分院、社会学校监狱分校实体化运作,建立了全方位、全覆盖、深层次的支持合作机制,吸纳了更加优质的资源,有效提升了囚犯医疗和教育保障水平,促进了监狱秩序稳定和囚犯教育改造质量的提高。

---

❶ 中国监狱推进"三化"建设司法部部长作5点阐释[DB/OL]. http://news.sohu.com/2003/11/25/57/news216045707.shtml.

三、社会化的困惑与出路

目前中国监狱工作社会化方面仍存在一些问题与不足,主要表现在:一是社会支持的系统性不够。由于制度体系的不完善以及对监狱工作理解的不全面性,监狱获得支持的社会力量相对单一,以监狱属地院校志愿者队伍为主,其中一部分甚至是出于增加大学生社会实践的考虑,其主要形式是参与帮教,而政府和有关职能部门的支持相对较少——这部分力量又往往会给监狱带来更为有力的支持,如资金、政策等方面的支持。同时社会支持帮助的碎片化现象较为突出,系统性不强。由于一些单位进监帮教仅出于对考核指标的考量,缺乏对工作质量的追求,因此,时有工作浮于表面、缺乏周密计划的现象,帮教效果并不理想。此外,不同社会力量有"各自为政"现象,造成社会支持过程中的资源分散或过于集中以及支持上的低效率、高成本,如几拨社会力量同时对同一拨囚犯进行帮教、每逢节假日帮教扎堆而其他时节监狱则出现"门前冷落鞍马稀"等现象。二是社会支持的方式相对单一。当前社会支持方式主要体现在社会助学、助医等方面,对监狱行刑方面的支持表现不突出,这主要是由中国法律制度对监狱及囚犯服刑的有关规定决定的。中国监狱设置没有明确的警戒级别,且除了零星的省内、省际调犯外,囚犯入狱后基本都在同一所监狱服刑。虽然囚犯不同服刑阶段心理行为会有所变化,但监狱的防范和警戒是相同的。从监狱行刑实践来看,除了极少数发现余罪与前罪数罪并罚以及狱内又犯罪被执行死刑的囚犯外,绝大多数囚犯最终都要回归社会的。但中国监狱建制体系的封闭性容易导致囚犯回归社会后的"适应不良"。因此,国内诸多监狱学学者、法学家提出向监狱工作社会化方面有着较为成熟做法和经验的国家学习,特别是在监狱设置方面。如德国等国以封闭式和开放式的执行方式对监狱进行划分类别,规定封闭式执行的监狱实施防止犯人脱逃的安全防范措施;开放式执行的监狱不实施或少量实施安全防范措施❶。1950年在荷兰海牙举行的第12届国际刑法及监狱会议的决议案中明确指出:"本会议所指的开放式机构,是指不用围墙、锁、铁栅或看守等有形的方法,以防止犯人逃亡的监狱而言。"它的本质"在于不对受刑人加以严密的、持续的监视,信任他们能够服从监狱的纪律,即以责任心的训练为制度的基本"。开放式监狱收容的囚犯人数不宜过多,而且囚犯必须是在封闭式监狱服完四分之三刑期,表现良好的。对于表现较好的初犯,刑期较短的,也可不经封闭式监狱直接投入开放式监狱。中国学者戴艳玲针对中国监狱现状,提出可以建设不同戒备等级的监狱,低度戒备监狱可以按照开放式和半开放式分为两类。开放式监狱可以作为犯人释放前的关押机构,收押剩余刑期在8至10个月以内的犯人,其余的犯人要在半开放监狱服刑。她认为"低度戒备监狱应给予犯人更大程度的信任,以更接近社会环境的多种形式对犯人实施管理、教育和训练,可借鉴国外的学习释放和工作释放制度和实践,允许部分犯人在白天到监狱附近的社区从事劳动或参加学习或者职业培训活动,晚上返回监狱"。这样既使囚犯能在社会化的环境中改造,也利于更多的社会力量对于囚犯改造的帮教,既节约监狱行刑成本,也对囚犯改造大有裨益。

---

❶ 戴艳玲. 中国监狱制度的改革与发展[M]. 北京:中国人民公安大学出版社,2004:3.

可喜的是已有监狱在监狱等级和分类设置方面敢于尝试、勇于探索，在前期做了大量调研的基础上，建立了低度戒备分监狱。这标志着监狱分类建设迈出了关键性的一步，也为进一步推进监狱行刑模式改革、提高监狱运行效能提供了平台。该分监狱立足于强化回归指导，促进刑释人员顺利回归社会，建成了回归指导中心、文化活动中心、职业技能中心和服刑指导中心"四大中心"，突出对预释放囚犯的再社会化教育，建立了交通导航、行政服务、情境模拟等回归教育功能区[1]，这些都为囚犯的再社会化提供了更专业的支持，为社会资源的吸纳构筑了更高平台。

第三节　非监禁化

20世纪中期开始，在西方国家掀起了一场轰轰烈烈的刑法改革运动，它以"新社会防卫论"为基础，提出了"合理地组织对犯罪的反应"这一口号，并在世界范围内达成了若干共识[2]。德国当代著名刑法学家汉斯·海因里希·耶赛克将此归结为"三个共识"，其实也就是此次运动的三大主题，分别是三种基本刑事政策的非犯罪化、非刑罚化和非监禁化。

一、非监禁化的内涵

关于非监禁化，中国学者姚建龙认为应当包括三个紧密联系的环节：审前的非监禁化、刑罚选择（量刑）的非监禁化和刑罚执行的非监禁化[3]。

监狱变革中的非监禁化显然是指"刑罚执行的非监禁化"，包括对囚犯采取假释、暂予监外执行等刑事处理措施，实际上也是对其在自由状态中进行考验的办法。

近20多年来，中国的刑事司法机关也在非监禁化方面进行了有益的探索和尝试。如采取假释制度，规定被判处有期徒刑、无期徒刑的囚犯在执行一定刑期之后，在一定的法定条件下（包括刑期条件、服刑表现条件等），附条件地将其予以提前释放。再如暂予监外执行，是指规定囚犯因具备某种情形，暂时在监所外服刑的制度。

行刑非监禁化，无论是从理论还是从已有的实践来看均有必要性和优势，主要表现在：一是有利于完善中国刑罚执行体系。近代刑罚制度中，尽管监禁刑成为普遍适用的刑罚，但同时也应看到，非监禁刑所体现出的刑事政策的价值取向，是对于囚犯给予人道主义的处遇，它以社区处遇替代监禁手段改造囚犯，更容易达到促使囚犯悔改向上、重新融于社会的目标，监禁刑和非监禁刑"两条腿走路"的方式显然能有效丰富中国刑罚执行体系。二是有利于减少行刑成本。监禁刑的大量适用使监狱关押能力不断面临挑战。如果适当扩大非监禁刑的运用率，一方面，对于监狱来说，可以减少监狱关押人数，降低绝对行刑成本，如在监房、教育用房以及监管设施和设备等方面的支出等。同时，由于押犯的相对减少，有助于监狱将行刑重点集中在罪行严重及高危囚犯群体，监狱警察付出的管理教育精力相对较小，有利于提高囚犯改造质量，降低软性行刑成本。

---

[1] 江宁监狱低度戒备分监狱正式挂牌运行［DB/OL］．http：10.58.114.1．
[2] 李希慧，杜国强．我国现行刑事政策反思及完善［J］．法学论坛，2003（4）：39-46．
[3] 姚建龙．未成年人犯罪非监禁化理念与实现［J］．政法学刊，2004（5）：14-17．

另一方面，让囚犯在社区改造，行刑部门没有盖监房、围墙等监管设施的支出，同时，由于这部分囚犯社会危险性相对较小，矫正人员的工作压力也相对较小，且可以广泛利用社会资源对其进行矫正，软性行刑成本远非"高不能及"。三是有利于提高改造质量。当前社区矫正将囚犯置于社会环境中改造，使其"零距离"感知社会，一定程度上降低了囚犯的耻辱感，使其因社会角色变化带来的心理落差不至于过大，从而能增强囚犯的感恩心理和改造决心。在社会环境中改造还使得囚犯的人际关系结构较少发生"地震性"破坏，有助其社会支持系统的维系和完善，使其较之在监狱服刑更易得到亲情关爱和社会帮助，有利于增强其"反哺"社会、回报亲人的责任感，促使其更快地、真正地回归社会。

二、非监禁化的障碍

由于起步较晚及行刑理念制约等因素，行刑非监禁化（仅指监狱在行刑非监禁化方面作出的工作）也存在一定的问题与不足。首先表现在非监禁刑的运用率低。如在假释的运用上，当前较为普遍的做法是规定比例，假释人数很低。其次在非监禁刑的运用上，如暂予监外执行，刑事诉讼法修改前，适用对象是被判处有期徒刑或者拘役的囚犯，新的刑事诉讼法将被判处无期徒刑的囚犯纳入了适用对象范围，同时规定须具备"怀孕或者正在哺乳自己婴儿的妇女"这一条件，因此，"无期徒刑囚犯非怀孕及哺乳期、患有严重疾病"并不是暂予监外执行的法定情形，不能暂予监外执行，这既令囚犯本人焦躁痛苦，也给监狱增加了行刑负担，除去大量的医药费和因需而行的监外就诊治疗所带来的安全风险外，还需尽力安抚囚犯情绪，工作量大，牵扯精力多，监狱行刑维稳功能受到影响。

三、非监禁化的当下走势

随着对中西方行刑研究的深入以及鉴于中国非监禁刑现状的思考，许多学者也对非监禁刑提出自己的看法。江苏大学法学院的周国强提出在刑事立法层面，确立慎用监禁刑原则，创设替刑和易科制度[1]；在刑罚裁量层面，减少监禁刑的宣告，扩大适用缓刑；在刑罚执行层面，关于监禁刑执行的开放化和非监禁刑适用的扩大化，指出要大力推广社区矫正制度，通过完善缓刑、假释、暂予监外执行等社区性刑罚制度，来加大其适用力度，以期达到它们的最大效益。

值得欣喜的是，中国监狱变革中的非监禁化实践也一直在进行。2003年前，中国除法院执行外的非监禁刑罚和宣判时余刑不足一年的监禁刑由公安机关执行。随着2020年社区矫正法的颁布施行，全国各地相继开展了非监禁刑罚执行性质的社区矫正工作，司法行政机关成为非监禁刑罚执行的工作主体。《刑法修正案（八）》以法律形式规定了"被判处管制、被宣告缓刑、被裁定假释的囚犯依法实行社区矫正"。当前，社区矫正制度和实践尽管仍有不少不足，但已在不断探索中逐步完善，相信不久的将来，它的功效将不断增强，让监狱在变革中更好地发挥其自身功能，更好地服务社会经济发展。

---

[1] 周国强．非监禁化：国外的实践及其在我国的实现［J］．中国监狱学刊，2007（4）．

第四节　智能化

随着人类科技的发展，监狱管理的智能化特征日渐明显，不再单纯地依靠人力、物力。监狱管理智能化的重要特征是信息技术、智能工具的运用。智能工具一般必须具备信息获取、信息传递、信息处理、信息再生和信息利用的功能。监狱智能化实际上是指最大限度地运用信息科技、智能工具服务监狱工作，使监狱工作更具有科技含量，能与时代发展相呼应，并变得更为高效、便捷。

一、监狱信息科技的政策导向

2007年5月29日，司法部在南京召开的全国监狱信息化工作会议上正式发布了《全国监狱信息化建设规划》，给出了监狱信息化建设的主要任务，即建设一个平台、一个标准体系、三个信息资源库、十个应用系统。一个平台即网络和硬件平台；一个标准体系即监狱信息化标准体系；三个信息资源库，是指监狱管理信息库、囚犯信息库、警察信息库；十个应用系统，即监狱安全防范和应急指挥系统、监管及执法管理系统、教育改造系统、生活保障及医疗卫生系统、警察管理系统、生产管理与劳动改造系统、监狱建设与保障系统、狱务公开系统、办公自动化系统和决策支持系统，这也明确了监狱信息化工作的方向与要求。

此次会议的召开也拉开了中国监狱信息化建设的大幕，推动了监狱信息化建设的发展，在此之前，监狱信息化建设很是苍白。监狱行刑、管理教育工作基本靠人力完成，监狱警察工作负荷繁重。以囚犯工间点名为例，大多监狱例行的做法是每天将囚犯名单抄写在点名册上，点名时民警拿着点名册并做好相关记号，一个三百人的监区点一次名需耗费半小时左右，按照一小时进行一次点名的工作要求，民警值班期间仅点名一件事就要耗费较长时间。再以民警办文为例，未使用电脑办公前，文稿修改十分麻烦，一篇文稿只要错一个字，就得通篇重新抄写，可谓费时费力，做过内勤和负责文字材料的民警对此都深有体会。

二、监狱信息建设的系统建构

经过努力，近年来，中国监狱信息化建设取得了突破性进展。目前全国监狱信息网络平台已初步形成，各地基本建立了囚犯信息、监狱警察、警务等信息的数字化管理系统。各项技术防范工程和信息化标准体系建设不断加强。全国监狱基本建成了以"一个基础"（通信网络基础）、"两大平台"（内外门户平台、数据交换平台）、"三个体系"（信息化建设运行管理体系、业务工作规范化和信息系统标准化体系、网络信息安全保障体系）、"四类数据库"（资源目录数据库、基础数据库、专业业务数据库、决策分析与综合数据查询数据库）、"八大应用系统"（监管安全防范数字信息集成系统、管教信息系统、应急指挥系统、警务人事管理系统、办公自动化及公文交换系统、领导决策支持及综合报表数据查询系统、计划财务与审计系统、其他管理系统）为主的信息化框架体系，初步实现了基础网络全联通、主要功能全覆盖、重要部位全监控、管理应用全员化的"四全"目标[1]。

三、智能化的价值

实践证明，监狱智能化发展能有效实现增效、减负、"留痕"的目的。

首先，监狱智能化发展能为监狱管理供科技支持、为监管秩序增添"安全阀"。近年来，江苏监狱系统自主研发了 J3C 囚犯狱内危险评估工具，其中 J 代表江苏监狱，3C 为计算（compute）、推断（calculate）、结论（conclusion）的英文字母首拼。J3C 的研发旨在通过计算机生动计算、自动生成结果，辅助监狱民警分析囚犯的危险等级和危险类别，提高囚犯危险性评估的精准性，使民警在科学认识囚犯的基础上，采取更富针对性的措施，防患于未然，促进监狱持续安全稳定。J3C 评估工具依托信息技术对囚犯进行三个维度以及改造信息等数据的分析，三个维度分别是包含囚犯文化程度、刑期、服刑次数等信息的基本维度，包含子女状况、婚姻状况、原生态家庭等信息的社会维度以及囚犯 COPA-PI 量表数据信息构建的心理维度，改造信息包括了囚囚关系、警囚、工囚关系、社会因素造成囚犯异常情况等因子，及时抓取囚犯危险动态变化的所有数据，做到自动汇聚、自动研判、自动预警提示，不仅使囚犯危险性评估的精准度提高了，还增强了评估的实时性和便捷性，提高了民警的办事效率。2015 年 6 月，J3C 工具在南京女子监狱试点使用，目前已在江苏监狱系统全面推广应用，反响较好。同样的，智能监控系统的运用，还能为监狱安全增添屏障，对此，浙江省女子监狱民警有深切体会，在监狱指挥中心相关系统中输入某个囚犯的名字，带有该囚犯的监控画面即刻跳出，这不仅便于对囚犯、特别是心理行为异常的重点人进行实时监控，以减少隐患，促进安全，同时也方便了对特定囚犯的实时定位和相关信息的快速查询，提高工作效率。

监狱是执法机关，公平公正是监狱工作的生命线，而智能化建设在促进监狱执法公正方面的作用同样不可小觑。以全国监狱普遍建成的监控系统为例，其最直接的功用在于"执法留痕"，监控系统庞大的数据存储和视频图像调用功能，可以还原监狱警察日常管理行为，特别是处理囚犯违规违法事件的过程，这样既能促进监狱警察强化自律意识，自觉依法管理、依规操作，还能还原事件真相，让一些企图对自身违法违规行为进行抵赖以及企图伪造假象以期"瞒天过海"的囚犯心服口服，有利于事件的处理和对囚犯的教育。智能监控系统的建成、运用还能够实时对监控图像作出分析，在有异常运动情况出现时提示监狱工作人员进行监控，这样能有效地分辨出需要重点监视的监控视频图像，使其提高监控效率与精确度，防范突发事件的发生，切实做到防患于未然，形成用少量的人力实现对囚犯"三大现场"实施全方位、全天候、全过程监控的目的，形成综合、立体的监管安全防范格局。

近年来，随着监狱智能化建设与监狱工作实际的贴合性越发地紧密，其"减负"效能同样不断显现。如以远程视频会诊系统为例，通过此系统，精神病院的医生可以与疑似精神病犯进行视频交流，并通过交流获知的信息对病例作出诊断，这使得监狱民警"足不出户"即可将疑似精神病犯放置于诊疗环境中。而在这之前，由于专业医疗资源

---

[1] 全国监狱信息化建设规划［DB/OL］.http://www.21csp.com.cn/zhanti/jyaf2011/article/article_8021_4.html.

紧缺，对疑似精神病犯一般需押解至地方或省局精神病院进行诊疗，不仅耗时耗力，还存在一定的监管安全风险，远程视频会诊系统的应用则降低了管理成本，并减轻了民警的精神压力。再以囚犯工间点名为例，实行电子点名，在囚犯犯号牌中植入电脑芯片，输入其个人姓名、刑期等信息，民警点名时只需"轻轻一扫"即可快速完成点名工作，省去了手工抄写囚犯名单、"点名打钩"等程序，节约了工间点名的时间，使民警的工作量相对减轻。

  监狱智能化建设的"减负增效"还表现在给民警带来了办公、办文上的便捷。目前，监狱系统普遍运用办公自动化系统（OA系统），在此系统里，监狱警察可以进行文件的收发、工作安排和复命、请示及进行事项报告，同时还可以完成通知下达、会议安排、内部邮件收发等任务，从而实现监狱日常办公的自动化、无纸化、网络化，节约了办公费用，提高了工作效率。一些监狱还将需纸质审批的事项进行网上流转，省去了民警签字"跑腿"的时间和周折，受到民警的一致好评。近年来监狱系统推行的智能管理大平台系统同样在给监狱警察"减负"，它以监狱工作的流程为基点，利用计算机和数据库等技术，建立了狱政管理、生活卫生、教育改造、刑罚执行、狱内侦查、指挥调度、劳动生产等模块，对囚犯的基本信息、教育改造信息、生活卫生管理信息、家属的探视信息、心理生理健康信息以及对囚犯的考核奖惩信息等进行采集、处理和管理，实现数据资源采集、接入、集成分析的动态管理，促进了监狱工作数据的大集成、高共享，避免了以往监狱对此类信息采集全靠手工而费时费力的现象，实时、高效、方便、快捷，减轻了民警负担，提高了管理效率。当前，大平台在使用中不断完善，已实现政务内网、政务外网和教育专网"三网"并行，进入该大平台后，就可以进行三个网页的浏览、进行工作事务的处理，方便了民警的网上操作。

  监狱智能化发展也增进了监狱与社会的联系，如在囚犯方面，部分监狱已对一些因路途遥远导致会见困难的囚犯定期实行网络视频通话制度，增进了囚犯与家人的亲情联系，有效强化了囚犯的感恩心理，减少和避免因长期无人关心而导致的心理行为异常，以及囚犯与家人因长期不联系而造成的情感隔阂现象，促进了囚犯的情绪稳定和监狱教育改造工作的开展。再如监狱在囚犯集中劳动、生活、学习场所和监内一部分公共场所（如候见厅、会见大厅、亲情餐厅等），普遍建成了利用多媒体和计算机技术，以电子公告牌或触摸屏等方式，对囚犯及其亲属进行宣传、教育的系统。这一系统的建成可以使囚犯及其亲属及时准确地了解囚犯在监狱内的各种情况，了解国家法律法规、监狱的方针政策、监内新闻等动态信息，既可促进囚犯的改造，又能增进犯属对监狱的了解和理解，自觉为囚犯改造提供帮助，并自主宣传监狱执法动态，破除社会对监狱的误解。近年来，监狱更是积极利用微博、微信等"互联网＋"的形式，对监狱政策、监狱优秀民警和成功管理经验进行宣传，既以紧跟时代的方式向公众敞开了了解监狱的窗口，又能在一定程度上吸引优质社会资源参与监狱管理，促进监狱工作高质高效发展。

第十三章 出狱保护

罪犯改造是一个系统工程,不仅需要在监狱监禁期间不断强化教育改造,更重要的是在结束服刑生活后,使其能够顺利回归社会、融入社会、适应社会,成为遵纪守法的社会生活的一员。从实践来看,大多数刑满释放人员出狱后都会遇到各种各样的困难,比如在家庭生活、就业、就学等方面。为了进一步提升行刑效能,需要切实解决出狱人尤其是刑满释放人员的现实困难,使之不会因为回归社会的障碍或困难导致重新走上犯罪道路。因此,出狱保护或称出狱人帮助虽然不属于严格意义的监狱学范畴,但这部分工作是监狱职能的延伸与监狱行刑本身有密切联系,对巩固罪犯改造效果具有重要作用,对社会、对出狱人家庭和个人都是非常有益的。因此,学习监狱学必须了解这一部分内容,以便在实务工作中能够促进这一部分工作。

第一节 出狱保护概述

出狱保护是为了帮助离开监狱重返社会的人顺利适应社会生活,避免重蹈覆辙而对出狱人所采取的各种保护性措施。罪犯出狱,意味着监狱行刑的中止,对于刑满释放人员,更是意味着刑事执行的终止,但出狱人在重返社会之初,面对社会环境的变化,家庭的变故,生活、就业方面面临的重压,往往会产生一定的不适应感,使他们普遍产生茫然、焦虑、自卑等不良心绪,如果遭受社会的冷遇和歧视,很可能刺激他们实施报复社会的极端行为。因此,出狱之初是罪犯再社会化进程中的一个危险时期,对出狱人、对社会都意味着极大的考验。为了防止出狱人因社会排斥而不能安然回归社会甚至重新犯罪,增加社会的不稳定因素,需要建立健全出狱保护制度体系。

一、出狱保护的概念与意义

在中国传统上,出狱人保护又被称为"安置帮教""刑满安置"工作,有的国家也将其称之为"更生保护",是指国家和社会为了帮助出狱人成功回归社会、避免重新犯罪而对出狱人采取的帮助、保护、教育活动。出狱人社会保护的概念有狭义和广义之分。狭义的出狱人社会保护的对象是刑满释放人员,包括刑满释放、假释释放和特赦释放人员。随着刑事政策的变化和人们对于犯罪原因认识的不断深入,出狱人社会保护概念的外延大大拓展,其对象除了刑满释放人员以外,还包括缓刑、监外执行、假释人员以及一切具有犯罪之虞的人员。❶ 由于目前中国的主要刑罚还是监禁刑,因此出狱人保

---

❶ 王平. 中国监狱改革及其现代化 [M]. 北京:中国方正出版社,1999:191.

护的对象仍然是监狱服刑期满释放人员。出狱服务是近代狱政改良所提出的重要措施，体现了行刑社会化和行刑一体化的思想，其目的是延伸监禁刑行刑效果，促进罪犯顺利融入社会，避免出狱人员因为对社会生活的不适应而产生逆反心理，重新走上犯罪道路。为出狱人提供系统化的服务保护是帮助罪犯重返社会的重要保障，体现了对人权的深层次保护，是社会文明与民主进程的一个标志。在社会实践过程中，出狱人的社会保护工作收到了明显的社会效益。出狱保护对出狱人、对监狱、对社会等方面都有着极其重要的意义。

有利于预防出狱人重新犯罪。出狱初期是出狱人最容易引发重新违法犯罪的不稳定期。在这一时期，出狱人刚刚走出封闭的监狱，面对纷繁多变的社会，以及就业、家庭、婚姻、社会交往等实际问题，往往感到茫然，无所适从，出现适应困难，很容易回到旧的生活圈子寻求帮助，进而导致重新走上犯罪道路。对出狱人的回归初期给予必要的社会保护，帮助出狱人回归社会后落户安家、安置就业、保障基本生活，提升出狱人适应社会生活的能力，恢复和增强回归社会生活的信心，使他们在正常的社会环境中安心工作、学习、生活，遵纪守法，有利于避免重新犯罪。

有利于促进在押人员的改造。大部分罪犯在押服刑过程中，对出狱后的生存和生活是否能够得到有效的保障十分关心，是影响教育改造的重要方面。对出狱人进行必要的社会保护，并纳入狱内教育内容体系中，及时向服刑犯人解释出狱后能够获得的保护措施，有利于打消罪犯的精神顾虑，减轻罪犯服刑过程中的心理压力，增强其改造的信心，激励其积极表现，提升改造的积极性，从而使罪犯更好地接受教育改造，顺利度过服刑阶段，提升监狱教育改造成效。

有利于促进社会关系修复。修复受损害的社会关系，重建因犯罪所破坏的社会秩序是刑罚执行的根本目标。罪犯在犯罪过程中往往怀着仇视社会、报复社会的情绪，经历了刑罚执行后，又进一步加深了对正常社会的疏离感。在出狱人回归社会后，政府和社会各界及时给予出狱人帮助、扶持和指导，创造良好的社会环境和条件，帮助解决出狱人的思想顾虑和生活上的困难，有利于引导他们对社会产生正常的情感，培养和增强出狱人被正常社会群体所接纳的能力和信心，保持与社会的同步协调发展，加速出狱人再社会化的进程。同时，妥善地安置出狱人安家就业，使他们成为经济建设有生力量，可以为社会经济建设做出更多贡献，促进社会治安综合治理，建立正常的社会秩序，维护社会稳定。

二、出狱保护的方法及内容

（一）出狱保护的方法[1]

对出狱人的保护方法，从形式上可以归纳为三种类型。

一是收容保护，又称直接保护，是指把出狱人收容于特定的场所，向他们传授知识、培训技能、帮助患有疾病的出狱人进行治疗、为无家可归的出狱人提供住宿等。

二是观察保护，又称之为间接保护或不收容保护，主要体现为辅导就业、就学或其

---

[1] 周康. 我国出狱人保护制度研究［D］. 苏州：苏州大学，2015.

他物质和精神帮助。

三是临时保护，以资助囚犯出狱后回原籍或其他处所，或者是提供小额贷款等方式为之提供保护。

从实施主体上，可以分为国家保护、民间保护及自我保护。

国家保护。国家保护是指国家政府有关部门通过法律、政策及行政手段对出狱人合法权利进行保护的一种方法。如政府部门、政府职能部门对出狱人的保护等。这种保护是出狱保护中最重要的一种方法。几十年来，中国立法、司法、行政机关等部门制定和作出了一系列法规、决定、决议、通知、批复等，不仅为出狱人的公民权利提供了充分的法律和政策依据，而且还安置了大量出狱人就业，卓有成效地保护了出狱人，对社会的良性发展起着积极的作用。

民间保护。民间保护是指除国家机关和政府部门以外的社会企、事业组织，社团及其他一些自愿参与的组织和个人，对出狱人回归社会后所进行保护的一种方法。这种保护既可以是就业接收，也可以是物质与金钱的赞助，还可以是精神的、心理的帮助。其作用是其他保护方式不可替代的。它是一种自愿性质的保护，因此，也称自愿保护。

自我保护。自我保护是指出狱人通过自身努力，提高自身的社会地位，并依法维护和保障自身权益的一种特殊的保护方法。在出狱保护中，出狱人除了接受国家保护、民间保护外，出狱人真正的再社会化还是靠自身的主观因素作用，积极地进行自我保护来完成。自我保护在出狱保护中起着主导作用，主要是出狱人自身要加强各方面的改造，学会用法律保护自我，端正态度，正确认识社会和自我，脚踏实地努力工作，早日完成自身的再社会化。

（二）出狱保护的内容

出狱保护的具体内容主要包括以下四个方面。

保护出狱人的合法权利。主要包括出狱人对已执行完毕的裁判不服或对受刑过程中乃至受刑之前的侦查、起诉、审判过程中侵犯或剥夺其合法权益的违法行为进行检举、控告、申诉的权利，也包括对出狱人其他合法的人身权利、财产权利等。

帮助出狱人解决生活困难。比如为出狱人提供返回落户所在地的交通费用、途中伙食费及其他生活救济资金；为有住房困难的出狱人提供临时性住房及其他必要生活用品；帮助解决生活中遇到的其他各种困难；等等。还包括为囚犯提供回归社会的过渡服务，如为其提供所需要的外界情况资料，给予家庭、婚姻、法律等各方面问题的指导，为囚犯出狱后需要帮助时寻求协助提供指引等。

为出狱人提供心理辅导。对罪犯因长期服刑导致的与社会隔离，出狱后感到焦虑恐慌、无所适从等现象，提供行为上的辅导和身心指导，帮助出狱人化解心理危机。

加强再犯可能性的管控。主要指通过对出狱人回归社会情况的跟踪调查，了解出狱人的心理及行为动态，对有再犯可能性的出狱人及时给予疏导和教育，尽量防止其重新走上犯罪道路。包括对缓刑和假释人员通过装有全球卫星定位系统（GPS）的手镯、脚环等设施进行监控，以了解出狱人的动态并及时为其提供帮助和指导。

三、出狱保护的责任部门

中国的出狱保护被作为社会综合治理的重要组成部分，主要由政法综治部门负责。根据具体职能分工将责任部门分为政府部门和社会组织。

政府职能部门。总体而言，出狱服务作为一项社会政策，主要是由政府部门来牵头的。政府部门制定出台相应的系列政策，用行政手段来监督政策的落实和实施。具体职能部门如司法行政机关、公安机关、民政部门、劳动部门、教育部门等，分别在为出狱人保护的组织、协调、落实以及承担具体责任等方面发挥重要作用。

中国关心下一代工作委员会（简称"中国关工委"）。于1990年2月经党中央国务院批准成立。中国关工委是以组织老同志来进行关心、教育下一代的工作为目的的群众性工作组织，全国各省市县区及相关行政管理部门都设立了关工委组织，全国各级各类工作组织约105万个，人员上千万。关工委不仅对青少年的学习和成长做了大量工作，而且做了许多对青少年回归社会人员的帮教安置工作。这一民间组织，在社会帮教方面做了大量工作，对失足青少年起到了社会保护的作用。

过渡性安置基地。过渡性安置基地是指司法行政部门主管，通过政府投入、社会支持建立，为出狱人提供食宿、教育、培训、救助等服务的场所，还承担联络、指导、帮助出狱人解决实际的问题、接受法制、道德教育，引导出狱人自新、自立、自强，重做新人。基地过渡性安置人员范围为辖区内出狱人中无家可归、无业可就、无亲可投的人员和其他确需过渡性安置的人员。

就业培训、指导中心。各级就业、培训指导中心除了解决一般社会就业外，还对出狱人进行职能培训，提供生存的条件，收集就业信息，推荐出狱人就业。这一组织解决了出狱人的就业出路问题，在出狱服务工作中起关键性的作用。

出狱人重返社会基金会。这一类组织是民间组织，其基金来源包括由政府拨款、企业赞助、个人捐款等形式，主要负责对出狱人进行必要的社会性服务工作，如进行法律援助或职业训练等经费的募捐与收集。

心理辅导站。心理辅导站是一种辅助性的出狱人保护组织。这一组织主要解决出狱人面临的心理问题，使出狱人能顺利地再社会化。它可设在基层司法所，也可设在街道或居委会，并由专人负责对出狱人进行谈话、心理疏导，缓解出狱人的心理压力。

第二节 国外出狱人保护制度简介

国外出狱人保护制度起源于18世纪后半期，以1776年美国宾夕法尼亚州的怀斯特所创办的费城出狱人保护会为标志。18世纪后半期至19世纪中叶，西方国家的出狱人保护制度处于萌芽阶段，基本上以私人或民间团体为主，以慈善保护为宗旨。如日本在1669年出现了由加贺藩设立的出狱人小屋制度；1681年德国在勃兰登堡设立了一个国营纺织劳作场，专门收容出狱人与流浪汉、乞丐。到19世纪后半期，由于受资产阶级国家刑罚制度变革的影响，特别是出狱人社会保护事业在预防重新犯罪、稳定社会秩序和社会治安方面所发挥的重要作用，出狱人保护制度逐步进入形成、发展时期。日本是在1790年正式为刑释人员建立了被称为"人足寄场"的保护措施,可以收容出狱人和流浪汉。这一时期,出狱人保护受到各国政府的重视并统一组织协调,逐步走向制度化、法律化。经过200多年发展,出狱人保护思想在宗教救赎的基础上吸收、融入了犯罪预防、社会救助的观念。从而使出狱人保护观念不仅体现人道主义、功利主义,而且反映了20世纪,特别是"二战"后社会福利主义的思想。第二次世界大战以后,各国出狱人社会保护工作得到了更快的发展,各种保护组织、制度和措施相继建立,此项制度的发展源于社会安全观念的提高、教育型思想的发达及人道伦理精神的升华。跨入21世纪后,出狱人保护逐步形成了国际化的趋势,各国普遍从立法、制度、舆论、经济援助等方面做了大量的工作。

一、接茬教育:英国的安置帮教制度

(一)英国安置帮教委员会的性质和职责

英国安置帮教委员会是非政府组织,它的活动范围只限于英格兰和威尔士。在英国,政府不仅非常重视对少年犯的安置帮教工作,而且社会各界也非常重视对失足青少年的帮助和教育,整个组织的主要职责为:①为青少年犯罪人员提供一些安置帮教性的实际服务。如少年罪犯的生活待遇,犯人出狱后在什么地方居住,怎么安置工作等;还有工作方面的培训、专业技术的培训,以及帮助刑满释放后的少年犯找工作等。特别是有些少年犯在本地区影响不好的,安置帮教委员会不仅要帮助这些少年犯改正他们所犯的罪行,而且还要帮助他们消除影响,弥补过失,以便能够被当地社会谅解和吸纳,尽快地回归社会,不被社会歧视或者排斥。②研究如何减少和防止犯罪,帮助犯罪人停止犯罪,帮助准备犯罪的人放弃犯罪,最大程度地减少犯罪。特别是研究如何用缓刑来代替监禁,用最有效、最经济、最科学、最适合未成年人特点的方式来帮助少年犯改变他们的犯罪行为,成为对社会有用的人。③通过广泛的调查研究和民意测验,收集公众对少年犯处罚的意见,也就是对审判和监狱的意见和对监狱管教少年犯的意见,以此来影响政府对罪犯处理的政策法令,特别是监狱应当怎样管教少年犯;怎样提高对少年犯的监管、教育质量,以尽快帮助他们从犯罪的深渊中走出来,成为正常人。

(二)英国安置帮教机构

英国的安置帮教所依托的机构是社会运作的就业培训中心,其主要职责是通过集中培训的方式,使刑满释放人员能够同其他社会失业者一样,学到一技之长,增强再就业的能力,成为自食其力、对社会有用的人。

就业培训中心的性质和作用。就业培训中心是不以盈利为目的非政府组织,同政府的有关部门之间既有联系又相对独立。其特征主要有:第一,它在结构设置上很像学校,比如,它内部设有教员、管理人员及其他教务人员,也有教室、图书馆等教育设施,但它不承担学历教育的任务。第二,它是承担公益职能的非政府组织法人实体。第三,经费上自负盈亏,独立运行。培训中心的经费主要是自收自支,由培训中心通过培训就业对象来创收。培训中心投入产出及其成本的计算完全遵照企业经济的运行规律,但又不以盈利为目的,注重的是社会效益,促进国家稳定。第四,依托合同接受政府的支持和保障。培训中心与政府有关部门之间签订协议,规定安置帮教培训中心培训多少失业人员，多少名刑释人员和未成年犯，并保证其就业，国家验收后根据被培训者和就业者的人数进行拨款。

就业培训中心的运行状况。目前，英国有 20 多个就业培训中心，每个中心都有多个培训点，遍布全国。每一年，政府教育培训部都要同安置帮教培训中心签订合同，政府把财政部拨款分配到各个培训中心，培训中心再把钱发到各个培训点。就业培训中心的课程设置，主要有培养商业零售能力，培训各种专业技术和电脑技术，初、中级文化知识的学习和培训择业的技巧等。培训对象主要有三类：一是有过犯罪行为的人，即犯罪后释放或者犯罪后处以其他替刑措施，然后被送到培训中心的人；二是失业者，包括一直没有找到工作，或者找到工作后，由于某种原因失业的，这些失业者中既包括成年人，也包括 16~18 岁的青少年；三是智商较低的人，或称智力有缺陷的人，其中包括弱智者、痴呆者等。16~60 岁的人都可以到培训中心进行培训，全英国就业培训中心的平均就业率为 60%~65%。

安置帮教培训中心招纳学员采取开放模式，所有要求到这里来的人都可以接收，包括外地人和外国人。政府没有规定哪些人不能培训，只要是刑满释放的、失业的，或者没有找到工作的人，都可以得到培训。安置帮教培训中心除了上述常规培训之外，还负责对少年管教所的少年犯进行培训。根据英国法律规定，少年犯在结束管教前 6 个月必须到中心接受培训。经过培训，60% 的成年人、30% 的未成年人可以找到工作，培训对象在没有找到工作之前，他们每周可以从政府领取一定数额的救济金作为基本的生活费用。

二、日本的更生保护制度

（一）更生保护制度的概念和对象

"更生保护"一词，翻译自英文"rehabilitation"，英语的含义是恢复、修复、更新或恢复正常生活。日本的更生紧急保护法中所谓的"更生保护"，是指对刑满释放者、被缓期起诉者以及某些属于刑罚权限外的人，给予教诲、训练、医疗和保养，或者在就业和改善环境等方面给予帮助，以便教育他们遵守法律，做一个善良的社会成员，即所谓保护他们回归社会后尽快地更生。

更生保护的对象除上述几种人之外，从广义上讲，还包括处于检察、裁判、执刑、保护等司法阶段的人。有人主张，有关预防犯罪的各种活动，也应该被普遍地纳入更生保护的范围内。更生保护分为有权的更生保护和无权的更生保护。有权的更生保护属于国家强制推行的更生保护，指保护观察所对违法少年的保护观察和对假释的成人的监督；无权更生保护是根据保护对象的希望和申请而实行的保护，即更生紧急保护法中所说的刑满释放者、被缓期起诉者以及某些属于刑罚权限外的人。

（二）更生保护的手段

日本的更生保护手段主要有以下几种。

1. 辅导，其中包括职业辅导、就业斡旋、环境调解等广泛内容。其方法为：①收容进国营保护设施；②收容进民间更生保护会；③设施外的集体辅导；④设施外的个别辅导。

2. 保养援助措施。在更生保护会里实行医疗救助制,除支付国民健康保险治疗报酬范围内的委托费以外,如果继续进行保护时,可按生活保护法的有关规定给予扶助。

3. 协助寻找住所,为没有住所的人联系住所。无住所之人可以临时住在更生保护会,并由该会供给膳食,帮助为其在生活保护设施里找到住宅,以及资助谋生等。膳食限于30天以内,临时住所限于90天以内。过期仍须援助时,可以斡旋收容于养老设施、更生设施、食宿设施等一类的保护设施,或者养护设施。

4. 帮助就业。对回归社会的犯罪人员进行就业辅导,并依靠公共职业安置所代为寻找职业。

5. 生活扶助。对生活贫困者给予金钱、物品或贷款、生产帮助等方面的援助。

6. 给予或借给旅费,支给或供给保护对象到达居住地定居的旅费。

7. 调整环境。犯罪人复归环境后,如果和周围的环境不甚协调,往往会形成再犯,因此,必须对实际的环境进行调查,根据调查资料,再接见本人或家庭,采取适当的指导手段,以达到下列目的:①使本人与周围环境维持密切的人与人的关系;②调查他与家族间、友人间、近邻间的关系,以及与雇主、警察和其他有关团体之间的关系;③争取利用街、村、区等协同体中所有可以利用的资源。

(三)更生保护会

更生保护会是日本执行更生保护政策的具体机构。该会根据服刑期满的人、免除服刑的人、缓刑服刑以及被缓期起诉人的希望,向他们提供饮食、住所以及采取必要的教养、训练等保护措施。这种更生保护会需要经过法务大臣的训练,是作为民间事业推行的。它分为直接更生保护会和联络助成保护会两种。直接更生保护会拥有收容保护设施,使更生保护对象在那里受到保护。至昭和五十年止,直接更生保护会在全国共有104个,其中,以男性为对象的93个,以女性为对象的5个,男女兼收的6个。这种直接保护会也有的在其保护设施里置有作业设备,以便辅导被收容的人从事农耕、裁缝、印刷、木工、金属加工等职业训练,或者让他们直接参加生产劳动。没有设置作业设备的保护会即是联络助成保护会,其主要任务是对更生保护事业进行指导和联络助成工作,同时,还要从事预防犯罪活动,对保护事业进行调查研究等。

经营更生保护事业的人必须向法务大臣提出申请书,经过批准后方可活动。更生保护会对所委托的工作要收取一定的委托费和资助金,并接受法务大臣的监督。如有违反经营条件和命令的情况,即被限制或停止其营业,甚至取消对该会的批准。更生保护可以享受分配的共同募集金。在法务大臣的准许下可以自行募捐。

三、国际出狱保护制度发展的趋势

第二次世界大战以后,世界各国的出狱人保护制度都得到长足发展,各种保护组织、制度和措施相继建立,进入21世纪以后,各国普遍从立法、制度、舆论、经济援助等方面做了大量工作,出狱人保护工作已经形成国际化的趋势,呈现新的特点。

一是行刑社会化与出狱人保护同步发展。所谓行刑社会化,是指行刑机关通过各种措施，争取社会力量对犯罪人的影响，以达到犯罪人改过迁善、适应社会生活、不再犯罪的目的。其主要措施包括扩大缓刑、假释的适用范围，实行开放式处遇制度等。开放式处遇制度形式很多，如释前训练制、劳动释放制、教育释放制、归假制、中途之家、社区扶助制等。行刑社会化扩大了出狱人保护的范围，出狱人保护制度推动了行刑社会化，二者在本质精神上是一致的，都是为推动社会关系修复，减少重新犯罪。

二是出狱人保护制度法制化。很多国家都是通过立法推进出狱人保护制度，有的修订或新立了一系列出狱人保护的法规，有些国家还专门制定了单行法规。如日本的《犯罪者预防更生法》，美国的《在监人重返社会法》等。有的国家则把出狱人救助和保护规定在刑事执行法、监狱法等法规内。如法国的《刑事诉讼法》，意大利的《监狱法》等。各国都在法律中对出狱人救助和保护的内容、范围，社会有关方面的责任，保护机构及其职责和经费来源等进行了规定。

三是出狱人保护的国际化倾向日益明显。许多国家不仅在国内对出狱人保护进行制度建设和措施完善，成立专门机构，还在国际性会议上进行专题讨论。1985年在罗马召开的第三次国际监狱会议对出狱人社会保护问题进行专门讨论。联合国《囚犯待遇最低限度标准规则》《制定囚犯社会改造措施（决议十）》等重要文件都对出狱人社会保护进行了明确规定。出狱人保护作为国际性议题得到广泛关注。

第三节　中国出狱人保护制度

中国刑罚执行制度有着悠久的历史，在历史沿革过程中不仅产生了丰富的出狱保护思想，还形成了很多独特的制度创造。特别是新中国成立后，中国借鉴苏联模式对解放区出狱保护相关制度进行完善创新，形成的安置帮教制度，经历了计划经济和市场经济时代的变革演化，逐步形成了具有中国特色的社会主义出狱人保护制度模式。

一、中国出狱人保护制度的沿革发展

中国的出狱人保护制度最早可以追溯到清末。沈家本主持清末修律过程中，在《大清监狱律草案》中参考国外制度设计了体现出狱保护思想的规定。如草案第十四章第二百三十六条规定："释放人若无归乡旅费或相当衣类或因监狱行政便宜移监之故致令增加归乡旅费者，得给与衣类或旅费"；第二百四十条规定"重病人、精神病人、传染病人释放之际，须预先知照本人之家属、亲属或其他之受领人"。[1] 这是中国出狱人保护制度的重要立法探索，为后世监狱立法产生了较大影响。20世纪30年代，北京曾产生过"新民辅导会""俄犯救济会"等保护出狱人的组织。[2] 1931年国民政府司法行政部颁布了《出狱人保护会组织大纲》，以促进出狱人保护工作开展。这是中国进入近现代以来对出狱保护制度的早期探索。

新中国成立以后，党和政府高度重视对刑释人员的安置帮教工作，根据不同时期的政治、经济形势，制定相应的法规、政策，采取不同的保护措施。从20世纪50年代的

---

[1] 于连涛，许国忠. 中国监狱文明的进程研究[M]. 北京：中国社会科学出版社，2007：274.
[2] 张甘妹. 刑事政策[M]. 台湾：三民书局，1979：355.

"多留少放"[1]，60年代的"四留、四不留"[2]，到90年代的依法规范，经历了一个逐步发展和完善的过程。目前中国已经形成了从中央到地方的6级安置帮教工作网络，帮教队伍不断扩大。安置工作由过去主要依靠行政手段，逐步转向就业教育、技术培训、择业指导、推荐岗位、自主择业等多种形式。安置帮教工作涉及面逐渐拓宽，截至2014年年底，全国23个省均成立了安置帮教工作协调机构。总之，新中国成立以后，中国的出狱人保护工作主要以刑满安置和社会帮教的形式展开，为出狱人回归社会后的安顿与就业提供了诸多有利条件。

二、出狱保护的内容

出狱保护的内容按实施阶段不同，可以分为三部分：释前教育、释放衔接和释后保护。

（一）释前教育

1. 释前教育的概念及意义。释前教育是指监狱对刑期届满的、假释的、特赦的和提前释放的人员进行政策、形势、法律、心理、行为等方面的指导教育活动，帮助他们消除犯罪思想，矫正不良行为习惯，以更好地去适应社会，重做新人。

出狱人的释前教育是监狱教育改造罪犯的重要组成部分，对巩固罪犯的改造成果，稳定狱内秩序，预防和减少再犯罪，维护社会秩序，促进社会经济发展，具有十分重要的意义。

一是有利于帮助罪犯克服回归社会前的不适应，巩固改造成果。按照《监狱法》规定："监狱对罪犯应当依法监管，根据改造罪犯的需要，组织罪犯从事生产劳动，对罪犯进行思想教育、文化教育、技术教育。"（第四条）"监狱应当对罪犯进行法制、道德、形势、政策、前途等内容的思想教育。"（第六十二条）在罪犯释放出狱前必须进行包括政策、形势、法律、教育、心理、行为等内容的释前教育，通过这些教育帮助出狱人建立起积极向上的世界观、人生观、价值观，增强法律意识和道德意识，形成符合社会规范的比较稳定的行为模式，进一步巩固改造成果，预防和减少刑释人员回归社会重新违法犯罪。

二是可以帮助出狱人培养健康的心态，提高辨别是非的能力和自制力，为出狱人回归社会做好心理准备。罪犯经过一段时间的监管，在回归社会的前夕，其心理活动是复杂的，心态是多样的，往往集多种复杂、矛盾的心理于一身，容易出现盲目乐观、彷徨迷茫、报复、补偿、自暴自弃等不健康的心理状态，成为出狱人再社会化的障碍和重新犯罪的根源。监狱对出狱人这些消极心理有针对性地进行疏导、矫正，可以帮助他们正

---

[1] 1953年12月举行的第二次全国劳动改造罪犯工作会议决定：对刑满后自愿留场而又为劳改生产所需要者释放后无家可归、无业可就者在地广人稀地区劳动的罪犯，刑满后需要结合移民就地安家立业者，均应加以收留，安置就业。

[2] 1964年7月第六次全国劳改工作会议，对刑满释放留场就业政策作了相应的调整，改"多留少放"为"四留、四不留"的原则。"四留"主要指：第一，改造不好的；第二，无家可归又无业可就的；第三，家在国边境口岸、沿海沿边县以及靠近沿海沿边的县和大城市的尽量留，但有些改造好了的人民内部犯法分子和轻微刑事犯，放回去没有危险的，也可以不留；第四，放出去有危险的和其他有特殊情况的，如本人确实不愿回家的，以及有特殊需要的，如保密上需要的等。"四不留"主要指：第一，改造好了的；第二，家在农村的（包括大城市的郊区）；第三，家中有特别需要（如独子）和本人坚决不愿留场的；第四，释放出去社会影响不大的，和老弱病残、失去反革命活动能力、危害不大的。

确认识自己，了解社会，增强回归社会的信心，降低对出狱后各方面的过高期望值，树立健康的出狱心理，做好回归社会的心理准备。

三是有利于稳定狱内改造秩序，调动在押犯改造的积极性。罪犯在临出狱之前，心理活动、思想情绪往往处在极度兴奋或烦躁不安的状态，头脑里考虑的问题主要是回归社会后的生活、就业等问题。因此，在改造的积极性上有所下降，表现为不思进取，思想涣散，混刑度日，有的甚至有违纪现象，给狱内改造秩序造成不良的影响。释前教育就是针对即将出狱罪犯的这种消极思想和不健康心态，进行针对性教育，引导他们继续努力改造，由此可以消除不良影响，稳定狱内改造秩序。

2. 释前教育的主要内容。对即将刑满出狱的罪犯进行释前教育的内容相当丰富而又实际，概括起来有政策、形势指导，法律、法规指导，教育、心理指导，生活、行为指导，职业指导，出狱过程指导，以及做好对出狱人的鉴定、推荐和追踪考察评估工作七个方面。

（1）政策、形势指导。政策指导是监狱对出狱人进行的有关出狱人安置、就业等方面政策的教育活动。当今社会日新月异，社会形势迅猛发展，社会政策也发生了一系列的变化，其中有许多关系到罪犯改造和出狱后出路的切身利益方面的政策变化。监狱向出狱人讲解涉及出狱人的改造和出狱后的切身利益有关的政策，让出狱人对这些方针政策有一个比较系统的了解，使出狱人出狱后能按政策办事，少走弯路。

形势指导是监狱对出狱人进行的社会各种形势的分析，使出狱人能正确认识社会形势的教育活动。随着市场经济的发展和改革开放的不断深化，整个社会的政治形势，经济形势，就业形势，人们的价值观、消费观、职业观等都发生了深刻的变化。为了使出狱人回归社会后能更准确地找到自己的位置，监狱采取多种形式对出狱人进行形势指导，使出狱人能够充分认识社会形势，看到社会的进步和发展，跟上时代发展的步伐，回归社会后能对复杂多变、竞争激烈的社会形势有充足的准备，坦然地走向新生活。

（2）法律、法规指导。法律、法规指导是监狱对出狱人进行的有关法律、法规内容的教育和对出狱人进行的增强法律观念，遵守国家法律，做守法公民的教育活动。对刑释人员的法律、法规指导，目的是使其回归社会后遵纪守法，做守法的公民。内容主要有三个方面：一是对其进行宪法、刑法、刑事诉讼法、监狱法以及刑释人员回归社会保护的法规等教育，使其掌握必要的法律知识，增强法制观念，为回归社会后的守法奠定必要的法律基础；二是通过法律、法规指导，使其懂得自己应当拥有的法定权利，并懂得采取正确的态度，通过正当的途径，运用合法的程序去维护自己的合法权益；三是通过法律、法规指导，使其了解自己应尽的法律义务，从而提高自觉履行法定义务的自觉性。

（3）教育、心理指导。教育指导是监狱对即将出狱的罪犯进行的受教育的意义、受教育的态度、接受教育的能力、培养受教育兴趣等内容的教育活动。教育指导主要着重于讲明教育对社会、对个人的作用，而不在于传授文化知识本身，以引导出狱人认识学习的重要性，增强学习的积极性，使出狱人主动地去获取知识，获得一技之长。教育指导是为提高罪犯的教育改造成效和质量而采取的一种辅助活动，其目的在于增强教育改造的成效，加速出狱人回归社会的进程。

心理指导是监狱针对出狱人复杂的心理状态而进行的有针对性的心理疏导活动。即将刑满回归社会的出狱人,其心理表现非常多样化:期盼、喜悦与焦虑、彷徨并存,自信、自大、自傲与自卑、自暴、自弃并存,以及报复、补偿等心理都会存在,必须对他们进行科学的心理指导。①帮助罪犯认识自己,了解社会,使罪犯始终能明了自己的身份和角色,了解社会现实状况,很好地把握自己,严于律己,适应社会,重做新人。②调节罪犯的情绪、情感,以唤醒罪犯对别人的同情感和尊重感。要教育罪犯学会情绪的自我控制,尊重别人,关心他人,防止感情用事。③引导罪犯与人为善,善于交往。通过心理引导,教育罪犯树立正确的交往态度;消除不良的消极情绪,以适应社会,重新社会化。④矫治罪犯的变态心理。针对一些罪犯行为活动怪诞,存在变态心理,采用认知疗法、行为疗法等心理分析方法,帮助罪犯矫正其变态心理,促进罪犯的改造和再社会化。

当然,对罪犯的心理指导还远不止这些,如还有引导罪犯把握好自己的气质特征,培养罪犯良好的性格等,这些内容的指导主要通过心理测量、心理咨询、心理矫正等方法来进行,目的是培养罪犯良好的、健全的人格,提高改造质量,加快再社会化的进程。

(4)生活、行为指导。生活指导是针对即将出狱的罪犯在改造过程中出现的种种生活问题而进行的帮助和指导活动。其目的主要是为了使罪犯能进一步改掉生活陋习,养成自尊、自信、自立、自强的良好生活习惯和获得自食其力的生活技能,善始善终,坚守岗位,以缩小监狱与社会生活之间因服刑而造成的反差,使罪犯出狱后能适应社会生活。对罪犯生活指导主要包括以下内容:①监狱生活指导。即将出狱的罪犯在出狱前容易忘乎所以,放松对自己的要求,不遵守监规队纪,不认真进行劳动改造和教育改造,监狱对罪犯进行出狱前的监内生活指导,帮助其改造不良心理,消除不良情绪,以正确的心态和良好的行为度过出狱前的最后的监内生活,有利于巩固改造成果。②家庭生活指导。对大多数罪犯而言,家庭对他们的影响很大,家人的态度,家庭人际关系,家庭事业的发展,直接决定着罪犯改造的质量和罪犯的再社会化,因此对罪犯进行家庭生活指导就十分必要。家庭生活指导主要包括与家人关系的处理,家庭困难的解决,婚姻状态的维持等内容,必要时监狱人民警察必须亲自出面帮助罪犯解决这些问题,以缓解罪犯的压力,力所能及地使罪犯放下包袱,全身心改造,提高改造质量。③社会生活指导。罪犯不论是在监狱服刑,还是刑满释放回归社会,其活动都具有社会性。监狱对即将出狱的罪犯进行社会生活指导是必不可少的。要指导罪犯克服侥幸心理,放下思想包袱,勇敢地面对现实,彻底交代余罪,脱离原有社会关系的骚扰,与旧我一刀两断。更要帮助罪犯认识自我,了解社会,调整心态,努力改造,以正确态度走向社会,在社会生活中充分显示自我,很好地完成自我的再社会化。

行为指导是指通过教育指导帮助罪犯在强制中逐渐克服不良的行为习惯,养成和巩固罪犯良好的行为习惯,最后达到将强制行为变为自觉行为。对罪犯的行为指导主要包括:强化行为动机指导,锻炼意志行为指导,确立正确的社交行为指导,培养健康的行为指导等。①强化行为动机的指导。人的行为受人的动机支配,人的动机受人的人生观、世界观等的影响,人的行为与动机的关系是错综复杂的。因此,强化罪犯行为动机必须从思想教育入手,端正罪犯的人生观、世界观,改变罪犯不正当的需求,教给罪犯辨明是非、美丑、善恶等，使罪犯彻底地从思想上清除不良动机的根源。②锻炼意志行为的指导。坚定的意志行为能够自觉地克服前进道路上的种种困难，并根据预定的目的任务，采取一定的手段，来支配和调节自己的行为，进而实现其目的任务的过程。罪犯在犯罪过程中往往表现为意志力十分薄弱，经不起各种考验。对罪犯意志行为的指导就是要锻炼罪犯与不良意志品质作斗争的能力，自觉控制自己，确立正确的行为目标，并持之以恒地朝既定目标奋进。③确立正确的社交行为的指导。社交行为是人与人之间通过一定方式进行接触，并在心理上和行为上产生相互影响的过程体现。服刑期间的罪犯，由于处境相似，年龄、个人经历、生活态度等相近，很容易产生心理相容。同时服刑的罪犯在狱中的表现又有很大的差异，有的夸夸其谈，有的沉默不语，有的忧心忡忡等。如果罪犯交往不慎，很容易造成交叉感染和深度感染，不利于改造。因此，帮助和引导罪犯正确地选择交往对象，确立正当的交往行为，是帮助罪犯认识自我，积极改造，正常地进行再社会化的过程中必不可少的内容。④培养健康的行为的指导。人的行为是人的人生观、世界观的外在表现，健康的行为需要拥有一个健康的心理。服刑期间的罪犯，一般对人、对社会有一种抵触、反感的情绪，反社会倾向较严重，其心态不正常，对周围环境无法平衡、协调，有些行为让人不可思议。要培养健康的行为，必须指导罪犯：第一，正确地认识自己，悦纳自己，既不自高自大，目空一切，又不自暴自弃，践踏自我；第二，认真面对现实，适应环境，既不能脱离现实，逃避现实，又不能自以为是，我行我素；第三，认真结交朋友，与人为善；第四，努力改造、重塑自我。

（5）职业指导。职业指导主要包括职业技能培训和就业政策咨询。开展职业技能培训，提高罪犯的社会适应能力和就业能力，能够激发罪犯学习掌握实用操作技能的热情，能够提高他们在出监教育期间的积极性和释放后再就业的能力和信心。开展就业指导，使罪犯在出狱前及时了解最新的就业政策，为出狱后更好地就业、融入社会生活创造条件。

开展职业技术培训。监狱根据罪犯的实际需求，开设如保健按摩师、烹饪、电脑、汽修、计算机操作等技能培训班，对于考试合格者，由劳动部门颁发技能证书或职业资格证。

开展创业培训。为提高即将刑释人员的创业水平和竞争能力，拓宽其回归社会后的就业渠道，监狱同劳动和社会保障部门共同举办创业培训班。通过系统授课，让临释罪犯逐步掌握创业的各个环节和步骤，并能独立制定出他们自己的创业计划书。刑满释放后，由劳动和社会保障部门和监狱联合对受训对象进行为期一年的创业跟踪及回访，了解其回归后的创业情况和生存状况，以此检验和总结监狱教育改造工作，进而增强出监教育内容的针对性和有效性。

加强就业指导以及与社会力量的协作。在对临释罪犯开展就业形势、职业道德教育，进行就业指导、政策咨询、技能培训的基础上，为他们再就业铺起绿色通道。监狱积极与社会劳动保障部门联系、沟通，查询相关就业信息，定期在出监监区公示栏内公布，使罪犯了解社会需求，并积极向业务单位推荐改造表现好、技术过硬的刑释人员再就业，以就业指导帮助罪犯树立正确的就业观念，选择就业岗位。

（6）出狱过程指导。出狱过程指导是指对即将出狱的罪犯进行的办理出狱手续的指导,是释前教育的最后一个环节,可以使罪犯做到心中有数,办理起来简便、快捷。其内容主要包括以下几点。

出监手续指导。根据《监狱法》第三十六条规定,罪犯服刑期满,必将释放。释放前,罪犯应在所在监区办理相关手续,如填写"罪犯出监登记表",所用公物上交,账上费用结清,收监时所收押的罪犯物品归还给罪犯等。然后,所在监狱为其办理"释放证明书"。

路途指导。服刑罪犯处在与社会相对隔离状态下,一旦出狱,出狱人对变化了的环境一筹莫展。监狱应给予出狱人帮助指导,告诉出狱人乘车路线,所需费用,路途中应注意的事项。同时,监狱还应发放足够的路费,使出狱人不至因为没有路费而滞留于社会,引发不安定因素。身患重病的,如没有亲属来接,监狱还应派人护送回家。

释放后指导。释放后指导是指监狱针对出狱人回居住地的一些手续办理的指导。出狱人安全顺利回居住地后,应凭"释放证明书"到所在公安机关(派出所)办理户籍登记,找当地人民政府(街道办事处等)帮助其安置生活,丧失劳动能力又无法定赡养人、扶养人和基本生活来源的,由当地人民政府予以救济。同时出狱人还依法享有与其他公民平等的权利。

(7) 做好对出狱人的鉴定、推荐和追踪考察评估工作。监狱在对罪犯的教育改造过程中,应根据平时对罪犯的各项考核记载,如改造状况,奖惩情况,对每个罪犯的认罪服法的态度、文化知识程度、劳动态度以及生产技术能力等,作出符合客观实际的鉴定。并对出狱人的社会行为意向作出分析、预测,提出帮教建议和社会安置推荐,以便当地政府和有关部门做好帮教和安置落实工作。对出狱人的追踪考察,是监狱改造罪犯工作质量的一条重要信息反馈途径。对出狱人出狱后的思想表现、遵守社会规范情况、遵纪守法情况、就业情况、社会适应能力、人际关系情况等方面进行追踪考察,获取信息,然后进一步分析研究,不仅可以找出监狱内部工作上的薄弱环节,以改进今后的工作,而且还可以充实和改进出狱人释前教育的工作。

3. 释前教育的形式和方法。释前教育的形式和方法具体如下。

(1) 释前教育的形式。对即将出狱的罪犯进行释前教育,其形式是多种多样的,一般包括:集体指导、分类指导和个别指导三种。

集体指导是监狱将某一时间段内即将出狱的罪犯集中起来针对他们出狱面临的主要问题进行的指导。集体指导是释前教育的主要形式之一,最适合解决即将出狱罪犯带有普遍性和共同性的问题。

分类指导是监狱对某一时间段内即将出狱的罪犯中带有某些类别共性的问题进行的类别指导。分类指导介于集体指导和个别指导之间,是一种既节省时间,又具有针对性的指导。

个别指导是监狱对即将刑满释放的罪犯针对他们具体的、特殊的问题而单独进行的指导。个别指导不受时间、地点限制,方法灵活,不拘形式,能帮助罪犯及时地解决一些具体问题。

(2) 释前教育的方法。对罪犯的释前教育,其方法多种多样,常用的方法主要有以下几种。

一是个别谈话法。监狱人民警察对即将出狱的罪犯存在的思想上、心理上的问题，单独对个别罪犯进行疏导、启发等形式的指导活动。这种方法形式灵活，地点不限，效果极佳，但指导面小，费时多。

二是课堂讲授法。监狱针对出狱人存在的普遍问题将出狱人组织集中在一起，由监狱人民警察通过口头传授、讲解，向出狱人讲授要指导内容的一种方法。这种方法指导面较广。

三是讲座法。监狱人民警察或社会上有关人士对出狱人中存在的某类典型问题进行的一种专题性讲座的方法。这种方法针对性强、易于接受、效果好。

四是宣传法。监狱利用多种宣传媒体，如广播、墙报、报刊、电视等，对即将出狱的罪犯进行的政策、形势、法律、法规、就业等方面的宣传、报道的方法。这种方法灵活多样，形式新颖、不受时间制约，易于被出狱人接受。

五是参观、访问法。监狱对即将出狱的罪犯存在的思想和心理问题，将他们组织起来带出监狱，走进社会，访问社会人士或出狱后做出成就的出狱人，以激发他们重新做人的一种方法。这种方法成本高，风险大，但效果好。

六是座谈、交谈法。监狱针对即将出狱罪犯中存在的某类问题或个别特殊问题，请社会人士或由监狱人民警察单独对这类罪犯或个别罪犯进行的座谈、交谈的方法。这种方法心理相融程度好，针对性较强，解决问题较具体，是释前教育中较常采用的方法。

（二）释放衔接

加强刑满释放人员衔接管理工作，是做好刑满释放人员安置帮教工作的前提，也是加强特殊人群服务管理、深入推动平安法治建设的重要举措。中办发〔2010〕5号文件《关于进一步加强刑满释放解除劳教人员安置帮教工作的意见》对做好刑满释放人员的释放衔接工作进行了明确的要求。

1. 做好重点帮教对象的衔接工作。对于有明显重新违法犯罪倾向的人员，在刑释解教前一个月，监狱、戒毒所、看守所将其综合评估意见、回执单等相关材料分别送达服刑在教人员户籍所在地或居住地的县级安帮办和公安机关。县级安帮办和公安机关必须立即将回执单反馈给监狱、戒毒所、看守所，并及时将有关情况分别通知当地司法所和公安派出所。公安派出所接到通知后，应将此类人员列为重点人口，制定管控方案；司法所要动员其安置帮教责任单位、家庭成员和村（社区）代表在此类人员刑释解教之日将其接回。责任区民警和安置帮教责任人在此类人员被接回后要立即与其见面，了解情况，落实帮教措施。对因假姓名、假身份、假住址等未能衔接的人员，司法行政机关和公安机关要切实负起责任，采取有效措施，妥善解决有关问题，尽快落实衔接措施。对于"三无"人员，在刑释解教前一个月，监狱、戒毒所、看守所将其综合评估意见、回执单等相关材料送达其户籍所在地县级安帮办。县级安帮办在一个月内将有关情况反馈监狱、戒毒所、看守所。户籍所在地乡镇（街道）人民政府（办事处）派人将其接回，进行安置，并帮助其实现就业。具有城镇户口而丧失劳动能力的，经当地民政部门审核后安排在城市社会福利机构。具有农村户口且符合"五保"条件的纳入"五保"范围。当地司法所负责落实后续帮教措施。

对于危害国家安全罪犯，在刑满释放前一个月，监管部门将其改造等有关情况通报原侦查机关。当地公安机关要为此类刑满释放人员专门建档，列为重点人员，会同有关部门和单位分等级落实教育管控措施。原侦查机关要与有关部门共同做好教育管控工作。

通过政府投入、社会支持等多种方式，在有条件的大中城市试点，建立集食宿、教育、培训、救助为一体的过渡性安置基地，用于安置"三无"人员等重点帮教对象。此类人员刑释解教前一个月，监所通知安置基地所在地的县级安帮办，按照自愿、就近的原则，将其安置到过渡性基地，并与监所交接相关材料。此类人员可以在当地公安机关办理暂住户口登记手续，由司法行政机关落实帮教措施。

2. 做好一般帮教对象的衔接工作。对于一般帮教对象，在其刑释解教前一个月，监狱、戒毒所、看守所将综合评估意见、回执单等相关材料送达服刑在教人员户籍所在地或居住地的县级安帮办。县级安帮办在一个月内反馈回执单，同时通知当地司法所，负责联系落实服刑在教人员家庭成员及所在村（社区）代表按期到监所将其接回。当地安置帮教组织要确定帮扶责任人，并签订帮扶协议书，落实帮扶措施。

3. 建立刑释解戒人员信息库。各级公安、司法行政机关要根据人民法院、人民检察院以及监狱、戒毒所、司法所提供的信息，依托公安信息网和刑释解戒人员信息管理系统，建立本辖区刑释解戒人员信息库，实时了解和掌握本辖区刑释解戒人员信息。根据安置帮教工作需要，县级以上安帮办应当定期将辖区内刑释解戒人员信息通报相关成员单位，为成员单位发挥职能作用提供帮助。

（三）释后保护

党和国家为使出狱人顺利回归社会，制定和实施了各项有利于出狱人生存、就业等方面的措施和政策，为回归社会人员创造良好的社会环境和条件，让他们安心生活，认真工作，遵纪守法，为社会做出贡献。特别是国家以法律形式对出狱人回归社会的有关问题作出的规定。主要有：1954年政务院公布的《劳动改造条例》《劳动改造罪犯刑满释放及安置就业暂行处理办法》；1983年公安部等五部门颁布的《关于犯人刑满释放后落户和安置的联合通知》；1984年国务院办公厅发布《关于做好犯人刑满释放后落户和安置工作的通知》；1994年全国人大常委会颁布的《监狱法》；1999年司法部发布《关于进一步做好刑满释放人员安置帮教工作的通知》《关于进一步做好服刑、在教人员刑满释放、解除劳教时衔接工作的意见》等。这些法律、法规、规章和文件对刑释人员回归社会的法律保护的主要内容有以下几点。

1. 服刑期满，及时释放。人民法院判决的服刑期限，一经届满，监狱必须无条件地释放，解除监禁状态，依法恢复被剥夺的人身自由，并发给释放证明书，使其及时回归社会。

2. 按政策办好落户的户籍登记。严密的户籍管理是具有中国特色的社会管理制度，取得固定的户籍是重启社会生活的开始。落实户口是做好刑释人出狱保护的工作的前提，也是法律明文规定的出狱保护的内容。根据《监狱法》第三十六条的规定，公安机关应凭释放证明为出狱人办理户籍登记，具体做法参照《关于犯人刑满释放后落户和安置的联合通知》办理。

3. 依能力和特长妥善地安置就业和就学。出狱人回归社会后能够安置就业，取得稳定的经济收入，对帮助其顺利回归社会过正常的生活，防止重新走上犯罪道路，具有至关重要的作用。根据上述国务院办公厅通知和公安部等五部门的通知规定，对出狱回归社会人员，视情况不同，分别安置就业或上学：有的可经考核录用；有的可回原单位工作；有的可以从事个体经营；农村籍出狱人，乡（镇）政府应将他们和村民同样看待；符合学龄条件的，经考试合格，允许复学或升学。随着经济社会的发展，国家就业政策不断进行调整，国家对刑满释放人员的安置就业政策也应该进行相应的调整，以适应形势的需要。社会发展、经济转型对劳动者素质提出了更高的要求。为了确保出狱人员能够掌握一定的科学技术和文化知识，具备参与社会生产生活的能力，国家和社会应该给他们提供继续教育以及就学深造的机会。尤其是对青少年服刑人，要有计划地提供系统教育，把他们培养成有理想、有道德、有文化、有纪律的劳动者。

4. 根据实际情况，解决生活困难。《监狱法》第三十七条规定："对刑满释放人员，当地人民政府帮助其安置生活。刑满释放人员丧失劳动力又无法定赡养人、抚养人和基本生活来源的，当地人民政府予以救济。"

5. 受法律保护，享受应有权利。《监狱法》第三十八条规定："刑满释放人员依法享有与其他公民平等的权利（被剥夺政治权利的除外）。"这些权利主要有：政治权利，即选举权利和政治自由权利；人身权利，即人身安全权、人身自由权、人格尊严权、通信权等；经济权利；宗教权利；文化教育权利，即受教育的权利，进行科学研究、文艺创作和其他文化活动的权利；家庭婚姻权利等。

6. 帮助与救济。服刑人回归社会后，完全适应社会生活需要一个过程。身心不适、生活困难，是大多数回归人员出狱初期所普遍遇到的问题。因此，对于回归人员情感上的支持，经济的救济，有助于他们渡过难关，顺利回归社会。

7. 管理与教育。对回归人员进行管理、教育，是回归人员社会保护不可或缺的一环。对于巩固改造成果，预防重新犯罪，具有重要意义。

出狱人的出狱保护除了上述法律规定和政策引导的内容，还包括心理保护、社会舆论保护以及出狱人的自我保护等。

心理保护是指社会各机关、政府、团体和群众组织对出狱人复杂的、矛盾的心理采取的一系列的引导活动。通常出狱人解除监禁，再次走上社会，普遍有一种重新获得自由的喜悦心理和向往新生活的迫切愿望。但是，面对现实生活中许多实实在在的问题和困难，也会逐渐产生一些消极的心理现象，如矛盾心理、彷徨心理、补偿心理、抵触心理、报复心理等，这些消极心理如果疏导不当，任其发展，将可能导致出狱人的一些过激行为，引发社会治安问题甚至再次坠入犯罪的深渊。因而，党和政府、社会组织除了依法力所能及地解决一些出狱人的实际困难外，还应经常地对出狱人进行心理保护，建立健全的心理机制。首先，引导出狱人正确对待自己，正确对待社会，克服自卑，树立信心，努力用自己的行为向社会、向人们证明自己现在是一个遵纪守法的公民；其次，不断地对出狱人进行谈话交流，缓解出狱人的心理压力，增强他们心理的承受力，使他们能够辩证地看待社会问题；最后，要提高出狱人的辨别是非能力和坚强的意志能力，能自觉地抵制来自各方面的不良因素刺激，真正做一个新人。

社会舆论保护，主要是指社会利用大众宣传媒介、群众舆论等，维护出狱人的人格尊严，保护出狱人的利益，为出狱人走上新的生活道路创造良好的社会环境的一种保护形式。出狱人往往存在着严重的自卑心理，心理负荷重，对外界环境反应很敏感。如果社会对出狱人报以憎恨、歧视或偏见，容易导致出狱人的负面思想走向极端，产生破罐子破摔、自暴自弃的想法，对其顺利回归社会极为不利。因此，应该努力做好出狱人的社会舆论保护，报刊、广播、电视等新闻媒体积极宣传国家的有关法律、政策，提高人民群众对出狱人的认识，为出狱人顺利回归社会并被社会所接纳创造良好的社会环境。

出狱人的释后自我保护。出狱人回归社会后，必然遇到许多新问题，如社会接纳、生存状况、婚姻家庭、社会交往、社会适应等，解决这些问题，除了必要的社会保护的外部条件外，主要的还是依靠出狱人的自身努力，实行自我保护。一是要正确看待自己。出狱人应自尊自重，既不能盲目自信，忘乎所以，又不能自卑自怜，失去动力，要认真分析自己的过去、现在，设计一条切合自身实际的通往光明的未来之路，并为之努力奋斗。二是要正确对待社会。出狱人应充分认识到社会保护只是客观外部条件，要完成再社会化，创造美好新生活，还是要靠自身主观的努力，既体谅社会，又融入社会，改正自身不足，积极地去适应社会，正视社会，才能以社会标准来调整自己的思想观点和行为方式。三是自觉抵制社会不良诱因。出狱人回归社会后，必然会受到各方面因素的影响，特别是社会上的一些消极因素往往还会乘虚而入，引诱出狱人重新犯罪。因此，应该教育出狱人加强自我保护，保持清醒的头脑，冷静认识和观察周围的一切，区分是非、好坏、良莠和美丑，用百倍的勇气和坚强的意志力，自觉地抵制社会上的不良诱因。特别是抛弃过去那种游手好闲、好吃懒做的不劳而获的坏习惯，努力地工作，用辛勤的劳动创造财富，打造全新的自我。

三、中国出狱人保护制度的特点

从改革开放前主要由监所机关（监狱、劳教所等）负责刑满释放人员的社会安置就业，到改革开放后在政府主导下逐步转向社会安置帮教，出狱保护一直备受中国政府重视。总体而言，中国出狱人保护制度运行主要呈现以下特点。

（一）政府力量发挥着绝对的主导作用

在中国，出狱保护是一项政府工程，政府各部门分工合作，共同参与到出狱保护工作中来。1984年公安部、司法部发布《关于加强对刑满释放人员教育管理工作的通知》（公发176号文件），第一次提出安置帮教工作的展开实行分工负责制。1994年初中央综合治理委员会、公安部、司法部、劳动部、民政部、工商行政总局等部门联合下发了《关于进一步加强对刑释解教人员安置帮教的工作意见》（以下简称《意见》），该《意见》要求各级党委、政府要把安置帮教工作纳入社会治安综合治理的工作目标，切实抓好这项工作。在该《意见》的指导下，20世纪80年代各地成立了由政府发动，动员其他国家机构充分参与的帮教组织。比如山东省某市成立由综合治理办公室、司法局、公安局、劳动和社会保障局、民政局、工商局、财政局、妇联、团委、总工会10个部门负责人为成员的市"刑释解教人员安置帮教工作领导协调小组"（各地名称不一，有的叫"刑释人员帮助安置协调领导小组"，有的叫"安置小组"等），在镇、街建立了安置、帮教工作办公室，然后在刑释人员所属村居、单位成立帮教小组，帮教小组由单位一位领导负责,党支部、村(居)委会、综治办、保卫处、民兵组织、青年组织各出一名成员,安置帮教组织系统通过签订目标责任状的机制运作,就业安置的渠道依次为原单位、社会其他单位、自谋职业。这种自上而下的政府主导的帮教组织构成了中国出狱保护组织的主体。

(二)大范围动员人民团体等社会机构参加,民间参与程度较低

为了弥补政府机构从事出狱保护工作的力量不足,在"安置帮教协调领导小组"的协调下,大量动员社会组织资源参与出狱人的安置帮教工作。在早期,中国经济社会发展不充分,社会力量薄弱,主要动员的社会力量仍是有政府背景的妇联、工会、共青团等人民团体,以及居民委员会、村民委员会这样的民间自治组织。再加上法定的司法行政、公安、劳动和社会保障、民政、工商管理、财政等国家机构,共同推动出狱保护工作的开展,这既是中国出狱人社会保护工作迅速发展的重要原因和宝贵经验,也导致中国政府社会保护工作承担巨大的压力。近年来,随着中国经济社会蓬勃发展,社会组织力量不断壮大,开始逐步引入专业的社会组织和志愿者参与安置帮教工作。进入21世纪以来,一些城市对出狱人的社会保护制度进行了改革,社区承担了出狱人保护的主要工作,从而形成了出狱人保护社会化发展的新局面。当然,与西方发达国家相比,中国安置帮教工作的社会化程度仍然比较低,大部分参与的社会组织都是半官方的社会团体,真正中立的民间团体发挥的作用还不大。

(三)保护内容以安置帮教工作为主,不够全面

中国的出狱保护制度起源于建立在计划经济体制基础上的安置帮教工作,其主要内容是以政府为主导,调动社会各方面力量,为刑满释放和解除强制隔离戒毒的人员提供帮助,解决其落户、就业、就学等问题。这种模式本身就体现了很强烈的行政指令色彩。随着中国市场经济体制的逐渐成熟,经济结构日益多元化,人口的流动日益加快,政府安置就业的途径大大减少,而安排落户,也日益不现实。而且,随着出狱保护制度的完善,除了刑满释放人员的安置帮教,假释和有期徒刑缓刑人员的教育帮扶也纳入其中,旧有的安置帮教类保护内容既不能满足需要,也日益不能充分实现。而新型的出狱保护内容还不够丰富和完善,远远不能够满足出狱人的需要,比如职业技术培训、就业指导以及心理辅导在新时期的出狱保护工作中重要性日益突出,这些相对化的服务保障正是中国出狱人社会保护工作内容中所欠缺的,亟须进一步加强。

四、中国出狱人保护制度的发展和完善

中国的安置帮教制度虽然在维护社会稳定、促进社会发展方面发挥了重要作用,但其存在保护内容不全面、国家主导形式遭遇困难、缺乏民间参与、安置经济上难度加大等问题和不足,迫切需要在完善制度、健全机制、壮大力量等方面予以进一步发展和改进。

加强立法,以法治完善出狱保护制度。目前,中国关于出狱人保护工作的法律依据,只有《监狱法》对罪犯的释放和安置作了个别性和原则性的规定,除此之外,主要由部门规章、政策以及各个地区的地方性法规、政府规章或文件来指导出狱人保护的工作,这使得出狱人的权利缺乏制度性保障。因此,迫切需要制定一部专门、系统的规范

出狱人保护的法律，将出狱人保护工作全面纳入法治轨道，以立法形式推进出狱人社会保障机制的完善。

创新机制，扩大多元主体的参与度。出狱人的社会保护是一项社会工程，仅靠国家主导是达不到良好效果的，必须引导社会多方面的力量共同参与。为此，要解放思想、打开思路、创新机制，充分调动企事业单位、民间自治组织、相关民间组织、广大人民群众等主体共同参与到出狱人保护中来。这样不仅可以弥补国家资源投入的不足，更能够在全社会形成共同帮扶出狱人的社会氛围，使出狱人在日常生活中接受更多样、更广泛、更及时的教育和帮助，在获得帮扶的同时，感受来自社会各界的关爱和温暖。

更新观念，建立科学的帮扶体系。中国目前对出狱人的安置帮教主要是采取国家主导的安置办法，这种方式受到国家控制力和经济水平的影响，而且受市场的限制很大，既不科学也不能切实保障出狱人生活就业。应当根据市场的导向和社会发展的需求，积极推动出狱人保护机制的社会化和多元化，丰富和完善出狱人就业培训、帮扶安置、心理疏导、行为引导等多样化的帮扶内容体系，从根本上减少政府导向的滞后性和自主行为的盲目性，切实提升出狱人保护的时效性。

综合施策，完善出狱保护配套制度。出狱保护是一项复杂的社会工作，随着社会发展而不断更新发展，因此，要积极探索能够推进出狱保护的相关制度机制。比如，有区别地、合理地引入前科消灭制度。前科消灭制度是曾经受到有罪宣告或判处刑罚的人，在具备法定条件时，经过法定程序被宣告注销其有罪宣告或判处的刑罚等犯罪记录，从而恢复其正常法律地位的一种刑法制度。对于没有再犯风险的罪犯，为了使其更好地回归和融入社会，实现再社会化，避免被"便签化"，可以探索建立"有中国特色的"前科消灭制度，根据不同犯罪的性质和主观恶意有区别地实施前科消灭制度。再比如，完善罪犯劳动报酬制度，中国目前罪犯劳动报酬偏低，不仅不利于调动罪犯劳动积极性，更不利于减少犯罪人家庭的经济负担、使之出狱后能有重新在社会立足的资本，可以借鉴国外的先进做法，提高罪犯劳动报酬水平，可以让罪犯通过自己的劳动为出狱回归社会提供一定的经济基础。其他如出狱人社会保险制度、出狱人社会救助体系等，都可以结合实际情况，进行探索，推进出狱保护制度的发展。

第十四章　监狱比较

中外监狱之间的比较主要体现在狱制理念、矫正模式、行刑主体及监禁率方面。狱制理念主要存在目标指向和话语表达不同、对安全的定位不同、教育刑在监狱行刑构成中的比重不同、流变路线不同。矫正模式主要体现在社会力量参与程度不同，运用的技术、手段不同，囚犯自愿的程度不同。行刑主体方面，中西方在准入方式、配备比例上都存在不同，西方国家注重女性警力的使用，监狱分工细密、专业化程度高，行刑主体多元。监禁率方面，最明显的是中国较大的监禁规模与整体偏低但缓慢增长的监狱率共存。通过中外监狱的比较，可以得出这样的启示：中国监狱工作的改革发展在目标定位上，应当建设现代监狱；在职能发挥上，应当强化教育改造在监狱工作中的中心地位；在行刑方式上，应当推行人道主义和行刑社会化；在治理程度上，应当实施科学的监狱分类和囚犯分类；在警力建设上，应当打造过硬的警察队伍。

第一节　中外狱制理念比较

狱制理念，简要来说就是关于监狱管理、行刑、矫正等思想、观念的总和。在历史的长河中，各国的狱制理念也经历了或多或少的流变。总的来说，中国和外国的狱制理念都依存当时的时代背景，与当时的国家、社会政策和形势息息相关；其演变趋势都是逐渐走向文明、人本，也越来越细腻；都越来越重视、强调刑罚一般预防和特殊预防的结合以及在此基础上的监狱价值的实现；均强调矫正质量及行刑效益；等等。此外，由于国情的不同，两者还存在诸多差异。

中外监狱的价值追求与话语呈现是存在差异的。与西方的矫正的提法不同，中国主流的话语是改造，这是由文化背景的差异以及刑罚理念的不同造成的。矫正属于西式语言，基于"思想自由"原则，偏重技术理性，强调对囚犯心理及行为的矫治转化，对思想、世界观、人生观、价值观等则予以回避。而改造则相反，强调对思想认知层面的转化，对心理方面则不太重视。中国的国情及监狱实践，使得改造刑作为一种工具的政治表达属性。2013年新修订的《监狱法》第三条的"监狱对罪犯实行惩罚和改造相结合、教育和劳动相结合的原则，将罪犯改造成为守法公民"的规定，都可以看到，改造遵循由"国家—个人—国家"——由国家施加于个人，最后落脚于国家的路线。而矫正则展现了一种工具技术理性的表达方式，如18—19世纪的监狱改革运动期间的"独居制""沉默制"，直接推动力是改善监狱不良的监禁状况，反映的只是监禁方式的不同；19世纪末兴起的矫正刑，其医疗模式只是从医疗（康复）的角度来探索囚犯矫正，社区模式也是为了改变监狱监禁对于囚犯重返社会的无效或低效下转换矫正环境的试水；犯罪控制模式则是在报应与威慑理念回归下的矫正的向前发展，两极化的矫正政策与单纯的重刑主义迥然不同。

中外监狱对安全的定位区别明显。安全决定了监狱能否存在，监狱一切工作的开展或存续，都必须以安全得到保证为前提。但"安全"是否系监狱的内在构成，并据此建立的相应工作机制，则是中外监狱一个重要的不同。在中国，安全从属于监狱，是监狱最基础的部分，如大厦之底座。从中国监狱的历史来看，历来防囚犯脱逃、自杀等是监狱工作的重点，《监狱法》出台后，"安全为天、改造为本"成为中国监狱一个重要的治狱理念。就是说监狱工作至少由两个部分构成，一个是安全，一个是改造（当然也可以细分为更多），改造工作必须在安全的基础上开展；一个监狱的改造工作开展得再好，但监管安全上出了问题，那么就是"一票否决"。由于中国在相当长一个时期内经济社会发展比较落后，监狱经费得不到足额保障，监管安全及监狱基础建设比较滞后，因此监狱系统防逃、防自杀的压力相当大。在没有建立起良好的保障机制以及改造工作运行机制的情况下，这无疑大大挤占改造工作有限的资源和空间。监狱体制改革后，安全与改造的关系得到明确和优化，各种良性工作机制纷纷建立，监狱职能得以充分发挥，矫正质量不断提高，监狱发展走上了一条快车道。与中国监狱不同，西方国家并不把安全作为监狱的本身维度，正常情况下，监狱即矫正，矫正是监狱的绝对主体构成。当然对于囚犯脱逃等安全事件，西方国家监狱也是绝对禁止的。

教育刑在近代以来中外监狱行刑构成中所占比重也不尽相同。教育刑在中国监狱近现代史上占有较大比重，无论是新中国成立后的劳动改造、"改造第一、生产第二"、"教育、感化、挽救"思想及"三像"政策，以及《监狱法》出台及监狱体制改革后的监狱工作，教育刑都是一条贯穿其中的红线，究其实质而言，就是通过教育感化使囚犯成为守法公民。监狱法用专门章节对"教育改造"做了详细规定，特别是"有劳动能力的囚犯，必须参加劳动""监狱根据囚犯的个人情况，合理组织劳动，使其矫正恶习，养成劳动习惯，学会生产技能，并为释放后就业创造条件"，更是把劳动改造纳入教育改造的范畴。与中国监狱不同，教育刑在近代以来西方各国监狱发展史上的比重并不大。16世纪是监禁刑的开端，其中以1557年英国建立第一所感化院，1595年荷兰在阿姆斯特丹设立第一所管教所为标志，主要手段就是将囚犯与社会隔离起来，并通过劳动疗法期望囚犯回归社会。经过17、18世纪的资产阶级启蒙运动，西方国家于18世纪末掀起了监狱改革。美国于1876年建立起的埃尔米拉教养院，这是第一所具有教育改造性质的矫正机构。随着1872年国际监狱会议的召开，教育改造的思想成为世界范围内监狱改革的主题。从19世纪末矫正刑的兴起到20世纪60年代末，主要施行的是医疗模式——将"犯罪者"当作"病人"，强调通过医学干预来消除其心矫及生理问题。其后，医学模式遭到批判，20世纪70年代犯罪控制模式建立并运行至今。[1] 犯罪控制模式既主张报应，又主张修复，含有监禁刑和教育刑的双重特点。总的来说，监禁刑、医学模式与教

---

[1] 张婧. 监狱矫正机能之观察与省思 [M]. 北京：中国人民公安大学出版社，2010：25-54.

育刑共同构成了西方国家近代以来的监狱史,教育刑一头独大的情况在西方国家并不存在。

中外监狱制度流变路线也各有侧重。中国奴隶时代、封建时代的监狱和西方中世纪的监狱大致相同,均存在酷刑、肉型,突出监禁功能,但到近代以后开始分叉。具体来说,就是中国监狱的流变路线是:酷(肉)刑—监禁—改造—改造与矫正的竞合;西方监狱的流变路线是:酷(肉)刑—监禁—矫正—监禁与矫正竞合。

第二节 中外矫正模式比较

中外矫正模式,既有共性,又有区别。共性方面,一是在矫正项目上,都注重职业技能培训。中国尤其在监狱体制改革后,监狱经费得到足额保障,职业技能培训取得很好的效果。比如山东省监狱曾推出全国首家狱内劳动力市场,瞄准社会"热门行业"的人才需求,与济南职业中专等单位联合开办狱内微机、电工、养殖、瓦工等30多种实用技术培训班,并帮助囚犯制订谋生就业发展计划❶。2005—2010年间中国有95万余名囚犯获得劳动部门颁发的职业技术证书,很多找到了工作。❷ 外国监狱方面,如"韩国永登浦矫导所职业训练所办得很有特色……训练所的设备、原材料、经费均由国家投入,培训内容有木器加工、汽修、绘画、油漆、建筑砖瓦、韩国料理等科目,有明确的训练内容、期限和目标,配有专门老师,培训期6个月至2年,合格后发给国家承认的技术等级证"。西班牙监狱的职业技术培训由监狱生产管理机构直接联系社会教学单位进行远程教学和个别辅导,囚犯获得的职业技术由第三方即社会中介进行评估。比利时监狱犯人生产的工艺品、绘画等产品可以送到市场销售。❸

在矫正技术上,都注重个体危险性评估和心理矫治技术的运用。中国在进入21世纪之后,个体危险性评估和心理矫正技术得到越来越广泛的运用。江苏监狱系统就研制了RW(人身危险程度)量表和GW(高危行为倾向)量表用来检测囚犯危险程度(高危行为)。2006年,中国组织研制了"中国囚犯心理评估系统(COPA)",其中囚犯个性分析测验量表(COPA—PI)已经通过国家鉴定,正在监狱使用。现阶段的心理矫治技术主要包括心理诊断、心理咨询、心理治疗和心理评估。外国监狱对囚犯的危险性评估,往往是囚犯一进入监狱就对其开展检测和评估。当前,美国和西方国家主要采用综合性的定量分类,有梅加吉的以明尼苏达多项人格量表为基础的分类体系、人际交往成熟水平分类体系和奎伊的行为分类体系,进行由低到高的危险等级分类。西方国家在心理矫治运用上,针对囚犯中出现的吸毒、酗酒、精神病、传染病和自杀等重点问题,都有专门的治疗标准和治疗技术。西班牙监狱有专门的矫正项目专家和心理学家负责实施项目矫正,监狱的评估报告还要由独立的国际专家组进行评估。

差异方面,一是社会力量参与程度不同。西方国家在长期的发展中形成了发达的非政府组织和社会志愿者网络,以非政府组织和社会志愿者为代表的社会力量参与囚犯矫

---

❶ 余瑞冬. 山东省狱内劳动力市场"开线大吉" [N]. 法制日报, 2002-11-5.
❷ 刘国玉. 提高教育改造质量, 帮助刑满释放人员顺利融入社会 [J]. 监狱工作研究, 2011 (3): 20-21.
❸ 李豫黔. 刑罚执行理念与实证 [M]. 北京: 法律出版社, 2012: 450, 498-550.

正是西方国家区别于中国监狱工作的特征之一。如西班牙监狱，囚犯的医疗、教育、文化、宗教、戒毒等工作主要由社会机构和社会志愿者来完成；意大利参与矫正囚犯的社会志愿者占囚犯总人数的80%左右❶。中国，伴随经济、社会的不断发展，社会帮教得到很大程度的开展，公众开始以各种形式参与囚犯矫正，但客观地说，较之于西方各国还有一定差距。

二是运用的技术、手段不同。宗教教诲技术长期由西方国家使用，中国在当前则不使用这种技术。西方国家并不把劳动作为一种改造囚犯的手段，仅作为囚犯处遇的内容，囚犯参加劳动仅凭自愿。分类、分级处遇技术在西方国家比较成熟，大多按照高、中、低等级进行监狱分类（具体分法各国略有不同），囚犯管理及警戒设施配备也相应不同。中国长期沿用男犯监狱、女犯监狱，农村监狱、城市监狱，轻刑犯监狱（一般10年以下）、重刑犯监狱（一般10年以上）标准分类，戒备等级差别不大，没有形成西方监狱的梯度化设置，滞后于监狱工作形势。中国监狱与西方监狱差异最大的是开放式处遇。西方监狱对低度戒备等级监狱的囚犯普遍实施开放式处遇激励，如英国的开放式监狱，四周只有不足2米的栅栏，囚犯自由活动的空间很大，上午可以外出工作或做义工，下午5点以后回监狱休息。中国虽然在理论层面进行过开放监狱、半开放监狱的探讨，但缺少法律层面的支撑，所以没有真正进行实际运行。传统文化教育是中国常用的一项教育内容和手段，并且取得较好的效果，而外国监狱极少将其作为教育内容和手段。

三是囚犯自愿的程度不同。由于东西方文化、理念的不同，对囚犯在矫正中自由度的认识和评价也不同。一般而言，西方监狱虽然有规训，但更多是以囚犯自愿参加矫正为原则，特别是在中低戒备等级监狱。中国监狱坚持依法管理，囚犯有义务配合监狱矫正工作，但在一些具体事项上也尊重囚犯的意愿。比如心理咨询，西方国家的监狱会尊重囚犯的意愿——是从形式到内容的完全自愿，中国监狱由于民警系兼职心理咨询师，所以尽管有些囚犯内心不情愿，但也不得不做出"自愿"的姿态。再如文化教育，西方监狱参加与否完全取决于囚犯，所以入学率比较低；中国监狱对于高中以下文化的囚犯，采取的是强制普及教育的方式。

此外，国外有私营监狱，中国没有。私营监狱源于美国，产生于20世纪80年代初。1983年美国矫正公司（CCA）成立，1986年全美矫正公司（U.S.C）成立，到1995年全美已有19家民营矫正公司，80所矫正机构，押犯约4万人，2000年底美国私营监狱的押犯人数已占总押犯的6.3%。目前，允许建立私营监狱的国家有美国、英国、加拿大、澳大利亚等国家。❷私营监狱有积极一面，比如可以减少政府投入，有利于推动社会力量参与监狱行刑等，但也存在受刑人权益难保障、矫正质量低下、安全管理隐患不易管控等问题。从中国来看，目前不可能采用私营监狱的做法，但其中利用社会资源、减少成本投入的理念和取得的具体经验做法却值得借鉴。

---

❶ 李豫黔. 刑罚执行理念与实证［M］. 北京：法律出版社，2012：450，487-520.

❷ 林茂荣，杨士隆. 监狱学：犯罪矫正原理与实务［M］. 台湾：五南图书出版股份有限公司，2002：341.

第三节　中外行刑主体比较

　　行刑主体，简要来说就是参与囚犯管理、矫正、执行刑罚等狱制事务的监狱工作人员。中外监狱行刑主体除了公务员（警察）身份这个共性因素外，还存在诸多差异，对此可以从国情、社会发展、监狱运行传统、文化观念等层面来理解。

　　中外监狱管理人员的身份有差异。西方国家监狱的行刑主体比较多元。西方国家属于监狱工作人员的则比较复杂，公务员只是其中一部分，而具有警察身份的则更少。如英国监狱管理人员，主要分为制服人员和不着制服人员，不着制服人员又分为行政管理、生产劳动和专业人员三类。制服狱官属于国家公务员但不是警察，约占总数的69％，大致包括6个等级：监狱长A-D级（高级主管）、监狱长E-F级（中级主管）、主管狱官（中级主官）、高级狱官（一线主管）、初级狱管（囚犯监督员）、运营支持官员（安全支持）。行政管理人员、生产劳动管理人员和专业人员约占总数的31％。❶再如西班牙监狱工作人员分为公务员和政府雇员两类，其中公务员又分为3类：①A类。法学、心理学、教育学、医学等类专业的大学本科以上，这类人可以提拔到领导岗位或做监督工作。②B类。占监狱公务员总数的12％左右，任何完成大专学习的人均可，职责是监狱的日常事务处理和囚犯教育培训，也可以提升到领导岗位或做监督工作。③C类。占监狱公务员总数的70％～72％，主要是完成高中教育或中等教育的人，从事监狱看守、卫生清洁、囚犯跟踪、教育、康复等工作，可以提为部门负责人，但很难担任监狱领导或从事A类工作。在西班牙监狱工作人员中，只有负责监管安全的工作人员或者矫正官员才是身着警服的警察。❷中国的监狱警察主要由三类人员构成：第一类是各级监狱（未成年犯管教所）的领导以及具有公务员身份的工作人员；第二类是监狱（未成年犯管教所）具有国家公务员身份的从事囚犯管理、教育、矫正，或生产技术管理、生活卫生管理、财务管理等工作的管理人员（又称监狱一线民警）；第三类是在监狱（未成年犯管教所）从事相关医疗、科研、教育培训具有公务员身份的专业人员。❸由此可知，中国监狱警察的成分比较单一，为公务员身份且配发制（警）服，不同的只是岗位、分工而已。

　　中外监狱管理人员专业化程度不同。西方国家分工细密，专业化程度高。在西班牙，属于国家公务员的监狱管理人员大致分为五类：一是心理医生、教师等高级技术人员，约占2.77％；二是中层管理人员、办公人员，约占5.93％；三是看守、监控等安全人员，约占71.9％；四是医生、护士等卫生工作人员，约占5％；五是其他人员，约占14.4％。❹再比如美国，1993年其50个州的犯罪矫正机构中，共配有279名精神病学家、1146名心理学家、2273名个案管理者、1006名社会工作者和3090名顾问。❺在

---

❶　李豫黔．刑罚执行理念与实证［M］．北京：法律出版社，2012：450，498-550．
❷　刘好千，王林．中外监狱比较研究［M］．北京：法律出版社，2012：51-52．
❸　刘好千，王林．中外监狱比较研究［M］．北京：法律出版社，2012：55．
❹　李豫黔．刑罚执行理念与实证［M］．北京：法律出版社，2012：450、494．
❺　吴宗宪．我国现代化文明监狱研究［M］．北京：警官教育出版社，1696：33．

中国，一是没有完全根据矫正岗位配置警力，监狱民警分类比较粗糙，虽然理论上提出监管看守类、行政管理类、教育矫正类、服务保障类、专业技术类等标准，但实际上基层民警往往身兼数职。二是警力比较紧张，基层民警往往处于超体力、超负荷的工作状态，专业化分工受到制约。

中外监狱管理人员准入方式是有区别的。目前国外监狱管理人员在取得执业资格上呈现出多元化的特点，主要有以下几种方式：社会招聘模式。如监狱的心理学家、精神病专家、个案工作者、监狱顾问很多是从社会招聘，有利于整合社会资源，形成专家治理机构。能力配置模式。美国于20世纪70年代为强化监狱职业分类管理，将监狱职业分成5大类53小类，对职业岗位设定具体的专业资质，工作人员岗位交流实行就低不就高的原则，有利于提高警察岗位的履职能力。行业辅助模式。一般由警察协会（也可能是其他协会）组织牵头，成立监狱警察机构资格评定委员会，制定行业标准及资格评定程序，所有警察专业人员在教育培训后都要经过行业协会登记和审定，有利于行业发展和进步。任命模式。欧美国家的监狱管理人员普遍采用长官任命模式，如美国的矫正局官员由司法部部长或州长任命，监狱警察由监狱长任命。中国监狱警察资格的取得有四种模式：一是通过社会公开招考公务员程序招收录用，这已成为一种主要的招录形式；二是由警官职业学院训练并通过公务员考核择优录用；三是由外系统公务员转任；四是军队转业干部转任。

中外监狱工作人员与囚犯的配备比例不同。发达国家的监狱工作人员的配备一般比较高，如美国为1∶3、法国为1∶3、英国为1∶4、日本为1∶3.3、苏格兰为1∶1.6。就中国来看，2004年司法部监狱管理局对全国6个省市监狱系统编制和警力配置曾进行一次调查，监狱民警占押犯比例最高的为19.5%，最低的为12.23%；2011年，中国监狱系统的警囚比为1∶5.6。相对于发达国家，中国的警囚比依然比较低。西方国家比较注重基层一线警力的投放，如加拿大80%的监狱工作人员在监区一线工作。中国监狱由于体系、机制的束缚，基层警力不足的状况仍未得到彻底改变，需要国家加大改革创新的力度。

中外监狱对女性警力的使用不同。西方国家强调工作机会男女平等，监狱中女性管理人员较多，她们普遍直接从事男性囚犯的管理。如"在加拿大惩教机构中，约有40%的女性矫正工作者直接从事男性囚犯管理，20年的实践证明他们的做法是成功的"。❶在中国，由于受传统观念、人身安全的影响，女民警不参与男犯监狱的直接管理，大多在监狱机关从事内勤工作，一方面影响了才能的发挥，另一方面也造成基层警力紧张。因此应进行女性警力使用方面的调研，科学设置岗位，让女民警有更多的机会参与囚犯的教育矫正，进一步激活女民警的工作效能。

第四节　中外监禁率比较

监狱率是指一个国家或地区被监禁的人数与该国或地区总人口之间的比率（通常以

---

❶　李豫黔. 刑罚执行理念与实证［M］. 北京：法律出版社，2012：450，509.

每 10 万人口中被监禁的人数为单位为计算）。国际上普遍把监禁率作为判断一个国家或地区监禁刑适用规模时采用的一个概念。截至"2012 年，中国共有监狱 681 所，在押犯人数达到 164 万"❶。对中外监禁率进行比较，可以大致推算出监禁刑的效能以及押犯规模，从而为刑罚改革和教育矫正提供参考借鉴。

在实际监禁率方面，与国外有些发达国家巨大的监禁规模相比，中国的实际监禁率并不算高。据调查数据显示：美国的监禁率达到每 10 万 751 人，是中国的 3.5 倍；在世界监禁率排名中，中国名列第 56 位。在亚洲，中国监禁率排名第 9。以上说明，中国虽然是传统上的重刑主义国家，但在世界范围内并未实行最严厉的监禁刑政策。人们通常从中国有世界上最大的监禁规模得出中国监禁刑是最严重的这种认识，实际监禁率是对此反驳的最好证据。❷

中外监禁变化率也能体现行刑趋势。监禁率的变化用变化率来表示，公式为：（末年变化率－首年变化率）/首年变化率。据研究资料表明：中国内地的监禁率变化为 18%，在 24 个亚洲司法管辖区域位列第 14。亚洲最显著的趋势是监禁刑的增长，并且在幅度上整体超过西方。中国是一个人口大国，任何一个小小的变化率的增长，都会带来整个世界押犯人口的大增长，也会为此花费更多的资金和人力物力，因此控制监禁率的上升比任何国家都具有更大的意义。

中外监狱的监禁形式及效果是相关的。中国监禁的场所主要是监狱和看守所，国外除了监狱外，还设立了私营监狱以及家中监禁。在衡量监禁效果方面，国际上通行的做法是以囚犯的重新犯罪率为指标。中国的重新犯罪率一直处于较低的水平，低于西方国家，但受社会大环境的影响，也呈现出缓慢增长的态势。

第五节　中外监狱比较的启示

监狱工作的开展，需要传承和借鉴并重。中外监狱的比较，可以带来有益启示。

在目标定位上，应建设法治监狱。当前，中国监狱的发展方向应是法治监狱。法治监狱建筑形态应更加完备，分级规划与建设更加科学、规范、精细，安全运行体系更加完善，行刑更加文明开放，惩罚与改造囚犯的核心职能得到更好履行，刑罚的社会公平正义得到更好彰显，人民群众更为满意。在实践层面上，法治监狱应建立完整的评测体系，科学的监狱分类模式，刑事执行一体化的运行样本。法治监狱建设回应了当前监狱治理能力和治理体系比较薄弱、工作价值社会认同度不高等问题和困难，契合了国家强化治理能力及治理体系建设、倡导管理创新的时代背景，并在其中扮演了积极角色，提高了质态建设的水平。总的来说，法治监狱是在遵循社会发展规律和适应现代社会发展态势的基础上的自我完善与创新发展，与监狱法制化规范化社会化建设、监狱体制改革

---

❶　全国共有监狱 681 所，押犯 164 万人 http：//www.news.xinhuanet.com/politics/2012-04/c_111840777.htm，2012-04-25/2015-10-14.

❷　伦敦皇家学院国际监狱研究中心．世界监狱概要［DB/OL］．http：//www.kcl.ac.uk/depsta/law/research/icps/worldbrief/wpb_stats.php? area＝contasia&category＝wbpoptotal．参见吴旭．监狱率国际比较研究［M］．南京：江苏人民出版社，2011．

和现代化文明监狱创建一脉相承。就其实质而言，法治监狱不但是一个目标定位，也是一个轮廓样态，更是一个发展模式，勾勒出了中国未来的监狱的"眉目"。而建设法治监狱的目的，就是用发展的理念解决发展中的问题，用方法论和系统的观点解决局部的问题，将监狱工作发展推上一个新的高度。

在职能发挥上，应强化教育改造在监狱工作中的中心地位。强化教育改造的中心地位，就是要重视教育改造的攻心治本的作用，提倡科学认识囚犯、科学管理囚犯、科学矫正囚犯，以囚犯改造质量的高低作为判断监狱工作好坏的依据。强化教育改造的中心地位，必须遵循教育改造工作的客观规律，遵循囚犯生理、心理、行为变化的客观规律，提高工作的针对性、实效性，并且坚持体系化地构建、系统化地治理。在教育内容的安排上，要突出囚犯的个性化特征和需求；在矫正手段的运用上，要彰显人性的基本价值取向，从提高囚犯文化、素养和技能入手，发挥其主观能动性；要坚持以人的发展为核心，指导、帮助囚犯改善或消除犯因性问题，促进人格完善。强化教育改造的中心地位，必须提高矫正技术水平。矫正与常规的改造工作相比，更具有技术理性，也更加尊重囚犯的主体自觉。要在做好传统改造工作的基础上，广泛引进循证矫正、内视观想、项目矫正等技术，从当前看尤其要做好罪犯危险性评估工作，提高危险类型和危险等级的精确度，为囚犯分流分押、刑罚执行、分类教育、回归安置提供科学的依据。但也要看到中国与西方国家的不同，克服医疗模式的弊病，避免陷入西方矫正刑的困境。

在行刑方式上，应推行行刑人道主义和行刑社会化。行刑人道主义和行刑社会化是监狱发展的必然选择和基本价值追求，其目的就是注重法律效益和社会效益的统一，并以实现社会效益为终极目标，从而彰显刑罚的公平正义。行刑人道主义是狱制文明的反映，其实质就是尊重囚犯的合法权利和权益，站在促进人的全面自由发展的角度做好监狱工作。在监狱工作中，行刑人道主义集中指向囚犯处遇和权益保障。囚犯处遇上，就是从人的合理需求着手，设置多元的阶梯化的处遇层级，激励囚犯积极改造。权益保障，就是通过加强监狱法制建设、完善执法管理机制和标准、加强执法管理监督、列出权利保护清单等方式，切实维护囚犯的合法权益。行刑社会化，其追求的深层的价值是培养囚犯重新适应社会的素质和能力。因此，其一应加强职业技能培训和职业技术教育，帮助囚犯获得一技之长，提高其刑满释放后的谋生就业能力。其二是深化与地方司法行政机关的对接，做好假释、暂予监外执行、取保候审等工作，扩大非监禁刑的适用，缓解监禁规模不断扩大的趋势；为囚犯刑满释放提供有效的安置。其三是加强与社会的互动，广泛引进政府机构的工作人员，法律、教育、医学、心理学等领域专业人士和社会公益组织，到监狱对囚犯进行延伸帮教，增强监狱教育改造的合力。

在治理程度上，应实施科学的监狱分类和囚犯分类。监狱的分类是对囚犯管理、矫正的基础。相对于外国的监狱，中国的监狱分类应立足于中国实际，适当借鉴外国监狱分类做法，根据囚犯心理生理状况、押犯数量、结构特征等，进行统筹规划、综合设计。设计的结果是高、中、低度戒备监狱合理布局且不同等级戒备监狱分别对应不同的管理、行刑模式，常规监狱和功能性监狱互为补充的格局。在此分类下，囚犯以危险性评估为基础，分成极高、高度、中度和低度4种等级，不同危险等级的囚犯分别对应不同戒备等级的监狱（区），形成囚犯在监狱中分类关押、动态流转，部分囚犯在监狱内部不同戒备等级监区分类监管、动态流转的分类关押机制，有效管控、矫正囚犯。监狱分类应置于全国监狱改革大局中来考虑，坚持监狱分类与罪犯分类同步推进，坚持监狱分类管理与监狱功能完善统筹安排。在考评方面，要将差别化发展作为重要考核内容，针对不同类型监狱的资源禀赋、发展条件，明确差别化的指标要求，培育各自的品牌优势，形成"百花齐放"的发展格局。

在警力建设上，应打造过硬的警察队伍。一是加强警察队伍专业化建设。建立健全符合监狱工作职业特点的监狱警察招录制度，探索民警执法资格考试和认证制度，提高民警的准入条件和专业素养。常态化开展岗位练兵和技能比武，加大业务培训力度，强化轮岗交流，提高民警的岗位实战能力和业务水平。探索民警分类管理办法，加快培育核心专业人才，不断壮大人才队伍。二是提高用警效能。积极推进警力向一线沉淀战略，大力压缩非一线管理、执法、教育岗位警力，提高一线警力的在位率和警囚比。出台民警激励办法，激励政策向基层一线倾斜，坚持从严治警、从优待警、文化育警、制度管警相结合，提高一线民警的执行力、积极性。盘活女警的使用效率，探索女警一线工作的方式、路径，为女警从事监管改造工作提供便利。三是落实队伍职业化保障。尊重民警的首创精神，指导青年民警制订职业生涯规划。争取政策支持，健全民警权益保护机制，完善权利救济渠道，形成完整的民警职业风险保障体系，切实解决民警工作中的后顾之忧。

参考文献

[1] 沈家本. 历代刑法考 [M]. 北京：中华书局，1985.
[2] 张文显. 法哲学范畴研究 [M]. 北京：中国政法大学出版社，2001.
[3] 贾洛川. 监狱民警改造力基因探寻——监狱民警修养的新视角 [M]. 北京：中国法制出版社，2017.
[4] 张晶. 囚权主义 [M]. 南京：江苏人民出版社，2017.
[5] 左高山. 政治暴力批判 [M]. 北京：中国人民大学出版社，2010.
[6] 张福森. 中国监狱体制改革的酝酿与启动 [M]. 北京：法律出版社，2009.
[7] 刘方冰. 文化治理与监禁生态 [M]. 南京：江苏凤凰文艺出版社，2016.
[8] 王云海. 监狱行刑的法理 [M]. 北京：中国人民大学出版社，2010.
[9] 吴宗宪. 监狱学导论 [M]. 北京：法律出版社，2012.
[10] 张婧. 监狱矫正机能之观察与省思 [M]. 北京：中国人民公安大学出版社，2010.
[11] 郭建安. 社区矫正通论 [M]. 北京：法律出版社，2004.
[12] 潘华仿，储槐植，皮继增. 外国监狱史 [M]. 北京：社会科学文献出版社，1994.
[13] 金鉴. 监狱学总论 [M]. 北京：法律出版社，1997.
[14] 王平. 中国监狱改革及其现代化 [M]. 北京：中国方正出版社，1999.
[15] 冯卫国. 行刑社会化研究 [M]. 北京：北京大学出版社，2003.
[16] 王泰. 现代监狱制度 [M]. 北京：法律出版社，2003.
[17] 张国华. 中国法律思想史新编 [M]. 北京：北京大学出版社，1991.
[18] 俞可平. 西方政治学名著提要 [M]. 南昌：江西人民出版社，2005.
[19] 郭明. 监狱的隐喻——来自铁窗内的人生故事 [M]. 上海：学林出版社，2010.
[20] 王宏建. 艺术概论 [M]. 北京：文化艺术出版社，2000.
[21] 陈兴良. 刑法哲学 [M]. 北京：中国政法大学出版社，2004.
[22] 汪勇. 理性对待罪犯权利 [M]. 北京：中国检察出版社，2010.
[23] 常宁. 监禁刑执行若干问题研究 [M]. 北京：中国长安出版社，2009.
[24] 刘强. 美国刑事执法的理论与实践 [M]. 北京：法律出版社，2000.
[25] 贝卡利亚. 论犯罪与刑罚 [M]. 黄风，译. 北京：中国法制出版社，2002.
[26] 福柯. 规训与惩罚 [M]. 刘北成，杨远婴，译. 北京：三联书店，2007.